本著作获得国家社科基金（2010）
湖南师范大学出版基金（2014）
湖南师范大学国家重点学科中国近现代史学科资助

国民政府

县财政与乡村社会 (1927—1937)

GUOMIN ZHENGFU

XIANCAIZHENG YU XIANGCUN SHEHUI

尹红群 著

南京国民政府时期是近代中国乡村治理转型的高潮期。在其乡村治理转型的过程中，县财政也曾出现与今天类似的问题。同时，南京国民政府也发动过声势浩大的减负运动和财政改革。因此，深化南京国民政府时期的县财政研究，能够为解决当前的问题提供一些历史经验和教训。

人民出版社

从来言财政者，多重视其技术性，而忽视其社会性；认为是国家的财政学，而忘掉是人民的财政学；甚至仅认为是替统治者筹款管钱的技术问题，而忘掉是为大多数民众图谋幸福的主要工作！那样的财政，仅是"聚敛"的别名；那样的财政家，仅是暴君的工具；那类的财政学者，自然也成了教猱升木的御用学人！美学者勒茨（H.L.Lutz），讨论希腊罗马的财政时，对于此点，解难释得很清楚："长于组织的奇才，领着他们计划出很精密的租税管理制度；但是这种制度，其设计与运用的目的，与其说是：对于租税的负担，期得其分配的公平；无毋说是：对于收入之有效的聚敛"。实则此种现象，岂止罗马有之？即在两千年以后的今日，何尝没有？所以我们检讨财政问题，应该从客观出发，着眼于大多数的民众，方能达到达尔顿所称的"最大社会利益原则"（The Principle of Maximum Social Advantage）。

崔敬伯《怎样检讨财政问题》1936 年 9 月

内 容 摘 要

长期以来，学术界对民国县财政史的研究集中在财政收支和农民负担两个领域，强调阶级性，及其对农民的压榨；近来的研究已推进到对县财政政策与制度的研究。但仍然是不够深入。本书试图从县财政的角度重新建构1927—1937年农村社会经济图景，摆脱过去常用阶级财政的观点去批判县财政对农村社会的搜括和压榨，而去正视县财政的公共职能。县财政为县政建设提供资金，为农村社会提供公共产品和服务，符合国民政府复兴农村的政策目标，也符合公共财政的一般定义。

当然，从中国的国情出发，我们不宜以一般性的西方财政理论来处处要求民国县财政。民国县财政面临着一个复杂而严峻的现实背景：其一，西方公共财政的基础是成熟的市场经济，但是南京十年的县财政正处于一个市场动荡和不均衡发展时期，农村的长期衰退特别是 20 世纪 20 年代末 30 年代初农村经济困境给予县财政以重击。其二，转型中国的两大趋向：城市化和工业化，这使得"三农"资源单向度地持续地流向城市和工业，"两化"给县财政和农村社会带来巨大的压力。其三，县财政本身在发育和转型之中，在中央、省、县三级财政体制中，县财政最无助而压力又最大，财权与事权极不平衡。可以说，县财政面临三座大山，先天不足，后天又营养不良。

在困境中兴起的县财政能否救农村经济，又如何改变农村社会，这几乎是一个难以想象的问题。当革命形势在农村蔓延，我们自然地认为县财政给农村带来了残酷的压迫性，对于这样的观点需要历史的理性的甄别。

没有证据表明县财政是国民党政府压榨农村的工具，相反，县财政的公共化变革为县政、为农村社会提供公共产品与服务奠定了基础。县财政的政治基石是源自孙中山的县自治理论，尽管在实践中有所背离；财政分权体制为县财政提供了一定的发展空间；县预决算的推行、财务体制的改革为县财政摆脱传统的"家计财政"，转向"公共财政"做出了实质性的成效。土地税负虽然沉重，但农民负担应放置在更大的范围内去考察。与其说农民负担重，不如说农民收入过低，以至于农民税负占农民收入比重过高。

无论东部的江浙，还是中部的两湖地区，县财政为农村教育、治安、经济建设、救济事业提供经费支撑，初步建立了一个通过公共税收支持农村公共事业的制度框架和运作平台。农村社会经济虽然还很落后，但也有了能够立足生根并且逐步扩大的变革开端。由于各县经济状况各异，县财政欠增长持续存在，农村公共事业效益的显现各有不同，或隐或显。但至少表明，国家通过县财政的资源配置功能，有意识地救济农村经济，导引农村的复兴工作。

国民政府的县财政存在严重的不足：一是在效率与公平方面，出现"农村公共财政陷阱"。所谓"农村公共财政陷阱"，简单的来说，就是在城市化与工业化前景下，发生农村公共财政职能的扭曲。维护公共财政职能的正道，在于建立现代的税收制度和财政收支系统，并促进经济发展以巩固和扩大财政基础，实现良性循环。近代以来，中国财政实现"量入为出"向"量出为入"原则的转变，所以特别要强调财政支出的"效率与公平"原则，财政职能的实现究竟会对社会经济生活产生怎样的影响，必须同时考虑效率与公平两个方面。但是，在这两个基本原则上，农村公共财政职能扭曲，其表现为"吃饭财政"与城乡财政配置失衡。二是在民主化方面存在不足，民主监督与法制化不够。公共财政是民主财政和法制财政，但是民国时期农村社会的现实决定了民主财政和法治财政不可能很快建立起来。农村、农民、农业的主体地位和作用十分不突出，也是影响农村公共财政发展的重要因素。三是伴随着严重的贪腐苛索。由于地方公共事业发展，地方各机关、法团、乡镇自收自支的问题层出不穷，苛杂暴敛实乃必然现象，而其背后是严重的贪污中饱和职务废驰。

国民政府的农业金融政策试图改变资源单向度流向城市的局面，做了一系列的制度设计和建构，可以说在1927—1937年间，现代农村金融体系初步构建，基本完成对旧式农村金融的替代；开始扭转农村资金单向流入城市的局面。在农村，通过合作运动把小农组织起来，是国民党有效影响农村社会的尝试，也是国民党构建地方经济组织控制农村社会的新渠道；但是，基于风险控制，银行农贷和农村信用合作社偏好于富足农民、疏远贫困佃农的取向，使国民党希望扎根于农村的希望落空。

对县财政救济和复兴农村的制度与政策评估，更应放置于"两化"（城市化和工业化）背景下去考量。资源流向城市与工业是大势所趋，县财政要引导资源流向农村显得异常艰难。农村经济社会的进步需要农村税制和财政分权体制的变革，需要市场要素的完备，如金融政策的配套，也需要真正的改造传统农业。只有农村经济充满活力，才能为县财政供应"活水源"，县财政才能为农村提供更好的公共产品与服务，县财政与农村社会才能形成良性互动关系。

要吸取民国时期县财政变革农村社会的经验教训。孙中山的民生主义理念是平均地权，实现"耕者有其田"，"县自治"是最终实现民主宪政的重要政策。在这些理念与政策的落实中，县财政起到关键作用。但孙中山对于县财政没有具体设计，尊孙中山为"国父"的国民政府在施政过程中给予了县财政一定地位。从"平均地权"到"地价税"的出台，从县政建设到多次整顿县财政，均反映了国民政府在政策设计中是考虑到县财政的。一方面，国民政府希望整理田赋，推出"地价税"，以解决县政的经费困难问题；另一方面，通过财税的温和的手段来改造社会，解决中国农村社会的根本问题——土地问题，以实现耕者有其田的理想。历史的发展最终没有让国民党在大陆实现这个理想，但是考虑到国民党在台湾土改的巨大成就，可以认为国民党在大陆的巨大的经验教训也是非常宝贵的。

要进一步完善农村公共财政体制，即是南京十年县财政建设的经验教训，也是对当下中国在新时代条件下的一条重大的历史启示。首要的前提是要放手让农民在市场经济中发挥主体作用，增加农民的收入。其次才是在财政方面的政策与措施：（1）财政民主化。公共财政是民主财政，其基础是法治。由于传统积弊日深，中国农民历来只知有纳税之义务，而不知享有纳税人的权利。作为征税者的政府官员同样没有确立"税款为维持各种公共事业之费用"的观念。财政的民主化，需要解除赋税包办者渔利。财政的民主化，要建立真正的代议体制，让"不出代议士不纳税"的格言落实，民意机关真正能够审议和监督财政体制的运行。财政的民主化，要健全法制，建立严格的预决算制度。（2）分权体制的完善。扩大县财政，建设农村公共财政是救农乃至发展农村的基础。在加强监督与指导的前提下，大胆向县下放"财权"，是解决"三农"问题至关重要的措施。下放"财权"的胆子可以更大一些，步子可以迈得更长一些。（3）农村税制变革。完善财税体制是救农乃至发展农村的关键。中央政府不仅要"少取"，而且要"多予"，通过转移支付（当时称补助制度），充裕地方政府的财政收入，也给农村放"活水"。（4）农村金融变革。农村的信用合作社是一个积极的创举，但仍需要进一步的完善。

需要特别说明的是，本书的资料主要来源于浙江、江苏、湖南、湖北、四川等南方省份，华北资料短缺。本书也主要是试图研究国民党实际控制区域的县财政变迁及与乡村社会的关系。

目　　录

图 表 目 录

绪　　论

一、问题源起

（一）基于历史的省思与现实的关怀

传统的国家财政目标是国家通过赋税获得收入，满足君主需求，维持政府的存在及运转。因目标相对单一，所以政府采取轻徭薄赋有其合理性。随着近现代国家的演进，社会事业日见发达，政府的经济与社会职能日益突出，国家财政收支呈现持续增长趋势。时代在进步，财政制度的演进亦然，由往昔简单财政制度，渐进于现代的复杂财政制度。晚清以来，中国开始了传统财政向现代财政的转型，从财政自身角度看，这是一系列财政制度创建的过程；从现代化的角度看，财政转型是现代国家建构过程中的一个重要环节。

财政的现代转型不是一蹴而就的，道路极其坎坷而艰难，极其复杂。从时间上看，进入 21 世纪的今天仍在进行着这种探索；从过程来看，缓慢推行，时有反复，影响深刻。一个国家的财政史往往是惊心动魄的，它不仅事关经济的发展，而且关系到社会的结构和公平正义。

财政史的"惊心动魄"，可以从进入近代后中国财政从自主的封建财政沦落为半殖民地半封建性质的财政中体现，也可以从中国人民力图洗掉国家财政中的浓厚的半殖民地半封建烙印的斗争中体现，也可以从近代以来延绵不绝的战争财政中体现出来。当然，中国现代财政转型，除了上述提到的斗争史之外，还有更为重要的建设史。也就是说，近代以来的中国财政转型是在充满斗争的环境中逐渐建构发展起来的，中国近代以来的财政变革史正反映了国家现代化的转型。

中国的现代化进程不同于西方国家的道路，它是在西方冲击下进行的，体现出了后发、外生的特点，是一种国家主导型的发展模式。在国家主导型发展模式中，国家财政显得特别重要。财政是国家主要的宏观调控手段之一，用财政手段改变落后面貌是优先采用的发展方式。近代中国财政转型任重道远，应对的挑战异常艰巨，挑战既来自国家职能：国家如何积累资金运用于现代化建设；也来自财政本身：财政新领域的扩张和体制的转型。

在近代中国财政转型过程中，又有一个新的基础性的领域异军突起，这就是独立的县财政的崛起（最重要的创建阶段是在南京国民政府时期的1927—1937年间）。这个新领域面对的却是一个老问题，也就是中国最古老领域——乡村社会的兴衰问题。近代以来中国乡村社会的衰败使得县财政以及县财政与乡村社会的关系问题成为近现代中国社会的基础性问题之一。这个基础性问题决定着到一个政权的稳固与否，制约着社会经济的发展，影响着中国"三农"（农村、农业、农民）问题的出路。

自秦代行郡县制始，县始终是国家政治结构的基层；自近代以来国家财政体系建构过程中，县财政也处于自上而下建构中的基层，虽有其独立的一面，但更受上级的规制。因此，县财政的建构体现出国家政治意图。运用财政手段调控农村经济与社会，更明显地体现出国家意志的痕迹。

县财政与乡村社会之间，因县财政是国家（包括中央与地方政府多层级）意志的体现，故更多地体现出主动性，对乡村社会产生积极的或消极的影响，改变乡村社会结构，推动或制约乡村社会发展。

在发展道路上，中国乡村社会体现了明显的被动性格，在近代乡村社会日益衰败的大背景下更是如此。但是，乡村社会的被动并不意味着它是完全机械式的，它有特定的结构、利益诉求、和特有的运行轨道。在考察县财政与乡村社会关系时，过于强调财政对乡村社会的影响是片面的，我们更应该看到县财政与乡村社会的互动关系，既要理解县财政影响乡村社会的深度，也要探讨乡村社会如何影响县财政的运作机制。乡村社会对县财政的影响与制约体现出乡村社会的主体性问题。

所谓的乡村社会的主体性问题，是民主的体现，西方国家所谓的"不出代议士不纳税"，我们现在所讲的"取之于民，用之于民"，都是同样的意思。

在南京国民政府时期也面临着这个问题，县财政发展中如何尊重乡村社会的主体性，将是一个重大的课题。

另外，县财政与乡村社会还存在一个地域的多样性、差异性问题。中国幅员辽阔，地形地貌多样，地域的差别非常大，任何的宏大叙事可能都会掩盖局部的丰富性和真实性，特别是县一级与乡村社会更是如此。王国斌提到："从一个国家的财政特点，也可以看到一个时代的特点、一个地区的特点。所以，历史研究者应该经常对时代或者时间、空间或者地方这两个方面的关系给予关注。虽然对于历史本身，大家都在强调时代或者时间的特点，但地方性特点也很值得注意。我在这里所说的地方，并不是指具体的地域面积，而是相对于整个中国而言的，指中国的具体的某些地区。"①

（二）财政史的一般研究路线

财政是履行国家职能而产生的经济行为和经济现象，这是财政的本质。不过，人们在国家性质上又产生了理论上的认识分歧，主要是阶级国家和契约国家的分野。但是历史的演进也为两种国家观提供了共性与共识，从财政史的角度看，人们的聚焦点主要在近代国家与市场经济两个方面。

1. 财政与近代国家。

无论是阶级国家论还是契约国家论，财政与国家之间的特殊关系得到越来越细致的阐述。阶级国家论认为，财政是一种国家（或政府）的经济行为，国家一旦产生，就需要经济收入维持国家机构的存在并保证实现其职能，"为了维持这种公共权力，就需要公民缴纳费用——捐税"②，于是产生财政这种特殊的经济行为和经济现象。

契约国家论也同样认识到国家政权与财政压力之间的矛盾运动引发政治文明更高层次的质变。财政问题曾是西欧近代政治文明诞生的重要的内生性要素。

研究财政历史，可以洞悉近代文明、近代国家发生发展的推动力量，这在西方国家的近代文明史中得到明证。熊彼特在1918年发表的《税务国家

---

① 王国斌：《18世纪以来中国财政变迁及相关问题》，《史林》版，2006年第2期，第1—9页。
② 《马克思恩格斯全集》第21卷，人民出版社1972年，第195页。

的危机》中指出，财政体制与现代国家制度有着密不可分的联系，"税收不仅有助于国家的诞生，而且还有助于它的发展。税制是一种机构，它的发展促使其他机构的发展。国家的手上拿着税单，便可以渗透到私有经济中去，可以赢得对它们的日益扩大的管辖权。……一旦税收成为事实，它就好像一柄把手，社会力量可以握住它，从而变革社会结构。"正因为如此，研究财政历史使得人们能够"洞悉社会存在和社会变化的规律，洞悉国家命运的推动力量"。[①]

循着这条研究路径，希克斯分析了近代民族国家兴起的缘由。他认为，近代民族国家起源于16世纪的西欧，这次历史变革的主要原因就是财政压力，即君主们需要大笔金钱去支付战争费用。国家努力克服财政压力，一方面不断寻求向新财富征税，这导致了现代税收制度的建立。另一方面，由于日常征税仍然满足不了非常时期的军费开支，所以借债就成为非常迫切的任务。但是，"在中古时期国家通常是不守信用的。……（而）利用君主自己的法庭来实施不利于他的权利要求是有困难的，多半是不可能的。因此，一般说来，借钱给国家比借钱给私人更险。"因此，信用就成为借债的关键。结果，西欧国家寻求借款的努力，促进了资本市场和整个金融体系的成熟[②]。诺贝尔经济学奖得主诺斯在考察西方世界的兴起时，也得出了与希克斯同样的结论。他还进一步指出，国家在面对财政压力挑战时的对策，从长远来看将决定一国经济的兴衰。[③]

在英国，由于约翰王的对外战争，及沉重的战争费用，国王向贵族提出增加税捐要求，引起了英国贵族的联合反抗，国王被迫与贵族们坐下来谈判，才有了《大宪章》的诞生。

在法国，由于纳税负担不均平，激发了法兰西大革命。在法国的旧制度下，原有贵族、教士、平民三大阶级，贵族与教士是富裕阶级，持有世袭的特权，但不负担纳税的义务。这个负担完全落在平民身上，并随政府开支的

---

① 何帆：《为市场经济立宪——当代中国的财政问题》，今日中国出版社1998年。
② [英] 约翰·希克斯著，厉以平译：《经济史理论》，商务印书馆1987年版。
③ [美] 道格拉斯·诺斯、罗伯斯·托马斯：《西方世界的兴起》，厉以平、蔡磊译，华夏出版社1999年版；[美] 道格拉斯·C·诺斯著，陈郁等译：《经济史中的结构与变迁》，上海三联书店1994年版。

增加而日益加重。终于爆发了 1789 年三级会议中平民与贵族教士的冲突，辗转而成为大革命的洪流。

在美国，独立战争亦起源于赋税问题。英国由于受七年战争的影响，决定在北美十三州的殖民地，征收新税，以资弥补，当地人民以英国国会之内并无北美殖民地的议员，遂喊出"不经人民代表同意，不纳捐税"的口号。1765 年英政府颁布印花税时，北美殖民地人民发动罢市与抵货运动，将税务官身涂柏油，沾满鸡毛，捆绑以示众，群起抗捐，直至响起莱克星顿的枪声。

2. 财政与市场经济

财政压力不仅推动国家变革，也会对一国的经济发展产生深远影响。诺斯有一句名言："国家的存在对于经济增长而言是必不可少的；但国家又是人为的经济衰退的根源"。这句名言又称为"诺斯悖论"，说得更明确一些，就是国家行为会决定经济的兴衰。诺斯以英国与西班牙为例，讲述了国家对财政压力的对策问题。在民族战争引发深重财政危机中，英国通过"以货币交换产权"缓解了财政压力，摆脱了财政困境，并最终催生出与产权控制彻底分离的公共财政制度；相反，西班牙拒绝放弃旧规则，政府继续严控工商业以维持财政收入。在此后的几个世纪中，英国把原来领先于自己的西班牙远远甩在了后面，西班牙则经历了长期的经济停滞衰退。

在诺斯的例子中，英国确立私有产权，迈向公共财政；而西班牙坚持了君主的家计财政，维护王室利益，却破坏了国家经济的长远发展。诺斯的意图是国家财政应为市场经济开辟道路，为市场经济立宪，而不是坚持财政本位去压抑市场经济，破坏工商业的自由发展。这与亚当·斯密提出的市场经济原则是一致的，"看不见的手"应主导经济的发展。

不过，市场也有失灵的时候，财政的作用就在弥补市场的失灵。这是一种消极的财政功能。随着西方世界经济的发展与周期性动荡的不断发生，人们也在重新思考市场机制和政府在经济生活中的作用问题，从而摒弃传统的认识，而开始了公共财政从传统的政府"不干预"向"干预"型的转变，特别是当经济大危机的时候，政府再不能继续坚持以往自由放任的态度，它必须介入以解决经济危机和社会公平问题，公共财政演变成为国家调控宏观经济的重要工具。

晚近的财政学家马斯格雷夫把财政与市场经济的关系讲得更为清楚：

"在私人物品的世界里，市场和个人的交换提供了有效率的模式，但这仅仅是问题的一部分。社会共存必然产生外部性，市场无法解决外部性，需要政治程序——称之为国家——作为有效的解决之道。公共政策的核心，不是作为私人市场'自然秩序'的偏离而是作为致力于解决一套不同的问题同样有效或自然的方法。简而言之，预算程序这只'看得见的手'与市场这只'看不见的手'相比并不显得更不'自然'。在满足各种各样的需求，完成各种各样的任务时，通过预算程序的模式解决某些问题效率较高，市场模式在解决另一些问题时则更胜一筹。在两种模式中都存在失灵以及满足一些需要，这两种模式对于社会秩序是必不可少而且是相互补充的。"[1]

（三）转型中国与财政问题

1.在中国，近代国家政治转型与财政问题又有如何的关联？

中国近代政治转型是在外力冲击下展开的，并非由于自身的财政问题所引发，但财政问题使得近代中国转型步履阑珊。从财政与近代中国历史的关系看，晚清的财政构成可以分为三部分：(1)半殖民地财政。这些包袱是帝国主义迫使它背上的，使它失去了关税的自主权，因巨额战争赔款而大举外债，等等。半殖民地财政大大增加了中国近代化起步的压力，这个沉重的包袱使中国人民备受奴役。(2)维持财政。其作用是维持清王朝国家机器的存在及运转，这与清前朝的财政一脉相承，在财政体制上以中央集权为特征，财政收入以传统自给自足的小农经济为基础，数千年来的结构不变，只是从中央到地方都加紧了对人民的搜刮。维持财政只是让一个没落的封建王朝苟延残喘。(3)近代财政。其一，财政收入的重点由"征农"转向"征商"，尽管其封建主义的本质并没有改变，没有切断其与自然经济母体联结的脐带，从而成为商品经济发展的桎梏。其二，财政管理体制的艰难转变，作为清末新政措施之一，清政府又模仿资本主义国家对原来的财政管理制度进行改革，如财务行政、公库制度及税制等一系列的调整；清末立宪改革的一个目标，就是划分国家、地方财政，分别收支，但是尚未实行清王朝即被推

---

① [美]詹姆斯·M.布坎南、里查德·A.马斯格雷夫：《公共财政与公共选择两种截然对立的国家观》，中国财政经济出版社200年版，第24页。

翻。晚清政府提出的基本财政改革方案无法应付这个没落王朝的政治危机。

财政最终解决不了政治难题，但政治问题的解决必须以财政的解决为先导和要件。近代中国财政基础薄弱，筚路蓝缕，矛盾重重。但是，晚清政府留下一批庞大的财政遗产，它的财政能力极大地增强，把一个年收入只有四五千万两银子的国家财政在短短的 70 年中扩张到了 3 亿两，并把这种扩张能力传到了民国；它在一个一统天下的专制财政体系中孵化出了大大小小的地方财政，留下了一个民国政府既想解决又无法解决的中央与地方财政关系的难题。①

2. 晚清近代财政的变革催生了近代中国政治转型的新要素：政治分权与地方财政。中央与地方的财政互动、地方政权与地方财政的互动，是引发中国现代化进程的重要内生性因素。

地方政权的崛起，使得晚清政局为之大变，太平天国之役以后，督抚所率之兵，均是自募自练自养，"兵为将有"，地方因此权重，势倾中央。督抚养兵的经费自筹，于是地方财政形成："创办厘金，劝捐加课，多由各省分别举办，一纸奏闻；各项报销已成有名无实。……是后举办新政，筹备自治，地方收支自行经营……隐具独立意味之局。"最后，财政实权已归各省而不在中央，中央政府已是外强中干，地方政治更成尾大不掉之势。② 清王朝既受沉重打击于辛亥一役，又因各省独立而最终分崩瓦解。

民国即兴，其政治局势和财政状态承继了晚清的格局。整个民国时期，即 1912—1949 年间，历经北洋各届政府与南京国民政府，内忧外患的政治环境并没有彻底的改善，而时代的转换，又带来了新的政治难题：北洋时期的统一与割据问题、早期现代化的困局、中日战争……，接踵而至，复杂多变。在这些纷芜杂乱的局势之中，地方政权与地方财政之互动关系，仍是诸多要素中影响现代国家政治转型的轴线之一。

地方政权与地方财政孕育于晚清，但其生成、互动及矛盾关系的激化，到民国时期，特别是在国民政府时期才有比较充分的展开。而这种展开深受

---

① 周育民：《晚清财政与社会变迁》，上海人民出版社 2000 年版，前言，第 3 页。
② 彭雨新：《清末中央与各省财政关系》，李定一等编：《中国近代史论丛》第二辑第五册，第 3 页，中正书局 1963 年版。

近现代政治转型大背景的影响，有些学者界定为中国有史以来"第二次政治社会制度大转型"①，气势恢宏。具体而言，在从传统王朝国家向现代民族国家转变过程中，中央层级，皇权专制体制向现代型的民主议会体制转变。地方层级，国家政权止于县的政治状况发生转变，"二元政治"结构得以终结。县不再是传统王权与地方绅权的交接点，国家政权不断向社会基层深入、扩张和渗透，自上而下地以自己的面目来改变社会权力结构，县政权建立了深入基层社会的权力触角，如区、乡（镇）、街坊、村里、保甲等各种名目的基层组织。与此同时，地方政权也由"无为"转向"有为"，由消极趋向积极。整个地方政权的性质、结构和行为方式均发生变革。这种政治大变革类似于早期西欧的民族国家建构，在民族国家形成过程中，国家权力向基层社会渗透的过程是一个标准的"国家政权建设"过程。②地方政权在现代国家结构重组中具有重要地位与作用。

这里使用的"地方政权"概念，包括省与县政权，本书主要是指县和县以下的政权体系。从中央与地方的角度看，非中央一级政权均可称为地方政权，如清代之省、府、道、州、县，北洋时期之省、道、县，国民政府时期的省、县等。传统地方政制奉行"县政府亲民"的观念，县政府为行政机关，有县公务处理；县以上的地方政府（府、道、省等）并非行政机关，无公务处理，其唯一任务在于监督县行政，易言之，高级地方政府实为一"虚级"。国民政府时期地方政制实行省、县二级制，省处于中央与县之间收联络之功效（《建国大纲》，第十八条），虽然省一级政权增加了大量的公务，具有向"现代公务机关转变"的过渡特点，③但是县政权仍是直接治理百姓的地方政府层级。

---

① 唐德刚认为2000多年前的中国政治社会制度的第一次大转型——从封建制"转"到郡县制，政治社会的转型，是一转百转的，——各项相关事务和制度的转型，例如日常家庭生活、婚丧制度、财产制度……都是激烈的、痛苦的。转变程序要历时数百年才能恢复安定。……秦汉模式延续到清朝末年鸦片战争时期，就逐渐维持不下去了，在西方文明挑战下，我们的传统制度被迫作有史以来"第二次政治社会制度大转型"。（唐德刚：《晚清七十年》，岳麓书社2000年版，第7页。）唐德刚所谓的第二次政治社会转型自鸦片战争开始，但就政治体制的转变而言，自清末新政后才有实质性的变迁。

② [美] 杜赞奇著，王福明译，：《文化、权力与国家：1900—1942年的华北农村》，江苏人民出版社2003年版，第2页。

③ 施养成：《中国省行政制度》，商务印书馆1947年版，第506页。

3. 县财政与农村社会转型的关系日显重要。

正如熊彼特所言，财税"就好像一柄把手，社会力量可以握住它，从而变革社会结构。"县财政与农村社会紧密贴合，县财政也是推动农村社会变革的"一柄把手"，打开农村社会的一把钥匙。

有学者指出："民国时期的中国乡村社会存在三个具有普遍性的重要问题，即如何消除灾荒、匪患以及社会贫富的分化，稳定乡村社会秩序；如何处理乡村社会与国家政权之间因赋税征收加重的紧张关系；如何为贫困的农民找到一条传统农业生产之外的出路。"[①] 农村社会的秩序问题、负担问题及发展问题，这三大问题的解决都与县财政有着紧密联系。

县财政能集中体现国家政权建设与乡村社会转型的互动关系；通过对县财政制度的构架、运作和变革研究，可以探索中央与地方的关系、县域政治、农村经济和社会变革的内在动力以及所遇到的阻碍，这是研究 20 世纪中国现代化的一条重要线索。

中国历来坚持以农立国，现代转型在逐渐改造这一发展导向，中国出现明显的城市化和工业化趋向，二元经济产生，农村社会日益变成老大难问题。但是中国国情决定了，没有农村农业农民的现代化，就不可以真正实现中国的振兴。再站在今天的历史高点，自改革开放以来，县域政治经济发展仍然是农村建设的重要环节。县财政制度的落后至今仍是制约我国地方政治经济现代化的一个重要因素。民国时期县财政制度的经验教训是一面镜子，对于今天构建县公共财政体系，进行社会主义新农村建设，对于税费改革进程中突出的县乡财政问题均有着重要的资政价值。

二、研究综述

（一）县财政史料的整理与研究基础

国民政府时期的地方财政与地方政权、地方自治有密切关系。财政部设

[①] 罗衍军：《革命与秩序：以山东郓城县乡村社会为中心（1939—1956）》，中国社会科学出版社 2013 年版，第 166 页。

有地方财政司，表明对地方财政的重视。但是，一则地方财政起步颇晚，二则国家面临的困难太多，实无暇顾及。所以地方财政司"实无事可做，在财政部为冷衙门"[①]。

地方财政有关的资料也是收集困难，史料零散。所幸的是，民国时期一些学养深厚的官员学者对财政的研究及其成果，保存了部分地方财政的史料，他们关于民国财政（其中内含有对地方财政的研究）方面的著作构成相关学术研究的第一批重要的文献资料和学术成果，构成本书的研究基础，较为出色的有：贾士毅：《民国财政史》（三编）、《续民国财政史》；马寅初：《财政学与中国财政——理论与现实》；朱博能：《县财政问题》、《乡镇造产问题》。还有一些学者的研究成果，如李权时对民国初年的国地财政划分问题的研究成果《中国中央与地方财政问题》，彭雨新著《县地方财政》，张凤藻著《省县财政及省县税》，张一凡撰写的《民元来我国之地方财政》等；此外，财政部财政调查司所编写了《十年来之地方财政》等，对地方财政制度、政策、实际状况均有所探讨。以上成果对于理清民国地方财政的发展脉络极有帮助。

1949 年以后相当长时间里，学术界对地方财政的研究一直处于空白状态，更谈不上对地方财政史料的整理和编纂。进入 20 世纪 90 年代，由于分税体制的推行，及学术的发展，各方面的力量开始关注地方财政的历史研究，并开始整理包括地方财政在内的财政史专题资料，较重要的有：财政部财政科学研究所与中国第二历史档案合编《国民政府财政金融税收档案史料(1927—1937)》（中国财政经济出版社 1997），国家税务总局主编《中华民国工商税收史——地方税卷》（中国财政经济出版社 1999），中国第二历史档案馆、中国人民银行江苏省分行、江苏省金融志编纂委员会联合编辑《中华民国金融法规档案资料选编》（上、下册）（档案出版社 1990），江苏省中华民国工商税收史编写组、中国第二历史档案馆合编《中华民国工商税收史料选编》（南京大学出版社 1994），季啸风、沈友益主编《中华民国史史料外编——前日本末次研究所情报资料》（广西师范大学出版社 1996），其中

---

① 宫廷璋：《1945 年以前的民国地方财政》，《文史资料存稿选编》，中国文史出版社 2006年版。

包括了民国时期的财政经济情况资料。另外，台湾方面沈云龙主编《近代中国史料丛刊》全三编，有关地方财政史料及经济调查资料，具有重要的价值。当然，更多的地方财政史料还静静地躺在各地的档案馆里，期待挖掘整理。

（二）县财政史研究的进展

目前民国县财政史在学术界尚未能成为一个有影响的研究领域[①]，但是也吸引大陆不少学者的眼光，在海外、台湾地区不断涌现新的学术成果，研究视野不断扩宽。结合中外学术成果，综述如下：

1. 海外的地方财税史研究。国民党失去大陆之后，中国政治发展转向。学术界对于民国时期地方政府研究的出发点和视角发生了很大的变化，新问题引发研究新路向，新问题也伴随着理论范式方面的转换。20 世纪 70 年代，西方汉学界追问"为什么国民党失去了中国"这个话题，易劳逸（Eloyd E.Eastman）将其原因之一归于乡村税制的不合理和征收的黑暗腐败。[②]80 年代，西方学者在研究中国现代政治转型过程时，参照了西方一个主流性的研究路径，即"国家政权建设"（state-building），以杜赞奇为代表，论证了国家权力是如何通过种种渠道深入社会底层的，特别是经纪人税收制度导致了政权的内卷化现象。[③] 近年来，也有学者透过地方财政制度的变革，来分析中国地方政权建设的多样性及国家与社会关系在区域间的变化。[④]

2. 台湾的区域现代化研究涉及地方财政。在台湾，李国祁、张朋园、张玉法共同主持的"中国现代化的区域研究"，对省政研究影响深远。这项研究始于 1973 年，到 1995 年，已有《湖北省（1860—1916)》（苏云峰著）、《山东省（1860—1916)》（张玉法著）、《闽浙台地区（1860—1916)》（李国祁著）、《湖南省（1860—1916)》（张朋园著）、《江苏省（1860—1916)》（王树槐著）、

---

① 这从叶振鹏主持的《20 世纪中国财政史研究概要》（湖南人民出版社 2005 年版）可见一二，在专节《民国史研究概要》（刘经华撰写）中竟没有对地方财政史进行概述。

② [美] 易劳逸著，陈谦平、陈红民等译：《流产的革命：1927—1937 年国民党统治下的中国》，中国青年出版社 1992 年版，第 223—293 页。

③ [美] 杜赞奇著，王福明译：《文化、权力与国家：1900—1942 年的华北农村》，江苏人民出版社 2003 年。

④ Elizabeth J.Remick, Building the Local State. Harvard University press, 2004。

《安徽省（1860—1916）》（谢国兴著）、《从变乱到军省：广西的初期现代化（1860—1937）》（朱宏源著）。这些著作对各该省的财政均有涉及，专题论文方面，如王树槐著有《北伐成功后江苏省财政的革新（1927—1937年）》一文，目的在探求江苏财政革新之真相及其成功之原因，透视政治经济现代化之进展。[①] 苏云峰：《政局与财政的互动关系：以抗战前期湖北为例》，阐述政治和财政二间之间的互动关系，得出"北洋军阀是压鸡排卵，武汉政权是杀鸡取卵，国民政府养鸡取蛋"的结论。[②] 这几位学者虽以现代化立论，但在选材与分析时仍带有明显的政治偏向性。

3. 中央与地方财政关系研究。近年来，台湾学者对地方财政研究中颇有份量的成果有：林满红先生在总结财政与近代历史关系时，指出政府财税控制能力的变化：在 1600 年到 1949 年中国，可看到以下几个发展：（1）清代相对明代财税控制能力增强，（2）清代的财税控制能力不如现代政府，（3）晚清以至 1949 年间政府税收项目越来越多。[③] 侯坤宏《抗战时期的中央财政与地方财政》[④] 和陈淑铢：《蒋经国对赣南财政的整顿及其效果 1939—1945》[⑤] 等，是研究地方财政的佳作。侯坤宏研究中央财政与地方财政的立论要点在于由财政角度来观察战时中央与地方的关系及"财政中央化"与"庶政地方化"之间的矛盾。陈淑铢以蒋经国治理赣南 11 县的案例，来分析蒋经国如何一面配合施行自治财政，又一面支应规模巨大的"新政"计划所需经费。1939—1945 年恰是实施新县制和自治财政体制之际，蒋经国对赣南财政的整顿，比较集中地反映了新县制抗战建国双重任务与自治财政的紧张关系。

---

① 王树槐：《北伐成功后江苏省财政的革新（1927—1937 年）》，《中国近代现代史论集》（台湾）"中华文化复兴运动推行委员会"主编，台湾商务印书馆 1986 年发行，第 28 集，第 359—416 页。

② 苏云峰：《政局与财政的互动关系：以抗战前期湖北为例》，台湾中央研究院近代史研究所社会经济史组编：《财政与近代历史》（上册），台北中央研究院近代史研究所印行，1999 年，第 105—150 页。

③ 林满红序言，台湾中央研究院近代史研究所社会经济史组编：《财政与近代历史》（上册），台北中央研究院近代史研究所印行，1999 年，第 2—4 页。

④ 侯坤宏《抗战时期的中央财政与地方财政》，台湾国史馆印行 2000 年。

⑤ 陈淑铢：《蒋经国对赣南财政的整顿及其效果 1939—1945》，《财政与近代历史》（上册），台北中央研究院近代史研究所印行，1999 年，第 149—191 页。

在大陆学界，对民国时期地方财政的研究逐渐增多。比较有影响的著作如杨荫溥所著《民国财政史》①，对国民党统治时期的财政制度和政策进行了阐述和评论，但较为简略，且意识形态色彩较浓。张连红著《整合与互动：民国时期中央与地方财政关系研究（1927—1937）》，剖析了国民政府中央财政与地方财政的收支结构、互动关系以及相互间的制约因素，考察了实现财政统一的复杂历程。②

在专题论文方面，涉及地方财政制度变革的有：杜恂诚：《民国时期的中央与地方财政划分》（《中国社会科学》1998 年第 3 期），张神根：《论抗战后期国民政府对国家与地方财政关系的重大调整》（《历史档案》1997 年第 1 期），张连红：《南京国民政府时期中央与地方财政收支结构的划分与实施》（《江海学刊》1999 年第 6 期），刘慧宇：《论国民政府时期国地财政划分制度》（《中国经济史研究》2001 年第 4 期）。关于赋税方面的论文有：刘椿：《三十年代南京国民政府的田赋整理》（《中国农史》2000 年第 2 期）。

关于乡镇财政方面的论著更为薄弱，较好的论文有：丰箫：《南京国民政府时期嘉兴县乡镇财政试析》（《中国农史》2003 年第 2 期），郑起东：《国民政府"乡镇公共造产"的历史教训》（《广西社会科学》2004 年第 7 期），等。

（三）县财政史研究的展望

可以说，学界对民国地方财政史的研究，开始取得很大的进展。但是，同民国史其他领域相比较，仍然是比较薄弱的领域。在论述方面，由于资料、作者写作的时代局限和所处的立场，使得研究成果或过时过老、或观点片面、出现偏颇或错误，需要在前贤基础上进一步深入研究。本书认为：

1. 目前县财政史的研究严重存在着就财政论财政的倾向。财政史变成脱离当时社会经济状况与生产力水平、政治环境的简单的制度陈述或数据罗列，至于县财政问题，县财政变革的内因及对政治社会的影响少有涉猎。对县财政史研究的研究方法和中心线索缺乏必要的讨论，研究县财政，却缺乏

---

① 杨荫溥：《民国财政史》，中国财政经济出版社 1985 年版。
② 张连红：《整合与互动：民国时期中央与地方财政关系研究（1927—1937）》，南京师范大学出版社 1999 年版。

地方立场。目前囿于现成的按政权演变顺序，按革命史的发展线索及逻辑结论来对县财政史定性。另外，在运用经济学、财政学的理论方法来探讨地方财政也是远远不够。阐释民国县财政制度变革这一现代化进程，公共财政体制的初步建立，及所遭遇的阻力，这是很有意义的课题。

2. 缺乏综合研究。就县财政体制研究而言，需要进一步爬梳资料，既要从一个较长的历史时段，即晚清至整个民国时期，去探讨它的价值意义、它的发展或转折过程，又要注重各个时期它的不同变化和特点，以及它与当时的地方政治、经济、社会等联系，还得具体考察它实际运作的效果。

3. 应加强县财政与乡村社会互动关系的研究。以往研究专注于财政制度的变革，而相对忽略财政制度的社会影响，但是，只有通过乡村社会的变动才能理解县财政政策与制度的效益问题。

4. 应该深化微观研究，以体制变革为中心，拓宽县乡财政研究领域。迄今为止，学术界对若干民国时期县乡财政问题的研究取得一些进展，如对县自治财政基础的研究，但是在研究的深化和细化方面则是远远不够，而有些领域则很少有人涉足，譬如，南京国民政府时期的农村公共财政体制问题、农村的金融政策等。

三、研究思路与创新

（一）主要内容与基本思路

本书的主要目标是探讨民国时期县财政的现代化，及其对乡村社会的影响。鉴于中国各地区差异明显，只有采取区域研究与比较研究方法，才不至于以点代面，以面概全。本书所使用的史料偏重于中部的两湖地区，试图与江浙地区作比较研究，适当参照闽、赣、粤、桂及华北部分地区。江浙自古为经济发达区域，与两湖地区形成明显的梯度发展态势，具有较好的可比较性。另外，本书不涉及中共早期政权的财政问题。

县财政的现代化，一是地位问题，核心是中央与地方的关系及县财政的独立发展问题。二是制度建设，县财政制度又可分为县财政收支、财政管理体制、税制、财税政策等方面。

县财政对乡村社会的影响是本书研究的中心内容。时间段设定为1927—1937年，即所谓的"黄金十年"。民初县财政因袭晚清地方财政变革格局，对乡村社会影响并不明显。1927—1937年县政建设，是新旧制度与新旧矛盾交汇时期。县财政渐趋独立之势，政府动用县财政干预乡村社会的意愿、能力增强，基本奠定乡村社会变革的基础，具有重要的研究价值。

抗战爆发至国民政府垮台处于军事动荡时期，战乱打断了县财政对乡村社会的有序变革，动摇了国民政府的统治基础。这个时期国民政府施行战时财政，县财政虽有重大建树，在制度上确立自治财政，乡镇财政体制也有所规划。但与"黄金十年"的建设性相比，县财政（苛政）对乡村社会的破坏性突显，在走下坡路。

基本思路：本书主要分为四大部分：

1.1900年以来的乡村经济与政治，这是县财政变革的两大基石。财政最终决定于经济基础，日渐严重的农村经济危机给县财政蒙上了厚厚的阴霾。乡村政治的变革是县财政变革的政治基础，地方自治，特别是孙中山先生提出的县自治思想是县财政的独立发展的理论基础。

2."黄金十年"：建设中的县财政（1927—1937）。民国乡村经济衰落，乡村建设运动兴起，存在社会与政府两种建设思路。政府以县政建设为中心，改革县财政制度，由政府主导改变乡村。国民政府召开了第一、二次全国财政会议，划分国地收支范围，健全地方财政体制；重要的政策有：裁厘改统、整理田赋、整理县地方税捐等。

3.农村公共财政论。县财政开始有序触动乡村社会的现代变革。乡村公共事业因公共财政制度建构而起步，乡村社会结构也因地方财税变动出现新格局。建设的问题与成绩同在，两湖与江浙区域的乡村出现差异性的发展态势。

4.县财政演进中的农村经济与社会。主要关注县财政与市场经济、县财政与农民负担、县财政与乡村治理三个大的问题。

（二）研究方法

基本方法：1.坚持马克思主义指导思想，应用辩证唯物主义与历史唯物主义的方法论。在具体研究中借鉴现代化理论模式。2.坚持跨学科综合研究，采用财政学与历史学的理论与方法。3.在具体研究策略方面，坚持宏观着眼个案着手。

重点和难点：

1.县财政制度的现代化。县财政现代化是一个长期的过程，核心问题是中央与地方关系问题。难点在于分析中央与地方关于财权与事权的内在矛盾。

2.县财政与乡村治理。县财政的变革会引起地方行政的一系列演变，如何聚财、用财，如何发展乡村公共事业，成为地方政府的一个重要施政目标，基层权力结构、行为方式因之而转变。难点在于分析县财政的确立如何改变地方政治行为模式。

3.县财政与乡村社会变迁。县财政现代化涉及乡村社会各阶层及财政利益集团的冲突与整合。县乡财政体制的变革对乡村社会影响深远，传统的税制和税收管理体制发生转变，乡村固有权力结构在这一转变过程逐渐解体，新的权力结构因地方政治和县乡财政体制的变动得以生成，不同利益集团新陈代谢。难点在于分析财政改变乡村中的地方性因素，各地有较大的差异性。

（三）基本观点与创新

本书认为，县财政的独立及其向公共财政的转型是县政建设和乡村社会公共事业发展的基础；县财政制度政策的演进，引起了两个重要关系（即中央与地方的关系，国家与社会的关系）的现代化调适。近代中国国家始终实行损下益上的条块分割财政制度，一方面，尽量把财权收归中央；另一方面，又尽量把各项庶政推给地方自筹。这种财政制度产生了悲剧性的后果。由于县财政收入被中央政府割取，中央政府也就无力禁止县地方政府另辟财源，造成了县财政的失控。乡村社会有限的财力无法支撑日益膨胀的县、乡行政组织，最终乡村政治危机成为必然。当然，在不同区域县财政问题有一定的差异。

县财政制度的演变深刻地影响了乡村社会的治理结构和矛盾形式。考虑到民国时期政治社会的转型，应该适当肯定国民政府对县财政制度的探索经验。

本书创新如下：第一，理论与方法上的创新，以往研究着力于县财政收入与制度分析，本书探讨县财政与乡村社会变迁的互动关系。从县财政的角度去研究乡村社会现代化的动力与阻力，分析国民政府在乡村社会的政治基础的变动。在区域史和个案研究方面有所推进。以往同类研究以江南和华北为主，本书以两湖为重点，提供研究的新类型，并兼顾其他区域。另外，本书试图用比较的视角，探讨民国时期县财政的区域差异。本书试图探讨两湖地区与江浙不同的地域环境如何影响县财政制度运行效率与政策执行效果。区域比较研究更能深入评估国民政府县公共财政制度、政策的目标、手段、绩效。这是以往同类研究所没有涉及的。当然，在区域比较方面，本书也做得还远远不够。

第二，观点上的创新，本书试图从县财政的角度重新建构1927—1937年农村社会经济图景，摆脱过去常用阶级财政的观点去批判县财政对农村社会的搜括和压榨，而去正视县财政的公共职能。县财政为县政建设提供资金，为农村社会提供公共产品和服务，符合国民政府复兴农村的政策目标，也符合公共财政的一般定义。

第三，在新财政史料的发掘方面。在各地档案馆里面静静地躺着大量的财政经济史料迄待发掘使用，这也是本书力图去做的一件事情。

四、资料说明

（一）本书的资料主要来源于浙江、江苏、湖南、湖北、四川等南方省份，华北资料短缺。本书也主要是试图研究国民党实际控制区域的县财政变迁及与乡村社会的关系。笔者在搜集史料的过程中，面临着不小的困难。湖南、湖北的地方档案史料在1930年代初由于战争，损毁、失散殆尽，几乎没有完整的财政数据可言；江浙地区稍好，但仍然呈现出片断性。在农村方面，江浙尚有较多的调查资料（包括官方调查、也包括各方面的专家调研）可供参考，而两湖地区的调查资料几乎空缺。尽管本书从显要人物的文集、研究成果、地方史志中摄取史料，但是这些史料能否真正代表农村、农民、农业的真实状况，笔者有些诚惶诚恐。由于史料严重缺乏，笔者对两湖、江浙地区县财政与乡村社会的互动关系描述，往往是一种对"碎片"的深加工，具有一些电影艺术手法"蒙太奇"的特点，试图"从断裂的片段看到整体的形态和意义"。本书所用史料方面的不足可能会影响行文的严谨，和观点的客观性。

（二）正是由于史料的缺乏，本书原计划要对两湖与江浙地区的县财政所表现出的差异性作出比较，但正是由于缺乏坚实的可比较史料，所以在行文过程中，没有单列出一章来进行比较。这是本著作十分遗憾的事情。笔者拟在今后的进一步研究中，多方面进一步挖掘有关史料，以弥补这个缺憾。

（三）今后笔者仍将继续深入研究：1937—1949 年县财政与乡村社会的互动关系。1937 至 1949 年是战时财政时期，打断了县财政的完善进程，县财政虽有重大建树，在制度上确立自治财政，乡镇财政体制也有所规划。但与"黄金十年"的建设性相比，县财政（苛政）对乡村社会的破坏性突显，在走下坡路。

尚待深入的研究还有：1927—1937 与 1980—90 年代两个不同时代的县财政比较研究。两个时代的乡村社会面临的问题具有一定的相似性。例如，"两化"背景，即工业化和城市化，具有相似性，虽然"两化"的阶段性不一样。在"两化"背景下，两个时代的县财政都面临着财政困境，这是乡村社会发展过程中的困境。因此，总结民国时期县财政与乡村社会的经验教训对当下的农村公共财政建构具有积极意义。

第一章　清末以来农村经济与县财政

　　1840 年后，西方列强用坚船利炮打开中国大门，中国社会面临"千年未有之变局"，中国社会经济结构发生深刻变化，现代工业和城市部门崛起，农村经济式微。但是，晚清和民国的中国仍然是一个以农为本的国家。在抗战前，乃至在近代中国，农民人口占全国人口 80% 以上[①]，农业产值在国民经济中也占有着基础性的地位，据估算，农业对战前中国总产出的贡献超过 60%。[②] 这是基本国情。

　　中国的复兴也必须从这个国情出发。不过，受西方观念和城市发展的影响，人们对中国农村经济的认识在发生一些变化。中西力量对比和中国陷入半殖民地半封建社会的现实，一再提醒中国的落后，西方的强大，其根源在于中国是农业社会，西方是工业社会。农村经济被定性为传统与落后，越来越多的质疑之声发问：进入 20 世纪的中国农村经济是发展的，还是停滞甚至是衰败的？它能不能为中国的工业化提供原始积累？[③]

　　无论学术界或是一般民众，对于 20 世纪上半期的农村经济[④] 保持着一

[①]　朱羲农：《十年来的中国农业》，《十年来的中国》，商务印书馆 1937 年版，第 185 页。

[②]　[美] 托马斯·罗斯基：《战前中国经济的增长》，浙江大学出版社 2009 年版，第 278 页。

[③]　发展经济学十分强调人均农业产出的增长，认为它能推动城市化、工业化、资本积累、出口增长及其他重要经济进程的发展，从而带动整个经济的增长。

[④]　农村经济不止于农业，农业经济只是以粮食生产为主的经济部门，是农村经济的主要构成。农村经济是一个更大的综合性范畴，包括农业经济，也包括非农业经济部门。非农业经济部门，包括了手工业（传统社会男耕女织中，女织就是手工业之一，不可或缺的农村经济重要组成）、传统交通运输、贩卖、牲畜饲养，还包括传统的金融类，等等。如果把农业经济和非农业经济部门合计，那么，农村经济，又称之为传统经济，在近代中国占有着更高的成分和地位。

种不太乐观的看法。中国农村经济的根本问题是什么？如何改变和治理农村？农村能不能解决自身的问题？改变农村的力量是市场力量，还是国家力量？国家在解决农村问题时应该承担什么样的责任？

对这些问题的思考引申出了"救济农村""复兴农村"的各种方案，其中也包括对财税问题的探讨。从民初的军阀政府到南京国民政府，国家财政职能在于养兵和维护自身统治。在日益兴盛的工业化面前，农业被贴上落后的标签，农村经济贡献给中央政府的财税份额大大下降了。中央政府无法从农村经济中获得足够的资源，于是把维护农村经济的责任推给了逐渐独立出来的地方财政（主要是县财政）。陷入困顿的农村经济面对的是弊病重重的县财政，这是两个破落户的联姻。

第一节　农村经济发展问题

一、从"农村危机"谈起

传统中国历来实行重农抑商政策，中国传统农业曾长期居于世界农业经济发展的前列。在世界经济大分流的 1800 年以来，中国（特别是长江三角洲，或称江南）的农民生产能力和生活状况不亚于或超过可类比的最发达的欧洲地区——发生工业革命的英国（主要是英格兰地区）。[1]

18 世纪中叶，英国开始了农业革命，近代的耕作系统开始发展，包括作物栽种方式的改进、畜牧业的发达、以及新农具的发明。19 世纪以后，科技的进步使农业的产量更加增加，人均劳动生产率大大提高，举例来说，在 1850 年左右，平均每个美国农民生产的粮食仅可养活 5 个人，到了今天，平均每个美国农夫生产的粮食已可养活 50 个人以上。[2]

---

[1]　[美] 彭慕云著，史建云译：《大分流——欧洲、中国及现代世界经济的发展》，江苏人民出版社 2003 年版。

[2]　这种说法，以人均劳动生产率来计算，也引起争议，主要是没有考虑到单位亩产量和资源的投入的问题。

而在同一时期的中国，农业经济似乎是停滞不前的。经济结构没有根本性的改变，农业人口在就业人口中所占比例的变化也不大，这些表象符合舒尔茨关于传统农业为特征的均衡状态①，伊懋可（Mark Elvin）称为"高度均衡的陷阱"（the high-level equilibrium trap），即中国传统农业经济面临着向现代农业转型的发展瓶颈。

中国传统农业经过有清一代的成长，到 20 世纪初，发展到了最高点。这种发展模式被称为"广泛性的成长"②，曾解决了清代人口猛烈增长的生存需求。根据王业健的研究，当满清入关之际，中国人口大约在 1 亿到 1 亿 5 千万之间。太平天国动乱前夕，已超过 4 亿。到 1930 年代早期，增达 5 亿（见下表）。笼统地说，中国人口在这三个世纪间大约增加到原来的 4 倍。由于经济结构和每人平均所得在这个期间并无多大变动，那么，人口增加 4 倍，粮食的供给也必须作大致相等程度的增加。近代中国虽然不断有粮食自海外输入，但其输入量在全国粮食供给总量中所占比例极小。所以，在这个期间内粮食供给的增加几乎完全仰赖国内农业生产的增加。

表 1—1：近代中国人口与耕面积估计

年别	人口（百万）	耕地面积（百万市亩）
1650	100—150	600
1750	200—250	900
1850	410	1210
1933	503	1534

资料来源：王业健：Land Taxation in Imperial China, 1750-1911, Cambridge, Mass., Harvard University Press, 1973, P. 7。

---

① 西奥多·W·舒尔茨关于传统农业的基本特征：（1）技术状况保持不变，（2）持有和获得收入来源的偏好和动机状况保持不变，（3）这两种状况保持不变的持续时间足以使获得作为收入来源的农业要素的边际偏好和动机同作为一种对持久收入流投资的这些来源的边际生产力以及同接近于零的纯储蓄达到一种均衡状态。（[美] 西奥多·W·舒尔茨：《改造传统农业》，商务印书馆 1999 年版，第 24 页。）

② 广泛性的成长（extensive growth），还有一种密集性的成长（intensive growth）即现代经济增长，在中国是二战后才出现。引自：王业健：《近代中国农业的成长及其危机》，《中央研究院近代史所研究集刊》1978（7），第 355—370 页

传统农业增产的方式，大致有三大类：（一）耕地面积的扩张。根据王业健的估计，1650 后全国耕地面积 6 亿亩，到 1850 年达到 12 亿 1 千亩，已翻一番,1933 年比 1850 年增加 3 亿 2 千 4 百多亩，是清初的二倍半。（二）水利设施的进步。根据珀金斯（Dwight H Perkins）的统计，17 世纪全国所建堤堰数目为 580，18 世纪为 818，19 世纪为 394。水利建设所代表的固定资本总额，在 14 世纪至 1900 年的 6 个世纪间约增长了 3 至 4 倍。[①] 湖南是一个典型的例子，洞庭湖区在清代得到极大的开发，受益于修筑堤垸，使湖南在清代以至民国，一直是谷米出口大省。据全汉昇和克劳思（Richard A. Kraus）的估计，18 世纪上半期湖南每年外运米粮可能在 500 万石左右，或者还要多些。尽管该省人口从 1787 年到 1933 年增加一倍，即从 1600 万上升至 3300 余万，到 20 世纪初依然每年有 300 万到 500 万石的米粮外运。（三）稻米品质的改良、美洲作物（甘薯、玉米、花生）的引进及推广、作物的轮种、经济作物的推广等。

在以上三种增产方式中，耕地面积的扩张是传统农业发展的决定性因素。但是，几个世纪以来，随着人口的增多与移动，土地开发殆尽，精耕细作的农业技术已普及全国，根据铂金斯的说法，至十九世纪初期时，中国农业已进入严重的报酬递减阶段。19 世纪中叶的一连串动乱，使得人口减少，加上移民东北，危机有一定的缓解。半个世纪之后，进入 20 世纪，当全国人口超越 19 世纪中叶前的水准时，农业部门又显得压力沉重，人地之间的紧张关系再现，传统农业危机再次出现；如非改弦更张，势难长久支持。

对于王业健和伊懋可所说的农业危机，有学者把它定性为"封建性的"农业危机。进入 1920 年代末，由于世界资本主义危机频繁发生，尤其是 1929—1932 年经济大恐慌爆发，各资本主义国家为了转移经济危机的祸害，对中国进行剩余农产品倾售的数量日益增多。如此一来，中国农业经济危机在资本主义国家的轨嫁下，遂出现"封建性危机"和资本主义性质的危机相交织的局面。[②]

---

① Dwight H. Perkins: Agricultural Development in china, 1368-1968, Chicago Aldine Publishing Co., 1969.PP.60-65, 333-344.

② 郑庆平、岳琛：《中国近代农业经济史》，中国人民大学出版社 1987 年生版，第 290 页。

正是在内外交困之下，中国国内的舆论界和知识界首先感受到了农业危机的不良影响，他们纷纷深入农村社会，进行各种调研，疾呼"农村破产"、"农村危机"、提出"救济农村"、"复兴农村"的主张。20世纪20年代末和30年代初期，大量的农村报道出现在各种报刊，一批有影响的书籍纷纷出版，在社会上形成一股很大的舆论风潮。正如孔雪雄在1933年出版的《中国今日之农村运动》一书中开宗明义地指出："最近，在'农村经济破产'、'农村崩溃'的叫嚣呼号中，'乡村建设'、'农村复兴'的口号弥漫于全国。"[1]

《申报》开辟专栏"农村生活"，谈论各地农村问题的种种真相，"中国农村问题的严重，农民生活的艰苦，到现在可说达到极点了。谁不惊心于历年的水旱灾荒，荡尽了多少人民的生命财产；前年黄水之灾，鲁西三十余万被灾者，荡析离居，苏北百余万灾民，漂流待毙？谁不知道灾荒时固然颗粒无收，就是丰年也因外来的农产品的倾销，使自己农产品的价格跌到本钱都不够？又谁没有听到耕地的日渐减少，贫农佃农的急剧增加，农村手工业的破坏，民族新工业的不振，使得健全的农民有着劳力而无处使用？三万万以上贫苦无告的农民，就在世界经济的威胁和旧生产关系的桎梏之下，偷度着非人的被压迫的生活！"[2]

"民国成立以来，中国的政治、经济、社会、教育各方面，都变了一团糟糕。一般忧国之士，莫不举首蹙额地喊着：'中国的危机到了！'……中国的危机，绝不是因为民族的精神不振，也不是因为国民缺乏礼义廉耻种种的美德，而是因为农村经济的基础，已逐渐动摇，且有濒于破产的趋势。历史上的政治革命，都含有多少社会背景，而且可以说，大多数是以农村经济破产为背景。"[3]

更有论者认为，此一时期的农业危机是一种全面性危机，是一种"农村总崩溃"[4]。它非但以"经济基础急剧破裂、人民生活日益艰难，其惨苦实有甚于亡国"的情状使"各地农村已全部陷入危境"，而且将"农村问题的严

①　孔雪雄：《中国今日之农村运动》，中山文化教育馆1933年，第1页。
②　俞庆棠编：《农村生活丛谈》，上海申报馆1937年，第1页。
③　董汝舟：《中国农村经济的破产》，《东方杂志》第29卷第7号（1932年12月），第14页。
④　古：《乡村建设与乡村教育之改造》，《东方杂志》第30卷第22号（1933年11月），（教）第6页。

重性，已超升至最高状态，解决之切，迫不及待。"①

有学者认为，20 世纪 20 年代末和 30 年代初期的农业危机，并非传统时期暂时性的生存危机，而是一系列持续发生的脱序现象，明显可见为：(1) 在经济上，城乡经常分离，城市无法自乡村取得粮食，转而依赖进口 (1921—1949)，农产品及依赖农产品为原料的手工业制品，出口金额在总出口金额中所占比例有下跌的趋势 (1913—1930)。(2) 农村贫困的情形日益严重。大规模的省际移民、饥荒、农民入城行乞、妇女坠入风尘、父母出售子女、乡村失业人口增加、负债情形普遍等事件，在过去不常发生，但是此时却成为普遍的现象。②

二、"农村危机"的争议

"农村危机"的争议包括两个方面，一是否定农村危机的存在，这是少数派观点；一是肯定农村危机的存在，并阐述农村危机的致因。

否定农村危机的观点，主要是学术界的少数部分人所持有。这一派的观点或多或少地认为中国农业经济是有发展的，例如珀金斯（美）、马若孟（美国）、托马斯·罗斯基（美国）、慈鸿飞等。

罗斯基认为："人均产出的持续增长，成为 20 世纪最初几十年中国经济的基本特征"③，中国农业产出是持续增长的，农村生活水平上升，私人消费持续增长，特别是棉布的消费量高增长。④ 慈鸿飞通过对华北农村的商品市场和资本市场进行分析，认为华北农村市场蓬勃发展。⑤ 马若孟也认为农民生活并未下降，相反有改善的可能，"没有任何证据表明 1937 年以前农民的生活水平在下降，所以，为了供养增长的人口，农业总产量是上升的。即使

① 陈醉云：《复兴农村对策》，《东方杂志》第 30 卷第 13 号（1933 年 7 月），第 112 页。
② 张瑞德：《中国近代农村经济与危机——晚近一些议题的评述》，《近代中国农村经济史论文集》，台北：中央研究院近代史研究所，1989 年 12 月。
③ ［美］托马斯·罗斯基：《战前中国经济的增长》，浙江大学出版社 2009 年版，第 345 页。
④ ［美］托马斯·罗斯基：《战前中国经济的增长》，浙江大学出版社 2009 年版，第 278—333 页。
⑤ 慈鸿飞：《二十世纪前期华北地区的农村商品市场与资本市场》，《中国社会科学》1998 年第 1 期。

家庭农场的规模在逐渐缩减，农场的平均生产能力仍保持不变。此外，农村手工业生产、工业原料作物的引进和在附近城市中非农业就业的机会，使农民能够增加他们从粮食和蔬菜生产中得到的收入。如果村庄足够幸运，能享受到这些好处，就能够维持收入水平，或许还可以提高，农民的生活水平就不会下降"。[①] 郑起东从近代华北农户收支与净利润和利润率、农户收支与消费结构和消费水平以及农民生活方式的演变三方面说明近代华北农业经济有所发展，农民生活有所改善。[②]

但是，普遍性的观点是肯定农村危机的存在。20 世纪 20 年代末 30 年代初涌现的几乎一面倒的舆论诉说了农村危机的严重性。这种舆论也成为主流观点，并为后来的学术研究者所继承，以精细化的学术概念加以阐述，可以称之为停滞论和衰败论者，代表人物有王业键、伊懋可、黄宗智等。

王业键强调了 20 世纪初期农业危机的三个表现：第一，已开发区域和开发中区域的可耕地已开发殆尽。依照沈宗瀚估计，中国可耕地面积最多不过全国面积的 15%，即 3 亿 5 千万英亩（相当于二十一亿市亩）。1933 年中国已耕地面积为 15 亿 3 千 4 百万市亩。按此推计，当时还有 5 亿余万市亩的土地尚待开垦。然而这些尚未被利用的土地都是边际土地。如果要开发这些土地，必须事先对于水利、交通运输、作物与土壤的适应性等方面作大量投资。这些是短期内无法完成的工作。第二，中国人口冠绝寰宇，加以五分之四的人口依赖农业为生，因此，造成很严重的人多地少、农场狭小的现象。根据金陵大学在 1929—1933 年间所作的调查，当时每个农家的农场面积平均只有 3.76 英亩（同时的美国平均农场面积为 157 英亩，荷兰为 14.28 英亩），而且平均每个农家土地极为分散、零碎。第三，传统的农耕技术已经发展到很高的境界。在 1930 年代早期，中国每亩耕地的米、麦产量都高出于美国及苏俄相当多。换句话说，传统的技术如农具、品种、水利设施等都已发展到这样一个地步，除非代之以现代的科学技术，增加农业生产的可

[①] Raman Myers,The Chinese Peasant Economy:Agricultural development in Hopei and Shantung, 1870—1949, Harvard Univ. 1970, pp. 123, 212, 288. 马孟若：《中国农民经济》，江苏人民出版社 1999 年版，第 136 页。

[②] 郑起东：《近代华北的农业发展与农民生活》，《中国经济史研究》2000 年 1 期。

能也很微小。①

上述三点事实所形成的危机，伊懋可称之为"高水平均衡陷阱"②。这种说法，是以技术论的观点解释中国农业的停滞，他认为中国的传统农业技术到达了一个相当高的水平，农业产生的剩余递减，用于提高生产力的创新，日形困难，只有西方式的工业革命和科学革命才能突破"陷阱"。

黄宗智通过对华北和长江三角洲小农家庭的研究，提出"过密化"范式。他认为中国农村是没有发展的增长，总产出在以单位工作日边际报酬递减为代价的条件下扩展，"无论农作物还是家庭手工业都没有什么剩余，通常只能勉强满足糊口和缴纳租税。两者均不可能提供积累和投资，它们主要是维持小农家庭基本生活的手段"③。

无论是否定农村危机，还是肯定农村危机的存在，两种观点反映了两种不同的观测角度，任何一种观点都难以囊括农村的全貌，近代以来中国农村经济呈现一种复杂化的发展态势：农村自然经济的解体与商品经济发展并存，农民负担加重与市场发展提供新的收入增长机会并存，部分交通便利地区发展与广大交通闭塞地区落后并存，城乡二元化进一步发展，等等，这些都是转型过程中农村社会面临的危机，也就是发展过程之中面临着形形色色的危机。

虽然农村社会经济发生了许多"进步性"的变化，比如自然经济趋于解体，经济作物专业区域增加，农产品商品化程度提高，手工业经营中的资本主义因素开始成长，农民生活消费结构有了一些新的产品等，但无论发生什么变化，从绝对意义而言，中国农民的生活水平仍是非常贫苦，当为众所承认。不可否定的是，战前中国农村虽有发展，但是最后不但不能和欧洲、日本一样，进入经济持续成长的阶段，反而呈现种种危机的征兆。

因此，真正的问题不是农民是否贫困，而是农民为什么贫困，与之相连的是农村经济为什么落后？这可以说是能够反映中国近代社会本质的一个大问题。只有对此做出一个合理的解释，才能真正深入到中国近代社会的深

---

① 王业健：《近代中国农业的成长及其危机》，《中央研究院近代史所研究集刊》1978 年第 7 期，第 355—370 页。

② Mark Elvin,The Patterns of the Chinese Past, Stanford: Stanford University Press, 1973.

③ 黄宗智：《长江三角洲小农家庭与乡村发展》，中华书局 1992 年版，第 87 页。

处，才谈得上解决中国社会矛盾之道。[①]

关于农村危机的致因，在 20 世纪二三十年代有关中国乡村研究和调查的成果中涉及较多，不过，大多是列举诸多要素，例如，陈醉云将其分列为十个致因，分别为：口岸开放、农产进口、农产商品化、苛捐偏重、土地集中、田租不公、高利贷猖獗、贪官污吏与豪绅压榨、政治腐败与灾荒加剧、连年内战等。[②]

这十个致因多多少少出现在当时众多的解释框架中，依据论述者的立场和理论背景，解释框架各有侧重，有单因论、双因论和多因论之别[③]；有所谓"农业技术学派"和"土地分配派"的差异[④]；也有民间的论述和官方的立场。

下面以在当时具有代表性的论述作一些介绍。

美国人卜凯是农业技术学派的代表，他认为农民的农业活动由于许多原因而落后：土地利用不当、农场太小、农民资本不足和接受新技术的途径有限、几乎没有对自然的控制、原始的运输条件增加了销售成本。卜凯否定了现有土地制度与农村危机的关系。马若孟继续了卜凯的结论，认为农村危机的致因，在于外因的"无序干扰"："农民经济特别容易受到 4 种重要的外部打击，农民不能预知也没有能力控制这些打击。我把这些打击称作无序干扰，因为它们与内部发展和周期性变化的一般模式无关，它们没有先兆，突然地发生，对农村经济造成严重的后果。这些干扰是自然灾害、战争、税收增加和价格波动。"[⑤]

乡村建设的代表性人物梁漱溟认为，中国乡村的破坏力量有三：一是政治属性的破坏力，即兵祸、匪祸、苛征等；二是经济属性的破坏力，即外国之经济侵略；三是属文化侵略的破坏力，即礼俗风尚之改变等。三大破坏力

---

① 李金铮：《中国近代农民何以致贫：以 20 世纪二三十年代的论争为中心》，未刊会议论文。

② 陈醉云：《复兴农村对策》，《农民问题与中国之将来》，《东方杂志》，第 30 卷第 13 号(1933 年 7 月)，第 113 页。

③ 李金铮：《中国近代农民何以致贫：以 20 世纪二三十年代的论争为中心》，未刊会议论文。

④ "农业技术派"的核心论点，认为中国农民贫困的根本症结在于农业经营方式落后，生产技术和生产力水平低下，与土地分配、阶级关系和封建剥削关系不大。而"土地分配派"则强调地权分配不均、阶级分化、封建剥削的严重，以及与帝国主义经济侵略的交互影响。

⑤ 马若孟：《中国农民经济》，江苏人民出版社 1999 年版，第 312 页。

以文化居先，而政治最大，因破坏不外两面，国内与国外的，国内的固当由政治负责，即国际的侵略其责亦在政治。[1]

马克思主义理论家、经济学家，主要有潘东周、许涤新、千家驹、薛暮桥、钱俊瑞、陈翰笙、孙冶方、钱亦石、王亚南等。他们或者为中共革命理论家，或者为"中国农村派"的重要成员，被后来的学者称为"分配派"。他们认为中国农民的贫困，主要是由于帝国主义的侵略和封建势力的压迫剥削所导致的。许涤新将见解细化为五点：一是高度地租；二是苛捐杂税；三是高利贷之咀吸；四是帝国主义之侵略；五是人祸所造成的天灾之摧毁。[2]

著名的社会学家费孝通认为，土地分配不均、地租剥削、手工业衰落、苛捐杂税、天灾人祸是导致农民生活贫困的重要因素。[3]

具有官方背景的调研成果也很有价值，它将有力地影响政府政策的制定与实施。鉴于社会上日盛的"救济乡村"呼声，国民党政府也意识到"若不设法救济，国家前途，危险将不堪设想"，行政院于 1933 年 5 月专门成立农村复兴委员会来推动复兴农村的工作。农村复兴委员会在 1933 年 7、8 月间组织了对浙、苏、陕、豫等省农村的调查，调查的内容有：土地分配、农田使用、租佃制度、借贷关系、捐税负担、作物产别及乡村政治组织等。[4] 这些调研内容和结论推动了国民政府对救济农村政策的制定，特别是其中的农村经济部分对主管财政经济工作的孔祥熙是有一定影响的。

主管国民政府财政经济工作的孔祥熙（1928 年任工商部长，1930 年工商、农矿两部合并为实业部，孔继续担任部长，1933 年至 1944 年任财政部长）对农村经济甚为关注，他的救济农村的言论集中反映了国民政府高层对农村经济的认识。中国农村濒临破产，欲言救济，当先觅其原因，孔祥熙认

---

[1] 转引自李景汉：《中国农村问题》，商务印书馆 1937 年，第 123 页。

[2] 许涤新：《农村破产中底农民生计问题》（1934 年 12 月），陈翰笙主编：《解放前的中国农村》第 1 辑，中国展望出版社 1985 年版，第 470—475 页。

[3] 费孝通：《中国绅士》，中国社会科学出版社 2006 年版，第 78—79 页；费孝通：《江村经济》，江苏人民出版社 1986 年版，第 196 页。

[4] 1934 年由商务印书馆相继出版了《浙江省农村调查》、《江苏省农村调查》、《陕西省农村调查》、《河南省农村调查》。1933 年冬，又举行了广西、云南两省调查。1935 年，《广西省农村调查》和《云南省农村调查》也由商务印书馆出版。

为："就个人所知，在生产者少，而在分配方面者多。"①这种议论比较符合国民党政府的统治需要，也就是说，孔祥熙并不认为农村经济破产的根本原因在于农村土地占有关系和社会结构，而在外部因素。从孔祥熙的分析来看，主要有四：

第一，谷贱伤农。孔祥熙以1933年米产量为例，"民国二十二年，为近年未有之丰年，……各地产额既增，而运销方面，未能流畅，价格低落，二十二年谷价之贱，乃为历年所无。"谷贱现象从粮价指数上可见：以1926年粮价指数为100.0来算，1927年为100.6、1928年为89.6，1929年为97.2，1930年为110.3，1931年为94.4，1932年为81.7，1933年为69.6。②相比于谷贱，其他百货价格上涨，生活费数上升，对农民生活是雪上加霜，"依上海批发物价指数，上为100。二十一年约为108，二十二年仍不下99，而生活费之指数，则增至103。农民在谷贱时须购买高价之货物，支出多额之生活费，其苦可知。"③

第二，税负沉重。孔祥熙认为："田赋之重，苛杂之繁，尤足致农村之衰落。我国田赋正供原非甚重。而地方假名附加，则往往超过正供至数倍十数倍之巨，其他苛杂捐税，复层出不穷。"④"天灾人祸，固农村破产之主因，田赋繁苛，亦农村破产之一大主因也。"⑤《第二次全国财政会议宣言》指出："世界经济恐慌近已波及我国，而连年天灾人祸纷至沓来，荒歉频仍，百业凋敝。所最堪痛心疾首者，则农村破产之呼声，几随国难以俱至。其所以致此之由，固非一端，而兵灾匪患致非法赋敛重重征收，以及各种不经济之支出，皆加重吾民之负担。……苛捐杂税最为扰民。"⑥

第三，金融枯竭。农村金融日趋枯竭，即是农村经济衰落的表现之一，也是加重农村经济破产的一个因素。农村金融枯竭表现之一即是农村现

---

① 孔祥熙：《财政会议与救济农村》，《孔庸之先生演讲集》，文海出版社1972年版，第445页。

② 孔祥熙：《财政会议与救济农村》，《孔庸之先生演讲集》，第445—446页。

③ 孔祥熙：《财政会议与救济农村》，《孔庸之先生演讲集》，第446页。

④ 孔祥熙：《财政会议与救济农村》，《孔庸之先生演讲集》，第446页。

⑤ 《申报》1933年12月17日，第3版。

⑥ 《第二次财政会议宣言》，江苏省中华民国工商税收史编写组、中国第二历史档案馆编：《中华民国工商税收史料选编》，第一辑，综合类，上册，南京大学出版社1996年版，第1200—1201页。

银流通量的减少，以及现金流向城市。农村金融不畅，严重影响生产和生活。1934 年，孔祥熙认为："近年全国现金，大都集中于大都市，上海存银，二十年仅二万七千余万元，上年之末，乃增至五万一千万元。……小康之家，亦多挟其资产，迁居都市，致使现金自农村流出者多，而流入农村者少，资产囤积于一隅，都市筹码多而无所用，乡村则供不应求，借贷既难，利息亦高，所办营运之金，改进之经费，俱无所自由，即日常用费，亦感缺乏，此又农村崩溃之一大原因也。"[1]

第四，国际影响。国际因素主要是指 1929—1933 年间世界经济危机对中国的影响。1929 年世界经济危机爆发后，各帝国主义国家极力向中国倾售剩余农产品，以转嫁经济危机。大量农产品的输入，严重冲击了中国的农产品市场。输入的洋米价格比国米价格低，"几乎完全霸占了中国的市场"[2]，迫使国米降价销售。另一方面，在大萧条期间，西方国家普遍奉行贸易保护主义，对中国农产品的输入则采取各种限制，造成中国农产品积压，销售困难，即所谓"产销危机"，如著名的米市湖南湘潭，粮食"堆积如山"，无人问津。[3] 孔祥熙注意到："……年来出口土货日减，而洋货与洋米入口，则逐年增加"。西方国家对于农产品，"使之倾销于外国市场。最近一二年，我国米市，即受其影响"，"农产物销路之滞涩，足使农村衰落也"。[4]

第二节　农村经济与城市经济

单从农业经济的角度，是无法理解中国农村经济的，中国农村经济从来

---

[1]　孔祥熙：《财政会议与救济农村》，《孔庸之先生演讲集》，第 446 页。

[2]　孙晓村：《中国农产商品化的性质及其前途》，见中国农村经济研究会编印《中国土地问题和商业高利贷》，1937 年，第 194 页。

[3]　章有义编：《中国近代农业史资料》，第 3 辑，1927—1937，三联书店 1957 年版，第 414—415 页。

[4]　孔祥熙：《财政会议与救济农村》，《孔庸之先生演讲集》，第 445—446 页。

不是单纯的农业经济，它是一个综合体，既有农业生产的自给自足，也有农业的商业化，又有着复杂的非农业部门，譬如各种家庭手工业、商业、劳务输出、资本借贷等等，共同构建一个庞大的农村市场。和20世纪二三十年代"农村衰败"的呼声不一样的是，农村市场是持续发展和膨胀的，除了特别严重的战乱时期和地区外。

庞大的农村市场处于市场结构的最基层，在农村市场之上存在着多层级的城市市场。明清时期全国性统一市场形成，农业的商业化持续增长，农村与城市经济之间处于一种动态平衡状态。近代以来，西方入侵，国际市场的渗透，中国市场卷入世界资本主义市场体系，中国农村经济深陷其中。固有的中国农村——城市经济关系被打破，农村——城市——世界市场之间的互动关系在深入演化，中国农村经济面临着众多新因素。

一、农业的商业化及非农业部门的增长

农业的商业化是一个早被关注的领域。对农村经济而言，农业商业化及非农业部门的增长是一个持续增长的引擎。

一系列的证据表明农村市场化程度加深，农民与市场的关系越来越密切[1]。农业的商业化方面，为市场而生产部分已经超过了自给部分。据卜凯1921至1925年对全国7省17处2866家农户调查统计，以总平均计，农产品自用部分占47.7%，出售部分占52.3%，农家生活资料中自给部分和购买部分各占65.9%和34.1%。[2]20年代末和30年代前期农民对市场的依赖程度又有所加深，据马札亚尔研究，中国"农民经济的商品性任何地方都不低于百分之四十，并且在市场的帮助下来满足自己的需要，也不低于百分之四十"[3]。1929—1933年间，卜凯对全国19省148县151个地区调查，农户于收获后立即出售农产品者，小麦地带占50%，水稻地带占58%，平均

---

① 本段参考了徐畅：《1927—1933年世界经济大危机对中国农村经济影响散论》，《江海学刊》2003年4期。

② 严中平等编：《中国近代经济史统计资料选辑》，科学出版社1955年版，第328、303页。

③ 马札亚尔：《中国经济大纲》，新生命书局1933年版，第33页。

占 55%，即使是粮食，全国平均购买率也高达 35%。[1] 尤其值得注意的是，农户出售粮食作物的价值占收获物价值的百分比，比以重量计算的百分比高，因为农户往往将价值较高的粮食售出，购进价值低廉的粮食自己食用，据卜凯对中国农家经济的研究，发现农户售出的粮食作物价值占收获物总价值的 54%[2]。

农业经济作物占有较重要地位。费维恺教授认为 1914—1918 年中国经济作物产值占农业总产值 14%，1931—1937 年占农业总产值 17%[3]；吴承明先生认为，在中国，在粮、油、棉三类作物的播种面积中，粮食所占比重由本世纪初期的 87%—88% 下降到 30 年代的 80%—81%，经济作物的比重则是增长的。本世纪初期，农业总产值中，大约粮食占 62.2%，经济作物占 23.7%，到 1936 年分别为 59.8% 和 26.1%（余为林牧渔业）。[4] 的确，无论是费维恺的估计，还是吴承明的估计都表明，30 年代前期经济作物在农业总产值中的比重都并不太大。但是，值得注意的是，经济作物与市场的关系却比粮食作物与市场的关系更为密切，因为经济作物基本上要投入市场。据卜凯 1929—1933 年调查，棉花、鸦片、油菜籽、烟草出卖率分别占总产量 37%、74%、61% 和 76%[5]。同时，还应值得注意的是，因为经济作物价值较高，所以其价格变化远比粮食价格变化对农户收入影响大。

非农业部门的增长更是一个突出的现象。中国小农经济是农业和家庭手工业密切结合的。以苏南为例，有研究表明，进入 20 世纪以来，苏南农村的总趋势是，纯农户的比例越来越小，而兼业农户及非农户则日渐增多。有

---

① 章有义编：《中国近代农业史资料》（第三辑），三联书店 1957 年版，第 309—310、308、615、412、413、416、416、415、416—417、256—262、256—268、257、259、907、480—484、728—730 页。

② 实业部银价物价讨论会编：《中国银价物价问题》，商务印书馆 1936 年版，第 55 页。

③ 费正清主编、章建刚等译：《剑桥中华民国史》（第一部），上海人民出版社 1993 年版，第 81—82、75 页。

④ 许涤新、吴承明主编：《中国资本主义发展史》（第 2 卷附录乙表一，第 3 卷附录乙表一），人民出版社 1990、1993 年版。

⑤ 章有义编：《中国近代农业史资料》（第三辑），三联书店 1957 年版，第 309—310、308、615、412、413、416、416、415、416—417、256—262、256—268、257、259、907、480—484、728—730 页。

的村庄除个别因老弱病残无力从事工商副业、仅凭小块耕地为生的贫农型"纯农户"外，已见不到传统的"种地为业"的农户，还有的村庄非农户占村户1/3以上。因此可以说，20世纪上半期苏南农村已经形成了兼业经济的格局，兼业农户是本区农村的主体。有的村庄仍然延续着耕织结合或农蚕结合的传统生产样式，但它已经不是自给自足的自然经济，因为这时候的手工纺织品几乎全部作为商品由农户直接投向市场。①

副业种类繁多，可以概括为：以栽桑养蚕为主的副业类型、以捕鱼为主的副业类型、以务工为主的副业类型、以竹器编织为主的副业类型、以土产贩卖为主的副业类型、以土布纺织为主的副业类型、农家饲养业等等。

到20世纪30年代，副业收入约占农家纯收入的30%，在江南可达40%。30年代末，无锡、嘉定、松江、常熟、太仓、南通的12个村433家农户调查，农家纯收入中，农田收入占60.2%，禽畜饲养占6.5%，纺织、育蚕、贩运、捕鱼等主要副业占21.2%，其他零散副业占6.2%，佣工和外出人员汇回款占5.3%。概言之，旧中国苏南农村的收入有五分之三来自种植业，五分之一来自村中绝大多数劳力在农闲期间从事的主要副业，余下五分之一是畜牧业，佣工及其他副业。从中也可以看出，苏南畜牧业及农业佣工在农家经济构成中处于很次要的地位，而工副业在农家经济中已占较大比重。②

上述"副业"这一概念，是根据传统的"农本"观念来区分的，它将农家耕种以外的工商劳务统称为"副业"。事实上，如南通县一些村的土布纺织业、无锡县荣巷镇附近的郑巷等三村的养蚕业，以其在经济构成中的比重而言，已经成为村中的"主业"，而农耕退居"副业"的地位了。在其他地方，也存在这种情况，如江西九江庐山附近的农村，男子方面单靠田地是不够的。他们的大宗收入，是靠庐山的挑担和抬轿得来，如果说挑担和抬轿是正业，也不无相当的理由。③

---

① 曹幸穗：《旧中国苏南农村工副业及其在农家经济中的地位》，《中国经济史研究》，1991年3期。

② 曹幸穗：《旧中国苏南农村工副业及其在农家经济中的地位》，《中国经济史研究》，1991年3期。

③ 俞庆棠编：《申报农村生活丛谈》，上海申报馆1937年版，第42页。

在中部省份湖北，副业的地位同样重要，"正业生活不足，藉得勉强弥补"①。孝感县，"妇女多织卖土布，以调度日用，男子亦有参加纺纱者。中下级农民则兼作临时小贩卖，以所获余利，作度岁及增购肥料之资。"②

应城县："在全县中，南区较贫，人民勤苦，多靠渔业或手工吃饭，四区因为矿产关系，似较繁荣，……惟农闲时可容纳农人做工，于农民经济上，不无补助。"③

沔阳县："全县均属农业社会，无大规模之工厂；惟家庭手工业颇发达，如织布养蚕，织包、斗笠等，所在皆有，农村经济多赖以补助。"④

宜城县："农闲时妇女多纺织，缝纫，闲散者甚少。贫农则作小本贩运，多用小车推运棉花赴沙市出售，换取食盐杂货；辗转贩卖，藉图微利，以调度日用。"⑤

二、城乡二元经济论

农民与市场关系的密切，反映了农村市场经济的活跃与发展程度，但农村市场在市场结构中终究属于基层，它不是中国现代化的动力源泉。中国的现代化经济力量产生于城市。近代以来，中国逐渐出现了城市加速发展、乡村缓慢发展甚至停滞的景象；由于发展不平衡，从而出现城乡二元经济格局。

一般来说，城市经济以现代化产业为主，农村经济划入传统经济。城乡二元经济，实际上是指传统经济与现代化产业并存的格局。有人干脆把二元经济简化为农业与工业两大部门并存。在美国经济学家刘易斯的二元经济理论中，现代化产业是指"使用再生产性资本"以谋求利润者，即资本主义产业；而传统经济是"维持生计"的产业。⑥

---

① 陈庚雅：《赣皖湘鄂视察记》，"二十七"，近代中国史料丛刊（189—190），文海出版社1934年版。

② （民国）湖北省政府民政厅：《湖北县政概况》，第三册，文海出版社年1986年版，第648页。

③ 《湖北县政概况》，第三册，第780页。

④ 《湖北县政概况》，第三册，第811页。

⑤ 《湖北县政概况》，第四册，第1162页。

⑥ [美] 刘易斯（W. Arthur Lewis）：《二元经济论》，中译本，北京经济学院出版社1989年版，第7—8页。

很多学者把传统经济(或者说农村经济)看成是停滞的经济，一文不值。吴承明先生认为这种观点不妥："传统经济和传统文化一样，有它有价值的东西，有它的能动作用。二元经济的发展也不是简单地用现代化产业去替代传统产业，而是多途径的，扬长避短，发展前者，也改造后者，共同创造克丽奥之路。"①

事实上，市镇崛起和城市化的迅速发展，就是城、乡经济共同作用的结果，进入 20 世纪以来尤为明显。农产品和农村手工业品的输出、城市工业品输入农村，物资的双向流动，使市场结构更趋成熟。

按照美国学者施坚雅的市场结构理念，一个区域市场，可分为中心市场、中间市场、基层集镇三个层次。基层集镇是最低的市场，直接与消费者联系。这是在我国传统社会十分发达的一种交易形式。重要商镇成为中间市场，在商品与劳务向上下两方的垂直流动中都处于中间地位。中心市场，处于金字塔顶端，如通常"岭南"、"淮北"这些概念中的市场，以及多数省区范围内的市场。它的设施，一方面，是为了接受输入商品并将其分散到它的下属区域去；另一方面，为了收集地方产品并将其输往其他中心市场或更高一级的都市中心。

道路条件的改善、现代交通工具的引进促进了市场体系（结构）的现代化，轮船、铁路和经过改善的公路将城市与国外的或国内的工业生产中心连接起来，各个贸易市场体系之间的运输费用大幅度下降，市场区域扩大，城乡之间的互动关系增强，在农村经济中家庭自给部分迅速缩减。农业经济在一个与外部供求结构相联系的城市贸易市场体系内发生巨大变化。施坚雅对此有精彩的叙述：

我们假定这个城市已通过一条新的铁路与一个大纺织工业中心联系起来，在此之间，高昂的运输费用曾阻碍这个城市的商人向工业中心销售原棉，并且，在这个城市的贸易体系内，使输入的机织布只能在城里的市场上销售。由于出现了新的联系，原棉的购买价格不仅在城市中而且在这个城市市场体系下属的所有市场上都会提高。体系内棉花买价的尖锐差别——城里最高，周围的第一环集镇上明显降低，第二环集镇上更低，等等——依然存在，因

---

① 吴承明：《论二元经济》，《中国的现代化：市场与社会》，三联书店 2000 年版，第 54 页。

为当地较高的运输费用没有变化。然而，由于价格水平越向城里越高，远至第二环甚至第三环农村集市上，对棉花的要价可能提高到足以刺激棉花种植的程度。同样，机织布的销售价格不仅在城市，而且在其市场体系内所有市场上都会下降，结果是，以前由于价格过高，即使在城市周围第一环集镇上都没有销路的外来纺织品，现在在远至第二环集镇上都可以稳定地销售。对于不如纺织品那样大量的制造品来说，由新铁路引起的销售价格的下降可能有助于使它们在体系内最边远的地方得到销售。于是，农业商业化最终使农村手工业衰退，并使消费水平不再随着从密迩城市的子市场体系到更遥远的子市场体系而逐渐下降；一个通过现代交通而与外部世界发生联系的城市，甚至在其贸易区域内最远地点的子体系中也可能发生某种程度的商业化。[①]

当然，随着城乡贸易市场体系的扩展，城市经济与农村经济的互动性增强，彼此是利益攸关方。以湖南为例，湖南区域逐渐形成了以省会长沙为中心的市场网络。根据贸易与贸易路线，形成长沙向区域内东部与西部的两条射线。西部地区——从常德起，贸易向北、西、南发展，推进湘西、湘北各城市。东部以湘江流域为主线，以长沙、湘潭、醴陵、衡阳、祁阳、零陵（今永州）为核心，作为商货支配的关节点，它东达赣西、南及粤、桂，西至沅水流域，并且与资水流域的邵阳、益阳相联系。在湘境内，形成岳州扼其门户，长沙处于中枢的态势。

农产品贸易的发展，特别是湖南谷米贸易促进了城乡市场体系的扩展。近代之前谷米贸易已促进了商业网点的形成。商人的触角逐渐深入广大农村，如巴陵"自城邑市镇达乎山陬僻壤，列肆以取利者，皆江右人也"[②]。善化"北客西、陕，南客苏、杭，以及江西、闽、广货客几遍城村"[③]。这些商人多为行商，也有的在乡镇设立分店实行坐贾。洞庭湖区夏、秋之季，"浙、粤商人坐收分购，轮船装运，络绎于途"[④]，从而形成了汉口、长沙为中心的大城市——县城——乡镇多层商业网络。

---

① ［美］施坚雅：《中国农村的市场和社会结构》，中国社会科学出版社 1998 年第 94—95 页。
② 嘉庆《巴陵县志》卷 14《物产》。
③ 光绪《善化县志》卷 16《风俗志》。
④ 章有义：《中国近代农业史资料》第一辑，第五章第一节"一、商业资本对农民的剥削方式"。

　　湖南境内，长沙是贸易中心，中间市场便是原府治所在地，例如常德、湘潭、邵阳、衡阳、永州等地。而基层集镇遍及全省各地，除县城所在地外，一些重要商业市镇处在商道网络中，发挥重要的物流集散功能。如全省著名的农村粮食初级市场有长沙靖港、湘潭易俗河、汉寿沧港、毓德铺、朱家铺、鸭子港、西港、辰河镇、安乡鱼口市、三岔河、官垱、焦圻、华容注滋口、沅江草尾、益阳泉交河、兰溪、马迹塘、桃花江、南县三仙湖、常德陈家嘴、蒿子港、河洑、灌溪市、临澧新安、合口、岳阳黄沙河、新墙河、城陵矶、殷家铺、杨林桥、湘阴白马寺、铁灌嘴、南大膳、湘乡永丰（今属双丰）、醴陵白兔潭、船湾、渌口（现属株洲）、浏阳普迹、古港、衡山大浦、石湾、南岳、衡阳泉溪、西渡、攸县新市、耒阳灶市、邵阳大一乡、大二乡等。①

第三节　农村经济与市场

　　城乡经济的互动，有利于全国性市场体系的扩展，但是两者之间的贸易关系是不均衡的。在城乡二元经济结构中，工业品由沿海通商城市流向内地，农产品和农副业加工品由内地流向沿海通商城市。由于中国半殖民地半封建社会的性质，工业品价格始终高于农产品价格，形成工农剪刀差，这对农村经济造成很大的伤害。国内市场受制于国际市场，价格的决定权掌握在国际资本手中，出现所谓的进出口价格剪刀差。农村经济处于两个价格剪刀差之中，在国际与国内两个市场体系中均处于劣势地位。

　　由于剪刀差的存在，农村经济的剩余单向度流向城市。但是，这种资源的单向流动未必更有利于城市工业的发展，城乡的互利共赢才是硬道理。一般市场经济理论认为，市场可以自我修复经济发展中的失衡。不过在 20 世纪上半期市场的自我修复功能在中国城乡经济之间始终没有出现，我们可称之为"看不见的手"——市场的功能失灵。

---

① 《湖南省志·贸易志·粮油贸易》第十三卷，第47—48页。

一、市场的发展失衡

（一）对外贸易失衡。

20世纪上半期，整个中国的农业经济的基础性地位没有改变，国内民族工业仍在夹隙中发展，在国内生产总值中所占比例较低。对外贸易的失衡实际上是农产品等初级资源对西方工业品交换关系的失衡。

鸦片战争前，国内市场是封建性市场，市场上主要是小生产者之间的交换，供应双方总的来说，是等价交换。鸦片战争之后，国内贸易因国际贸易扩大而发生变化，不等价交换成为主要内容。对外贸易是一种殖民地型的贸易，本身就是不等价交换。所谓不等价交换，是指一方把价格提到商品价值以上，或对另一方使其价格压到商品价值以下，或者两者都有。[①]

不平价交换表现在进出口价格剪刀差上，南开指数对此有着准确的统计，如下表：

表1—2：中国进出口物价指数

时期	进口物价指数	出口物价指数	进口物价指数 / 出口物价指数 *%
1913=100			
1901—1905	82.0	84.9	96.6
1906—1910	90.1	92.9	97.0
1911—1915	104.8	98.7	114.0
1916—1920	145.3	112.5	129.2
1921—1925	152.3	133.1	114.4
1926—1930	160.9	158.6	101.5
1926=100			
1926	100.0	100.0	100.0
1927	107.3	106.1	101.1

---

① 吴承明：《论我国半殖民地半封建国内市场》，《中国的现代化：市场与社会》，第175—176页。

时期	进口物价指数	出口物价指数	进口物价指数／出口物价指数＊%
1928	102.6	104.5	98.2
1929	107.7	105.2	102.4
1930	126.7	108.3	117.0
1931	150.2	107.5	139.7
1932	140.2	90.4	155.1
1933	132.3	82.0	161.4
1934	132.1	71.7	184.2
1935	128.4	77.6	165.5
1936	141.7	96.1	147.5

资料来源：南开大学《南开指数年刊》1934 年、1937 年。

　　进出口价格的剪刀差在 19 世纪后期已经出现，从 20 世纪初起，进口价格猛升，到 1920 年上升了 75% 以上。出口价格也跟着增长，但增长较慢，到 1920 年只上升了 35%。这样，20 年间剪刀差扩大了 32%。这以后几年，出口价格上升较快，剪刀差有所缩小。但好景不长，1926 年后即出现进口价格上升超过出口价格的趋势。1929 年资本主义世纪爆发空前危机，这一趋势加深。1931 年以后进出口价格都下跌，但出口下跌幅度远大于进口。到 1936 年，进口价格仍比 1926 年提高了 41.7%，而出口价格则被压低了 3.9%。这段期间，剪刀差最大时扩大到 84.2%，就是说，以前用一吨出口品所能换来的进口货，现在要用近两吨来换取了。

　　中国进口者为工业品，出口大宗为农产品、手工业品和矿产等工业原料。进出口价格剪刀差，首先破坏了中国国内市场价格的主动权，随即造成国内市场上工农业产品的差价。特别是从 1925 年以后，即出现农产品跌价现象，到 30 年代，受资本主义世界经济危机的作用，国内农产品的跌价又远较工业品的跌价为速且甚，农民受到空前打击，农村经济一片狼藉。

　　（二）区域经济发展失衡。

　　对外贸易的不平衡被国内市场交换的不平衡所复制。国际资本和城市经济掌握了商品定价权，农村经济在市场中处于劣势。市场对资源的配置功能出现明显倾斜。城市经济——特别是东部沿海省份的城市经济，处于市场的中心位置；农村特别是中西部农村处于市场中的不利地位，城乡经济和区域经济发展不平衡日益明显。

例如湖南省，处于中部地区，在进出口贸易中，长期入超。湖南自1899年岳阳开埠，1904年长沙开埠，海关记录的对外省贸易一直是增长的。但是，几乎年年都是入超，且有扩大之势。见下表：

表1—3：1900—1931年湖南海关贸易总额及进出口指数表

（单位：关平两；指数以1912=100）

年别	贸易总额	进口额	出口额	总额指数	进口指数	出口指数
1900	143827	136704	7123	0.51	0.88	0.06
1901	400509	377376	23133	1.41	2.44	0.18
1902	1230215	899359	330856	4.34	5.82	2.57
1903	3473241	2116660	1356581	12.26	13.69	10.55
1904	4980067	3466856	1513211	17.59	22.42	11.77
1905	6385888	4447058	1938830	22.19	28.76	15.07
1906	6038897	4402107	1636790	21.32	28.50	12.73
1907	8646288	5539530	3106758	30.53	35.83	20.16
1908	12184209	5853438	6330771	43.01	37.86	49.22
1909	13573706	6973967	6599739	47.92	45.10	51.31
1910	15031899	8109819	6922080	53.07	52.43	53.82
1911	21146325	10119265	11027060	74.66	65.44	85.74
1912	28323635	15462280	12861355	100	100	100
1913	30638828	18284253	12354575	108.17	118.25	96.06
1914	29560128	17673082	11887046	104.37	114.29	92.42
1915	33690001	18879074	14813927	118.95	122.09	115.18
1916	36634724	18487428	18147296	129.34	119.56	141.09
1917	34966758	17504932	17461826	123.46	113.21	135.77
1918	33254145	16903284	16350861	117.41	109.32	127.13

续表

年别	贸易总额	进口额	出口额	总额指数	进口指数	出口指数
1919	35599995	21657298	13942067	125.69	140.07	108.40
1920	44529577	22604603	21924974	157.22	146.19	170.47
1921	42995084	25525212	17469872	151.79	165.08	135.85
1922	49570895	26117752	23053143	175.02	168.91	179.24
1923	59527584	28298921	31228663	210.16	183.02	242.81
1924	60512640	30996298	29516342	213.65	200.46	229.49
1925	55416607	23850447	31566160	195.65	154.25	245.43
1926	57391630	29478007	27913624	202.53	190.64	217.03
1927	35732367	11874061	23858300	126.16	76.79	185.50
1928	62575382	32297406	30277981	220.93	208.88	235.42
1929	57983329	29125079	28858250	204.72	188.36	224.38
1930	54603860	27277182	27326078	192.79	176.42	212.47
1931	50131270	31722162	18409108	176.99	205.16	143.91

资料说明：1. 贸易总额、进口额、出口额数据来自：刘世超编：《湖南之海关贸易》，第一章，第
　　　　　 20—21 页，湖南经济调查所 1943 年印本。本该资料中贸易总额与以下同样来自该书
　　　　　 的数据略有不同，应该在可以忽略的误差之内；

　　　　 2. 指数数据来源于刘世超编：《湖南之海关贸易》，第一章第 22 页，湖南经济调查所 1943
　　　　　 年印本。

表 1—4：1903—1933 年间湖南海关统计直接对外贸易价值比较表

（单位：关平两）

年别	洋货进口	土货出口	共计货值	贸易总额	百分率
1903	3237		3237	3476694	0.09%
1904	521798		521798	5022173	10.39%
1905	218545	239	218774	6405169	8.09%
1906	196972	266	197238	6062194	3.25%
1907	113472	86	113558	8687949	1.31%
1908	130310	116	130426	12273054	1.06%
1909	141255	1623	142828	14003714	1.02%
1910	295040	1446	296486	16273107	1.82%

年别	洋货进口	土货出口	共计货值	贸易总额	百分率
1911	182224	527	182751	21691037	0.84%
1912	380312	271	380882	28968849	1.31%
1913	1406557	4818	1501375	31541024	4.76%
1914	2366158	1447	2367605	30298536	7.81%
1915	860640	1914	862554	34688141	2.48%
1916	1165160	24852	1190012	37676979	3.16%
1917	1363813	25588	1389401	35834780	3.88%
1918	2033866	1248	2035114	34473876	5.90%
1919	2569808	1617	2571425	35851555	7.20%
1920	1892923	2750	1895673	45153918	4.19%
1921	1362076	4157	1366233	43557146	3.13%
1922	1183951	62799	1246750	49522496	2.52%
1923	1153491	19743	1173234	60297146	1.94%
1924	1470152	23581	1493733	60736927	2.46%
1925	1150853	44777	1195630	55672840	2.14%
1926	2499396	20674	2520070	58384365	4.31%
1927	139667	2025	141692	37124851	0.38%
1928	1668478	15142	1693620	63587712	2.64%
1929	1544569	12117	1556686	59365834	2.62%
1930	1236366	16192	1252558	56687570	2.21%
1931	2277191	311427	2588600	50322296	2.08%
1932	3273892	1110762	4384654		
1933	3027009	7780	3034789		

资料来源：刘世超编：《湖南之海关贸易》，第一章，第93、95页，湖南经济调查所1934年印本。亦可参见〔民国〕朱羲农、朱保训编纂：《湖南实业志》，湖南人民出版社2007年版，第188—189页。

近代以来湖南仍以农业经济为基础，工业极为薄弱，故区域贸易中主要是以本省的原材料和半成品来换取他省或外洋的制造品。主要出口大宗物资有：桐油、谷米、锑、爆竹、棉花等，这些商品都是以初级原料品的形式被帝国主义国家所掠夺。

湖南进口货物，主要为湘民所消费。进口货物多为制造品，尤以棉织物为最，其次为煤油、砂糖、海产品、洋纸、纸烟、染料等。

这种贸易结构也是湘省长期入超的原因：处于封建生产方式下的农副业生产，应付不了资本主义工业品的输入。湖南省的进出口贸易状况是农业中国的缩影。

由于工业品的消费最终要落实到农村，而农产品则要从农村运来。这样，内地与沿海城市的贸易关系在城乡之间重演，即农村运出的农产品不足以抵付城市工业品的输入。这种现象在几乎所有工业化国家的早期阶段均出现过。在工业化的初始阶段，都要从传统农业中汲取大量的农业剩余，作为发展现代化工业的资本，或称之为"原始积累"；而其最重要的形式，则是在工农业产品的交换中，通过不利于农业的贸易条件，或称价格"剪刀差"，剥削农民。①

农村经济即受工业化所累，又由于其他因素备受打压。吴承明先生认为，农村经济问题又因农村赋税加重、城居地主日多和农村商业高利贷的活跃而加剧。这三项（赋税、引入城市的地租和利润、利息）都是农村的单向输出，即农村每年要运出等值的农产品，而没有回头货与之交换。加上另外一些因素，到30年代，在最富庶的江南农村，也出现了农村大量入超、农村对城市负债、农村金融枯竭和经济破产的情况。这也是30年代市场危机的国内根源。②

二、市场的功能失灵

要真正去理解农村危机，除了天灾人祸之外，真正的核心问题还是在市场。农村资源单向流向城市，但农业经济的产量并没有显著的趋势性下

---

① 吴承明：《近代中国工业化的道路》，《文史哲》1991年6期。
② 吴承明：《论我国半殖民半封建国内市场》，《历史研究》1984年2期。

降①，表明农业生产力没有出现趋势性下降。所以说，20 世纪 20 年代末 30
年代初期的农村危机，我们并不认为是农业生产危机，更倾向于市场危机。

所谓农业生产危机，主要指农业生产要素的衰败，导致农产量的绝对下
降。农业生产要素包括人力、田地、耕作技术、作物品种等等。进入 20 世
纪以来，这些农业生产要素并没有走坏的趋势，而在耕作技术和物品的引良
方面，甚至有较大的进步。

在农业生产要素当中，农——地关系是一对基本矛盾，相辅相成又相互
冲突，只有足够的人力才能开垦耕种足量的土地，而一定量的土地在传统
条件下又只能供养一定量的人口；农——地关系的紧张会造成农民流离于土
地，成为流民，成为社会的不安定因素。进入 20 世纪，农民离村进入城市
现象有所发展，造成这一现象的原因是多方面的，诸如人口增长、城市化、
农民负担增重等。但是农民的离村，并不意味着农产量的显著下降。现有主
要农作物产出缺乏精确的统计学上的支持，不过，数位有影响的研究者还是
得出一个相近的结论：珀金斯发现 1914/1918—1931/1937 年间，粮食产量以
年均 7.8% 的速度增长，叶孔嘉的同期估计数是 7.2%，许道夫则认为同期的
粮食增长了 18%。在大约 18 年的时间中，粮食产量累计增长了 8%—18%，
而人口数量上升了 11%—17%，由于人口增长快于粮食增长，人均粮食增
长出现负数。但是，在罗斯基看来，20 世纪前 40 年中，中国农村经济中人
均收入和产出都在增长。②

农业生产出现增长的另一个重要的证据是原有物种的改良、新物种的引
进和普。稻种的改良着重于培植耐旱、早熟的品种，对南方稻米生产的增
长有相当大的贡献。在粮食生产上，还出现稻、麦（大麦或小麦）轮种。这
就是稻作秋成后，再种麦子。北方的作物如大麦、粟、高粱等普及于南方。
另外，几种自美洲传入的农作物——番薯（或称甘薯）、玉蜀黍、花生，对

---

① 以湖南为例，湖南是产米大省，长沙是全国四大米市之一，是出口谷米的重要市场。据
新编《湖南省志》记载，全省粮食产量，常年在 150 亿斤左右，最高年份超过 200 亿斤，
最低年份亦在 100 亿斤上下。近代以来湖南粮食特别是谷米产量，总体上来说是增长。
参见：张人价：《湖南之谷米》，1936 年铅印本；刘泱泱：《近代湖南社会变迁》，湖南人民
出版社 1998 年版，第 134—136 页。

② ［美］罗斯基：《战前中国经济的增长》，浙江大学出版社 2009 年版，第 282 页。

于近代中国粮食供应的增加也是有莫大的贡献。20世纪初，中国番薯产量冠于世界，在国内是仅次于米、麦的第三种重要食物。在湖南不少地方，农民以番薯为重要辅食，减少米麦等精粮食用量，卖出市场价格更高的谷米。

正如王业健指出的：在1930年代早期，中国每亩耕地的米、麦产量都高出于美国及苏俄相当多。换句话说，传统的技术如农具、品种、水利设施等都已发展到这样一个地步，除非代之以现代的科学技术，增加农业生产的可能性也很微小。

但是，中国的市场环境并不利于农业的现代转型，用于增产的现代化肥、水利电气设备等价格高昂，而中国产粮价格不断低落，阻碍了现代科学技术的广泛运用。对外贸易失衡、国内区域贸易失衡、城乡贸易失衡（或者说工农贸易贸易），资源单向度离开农村，流入东部沿海城市(特别是上海)，这是市场功能失灵的表现。

所谓市场失灵，简单地说，就是市场无法有效率地分配商品和劳务的情况。1776年，亚当·斯密认为，市场机制是和谐的，人们追求私人利益最大化的行为，在市场机制这只"看不见的手"的引导之下，不仅能够合理配置资源，而且能充分利用资源，极大地增加社会福利。

在传统中国，城乡之间的资源流动是平衡的。但自近代以来，资源流动开始缓慢偏向城市，城乡二元经济发展格局出现。在工业化、城市化和现代化的背景下，城乡二元经济发展格局将长期存在。

三、城乡市场失灵下的县财税

鉴于自由市场经济运行机制自身不能克服市场失灵问题，在理论上，人们寄希望于政府能发挥作用，通过经济政策（特别是财政政策）去修正市场失灵问题。近代以来陷入半殖民地半封建社会的中国，在追求现代化的过程中，具有着更大的历史使命。20世纪20年代末30年代初出现的"救济农村"呼声，就是中国社会要求政府处理好城乡市场失灵的表现。处理好政府与市场的互动关系，是20世纪上半期，乃至整个20世纪，以及今后相当长时期内中国社会的核心命题之一。

经济决定财政，财政影响经济。县财政就建立在自给自足的小农经济基础之上，但面对的外部市场却是近代市场经济的洪潮，内部环境却是日益萧条的农村经济；或者说，县财政向外面对的是一个颇为发达的城市经济，向内面对的农村经济是自然经济加上集市贸易，也就决定了县财税受到二元经济的挤压。

在工业化、城市化和现代化的背景下，农村经济在市场机制的作用下，自然地处于劣势。这几乎是一个不可避免的趋势。这场传统农村与现代市场之间的较量，传统农村经济几乎没有胜利的可能。近代以来中国"农村危机"的出现正反映了这一趋势。

改变农村是现代化的必然要求，但是自发的市场经济并不总是有利于农村经济，有时甚至会恶化农村经济。如何弥补市场失灵，人们自然地会想到国家（政府）。在传统社会，封建皇权是农民的保护者，但也扮演过农民对立面的角色，"水能载舟，亦能覆舟"，说的就是这个道理。在现代化转型中，人们期盼一个现代国家的出现给农村社会带来新变化。

在农村与国家之间，一个核心的纽带是财税。在传统的中国农村社会，农民习惯于交"皇粮国税"；近代以来，将新增一项负担：地方税费。这项地方税费有别于传统的国家税收，它为地方机构提供经费。地方税费的产生契机，是晚清政府镇压太平天国运动。清军军费急剧膨胀，传统收入来源无法满足新的需求，厘金等税费开始创办。厘金的创办权掌握在地方军政机关手中，中央财政机构无法插手其中，地方财政机构形成。清末新政，地方财政机构开始规范化，县财税于是萌生。到民国时期，县财税渐成气候，成为影响农村经济社会的一个重要因素。

县财税是不是摧残农村经济的罪魁祸首呢？很多研究者的论述指向这一点。或许，罗斯基的结论更具有启示性："在太平洋战争之前的时期内，中国政府在财政上一直是软弱无力的。当局无力控制大量财政资源，这表明经济规模主要是由私有部门决定的。官方的无所作为导致了普遍的危机感、社会基础设施的发展有限等，这些必然阻碍战前中国经济的增长。官方行为对私有部门的影响，无论好坏，毫无疑问都是有限的。如果事实如此，说明历史学家在财政问题上已经浪费了太多的精力了，并且有时夸大税收的后果。尽管不能否认存在局部地区征税过多，税款贪污及税收结构中累退因素，也无法推翻税收及相关的附加费只占了总产出很小比例的这一结论。如果说有些地方的税收超过 20 世纪 30 年代占总产出平均约 5%—7%这一比重，那么在有些地方的税收就一定比这更低。尽管税收有时会制造经济困难，但是总税负的规模之小意味着财政压力并不是中国经济困难的主要原因，人口增长、洪水、干旱和商业波动才是中国农民、商人和工人经济窘迫的主要原因。" [1]

把县财税归之于农村经济的一个阻碍性因素，并不合适，县财税与农村经济社会变迁有着复杂的关系。按现代财税理论，地方税费为地方机构提供经费，支付公共产品与服务，具备稳定社会经济发展的功能。在近代中国社会转型的大潮中，县财税诞生了；而县财税的变迁又影响着农村经济社会的变化和国家政治基础的稳固与否。

---

[1]　罗斯基：《战前中国经济的增长》，浙江大学出版社 2009 年版，第 43—44 页。

第二章 清末以来乡村政治转型与县财政

从经济现代化的层面，工业化、城市化是中国社会现代化变革的引擎，农村经济瞠乎其后。但农村社会并非毫无动静，除了农村社会固有的自我变革的路径之外，从晚清开始，农村社会治理模式的变革已经启动，以地方自治为起点，改变乡村成为有识之士探索的一个主题。到20世纪20年代以后，乡村问题引起了更多的社会关注，改造乡村有了更多的流派，具备了更深层次的意义。

农村经济的普遍贫困、农村社会的动荡和中国共产党的农村革命等，这是一些不可回避的现实。中国共产党认为中国革命的中心问题是农村问题，矛头直指土地制度。温和的乡村建设派走向以教育为主要手段的改良之路。中国国民党从孙中山"耕者有其田"的政策目标上退下来，自南京国民政府成立后，国民党试图通过地方政权建设重建国家的政治基石。一时间，乡村问题纷纷攘攘，民间的乡村建设与官方的县政建设交相辉映。

农村政治悄然生变，地方财政（主要是县财政）的变革是其中一条主线。政治变动是财政变动的基础；财政的变动又是政治变动的杠杆，牵一发而动全身；农村政治转型与县财政的变动息息相关。

第一节 清末民初的地方自治理论与实践

中国乡村变革是近代中国大转型中相对滞后的部分。谈乡村改革，有两件事不可回避，其一是晚清地方财政的形成，其二是清末地方自治的兴起。

传统中国历来实行中央财政集权体制，并无地方财政的相关制度。地方财政形成于太平天国之乱。太平天国运动席卷东南半壁，给清王朝的统治以沉重一击。身处内忧外患的清王朝国库空虚，无法解决庞大的军事费用，不得不下放财政权，允许地方督抚特别是统兵大员自行筹款。传统中央威权下降，地方坐大。地方督抚要筹措军政经费，须有地方社会的配合，督抚又将财权下放于地方精英。地方精英逐渐控制了新开辟的财税资源。这一过程意味着绅权崛起，构成以后地方自治实践的社会基础。

在太平天国战乱期间，由于战区原有行政机构被打乱，军队和政府为了推行军务，往往设局办事，例如：

于军需则有善后局、善后分局、军需总局、报销总局、筹防总局、防营支应总局、军装置办总局、制造药铅总局、收发军械火药局、防军支应局、查办销算局、军械转运局、练饷局、团防局、支发局、收放局、转运局、采运局、军需局、练饷局、军火局、军装局、军器所等项名目；于洋务则有洋务局、机器局、机器制造局、电报局、电线局、轮船支应局、轮船操练局等项名目。"其后，"局"成为重要的地方行政机构，而在战后出于推行政务需要，因事设局之风更盛："于地方则有清查藩库局、营田局、招垦局、官荒局、交代局、清源局、发审局、候审局、清讼局、课吏局、保甲局、收养幼孩局、普济堂、广仁堂、铁钱局、蚕桑局、戒烟局、刊刻刷印书局、采访所、采访忠节局、采访忠义局等项名目。其盐务则有各处盐局、运局、督销局；其盐卡除牙厘局外则有百货厘金局、洋药厘捐局暨两项各处分局……[①]

局的设置，反映了国家行政职能正发生重大变化。经济职能和民政职能都得到了加强，如各种洋务企业机构、蚕桑局、招垦局、收养幼孩局、戒烟局等；原有职能进一步专门化，如司法、保甲、官吏交代、税收等均按专门设局，这是近代化国家机构设置的重要特点。

在地方行政机构中，地方精英（或者称为地方士绅）成为主导者，他们的主导作用被知识界和政界的有识之士所关注。1898年初，时已回国并代理湖南按察使，在湖南襄助推行新政的黄遵宪，发表演讲时将朝廷任命的地

---

① 户部：《开流节流二十四条》，《光绪财政通纂》卷53；周育民：《晚清财政与社会变迁》，第288页。

方官称作："宴会之生客，逆旅之过客"，他们"入坐堂皇，出则呵道"，对百姓的疾难困苦毫不关心，百姓对其勤惰贤否亦不了解，官民相隔，"寝假而相怨相谤，相疑相诽，遂使离心离德，壅蔽否塞，泛泛然若不系之舟"。并说这种制度是："举吾身家性命田园庐墓"，"委之于二三官长之手，曰是则是，曰非即非。而此二三官长者，又委之幕友书吏家丁差役之手而卧治焉，而画诺生啸焉"。他呼吁地方士绅"自治其身，自治其乡"，积极参与学校、水利、商务、农事、实业和治安等本地应兴应革事宜，再由一乡推之一县一府一省，由一省推之天下，"追共和之郅治，臻大同之盛轨"。①

在戊戌维新期间，梁启超提出，"今之策中国者，必曰兴民权"，"欲兴民权，宜先兴绅权"。

到 20 世纪初，地方自治思潮形成，晚清政府也把地方自治作为巩固统治的重要手段，列为预备立宪的一项重要举措。1908 年 8 月，清政府在筹备立宪的总体规划方案中规定，各省先筹办城镇乡下级自治，后筹办府厅州县上级自治，到 1913 年下级自治一律成立，1914 年上级自治一律成立。1909 年 1 月，首先颁布了《城镇乡地方自治章程》和《城镇乡地方自治选举章程》，命令各级官员迅即筹办，实力奉行，不准稍有延误。从此自治作为一种固定的地方管理制度正式确立下来，并把全国的地方自治纳入统一的轨道。后来又颁布了《自治研究所章程》、《府厅州县地方自治章程》、《府厅州县议事会议员选举章程》和《京师地方自治章程》及其选举章程。

城镇乡地方自治范围极广，凡是基层应办的事情几乎无所不包。主要有：教育文化（包括小学堂、蒙养院、教育会、劝学所、宣讲所、图书馆、阅报社等）；医疗卫生（包括清扫道路、垃圾处理、药局、医院、医学堂、公园、戒烟会等）；道路工程（包括修筑道路和桥梁、疏通沟渠、建筑公用房屋、路灯等）；农工商务（包括改良工艺与种植、牲畜及渔业、工厂、工业学堂、整理商业、开设市场、防护青苗、兴修水利等）；慈善事业（包括救济、恤寡、育婴、义仓积谷、贫民工艺、救生会、救火会、救荒、义棺义冢、保存古迹等）；公共营业（包括电车、电灯、自来水等）；筹集款项；还有为过去一向归绅董办理而无弊端的各项事情。

---

① 《湘报》，中华书局 1965 影印本，第五号。

关于自治组织，在城镇设议事会和董事会，在乡设议事会和乡董，人口过少的乡，不设议事会，改设选民会。议事会为议决机关，议员由选民选举产生，正副议长由议员选举产生，皆为名誉职务，不领薪水。其职权为：议决应兴应革事宜；筹集经费，审定年度预算、决算；订立自治规约；惩戒有过错的自治职员；调解诉讼；选举董事会职员，对之进行监察等。每季开会一次，还可开临时会；会议必须有半数以上出席才能开议，议决以出席者过半数的意见为准。董事会为执行机关，设总董1人，董事1至3人，由议事会议员选出。其职权为：办理议事会选举；执行议事会议决的事件；执行地方官委任办理的事件。每月开会一次，以总董为议长，非有2/3以上出席不得开会，议决以出席者过半数的意见为准。乡董、乡佐各1人，由议事会选举，职权与城镇董事会一样。

辛亥革命之后，地方自治得以延续。士绅阶层控制了谘议局和县乡议事会，地方议会由选举产生，自治色彩丝毫不减清末。

袁世凯当国，一面集权于中央，一面又规范地方自治，事实上是试图强化对地方的控制，推行官方主导的自治。1914年12月29日，颁布了《地方自治试行条例》。1915年4月19日又颁布了《地方自治细则》，在县以下设区，把区作为地方自治的单位。这是对清末地方自治的一个重要的增补。

清末民初的地方自治，其内涵是一贯的，既想巩固原有的官治，又想提升绅权，"官绅合治"，以稳定地方政治。一方面，州县公署一直属于"官治"机构，由国家行政当局任命知县（知事），主要履行国家赋税和司法职能，经费由国家拨给，在县衙办公；另一方面，地方机构，包括地方公益机关和法团逐渐演变为后来的民政、财政、建设、教育"四局"，四局由地方推举地籍人士主持，掌权人大都属于"绅"，主办地方实业、教育、警务等事务，经费自筹，在地方祠堂、族堂办公。

由地方精英领导和组成的"四局"系统，利用本地财力办理国家行政范围之外的地方公共事务，符合当时中国人关于"地方自治"的观念——"以本乡人办本地之事"，或"以本地之绅民，集本地之款项，图本地之公益"。

这就是所谓的"四局"县政。"四局"县政是一种"官治"与"绅治"的双轨制，以县公署为机关的"官治"县政同以"四局"为机关的"自治"县政并存，是清末至北洋政府时期（州）县行政的基本特点。

按理说，这种"还政于民"的渐进式变革理应受到百姓欢迎，然而无论从改革初衷、制度设计还是推行过程来看，其完全没有任何赋予民众自治权利的诚意。1909 年颁布的《城镇乡地方自治章程》规定，在征得地方官（知县及以上）的许可后，可以在捐税的基础上按一定比例征收"附税"，或者单独征收"特税"（一般称"自治捐"），当做自治经费。而各省咨议局赋予各城、乡自治公所筹措自治经费的权限就更大了："（自治）特捐性质应各以本地方能否通行为断，无通省尽一之理。但示自治公所以标准，而不设强行之规定，使各地方得以视居民之力量程度而增益之。"把财政权力部分下放给乡绅把持的自治机构，使其有资格征税收费，这就为地方士绅巧立名目增捐加税提供了借口与合法性，也使得自治公所在乱收费方面有恃无恐。百姓未享其利，先受其害，最终自治运动非但没有让老百姓获得任何权利，自治机构反而成为盘剥民众的敛财手段。

第二节　乡村建设中的革命与改良

清末民初的地方自治并没有真正改变乡村社会，农村社会结构与生产关系一如既往；但是整个国家的政治大环境却在变坏，辛亥革命后，复辟倒退，军阀混战，反倒让国人生出了"民国不如大清"的感叹。政治环境的恶化对农村的破坏力是巨大的，农民生活面临着更多的不确定因素。曾经作为农村农民保护者的正绅和政府似乎已转变了角色；正绅开始离开农村移居城市，地方掌权者劣绅化；政府逐渐变成压迫者，面目可憎。在天灾人祸面前，农村农民是一盘散沙，任受摧残。作为社会最底层的农村农民，成为政治黑暗、社会动荡的最大买单者。

残酷的现实促使国人对国家出路的新探索，这种新探索建立在对辛亥革命的再思考上。从新文化运动到五四运动，再到轰轰烈烈的大革命，在社会大变动的背景下，先进的知识分子开始极大关注中国最大的阶层——农民。正如大革命时期毛泽东所断言："……需要一个大的农村变动。辛亥革命没有这个变动，所以失败了。"

如何进行"大的农村变动"？在社会层面，形成了两条道路。一条是中国共产党要开辟的土地革命道路；一条是部分知识分子主导的由乡村教育到乡村建设的改良的道路。

中共在成立初期，就对占人口大多数的农民群体给予了关注。1921 年 4 月，《共产党》月刊发表《告中国的农民》一文，号召农民组织起来，依靠自己的力量，争取翻身解放。1922 年 7 月中共二大提出了"农民是革命动力之一"的思想主张。此外，中共还领导开展早期农民运动，进行了推翻农村地主政权的实践尝试。国共合作之后，共产党人又对国民革命与农民的关系问题进行了深入探讨。陈独秀在《前锋》创刊号上发表《中国农民问题》，提出农民是"国民革命之一种伟大的潜势力"；李大钊发表《土地与农民》一文，主张将中国广大的农民群众组织起来参加国民革命，认为唯有如此革命才能成功；毛泽东则在《中国农民中各阶级的分析及其对于革命的态度》等文章中，将居住在农村的人分为大地主、小地主、自耕农等八个阶级，指出雇农是"农民中的极艰苦者，极易接受革命的宣传"[1]，是国民革命的重要力量。大革命失败后，中国共产党在失败中总结经验教训，开始了以土地革命为中心的新道路的探索。这条新道路也就是毛泽东等人探索的井冈山道路，主要内容是三大块：土地革命、武装斗争和根据地建设。中国共产党主张用革命的方式来解决农村的不平等和发展问题。[2]

改造农村社会的方式还有比较温和的一派，在中国共产党试图以激进的方式去改变农村社会的前后，部分知识分子试图从具体的农村问题入手。五四时期，乡村教育得到关注。傅葆琛在 1934 年出版的《乡村教育纲要》一书中就明确指出："废除科举改设学校之时，无人知乡村教育应当特别研究。乡村教育最初的呼声，始于民国五四运动。"[3]当时不少知名学者为之呐喊，1919 年 2 月，李大钊发表《劳动教育》和《青年与农村》两文，号召青年和知识阶级到农村去，"耕田也好，当小学教师也好"，去开发农村，运用教育去解除农民的黑暗。此后，"下乡去"成为教育工作者的行动口号，

---

① 《毛泽东选集》第一卷，人民出版社 1991 年版，第 7、16—22、14 页。

② 刘学礼：《中国共产党创立时期乡村革命的理论和实践》，《中共党史研究》2011 年 9 期。

③ 傅葆琛：《乡村教育纲要》，第 16 页，北平辅仁大学 1934 年夏令讲习会印。

晏阳初领导的中华平民教育促进会、黄炎培领导的中华职业教育社、陶行知领导的中华教育改进社，开始将办学重点从城市向农村转移。

1927 年以后，乡村教育向乡村建设的方向发展，形成热闹一时的乡村建设运动。这批知识分子又称为"乡建派"，他们认为：农村改进（即乡村建设）与农村教育一部分相同，而非全部一致。因为教育事业，原包括于改进事业之中，而改进事业，却不限于教育一种。乡村建设有三大纲：一为文化的，即全区普及教育、改良风化以及清洁卫生健全体魄之事属之；二为经济的，即全区改善生计之事属之；三为政治的，即全区团体组织公共治安公共建设之事属之。其目的是"教富政三端"：教所以救其愚，富所以救其穷，政则化其私，医其散，不私不散乃可结合团体，从事农村整个建设。①

乡建派是一批庞杂的队伍，包括各种教育机构、学术团体、大专院校、以及个人，这时都纷纷到农村设立实验区，尽管这些实验区的名称不尽相同，工作重点也不完全一致，但它们从事的都是乡村建设的实验活动。在实验过程中，乡建派开始认识到新的建设方案要落实推行，非借助政府的力量、政治的机构不可，"因为不利用政治，则一方面地方政府在那里剥削农民，另一方面我们帮助农村增加生产，改良品种或组织合作，增加他们的收益，可是这种收益有限，而地方政府的剥削无穷。从消极方面说，如果以县为单位而帮助农民，救济农村，非改革政治不可；从积极方面，要把我们研究实验的结果——教育的内容及乡村建设的方案——推到民间去，亦非利用政治机构不可。"②

那么，改革政治应从何处入手？晏阳初及平教会同仁认为，改革政治的入手只能是县政府，因为县政府是中国政治的基础。"中国的政治基础在哪里？在中央吗？在省政府吗？不是。中央政府重要，却不是政治的基础。省政府也重要，但也不是政治的基础。政治的基础在哪里？在县。县才是中国真正的政治基础。中国有 2 千（个）县，4 亿人生息在这 2 千个县里。县长

---

① 江恒源：《两个名词的解释》，《农村改进的理论与实践》，第 1—6 页，生活书店 1935 年版；郑大华：《民国乡村建设运动》，社会科学文献出版社 2000 年版，第 71 页。

② 晏阳初：《平民教育促进会工作演进的几个阶段》，《晏阳初全集》（一），湖南教育出版社 1992 年，第 391 页。

治县政，直接影响人民生活。"①

乡建派找到了乡村建设问题的根本所在，但是乡建派无法以教育的力量去推动政治，改变乡村，正如乡建派的大佬梁漱溟所说："号称乡村运动而乡村不动"，"本来最理想的乡村运动，是乡下人动，我们帮他呐喊。退一步说，也应当是他想动，而我们领着他动，现在完全不是这样。现在是我们动，他们不动；他们不惟不动，甚且因为我们动，反来和我们闹得很不合适，几乎让我们作不下去。此足见我们未能代表乡村的要求！"②

梁漱溟的疑惑在 15 年后有了新解。15 年后，经过实际参加建国初期的土地改革运动，看到农民在土地改革中所焕发出来的革命热情，梁漱溟对这一问题有了新的认识，认为只要抓住农民的痛痒启发之，"他还是要动的"③。但是在 20 世纪 20 年代末 30 年代初期，声势浩大的乡村建设运动并没有足够的力量去改变农村的经济状况，与农村社会无关"痛痒"，失败在所难免。

第三节　国民党的县政理论与实践

面对中共土地革命的压力、受乡村建设派的影响，处于执政地位的国民党对乡村社会也投入极大的关注。国民党政府不仅要从经济和民生的角度关注农村农民，更要从巩固政权统治基础的高度去关注农村问题，国民政府对农村问题的关注与解决之道在于县政建设。

一、孙中山的县自治思想

事实上，相比乡建派，国民党有着更深刻更完备的理论体系。孙中山提

---

① 《晏阳初全集》（一），湖南教育出版社 1992 年版，第 493 页。

② 梁　溟：《我们的两大难处》，《梁　溟全集》（二），第 574—575 页。

③ 梁　溟：《两年来我有了哪些转变》，《梁　溟全集》（六），第 873 页。

出的县自治理论和晚年提出的"耕者有其田"，这一综合性的乡村政治经济改造方案具有无可比拟的价值，至今仍闪烁着历史的光辉。

孙中山一生高度重视地方自治，认为地方自治是"建国基础"。在孙中山先生关于地方自治的政治设计中，地方自治的基本单位确定为县，以实现民权主义为旨归。他认为，"无县自治，则人民无所凭藉，所谓全民政治，必无由实现，无全民政治，则虽有五权分立、国民大会，亦终未有举主权在民之实也。以是之故，吾夙定革命方略，以为建设之事，当始于一县，县与县连，以成一国，如此，则建设之基础，在于人民，非官僚所得而窃，非军阀所得而夺。"

孙中山也具体分析了以县为地方自治单位的理由，具体而言：首先，"国人对于本县，在历史习惯上，有亲昵之感觉"。县是我国行政区划中稳定的一个级别，公民对于县级建制的认同程度非常高。其次，"事之最切于人民者，莫如一县以内之事"，对于直接行使公民的选举、罢免、创制和复决四权而言，县是一个合适的行政区划。"一省太过广漠，不利于实行直接民权，县则大小合适，适于国民使用直接民权参与政治生活。"第三，唯有在施行以县为单位的地方自治基础上，人民的民主意识才能够得到很好的培养，民权主义的实现才成为可能。最后，"以县为单位进行自治有利于为共和国奠定稳固的基础，使民主共和制度坚不可摧。"

关于县自治的步骤和内涵。1919年孙中山《在上海民主学会的演说》中提出实行地方自治的第一步为户口调查，其次为改良交通、推广教育、振兴实业（农、工、商业）。1920年，他进一步将之具体为：一、清户口；二、立机关；三、定地价；四、修道路；五、垦荒地；六、设学校。他认为实行地方自治，首先要清理户口，确定负自治责任的人数，使权利与义务相一致，"必当尽义务，乃得享权利；不尽义务者，停止一切权利"。未成年人、老人、孕妇、残疾人等依法享有相应的权利。户口既清，则可从事组织自治机关。由成年男女享有直接民权，选举立法机关及执行机关，管理当地社会、经济事务，并以法律规定人民对地方自治团体的义务。这样，一县百数十万人民，或数乡村一二万人民，成为"一政治及经济性质之合作团体"，在此基础上，核定地价，修筑道路，开垦荒地，设立学校，发展社会经济，推广教育。若以上五事办有成效，则逐渐推广到农业合作、工业合作、交易合作、银行合作、保险合作等事，并设专局经营自治区域以外之运输、交易。如是，由一县以至一省一国，奠定"民国万年有道之基"。

在大革命时期，孙中山修改了三民主义之"民生主义"内容，明确提出"耕者有其田"。在1924年广州高等师范讲解三民主义的演讲中。他说："农民问题真是完全解决，是要'耕者有其田'，那才算是我们对于农民问题的最终结果。"作为改组后国民党的一项基本政策，这对于加强国共合作，动员广大农民参与大革命有着极重要的作用。

二、国民政府最初对孙中山县政思想的承继

尊奉孙中山为国父的国民党，自执掌全国政权之后，对孙中山的理论和政策有了较大的偏离。自第一次国共合作破裂后，"耕者有其田"政策事实上被抛弃了，江浙部分地区实行过"二五减租"政策，但是由于阻碍重重，也是不了了之。

对"耕者有其田"的抛弃，表明了国民党放弃了解决农村根本问题的努力。1930年6月国民政府颁布《土地法》，没有了"平均地权"或"耕者有其田"的任何内容和条文。此前国民党中央政治会议通过的《土地法原则》，肯定了孙中山的"平均地权"主张，承认"人民有平均享有使用土地之权利"，为此，"必须防止私人垄断土地"。1932年蒋介石曾坐镇的豫鄂皖"剿共"总部发布的《土地处理条例》，强调土地分配"重在均耕，不在哑哑均其所有"。1933年，蒋介石从南昌向南京发了一纸专谈土地政策的电报，全面推翻了自己亲手制定的《土地处理条例》，他声称中国既无土地分配不公的情况，也不存在土地总量供应不足的问题；认为从全国人口和土地分配来看，"不苦人不得地"，而是"地浮于人"；而且各省"亦绝少数百亩、数千亩之地主"，数十亩的中小自耕民"确占半数以上"；中国土地"不患地主把持"。因此，他的结论是，解决农民土地问题，不是"平均地权"，而是"均佃"，即以"合作社集体耕作方式，按各户耕作能力，公平分佃，随时由社评定增减"。这样，蒋介石不仅推翻了自己刚刚提出的"限田"和"渐进式"均田设想，而且公开背叛了孙中山的"平均地权"和

"耕者有其田"的革命主张。①

关于县自治，国民党政府在推行过程中有承袭，也有修正。孙中山是从立民主宪政之基出发来论县自治，而国民党政府则是从维护自身统治出发来制定政策，两者的目标是不一样的；又由于各地域的差异性，国民政府的政策在推行中又会产生各种变异。事实上，地方上实施自治的情形，真是千头万绪，脉络难寻。

国民政府推行的县自治，称之为县治更为合适，仍然是官治模式，自上而下，管控地方，治理乡村。虽然是官治模式，但和前清的县衙治理已有质的不同，在制度上逐渐完成现代化转型，实现科层化管理。与传统的皇权不下县不同的是，县政建设须为民众提供公共产品与服务才能获得合法性。

南京国民政府成立后，于军事倥偬之际已经开始注意县制方面的改革。1927年6月，国民党中执委政治会议第100次会议作出决议，县级行政一律采用县长制。国民政府于6月9日发布训令，令各省遵照实行。于此，中国近代县政史上的县公署改为县政府，县知事正式改为县长。1928年5月，国民政府批准战地政务委员会呈递的《战地各县县政府组织暂行条例》，规定"战地各县县政府设县长一人，受战地政务委员会之指挥监督，处理全县行政事务"；各县县政府内分设各科，分别掌管内政、财政和教育、实业等事务。

国民政府关于县行政制度的正式法律是《县组织法》，该法最初公布于1928年9月，1929年6月第二次公布，1930年7月修正公布，贯穿于《县组织法》中的基本精神，一是逐步实现孙中山主张的县自治；二是完善县、区、乡镇各级行政组织。

三、国民政府关于县制和乡村组织的变革

1930年以前的县制虽已统一，但是县制的行政效能极不好，曾为蒋介石重要幕僚的杨永泰认为这种制度有如下几个很大的毛病：

---

① 刘志祥序，徐建生著：《民国时期经济政策的沿袭与变异（1912—1937）》，福建人民出版社2006年版。

第一，县政府本身组织之不健全与不合理。就横的方面说，在县政府之下设几个局，互相对立，如教育局、建设局、财政局、公安局等。各局局长的任免，县长在事先是毫不知道的，教育局长是由教育厅直接任免，财政局长是由财政厅直接任免，公安局长是由民政厅直接任免，建设局长是由建设厅直接任免，各局之上戴了一个帽子就是县长。可是因为各局长非县长所用，而是来自各种不同背景的上级机关，与县长可说是素昧平生，而他们又直接对各厅负责，他们在法律上虽受县长的指挥监督，但事实上则并不完全接受，甚或遇事掣肘，于是形成各自为政不相为谋的支离割裂的局面。县长在这种情况下，简直没有权力综理全县的事情。可见县政府本身就负不了整个的责任，一切的政务，当然没有办法可以办得好的。

第二，县之上缺少就近指挥监督的机关：一省区域，范围辽阔，单位又多，而且交通不便，省政府高拱在上，真所谓天高皇帝远，对于各县行政的指挥监督，不易适中穴要，因此省政府令既不能普通贯彻于各县，各县也大多不能接受到省府适当的指导监督，上下脱节，关系疏远，于是形成各县各自为政的局面。

第三，县以下缺少负责推行政令的补助机关：县政府所辖区域还是不小，统辖十几万乃至几十万的人民，而下层绝无辅助的行政机关，专靠县政府的几个人来办，当然是不可能的。根据中央所颁行的《县组织法》的规定，县以下设有区公所，乡公所、镇公所，以下为坊、闾、邻，但这都是自治的机关，自治机关又向来和官治机关是对立的，不特各有立场，指挥不便，甚至对于政府的一切措施，总是立于批评的地位，而时时加以牵掣或攻击；所以当县长的人，软弱的即受他们威胁，狡猾者即和他们妥协，这种情形，在中国政治上差不多成了一种习惯。可见自治机关非但不能帮助政府推行政治，有时反令政治推行发生障碍。尤其关于维持地方安宁秩序事情，自治职员更难于破除情面，挺身负责处理。县政府以下既无辅助行政机关作县政府与人民间的联络枢纽，所以上面一切法令至多只能到达各县，到达各县以后，便只有停下来，再没有办法可贯彻至各乡各村。多年以来地方政治毫无进展，此其最大症结之一。[①]

---

① 杨永泰：《现行县制与县政的种种色色》，《杨永泰先生言论集》，第63—65页。

自 1932 年以后，为解决上述三个问题，国民政府大力进行县政改革，重要内容便是对县政府先后进行了合署办公、裁局改科、分区设署等改革，其中裁局改科，统一事权是县政改革的核心。

1932 年 2 月 21 日，中央执行委员会政治会议第 396 次会议通过《改进地方自治原则》，确定县与市为地方自治单位，县为一级，县以下的乡、镇、村，均为一级，直接受县政府的指挥、监督，将县、区、乡（镇）三级制改成了县、乡（镇）二级制。①

1932 年 12 月 10 日至 12 月 15 日第二次内政会议在南京举行时，内政部即有改革县政的提案，指出："提高县长职权，现已成为普遍要求，但实际上并未办到，而县政府组织之未能充实健全，要为主因。"现时县制不合理处在于，"现在各县政府高悬在上，各局分立，俨同割据，甚至事业进行，省府各厅直令各局，各局亦直呈各厅，均不经过县长，各厅为进行便利起见，率性直接委派各局长乃至各科长。事权既不统一，所有事业，自难得通盘筹划，而为有步骤与合理之进行。救济之法，惟有将各局并入县政府，使县政府成一整个机关。……同时规定县政府之各局科，以合署办公为原则"。

此次会议通过"县政改革案"及"地方自治改革案"，规定：（1）县政府以一律设科为原则；（2）科或局须合并于县政府内办公（即县政府合署办公）；（3）县政府只以县长名义对外行文；（4）依事实之需要，得呈准省政府增设技术人员及各种专门委员会；（5）教育经费独立之县，得设教育经费管理委员会；（6）现行县以下之区、乡、镇、闾、邻各组织，由各省斟酌情形决定存废，但不得少于二级，或多于四级，其各组织之名称（如乡、镇、闾、邻或保、甲等），由各省自行决定并汇报内政部备案；（7）确认县政府为行政机关而兼自治机关，区以下为自治机关而兼下级行政之辅助机关。②

1934 年 12 月，南昌行营颁布《剿匪省份各县政府裁局改科办法大纲》令，谋求县政府权力和责任的集中，并充实其组织，以增加县政效率，其中重要

---

① 罗家伦主编：《革命文献》，台湾中央文物 1968 年，第 28 辑，第 166—167 页。
② 钱端升等：《民国政制史》下册，商务印书馆 1945 年，第 172—173 页。

点为：(1) 县政府上行下行文书，概以县长名义行之（第一条）；(2) 县政府所属公安财政教育建设各局，现经设置者，概行裁撤，将职掌分别归并于县府内之各科办理（第二条）；(3) 县政府置秘书一人，分设三科，以数字别之，各置科长，其各科职掌，除教育建设两项事务应并属一科，以期密切合作外，其他各项事务，应按实际需要妥为分配（第三条）；(4) 设置县金库，独立办理经费之统收统支（第七条）。

1937 年 6 月 4 日，行政院修正公布《县政府裁局改科暂行规程》，县政府的"裁局改科"推行于全国。《县政府组织法》的修改及县政府的组设在抗战前至此乃有定格。

1939 年，国民政府推出集大成的《县各级组织纲要》，当时人称"新县制"，中国近现代县制的发展进入了一个新的阶段。新县制的基本特点是将地方自治与官治的国家行政相结合，将自治与保甲制度相结合。

对于新县制的制度结构与地位问题，历来学者有不同意见，民国学者陈之迈认为："纲要中固有些新颖的地方，其最大的部分却是已经见诸以前有关县政的法律中的。纲要的作用是根据过去的实际经验，将各种法规中种种的内容为一个总的检讨之后确实厘定一种蒋总裁所谓的'妥善可行'的制度。这部纲要，我们与其说它是新的捆造，毋宁称之为一种集大成的制度。"[①] 也有学者认为，新县制在性质上有别于旧县制而言，"旧县制是北伐成功后至抗战前的县制，不但各地制度分歧，法令僵化，而且县府事权不统一，地方财政不确立，尤其重要的，它不能适应抗战建国的需要。新县制便是针对旧县制的缺失，适应抗建的需要产生的。"[②] 可以说，新县制的推行是对地方政制的统一，和对其政治地位——自治单位——在法理上的重新认定。

关于乡村基层组织设置。

在县政改革的同时，国民政府对县以下的基层组织也进行了改革。最初计划，是根据孙中山关于县自治和"直接民权"的思想，吸取清末民初地方自治的经验教训，在县以下建立区和乡镇两级自治行政和闾、邻自治组织。

---

① 陈之迈：《中国政府》，第三册，商务印书馆 1947 年版，第 96 页。

② 马起华：《抗战时期的政治建设》，载《中国近代现代史论集》，中华文化复兴运动推进委员会主编，第 26 编对日抗战，第 1000 页。

《县组织法》尽管对于县属自治单位抑或国家行政组织说法不明确，但对于在县以下的区和乡镇实行地方自治、建立自治行政却有明确规定。1929年9月和10月，国民政府先后公布《乡镇自治施行法》和《区自治施行法》[①]，对乡村体制作出明确规定。

"区"为自治单位，"各县按户口及地方情形分划为若干区"，各区由若干乡镇（村里）组成。

"乡镇"为自治单位，"百户以上村庄为乡，不满百户者得联合他村编为一乡；百户以上街市为镇，不满百户者编入乡。'但因地方习惯或受地势限制及其他特殊情形之地方，虽不满百户，亦得为乡、镇。乡、镇均不得超过千户'。乡镇各以其原有区域．冠以原有地名或新近地名（在1928年初次颁布的《县组织法》中，县以下自治单位称为村、里）。"

闾、邻组织："乡、镇居民以25户为闾，5户为邻，因地势或其他情形而户数不足时，也可以依县政府之划定为闾、邻。闾设闾长一人，邻设邻长一人，分掌闾、邻自治事务，其具体职责是办理法令范围内一切自治事务和县政府、区公所及乡、镇公所交办事务。"

到1930年初的数年间，国民政府在全国各省基本上依据《县组织法》在县以下统一建立了有区划、有首领、有机构的区和乡镇两级自治行政，实现了两千年来中国行政制度的一大变革。不过，以《县组织法》为基本框架的地方自治制度推行后，在实行自治首领民选和办理自治建设事业方面进展缓慢，成效甚微，各地自治组织的建立也进展程度不一。

1934年以后，国民政府对基层组织进行调整，主要内容是两个：一是分区设署，一是推行保甲制度。

首先是对区的性质重新定位。1932年12月召开的第二次全国内政会议上，确定了改各县自治区为"官治"行政区成为区制变革的基本方向。1934年12月，国民政府军事委员会南昌行工宫颁布《剿匪省分各县分区设署办法大纲》，首先"剿匪"省份各县实行；1937年，行政院以《大纲》为蓝本，公布《各县分区设署暂行规程》，分区设署推行全国。在训政时期，区的性质由自治团体，重新定位为县市行政的延伸。区公所"应认为县市以下之佐

---

① 《国民政府公报》第273号、285号。

治机关，其一切进行事宜，均须受县市长之指挥监督"①。

保甲制度，创始于北宋王安石变法，是一种以户为基本单元的编民组织，其根本特点和职能在于通过邻里之间的连带法律责任来维持治安。保甲制度是静止、封闭的农业社会的产物，它以排斥人口流动为制度设计的基础，主要宗旨仅仅在于维护君主专制在基层社会的统治秩序，从现代化的角度看是一种落后的制度。相反，清末开始实行的地方自治，旨在全面加强地方社会的政治、经济和文化建设，且以法定公民个人作为自治团体的基本单元，具有现代性质。1930 年代初，国民政府在"剿匪区"，为达到其剿共目的，重启保甲制度。1931 年 5 月，陆海空军总司令部行营党政委员会公布了《剿匪区域内保甲条例》。但有关清查户口等内容不够详细，次年 8 月，"豫鄂皖三省剿匪总部"对上述《条例》进行订正重新颁发，名为《剿匪区内编查保甲户口条例》，成为这一时期保甲制度的正式蓝本。

"剿匪区"内各县将县境划分为若干区，限期编组保甲，原有各种自卫组织一律改为保甲。保甲编组以户为单位，设户长；10 户为甲，设甲长；10 甲为保，设保长。保甲须根据户口、地方习惯、地势限制及其他特殊情形进行编组，具体方法是：在本地原有乡镇界址基础上编保，可以将几个乡、镇合编为一保，但不得分割本乡、本镇而将其一部分编入其他乡镇之保；由一边开始，依次将比邻 10 户编组为甲；编余之户，6 户以上可以另立一甲，5 户以下并入邻近之甲；编余之甲，6 甲以上可以另立一保，5 甲以下并入邻近之保。保甲按"某县、某区、第几保、第几甲"命名。

国民政府对于地方自治的"改进"和保甲制度、"分区设署"的实行，实际上，使得《县自治法》框架下的区乡镇自治行政转变成了"官治"行政。不过，由于各省军事、政治形势和自治"改进"方式的不同，这种基本属于"官治"性质的区乡行政，其具体模式往往因地而异。根据魏光奇先生的研究，在 1939 年"新县制"实行前，各省的区乡行政体制存在以下三种模式，而各省在采用同一种模式时，其具体做法又互有不同：

第一种模式基本依照《县组织法》和《地方自治改进原则》办法，没有

----

① 《各省县市地方自治改进办法大纲》，《中华民国史事纪事》（初稿），民国 23 年册，第 1111—1113 页。

编制保甲。实行这种模式的有山东、山西两省。其中山东采用县、乡镇、村三级体制，山西沿袭以往的村制体制，分县、区、村里、闾、邻五级。

第二种模式基本依照"豫鄂皖三省剿总"和军委会南昌行营所推行的以保甲为主干的县制办理，有江西、河南、湖北、安徽、福建、陕西、四川、贵州、云南、河北等十省。其中河北、陕西采用县、联保、保、甲四级制：

河北省原来曾设自治区464个，自1935年1月起，根据《改进地方自治原则》一律裁撤。同年9月，省政府通过《保甲制度大纲》，规定在四个月内编定保甲。

陕西千阳县划编为4个区，17个联保，58个保；西乡县1935年编制保甲，划分5个区，18个联保，2260个甲；洋县1934年建立保甲制度，全县划为5区，26个联保，136个保。大约在1938年，各区区署被撤销，"由县直辖联保办公处，派指导员巡回督查保甲组织"。

其余各省采用县、区、联保、保、甲五级制，例如：

江西省1934年上半年已编保甲者67县，共编424区，2022联保，21905保，219882甲；安徽省61县，共编225区，4362联保，34919保，354669甲。河南省111县，共编765区，54502保，565224甲。

贵州平塘县1935年开始取消闾邻，改称保甲：保直属于区公所，下管甲，但保与区公所之间又存在"人员很简单"的联保办公处。

第三种模式是兼采《县组织法》、《地方自治改进原则》和"剿匪区"体制，其基本特点是在农村基层实行保甲制度，但在保甲之上不设联保而保留乡镇。实行这种模式的省份有江苏、浙江、云南、湖南、广西、绥远、青海、察哈尔，宁夏等九省，具体做法各有不同：

江苏、浙江实行县、区、乡镇、保、甲五级制，如江苏全省60县（除江宁实验县外），共编44区、8066乡镇、68185保、715882甲。

云南实行双线体制，即一方面是县、区、乡镇、闾、邻的五级自治制，另一方面是县、区、甲、牌的四级自卫体制，如大姚县1938年将"原辖6个区所属若干小乡废除，另行扩大为12个乡、一个镇"，乡镇之下编排保甲，共12乡1镇，134保、1400余甲；乡镇成立乡镇公所，保设保公所。

湖南实行县、区、乡镇、保、甲五级制，也有些地方不设区，以乡镇直隶于县，乃四级制。

广西实行县、区、乡镇、村街、甲五级制，1934 年全省 98 县，分为 199 区，2464 乡镇，25494 村街，260352 甲。

绥远实行县、区、乡镇村、保、甲五级制。

青海 1938 年制定《全省保甲实施规程》，规定实行县、乡镇、保、甲四级制。

宁夏实行县、区、联保、保、甲五级制，但联保实际上就是过去的乡镇。

上述三种模式的区乡行政虽然在不同程度上保留着"自治"的痕迹，但实际上已经都属于"官治"性质。对此有人指出，采用上述第二种模式的各省实行"剿匪区"的"分区设署"和保甲制度，"是彻头彻尾实行官治"；实行上述第一种模式的山东、山西"也只有自治之名，而没有自治之实"；而实行上述第三种模式的各省，虽然号称"联保以下实行自卫，乡镇以上实行自治，可是自治也没有切实推行"。①

浙江省县自治区域层级变更情形见下表：

表 2—1：浙江省县以下地方层级变化表

	第一级	第二级	第三级	第四级
1927 年	县	区	街、村	闾、邻
1928 年	县 县为自治单位	区 每区至少以 20 村里组成之	村、里 百户以上之乡村地方为村，百户以上之市镇地方为里	闾、邻 村里居民 25 户为闾，5 户为邻
1929 年	县	区 以 20 至 50 乡镇组成	乡、镇 百户以上之乡村地方为乡，百户以上之市镇地方为镇	闾、邻 乡镇居民 25 户为闾，5 户为邻
1930 年	县	区 每区以 10—50 乡镇组成，各冠以第一第二等次序	乡、镇 不得越过千户，各冠以原有地名或新定地名	闾、邻 各冠以第一第二号数

---

① 胡次威：《民国县制史》，第 115 页。魏光奇：《官治与自治：20 世纪上半期的中国县制》，商务印书馆 2004 年版，第 206—208 页。

续表

	第一级	第二级	第三级	第四级
县自治法所规定者	县	乡、镇 10闾以上为乡或镇，或依地形编之，县政府所在地得划分为若干区，区与乡镇同级，其编制相同	闾、邻 10户为邻、10邻为闾	
1935年	县	乡、镇十保以上为乡或镇，区为虚级，不普设。	保、甲10户为甲，10甲为保（纳保甲于自治组织）	

资料来源：《民国以来浙省民政之沿革》，浙江省档案馆L 29—2—1。

四、从财政入手打开县政黑幕

自晚清开始，西方地方自治思想引入中国，中国社会尝试构建一条不同于传统社会的乡村治理模式。新的治理模式，并不着眼于乡村局部，而是立意宏远；要从乡村入手，以地方为中心，逐渐向外扩张，由乡镇而县，由县而省，以至于全国，最终奠定国家宪政的基础。晚清民初，乡村政治破题，地方自治走向法制轨道。但是，由于晚清政府无能，继起北洋政府更是政治混乱、军阀割据，地方自治缺乏国家上层有效的指导、监督与呼应。

乡村政治趋于崩坏使得整个传统秩序基石的松动，引发当时国人强烈不安，而如何重建乡村政治秩序已摆到国人面前。重建乡村秩序不仅是恢复乡村的社会稳定，更是治理体系的现代化。从行政现代化的角度看，以县官为首、而由幕友、家丁、房吏、差役组成的清代州县治理结构具有很多弊病，其主要体现的是公共权力的私人化，即以私人势力承担国家公共职能。这种政府结构，瞿同祖称之为"一人政府"（瞿同祖：《清代地方政府》）。进入民国时期，县级政治则要发育一套公共机构体系来承担国家统治功能和社会管理职能，并要深入农村，去承担皇权时代由民间承担的公共职能。毫无疑问，从前清县衙的"一人政府"到国民政府的县政，组织规模已在具备，问题只是如何筹备经费以供养如此大规模的行政组织的继存及运作。这是一个巨大的转变，而这种转变的枢纽在于财政问题。

形形色色的地方自治组织的成立需要大量经费供养，羊毛出在羊身上，结果百姓未享其利，先受其害，徒然增加百姓负担；地方自治反而成为暴政，乡民反自治的抗议此起彼伏，乡村政治在大局崩溃的环境下也趋于崩坏。

辛亥革命之后，各省政府纷纷出台一些财政政策，以化解决农村矛盾，减轻农民负担问题。1912 年，谭延闿任湖南都督时，对田赋制度加以改革，特别是改革征收方法，"严令革除粮书制度，所有征收人员，或由县长遴委，或由公团推举"①。1913 年，袁世凯政府颁布《国家税与地方税法草案》及《国家费用与地方费用标准》，主张中央、地方分权，在加强中央财权的同时，给地方财政一定空间。但这些政策举措随着军阀混战的到来终于流产。

新文化运动与五四运动标志着中国社会急剧大变动的时代到来，大革命轰轰烈烈进行，先进的中国人正以新视野和新理论去观察和分析中国农村社会，并提出新方案。在农民运动大发展时，湖南的农民大会提出"整理财政，剔除中饱！"的口号②，毛泽东在《湖南农民运动考察报告》中明确提出："农民的主要攻击目标是土豪劣绅，不法地主，旁及各种宗法的思想和制度，城里的贪官污吏，乡村的恶劣习惯"，"一切权力归农会"，"废苛捐：全国未统一，帝国主义军阀势力未推翻，农民对政府税捐的繁重负担，简言之，即革命军的军费负担，还是没有法子解除的。但是土豪劣绅把持乡政时加于农民的苛捐如亩捐等，却因农民运动的兴起、土豪劣绅的倒塌而取消，至少也减轻了。这也要算是农民协会的功绩之一。"③

但是，大革命中国共合作，共同提出"打倒土豪劣绅"的国民党背叛革命，"清共"之后的国民党对农村社会权力关系转向维持现状，采取财税改良的方法来推动农村政治转型。

推翻北洋政府的国民党政权非常重视乡村政治，并把县政变革作为对乡村政治的抓手，着力进行县政建设，建立现代科层组织，统一县政，县以下

---

① 《湖南之财政》，曾赛丰等编《湖南民国经济史料选刊》，湖南人民出版社 2008 年版，第 87 页。

② 《湖南省第一次农民代表大会宣言》（1926 年 12 月）。

③ 毛泽东：《湖南农民运动考察报告》。

则寓"自治"于保甲之中，以巩固统治基石。

　　财政为庶政之母，兵马未动，粮草先行，县政的变革是从筹集财政资金开始的。前清时代"一人政府"不承担过多的公共职能，故轻徭薄赋有其正当性。清末地方自治开始，公共事业兴起，在县政之外另立自治机构，自治财政与国家财政不生关系。随着公共事业发达，自治经费趋于膨胀。但是，取自于民并不意味着用之于民。从清末以来，政局混乱，有"财"无"政"，财务行政是一片混乱，弊端丛生，苛捐杂税和田赋附加蜂起。制度不善，吏治败坏。民国县政专家程方指出："县财务行政组织的机构，是松懈、脆弱、杂乱。这种不良制度所种下的恶因，便会慢慢地在财务行政的运用上开出了'营利'的方便之门，兼之加以社会环境的污浊与夫人事利禄的熏陶，则历来的官吏，便多'商人化'，并且官官相护，事事因循，只勾心于环境之宜如何'适应'，而不图环境之应如何'制造'。此种'仕风'之蔓延，辄觉其难以骤变，诚有如吕叔简所言：'若仕风则富贵之权诱于外，利害之念迫于中，有欲变而不能自立者矣，有变此而无以自容者矣'，以'营私害公'一念之差，则政治腐败便至于不可问，迄今犹然！"[①]

　　时任浙江省主席的黄绍闳在谈到浙江的县政状况时，指出："浙江的县政，以前可说都是师爷政治，一切工作，为少数幕僚所包办。此辈对于经办事务，秘不告人，亦不知改进，大有清代师爷旧习。县长对于县政实际情形，不甚清楚，也无从着手整理，尤以田赋税捐为甚。"[②]田赋税捐的整顿不仅关系财政收入，关系到县政的经济基础，而且是打开重重县政黑幕的重要途径。

---

①　程方：《中国县政概论》，商务印书馆1939年版，第169页。
②　黄绍闳：《五十年回忆》（下），云风出版社（浙江云和），第296页。

第三章　县财政的生成：理论与实践

县财政的生成是近代以来中国政治大变动的结果。财政随着国家的产生而产生，但是县财政，并非自古就有，在中国传统社会，中央集中财权，无县财政之说，它是地方自治和财政分权制度的产物。近代中国社会转型，国家政治发展，作为直面百姓的父母官——县级政权扩张，地方事务范围愈广，作为县级政权的经济基础，县财政愈趋重要。由于受政治的不利影响，县财政的生成并不顺利。北洋时期，县财政是有捐税，无税制，有财无政；国民政府成立后致力于财政统一，推行财政分权体制，历十余年县财政的法制才得以完善，但实践起来仍是困难重重。

第一节　传统财政体制

清代不存在独立的州县一级财政，各省州县只是替国家征收赋税(地丁、漕粮、杂赋等)，并按例坐支性质属于国家财政支出的官俸及其他经费。所谓州县官的财政，其实也是国家财政不可分割的一部分，本身没有独立的经营管理权力，只是经手而已。田赋、杂税和官田地租虽由州县经手，但全都属于国家财政收入，"非一县所得而私"。对于收上来的财政收入，州县官的财政管理主要是起运和存留两条主线。

起运，即地方政府上行款项，也就是解款，征存有余的部分，即须报解。清代赋税收入中，起运所占的比重非常高，中央财政给地方财政留下的空间非常小。光绪年《武冈州志》载：起运，"明时旧制，宝庆之起运凡有七宗，一曰户部项下，二曰礼部项下，三曰兵部项下，四曰工部项下，五曰光禄寺项下，六曰随漕项下，七曰宗禄。我朝定鼎以来，诸项悉仍其旧，惟宗禄改归户部，皆解京师，后又改解布政司转运至京"。

户部项下曰农桑绢、曰北京富户、曰户口钞、曰宗藩诸项、曰湖州杂课、曰赋役冗款裁剩；礼部项下曰药味、曰芽茶；兵部项下曰江济水夫；工部项下曰活鹿、曰翎毛、曰猫竹、曰都水司料银、曰绫砂纸、曰军器、曰湖州杂课、曰白硝鹿皮、曰胖袄袴靴；光禄寺项下曰甲丁库供应、曰新加颜料；随漕项下曰浅船。[①]

存留，即州县调度本州县内部财源，扣存批准动支的款项。这一部分款项，实际上是在国家财政收入中坐支本应由户部发放的官俸、役食等国家行政经费，以避免上解下拨之烦琐。这些坐支经费的项目和数额，户部均直接核定核销，地方官只是经手发放，而无权作任何更改，也无权将之挪作地方其他事务开支。存留经制大致有三大块："曰官俸吏役工食、曰均徭、曰祭祀杂支。"

光绪年《武冈州志》载："官俸吏役工食，旧存银二千四百九十两四八四，今存一千一千一百五十七两六八，又增加银四十八两四八"；"均徭，旧存银一千一百八十四两七零三，走递夫马存银九百五十八两九二"；"祭祀杂支凡七，一曰祭祀之用、二曰朝贡之用（康熙十七年全裁）、三曰庆余之用、四曰学校之用、五曰科举之用、六曰恤贫之用、七曰供备之用。"

除起运和存留两主项之外，还有拨运和协济两部。拨运款是向上调拨，主要为宪书银、科举银和布政司表夫银。

协济款，是指州县平行款项，武冈州的协济款主要为邻近州县的驿道经费：

辰州沅陵递运所红船水夫二名，每名银六两闰银一钱共银十二两二；船溪驿马正银二十两四七六，闰银二钱九七九，共银二十两七六九五；山塘驿马十一匹，每匹银三十一两带闰五钱一六六，又零银十七两二五六六，带闰银二钱八七五，共银三百六十四两二二六七；怀化驿马三匹共银九十四两五四九八，又令银十四两四六六六，带闰银二钱四零八，共银一百九两

---

① 《武冈州志》，第八册，《贡赋志》。

二五七七，以上四项解费银二两五三二二七四九，皆解驿道。①

一县的财政收入，拨解之后，存留在州县官手中的银两已经不多了。州县官对这些财政收支的管理，属于一种家产式管理，称为"家计财政"。

据魏光奇对清代直隶栾城县的财政考察，存留银实际用于本县（及本府）事务的开支仅 2033 两余，仅占该县经收税租总额 16213 两余的 12.5%。②根据武冈州的统计，存留银用于本县事务的开支约 3614.95 两，占该州（县）经收税租总额 25821.09 两余的 14%。③

于此看来，中国南北各地的情形大体一致，即掌握在州县官手中的银两，作为合法收入而言，是非常少的。但是，州县官必然还有大量必不可少的支出没有合法来源，即所谓不能"作正开销"，包括：州县衙署人员的薪水工食和日常办公费；官差、兵差、皇差等各种临时性差役费用；各级上宪每年的固定摊派；馈赠上宪各官个人的陋规。

这些非合法开销大大超过了州县官的合法收入。所以，留在州县官手中的银两，非但不足够养廉，还需要向地方索取民膏民脂；更没有也不可能履行社会公共事业职能。

地方事业多由人民自办，如筑道路、开沟洫、恤鳏寡、济孤贫、积谷、救灾等公共工程、卫生、慈善事业的经费，大多由人民捐助；教育事业，公家虽有庠序学制，实际仍由私人延师设塾。所谓地方经费，不外地方政府的行政费，至于社教建设，及公营事业各项事业费，绝无仅有。

清代实行的僵硬、拮据的地方财政制度没有为州县预留任何机动财力，州县官没有任何财权去应对各种社会变动及自然环境的变化（主要是自然灾害），在封闭的农业社会，自然而静止的社会状态下，姑且能够勉力运行。但是，到了开放性的近代化建设之时，必然要陷入困境。

当然，社会的变动必然会引发政府机制的变革，地方财政也是如此。县地方财政虽至民国才有其名，但清代体制的变体已种其因，而后有其果。民国时期有学者指出："逊清为统制地方起见，省各设抚，二三省又复设督，

① 《武冈州志》，第八册，《贡赋志》。

② 魏光奇：《清代州县财政探析》，《首都师范大学学报（社会科学版）》2000 年 6 期，第 13—17 页。

③ 根据《武冈州志》，第八册，《贡赋志》中的记载计算所得。

以居于抚之上，既设不复废置， 成常制，布政司之上，遂由临时节制，变为统属关系，中央财政大权，遂分裂而外倾。咸同之间，洪杨事兴，军事倥偬，未遑言政，督抚之权，积渐而重，外倾之弊，至兹日甚。然尚无具体地方财政之可言。嗣以外侮日亟，变法议起，各省假办新政之名，竞谋筹款之法，虽未公开行之，然已肇其端矣。迨《辛丑和约》既定，国库空虚，赔款无着，责诸各省摊解，于是就地筹款，为势之所不能免，至是已有地方财政之事实；但犹无地方财政之规模，此地方财政形成之远因也。"[①]

第二节　公共财政思想的引进

在晚清大变局中，公共财政思想的引进是和国家政治的变革相随而来。但正如宪政理论与实践进入中国总遇到各种阻碍和变异，公共财政进入中国的环境后，也变得面目全非，所谓"桔生淮南则为桔，桔生淮北则为枳也"。到了县一级的地方财政，公共财政思想的实践更是不容乐观。当然，我们不仅要观其实践的阻力，更要看清它的渗入地方政治的脉线。

晚清开始，不少官僚和知识分子纷纷将西方的财政知识介绍给国人，20世纪初形成体系化特征的财政理论或财政学，20年代开始，中国学者自己编写财政学，虽然尚属于编译阶段，但已深入理论层面；国民政府时期，西方财政学在中国的传播终达到相对成熟的阶段。一直到国民党结束在大陆的统治，中国的财政学所使用的财政概念，无论是否直接使用了"公共财政"的字眼，其实质都是"公共财政"。[②] 此时的公共财政理论，尽管存在或多或少的差异，但大体都持公共财政观，都是从国家或政府的公共活动的角度来分析财政支出、财政收入、财政平衡和财政管理问题。

30年代是中国财政论著的相对繁荣时期。民国时期的财政学对于财政概念的概括，以1935年尹文敬《财政学》最具代表性。他指出，财政"即

---

① 朱博能：《地方财政学》，正中书局1943年版。

② 张馨：《当代财政与财政学主流》东北财经大学出版社2000年版，第351页。

国家或地方政府，当其欲满足共同需要时，关于所需经济的财货之取得管理及使用等各种行为之总称也。"以现今的观点来看，这是从公共财政论的基点扼要但又完整地表述了财政概念。到了40年代，中国财政学的"公共财政观"没有根本的变化。

在国民政府时期，先后执掌财政大权的宋子文、孔祥熙等人均有留学美国的经历，熟悉并遵奉欧美等国的财政理论。在他们的周围也聚集了一些留学欧美的海归派财政学专家，包括何廉、贾士毅、卫挺生、杨汝梅、关吉玉、李权时、马寅初等人。

此外，国民政府财政部外聘专家对财税体制改革与政策制定同样有着重要影响，包括著名的英国财政专家杨格、国联总顾问甘末尔等人，对国民政府的财税变革是起过积极作用的。

公共财政思想的引进，是中国知识分子向西方寻找救国救民出路的一部分。财政问题是当时社会关注的热点和难点，财税制度的近代化改革是历届政府面临的急迫任务，西方财政思想的传播服务于近代中国的财政改革，为制度变革出谋划策。近代中国财税制度的变革是一项庞大的系统性工程，需要解决的问题很多，既涉及对旧体制的破坏与改造，又有新制度之创立，诸如：传统的税制，包括田赋、盐税、关税等传统税制需要改造，近代产生的厘金需要变革，所得税、遗产税、印花税、营业税等西方近代税种的引进，预算制度的建立，中央与地方财政的划分，等等。西方理论只有适应国情才能立足于中国社会，实践中又会产生出有中国国情的理论及适合中国国情的制度，中国的财政变革就是在西方理论与中国国情的互动中行进的。

具体到县财政。县是有中国特色的行政区划和一级政权，自秦设郡县制，历两千年弥久不衰，自足以证县制的生命力之强大。西方国家没有类似于中国的郡县制，也没有发育出有关县财政的理论，但西方国家的地方财政理论还是能够给予国人一些启示。没有现成的理论可资借鉴，近代中国的县财政理论是在参照西方国家的地方财政理论的同时进行自我摸索、自我发展。

清末预备立宪和推行地方自治的背景下，部分政府官员和知识分子比较重视西方国家（包括日本）有关地方财政的理论与实践。黄遵宪在出任外使期间，悉心考察欧美日本的文化制度，著有《日本国志》（该书初刊于1895

年）。书中对日本明治维新以后的赋税有所介绍，重点包括地方财政：其一是日本地税的改革情况，日本于 1873 年废除幕府时期以土地收获量为课税标准的旧税制，征收地价税；其二是关于日本地方税制的建立情况，日本于 1878 年实行地方税制，划分地方税、制定地方税则，实行地方自治。这两点内容，前者对孙中山地价税思想有过一定启发作用，后者对清末民初的国地收支划分具有一定影响。①

梁启超是介绍和研究西方财政理论的重要人物，著有《中国改革财政私案》、《财政原论》等财经论著三十余万言，不遗余力地向封闭既久的国人传播先进的财政学知识。梁启超的西方财政理论的涉猎范围很广，其中，财政预算、分税制等理论的介绍清晰到位，整顿赋税、批判苛捐杂税也是很有启示意义。

清末民初，县财政归属于地方自治财政，总体上尚属于制度设计阶段，其制度设计的原型基本上是参照西方的模式进行的。国民党政府掌握全国政权后，对北洋政府时期的制度设计，有继承，也有变革。孙中山的民生主义是变革的主导因素。

革命家孙中山对西方财经理论和政策的了解，无论是深度还是广度，都达到了当时较高的水准。作为政治家，他的财政理论与政治纲领相联系，不是纯粹的学术探讨。同盟会时期，他在财税领域里的主要思想成果，便是提出了著名的平均地权和征收地价税，这是试图解决中国农村问题的一把钥匙。

在孙中山晚年，他的民生主义理论进一步成熟，"耕者有其田"的主张和土地税思想相得益彰。孙中山的土地税思想，概括起来，就是实行地价税，土地增价归公。孙中山说："中国的人口中农民占大多数，至少有八九成，但是他们由辛苦勤劳得来的粮食，被地主夺去大半，自己到手的几乎不能够自养，这是很不公平的。"如果这个问题不解决，民生问题便无从解决。因此，"要把农民的地位抬高，并且要把农民从前所受官吏和商人的痛苦，都要消除"。解决这些问题的根本办法就是"耕者有其田"。"民生主义真是要达到目的，农民问题真是完全解决，是要耕者有其田，那才算是我们对于

---

① 　夏国祥：《西方财政学在近代中国的传播》，《财经研究》2011 年 3 期。

农民问题的最终结果。"孙中山对于"耕者有其田"的办法，曾提出两种不尽相同的方式。一种是政府可依靠联络起来的农民做基础，对于地主"照地价去收重税"，"如果地主不纳税，便可以把他的田地拿起来充公，令耕者有其田，不至纳税到私人，要纳税到公家"。这是把违法地主的田地没收，交原佃户"有其田"。另一种方式是如果地主仍愿意纳重税，就采取和平解决方式，要农民与政府合作，慢慢商量解决办法，使"农民可以得利，地主不受损失"。不论这两种方式如何配合，能否实现，他设想的是通过税收方式来实现"耕者有其田"的理想。换言之，土地税（地价税）是孙中山实现"耕者有其田"理想所倚重的重要手段。①

　　孙中山深刻影响国民政府财政体制的主张是均权主义。财政体制是中央与地方关系最集中的体现，而中央与地方关系问题一直是中国内政最核心的问题，也是难解之结。集权与分权是中央与地方关系的两种基本模式，各有利弊。分权容易被地方势力利用，形成地方割据而不利国家统一，北洋军阀割据便是政治制度的毒瘤；集权又容易使个别野心家操纵政府，出现个人独裁。袁世凯时期借"统一财政"，将各种税收上缴中央，地方政府财政权力和收入锐减，这种财政上的集权是袁世凯专权的重要途径。晚年的孙中山便试图跳出集权与分权的对立思路，提出均权的主张。1922 年底，孙中山发表了一篇颇具学理的文章《中华民国建设之基础》，论述了中央与地方权力分配的原则。1923 年，孙中山发表《发扬民治说帖》一文，认为均权原则是实现民治的关键，并论述了以县代替省作为自治单位的理由。1924 年 1 月，在国民党第一次全国代表大会上，孙中山在《中国国民党第一次全国代表大会宣言》中第一次提出均权的概念，其对内政策第一项规定："关于中央与地方之权限，采均权主义。凡事务有全国一致之性质者，划归中央；有因地制宜之性质者，划归地方，不偏于中央集权制或地方分权制。"与此同时，《国民政府建国大纲》第 17 条也作了相同的规定。

　　孙中山的均权主义为国民政府实施中央与地方的财政分权和重视自治财政（即县财政）奠定政治基础。均权主义思想的核心是以事务的性质作为划分中央与地方管理权限的基本标准和基本原则。它不是权力关系上的平均主

---

① 齐海鹏、孙文学：《论孙中山的财政思想》，《地方财政研究》2012 年第 7 期。

义，不是把权力放在中央与地方之间进行"平均"分配，而是依据事务的性质，对其管辖权进行科学、合理的划分。中央与地方之间的财政划分，正是以政府层级间的事权划分为基础进行划分的，一级事权一级财权。均权原则构成了国民政府划分中央与地方财政关系的一个理论上的依据。

均权主义的前提是地方自治。孙中山所主张的地方自治，以县为自治单位，省作为中央与县之间的枢纽，那么，确定充实县财政则是实现地方自治的应有内容，意义深远。不过，孙中山的均权主义具有浓厚的理想化色彩，在当时的社会实践中很难成为现实。[①] 此后，国民政府处理中央与地方关系的过程中，地方自治徒有虚名，而在国民党一党专政与蒋介石的独裁下，均权更是一种奢想。作为地方自治的基础——县财政的艰难历程便是明证。

第三节　转型时期县财政的确立

从传统的"家计财政"到近代以来"满足公共需要"的财政，从家产式管理到公共财政体制建设，这是一个性质上的转变，当然其背后是整个中国社会的大转型。纵观近代地方社会的发展之路，县财政的确立经历一波三折。清末民初的县财政主要指地方自治财政，自下而上，其情形可谓是有财无政。真正的变革在国民党执政时期，与地方自治财政不同的是，县财政是自上而下与自下而上相结合，经过国家财政系统的分税体制逐渐确立。

一、清末民初，县有财无政

在昔，县为国家行政的最基层，州县长官为亲民之官，素称父母官。县令兼代国家征收赋税，受成于省布政使司。一县的经费收支，全部由国库开支；凡有地方人士捐资兴办公益事业，官厅概不干涉。历来的公款公

---

① 李明强：《论孙中山的均权主义》，《江汉论坛》2003 年 6 期。

产不入国家的租税系统，全部由地方绅士推举人员经理，因此，县地方从无财政可言。

清末举办新政之后，兴学校、办警察等公共事业所需经费，主要出自三途：其一是取自于绅商的捐助，其二是仰赖过去的陋规归公，其三是增收田赋及其他捐税的附加。地方捐税遂由是日益增多。

清宣统元年（1909），清政府颁布《府厅州县自治章程》，县自治以此为滥觞。一县新政的举办，其经费来源逐渐以增税为挹注，不过，此时数量甚少，税率甚轻，往往是作临时性的弥补经费不足，县地方仍然是有财无政。

民国肇造，北京政府废府厅州，只设县一级政权。县议会、县参事会相继成立，县政事业日繁，需用经费日增。1913年，北京政府颁布国地收支法案①，赋予县预决算制定权。县地方财政可谓已具有独立雏形。

1919年，北洋政府颁布《县自治法》，对自治系统的县议会与县参事会的财权有所规定。所定权限，在县议会议决的事项有：

（一）预算决算；（二）县税规费使用费的征收；（三）不动产之经营及处分；（四）财产营造物公共设备之经营及处分。在县参事会执行的财政事项有：（一）执行县议会议决之预算；（二）管理县地方之收支；（三）征收自治税及规费；（四）管理财产营造物及公共之设备。关于财政的范围，就自治经费而言，包括：县自治税、使用费、规费、过怠金，以及县行政收入，县公共营业收入。就预算决算而言，编制之权，属于县参事会，议决之权，属县议会。就检查而言，每年至少二次，由县议会推举会员三人以上，会同参事会会长及参事行之。②

1919年《县自治法》的最大缺陷，在于受军阀割据影响无法在各地推行。此外，1923年曹锟版《中华民国宪法》颁布，其中有关国地收支划分的规定，将田赋契税捐作地方税源。这是一个重要的财税体制变化。不过，其中所指地方，仅为省一级，县财政则略而不具。并且上述法规虽见颁布，却未能实施，整个北洋政府时代，县财政收支长期处于混乱状态。

---

① 此次颁布的"划分国家税地方税法草案"及"国家费用地方费用标准案"中，所谓地方者，纯以省为对象，省县收支缺乏法律规定，掣肘既多，限制又宽，故县财政雏形虽具，尚未臻于发荣滋长的境地。

② 贾德怀：《民国财政简史》，下，商务印书馆1941年版，第640页。

二、国民政府对县财政的确立

北洋时期军阀割据，地方财政紊乱，有学者称之为"混帐"[1]。真正的财政变革，自国民政府定都南京始。雄心勃勃的财政大员和专家们便开始挈划国家财政的大变动，"战事一经完结，庶政即将纷举，按之实际，几无一事不与财政有关。"[2] 作为军政最高负责人，蒋介石提出，"第一要义在先求财政统一"[3]，集权于中央。这项政策取得显著成效，中央政府财政收入大量增加，"政府所掌握的税收数额，是早先北京政府从未享受到的。"[4] 县地方财政的整理是在南京国民政府推行财政统一的大背景下进行的，和孙中山自下而上的县自治与均权理论明显不同，国民政府是在集权的基础上，自上而下，逐步确立县财政的地位和体制。

1928 年 11 月，国民政府公布《划分国家收入地方收入标准案》和《划分国家支出地方支出标准案》，划分了国家财政与地方财政范围，虽然地方财政尚没有划定省与县财政范围，但是分权体制已确定无疑。

1928 年国民政府颁布的《县组织法》（后多次修订），开始确定县财政权限，县政府下设财政局，掌理征税、募债，管理公产、及其他财政事项，受成于县长，为财务行政性质；县参议会议决预算决算及募债之职责，为财务立法性质。财政重要事项，应由县政会议审议的有四：（一）县预算决算；（二）县公债；（三）县公产处分；（四）县公共事业的经营管理事项。

1928 至 1934 年间，国民政府以实施均权政治为划分国地财政的目标，但终以地方财政完全以省为主，推行地方自治基本单位的县财政，在严格的省统制之下无法独立，困顿无法发展。譬如，各县财政局长多由财政厅委任，往往听命于省厅，而置县长于不顾。县财务机构林立，财权分散，县财政沦为省财政的附庸，不利于地方政治的发展和国民党政治基础的巩固，

---

[1] 张一凡：《民元以来我国之地方财政》，《民国经济史》，银行周报社 1947 年版，第 179 页。

[2] 宋子文：提请整理财政议案，1928 年 4 月 28 日，《民国档案史料汇编》，五辑一编，财政经济 1，第 43 页。

[3] 蒋中正演讲词（1927 年 6 月 25 日），《中华民国工商税收史料选编》第一辑，综合类（上册），南京大学出版社 1996 年版，第 987 页。

[4] [美] 杨格：《1927—1937 年中国财政经济状况》，《前言》，第 5 页。

批评之声颇多。国民政府财政部赋税司黄端厦科长讲到："省非别有领域也，省之地即县之地也；省非别有政治也，省之事皆县之事也。欲求县政之发达理碟，应以县能自治与否为先决问题。先总理建国大纲确定县为自治单位，欲谋县自治之发展，又以县费之充实与否为先决问题"，"首将各省田赋划归地方所有，不屑于中央收入。顾地方有省县两级，厚于省而薄于县，恐县无事可为，而训政时期之建设未能实现"。[①] 事实上的确如此，随着县制的改革和县政的推进，县级财政亏空和混乱局面日益严重，县级财权与事权的矛盾尖锐化。[②]

1934 年，对于县财政来说，是一个重要的时间点。鉴于地方财政存在的问题，国民政府多部门向国民政府提交确立县财政的议案，主张将分税制推进到县一级，真正建立县财政的基础。

5 月 18 日，内政部向国民政府提交《拟请确定县财政案》，陈述确定县财政的理由与办法：

"谨按总理建国大纲，以县为自治单位，一切地方建设事业之举办，大都责之于县，县地位之重要，不言可知。按照现行地方预算制度，县无确定税收，亦无独立统一之预算；县政府行政经费，采包办制度，由省政府就省收入项下支配拨给，多则千余元，少且数百元。以江浙富庶地方大县一县之行政费，多不及省政府一厅处行政经费十分之一，遂使县政府之组织，无论质的方面，与量的方面，均不能不因陋就简，无充实组织之可能。至于县事业费，更无确定之财源，县政府与地方自治机关，欲举办某种事业，必须临时筹措经费，或巧立名目，或为募缘式之捐输。一事一捐。不捐即不能办事，税制繁乱，流弊不可究诘。既以坠政府之威言，复以增民众之怨嗟。语其症结，实以县税未能确定之故。本部为整顿县政起见，前于第二次全国内政会议，曾提出县政改革案，主张确定县之财政，以别于国家及省之财政，并请比照市组织法规定之'市财政'前例，于县组织法中，亦增加'县财政'一章，业经大会通过，由本部呈送行政院，转送立法院于审议修订县组织法

---

① 转引自叶振鹏、赵云旗：《国民政府分税制税收划分研究与借鉴》，《财政制度与经济发展历史问题研究》，第 16—17 页。

② 尹红群：《民国时期的地方财政与地方政治》，湖南人民出版社 2008 年版，第 68—73 页。

时参酌采择在案。现在全国财政会议开幕，本部仍是如此主张，非独县政发展可期，有符‘县为自治单位’之本旨，而于‘整理田赋’‘统一附加’之治标政策，亦不无裨益也。”[1]

1934 年财政部召开第二次全国财政会议，决定实行省以下分税制财政体制，将财政系统，由过去的中央与省地方二级，改为中央、省、县市三级制度；[2]“将省县税逐一划分”[3]，使省与县市各有独立的税源，以充实县财政。以后，国民政府立法院相继出台了《财政收支系统法原则》（1934 年 11 月 9 日）、《财政收支系统法》（1935 年 7 月 24 日）、《财政收支系统法施行条例》（1937 年 3 月 25 日）。

《财政收支系统法》公布时，该法原起草委员卫挺生曾发表起草经过说帖，要点如下：

（一）因县市镇乡均方积极筹办自治，若其财政收支不以法律明定，则一切自治事业殊难进行。（二）因划分税源之主张只适用于刚性各税，至柔性各税，则各级政府及自治团体均将赖以平衡其预算，即支出方面亦非全体可以划分而外，尚有收支配置之种种问题，而且省与省间，县与县间，市与省县间，常有贫富悬殊之情事，若国家欲其经济文化平均发展，则收支调剂之问题亦极重要。故欲使全国之财政合理化，则仅足以解决局部问题之原有财政收支划分标准，殊不足以应此使命，而统筹之财政收支系统法，实有制定之必要。（三）因国民政府目前对于整理地方捐税具有决心，全国各级政府及自治团体之收支系统，未先厘定，则不特枝枝节节之整理殊难收效，而且整理之时，亦殊鲜合法之标准。

就上述各点，可见收支系统法的精神在于补正原有的国地收支划分标准，并将财政会议议决的各省县收支标准五项原则作为具体的规定，而以调

---

[1] 内政部拟请确定县财政案（1934 年 5 月 18 日），国民政府财政部档案三（2）25738；《国民政府财政金融税收档案史料（1927—1937 年）》，中国财政经济出版社 1997 年版，第52 页。

[2] 张一凡：《民元来我国之地方财政》，载于《民国经济史》，朱斯煌主编，银行学会银行周报社 1948 年版，第 178 页。

[3] 《关于划分省县（市）地方收支各案及决议案》，江苏省中华民国工商税收史编写组、中国第二历史档案馆：《中华民国工商税收史料选编》，南京大学出版社 1996 年版。第一辑，综合类，上册，第 1233 页。

剂各级收支建立县财政基础为立法根本。[1]

经过 1934 年以来的省县财政收支划分，土地税和田赋附加全部划给了县级财政，此外，采用税收分成制，县财政获得原属于省财政收入的印花税的三成、营业税的三成，从此县级收入在名义上大为增强。

不过，此次省县分税的精神在于损省益县[2]，省税收入大受影响，省政府对推行省县分税制没有动力。县级财政在名义上虽取得独立地位，但实际上并无重大改善。后由于抗战爆发，县地方税种的调整并未实施，县税仍然是附加于省税而已。直到 1939 年《县各级组织纲要》实施后，孕育多年的县市财政，始如婴儿之呱呱坠地。

1941 年国民政府第三次全国财政会议召开，颁行《改订财政收支系统实施纲要》，划屠宰税及房捐为县税，但新县制在各省相继实施，新政事业骤增，而所属新划税源稀薄，尚待整理，收支不敷之数仍须就地设法，因此，实际情形，县级财政一仍旧贯，只是程度差别而已。当然，从表面上看，县级财政地位已大大提高。如果 1934 年至 1939 年尚属于县附于省时期，那么以 1941 年第三次全国财政会议为界线，此后县财政就独立为自治财政了。

国民政府虽然标榜奉行孙中山的均权主义，但在实际政治过程中，集权主义仍然是主轴线。在政府层级关系中，国民政府集权于中央，地方政府集权于省，县级政权独受中央与省层层压迫。作为推行地方自治基本单位的县财政，处于多重矛盾之中。

---

[1]　彭雨新：《县地方财政》，重庆商务印书馆 1945 年版，第 6 页。

[2]　彭雨新：《县地方财政》，重庆商务印书馆 1945 年版，第 8 页。

第四章　县财政支出

国民党统一全国的局面形成后，百废待举，县政建设是世人关注的热点之一，各地方主政者也是热情高涨，大有由过去的"无为之治"转到"积极政治"之势[①]。国民政府先后建立了一批县政实验县，基本模式是"以政治力量来改进政治推动自治"[②]，政治力量自然包括财政力量。财政是庶政之母，1927 年至 1937 年间，随着地方政治的演进，县财政支出呈现出积极变化。

第一节　县政事权与财权的扩张

一、国家职能与财政分权理论

县财政支出是由县政事权决定的，而对县政事权的划分明确与否，是国家对县一级政权的定位问题，是中央与地方关系问题，是国家结构问题。相应地，有事权之划分，即有财权之划分。近代以来，政府的费用日增，社会

---

① 何廉在《吾国地方财务行政之检讨》一文中，提到，县制发生变化，事权也在扩张，"有着重于调整组织者，如合署办公，改局为科，设置专员公署等；有着重于训练民众者，如举办保甲，推行义务教育，设立乡农学校等；有着重于培养人民经济者，如办理各种合作社，设置积谷仓储等；有着重于改善吏治者，如地方行政人员之训练，慎重人选，提高待遇等。各方面兼程并进，多能表现相当之成绩。……地方政制上之新设施，亦时有之，大有由'无为'而转到'有为'，由消极政治而趋于积极政治之势"。（载于方显廷编：《中国经济研究》南开大学经济研究所丛书，商务印书馆 1937 年版）

② 杨永泰：《现行县制与县政的种种色色》，《杨永泰先生言论集》，第 62—76 页。

与经济生活的性质和范围，日趋复杂，因此，中央与地方支出的划分问题，更显重要，民国时期的财政学者们对此问题进行了深入探讨，"此问题自一方面观之，即为中央与地方职务之分配，似甚简单；但自另一方面言，甚有关于中央与地方的财源与责任之分配。假使分配职务之时，不能兼顾财源及责任之划分，则易致失其平衡"。[①]

当时的财政学理论已经引进西方的财政分权学说（或称财政联邦制fiscal fedralism），中央与地方职务分配的主要问题，不仅在权限，而且在效率与经济。柏斯特布尔（Bastable C. F.）分配的原则有三点：（一）事之关于一般人民之利益者，应归中央；事之属于地方利益者，宜归地方。（二）事之需要高深技巧者及智力者，宜归中央，事之需要精细监督者，应属地方。（三）行动之需要一致者，应归中央；行动之因地制宜者，宜属地方。

关于财源的划分，为职务分配中的要素，划分的原则，塞里格曼（Seligman E.R.A.）认为应注意效率、适宜及充裕三方面，凡宜于地方者，归之地方；宜于中央者，归之中央。向使地方缺乏适当之财源，致有不足之患，则中央应分其税收之余以为之补助。

中央与地方职务的分配，虽常以一般或地方的关系为原则，但在特种情形下，仍应由中央政府举办。公共事务，如果关系到全体人民的利益与幸福，假使废弛，则最后的责任，在于国家。因此，凡各种公务，地方政府因需费太大，以及其他原因力不能举办的，中央应代为兴办。

财政专家何廉认为，有些公共事务举办的责任，中央与地方比较，轻重甚难确定，则措施之责，惟中央与地方之合力是赖。根据上述原则，何廉对中央与地方的各种重要支出，作了一个划分：

（甲）属于中央者：（一）军备费。安全为全社会最大之利益，设军备即所以求安全，故军备之费，应为中央支出。（二）司法费。司法独立，久成各国通例，法律一致及执行统一，亦为全社会之利益，除有特殊情形者外，司法之费，亦宜为中央之支出。（三）外交费。外交以国家为主体，故无论为中央所在地之外交费，或各省之外交费，均应由中央之预算支出。

（乙）中央与地方俱有者：（一）警察费。警察之设，为保持内部之秩

---

① 何廉、李锐：《财政学》，国立编译馆1935年版，第69页。

序，固属大众之利益，按照原则属国家，但由地方主持，比较经济，且易于监督。故普通解决之法，由中央及地方分配担任。（二）教育费。初级教育，与其所在之地方，具有密切之关系，应为地方之支出；但教育事业，关系全社会之幸福，故高级教育，应多由中央主办。（三）立法费。此种费用，中央与地方之支出，界线殊甚显著，中央国会之经费，由中央支出；地方议会之经费，则由地方支出。

（丙）属于地方者：（一）救恤费。救恤之行政，系减轻地方人民之困苦，故其费用，应由地方支出。（二）卫生费。地方之卫生行政，系保卫其地方人民之生命，举办之费，亦应由地方支出。（三）工务费。除国家所营之大工程外，凡地方团体经营之工程，均为其地方之利益而起，建筑之费应为地方之支出。[①]

中央与地方政务及支出划分，虽然可以从理论上作阐述，但并没有一个固定的标准，各国的实际情形，往往是由各国各地的资源环境、地理状况、社会状况、历史背景等多种因素共同作用的结果。

例如，法国是一个中央集权的国家，政府的权力操之于中央政府；美国则为联邦制国家，中央政府的权力，为各邦所让与，各邦保存的权力，可自由行使。英国的制度，介于法美两国之间，英国的地方组织比较复杂，中央政府通过辅助制度（Grants in aid）来加强与地方的联系。

政治决定财政，政治也需要财政的配合，"一级政府，一级财政"，这是财政学的一条基本原理。财政分权理论认为，应以事权定财权，事权与财权相统一原则。先确定一级政府的事权范围，然后根据其事权范围所需财力的大小配置相对称的财权。一是各级地方政府都应该有自己大宗、稳定、与事权相配套的税源；二是为保证地方政府较好履行自身职能，在中央必要的监督和约束下，应赋予地方政府一定的税收自主权（包括一定的设税权、税种选择权、税率调整权）和举债权；三是对于财政比较困难的地区实行规范化的财政转移支付，以保证不同发展水平的地区和不同收入水平的群体能够享受到大致均等化的公共服务。

制度健全、收入充裕的财政是县行政的物质基础，是各项县行政职能得

[①]　何廉、李锐：《财政学》，国立编译馆 1935 年版，第 70—71 页。

以正常履行的保证。一级政权的财权，主要表现为法定的财政地位，具有独立的税种，形成合法稳定的财源，以满足一级政权的财政支出。

二、县政职能与财权

"一级政府，一级财政"，这是财政学的基本原理。不过，县政权与县财权能否配合，尚需依现实去考察。政治的变动必然引起财政政策与体制的变动。清末民初，地方政治已然启动，国民政府时期，地方政治建设进入显性变化时期，主要表现为县政的事权与财权同步扩张。

清末的县政，源于"新政"，以"地方自治"为主要内容。当时，各地方所办理的学务、警政、实业等事业，均被清政府定位为"官治"以外的地方事务，令所需经费不得动用国家租税，而全由地方自筹。所谓"自治经费"，根据 1909 年颁布的《城镇乡地方自治章程》和 1910 年颁布的《府厅州县地方自治章程》，来源为公款公产、地方税、行政性收费、公共营造物和公产的使用费以及临时公债。

北洋军阀乱政时期，县长成为各军事首领私相授收，替其收税养兵的工具。在这种情况下，以地方自治系统为基础，特别是"四局"为主干，在国家财政收入之外，另行筹措各种地方款项作为财政收入，将之用于各种国家财政不负责开支的地方事业，即当地人所谓的"集本地之款项，图本地之公益"。北洋时期的地方自治支出主要有：教育经费、警察经费、保卫团经费、实业经费、自治经费、地方公益机关经费。

相应地，各地县地方自治财政的内容有了进一步的充实，其主要收入有以下几项[1]：

（一）旧有"公款公产"。包括：社仓、义仓的积谷和谷款；学田学款；由私人捐输形成的其他各种公共场所建筑，如祠堂、庙宇等。

（二）旧有差徭之一部。

（三）田赋附加，也称亩捐。在大部分县，这种亩捐在自治财政收入额中要占一半以上。

---

[1] 魏光奇：《官治与自治——20 世纪上半期的中国县制》，第 275—278 页。

（四）杂税杂捐。

（五）各种公共财产使用费和公有事业收入，如学校学费、县办农事实验场和县办工厂收入等。

（六）国家财政补贴。

（七）地方公债收入。

（八）临时摊派。

南京国民政府成立之后，对县政权的性质、地位、组织、运作等作了一系列的法律规定，建构了县政的制度框架。这些法律规范包括：《县组织法》（1928年后多次修订）、《训政时期约法》（1930）、《划分中央与地方权责之纲领案》（1932）、《改进地方自治原则》（1932）、《县自治法》（1934）、《县政府裁局改科暂行规程》（1937）、《县各级组织纲要》（即新县制，1939）等。根据上述法规可知，县的地位兼具官治与自治两个方面；在组织框架上，建立了官治系统与自治系统。作为官治系统，县政府受省政府的指挥，执行中央及省委办事项；作为自治系统，县政府受省政府的监督，以办理全县自治事项。①

县政组织框架建立后，最重要的是制度的运作与地方自治事业的推进。关于县自治工作，《建国大纲》（1924）有规定，包括：人口清查、四权训练、办理警政、修筑道路、测量土地等。1929年行政院颁布《训政时期完成县自治实施方案内政部主管事项分年进行程序》，其纲领有：厘定自治系统、储备自治人才、确定自治经费、肃清盗匪、整顿警政、调查户口、完成县市组织、训练人民、清丈土地，举办救济事业。②

随着地方经济文化的发展，以及国民政府在地方层级的县制变革和事权扩张，地方财政支出规模大大膨胀。以浙江省为例，1929年新增的县财政支出有：

党务费，包括农会、教育会等地方团体的经费支出；基层权力机构，如区、乡镇、村里、保甲经费等；新增地方文化、卫生、教育、体育、救济等

---

① 马起华：《抗战时期的政治建设》，《中国近代现代史论集》，台湾中华文化复兴运动推进委员会主编，第26编，"对日抗战"，1986年，第1001页。

② 行政院训令，第4532号令，1929-12-16.

公益机构，如讲习所、图书馆、救济院、医院、民众教育馆、公共体育馆等等；地方经济事业的新发展，如交通、农事试验场、县办工厂、电话、度量衡、苗圃、治虫等；地方社会治理事宜，如烟禁、推行公墓等；地方新政，如举办土地清丈，等等。[①]

除了上述正常财政开支外，县级还经常须筹措上级委办事项的经费。这些临时开支又大部分与军事有关，如国民兵团、临时兵差、兵役、工役运输等等，均属所谓有关"国防"要务，往往催办急于星火。但办理须有经费，譬如，军队驻扎，有修理房屋、供应用具之费用；搬运军器，有购置工具、供应伙食之用费等，而上级却从不明示拨款或筹款办法，只以"准列入地方预算"七字空言搪塞，全须靠县政府自行筹款。[②]

南京国民政府初期，各地县"地方自治"的收入结构和北洋政府时期相比没有发生根本性的变化。从收入结构方面来看，南京国民政府初期的收入结构是对北洋时期"自治"经费的因袭，没有质的变化，只有量方面的膨胀。县政府没有确定税源，于是借口筹措自己正常财政开支以及临时办差经费，想尽办法向百姓搜括。其所采取办法主要有三：一是附加，一是杂税捐，一是摊派。附加是一种随正税加征的额外税捐；杂税捐为繁细的苛捐杂税；摊派则是把应支专款按户口、按田亩等摊派居民分担。附加及杂税捐主要以应付正常财政开支，而摊派则主要以应付临时办差经费。附加及杂税捐一般归县级办理，摊派则往往亦由乡、镇、区、保甲等基层进行。

县财政支出科目的增列和数额的增长很清晰地体现在各种附加税和杂捐上。例如田赋附加。田附正额之外的附加，分省附加、县附加和征收费三种。由于正额先后归属于国家和省，县财政在无固定来源的情况下，县凡有所需，就莫不以增加附加为筹集经费手段，在1930年5月浙江省政府委员会第312次会议上，讨论事项为25项，其中关于各县要求开征某种田附附加的就有9项。[③]正因为县政上凡有所需首先就考虑增加田赋附加，所以其种类繁多，在浙江省达70余种。尤其是征额上还大大超过正额。据1934年

① 参考浙江省秘书处编：《浙江省政府一年来政治工作之回顾（1929.2—1930.4）》，浙江省图书馆古籍部藏。

② 杨荫溥：《民国财政史》，中国财政经济出版社1985年版，第92页。

③ 《浙江省政府公报》第936期。

《农村复兴委员会会报·苛捐杂税报告》中云，浙江附加与正税的比率最高达384.9%，最低也有134.2%。[①]

下面以浙江金华县1916、1930年田赋附加的征收情况比较表，从征收科目可以看到支出的概况。

表4—1：1916、1930年金华县田赋附加征收比较表

单位：国币元

1916			1930		
项目	每两征银	备注	项目	每两征银	备注
地丁正税	1.500		正税	1.800	粮捐在内
粮捐	0.300		征收经费	0.162	地丁项下
特捐	0.610	地丁项下	特捐	0.160	同上
自治附捐	0.150	同上	自治附捐	0.150	同上
征收费	0.162	同上	教育附捐	0.150	同上
抵补金	0.255		建设附捐	0.150	同上
特捐	0.026	抵补金项下	建设特捐	1.000	同上
征收	0.008	同上	县建设特捐	0.100	同上
总计	3.011		治虫经费	0.100	同上
			抵补金省正税	0.169	
			征收经费	0.007	抵补金项下
			教育附捐	0.015	同上
			建设附捐	0.015	同上
			建设特捐	0.051	同上
			特捐	0.026	同上
			县建设经费	0.005	同上
			治虫经费	0.005	同上
			总计	4.515	

来源：行政院农村复兴委员会丛书：《田赋附加税调查》，商务印书馆1935年版，第241—145页。

[①] 转引自孙翊刚主编：《中国赋税史》，中国财政经济出版社1996年版。

金华县在 1930 年的田赋附加与 1916 年相比较，支出项目及数额大大增加了，每两征银总计也从 3.011 元增加到 4.515 元。县政建设趋于积极有为，县政权自主决定税捐的征收管理，财权大为扩张。

第二节　县财政支出

县政职能增多、财权扩张，改变了传统中国量入为出的理财原则，逐渐改变为现代国家财政量出为入原则。"以支出来确定收入"，民国理财专家魏颂唐在其《财政学撮要》中讲到四理由："一，不知支出之缓急无以定收入之适否；二，不知支出之种类无以定分配之计划；三，不知支出之效果无以定负担之轻重；四，不知支出之多寡无以定整理之方法。"[1] 这四个理由局限于理财的范围，实际上，财政支出首先是由于国家政治决定的。而县一级的财政支出，既受国家政治决定，又受地方因素影响。

公共支出，简括言之，就是政府执行公共事务的开支。民国财政专家何廉提到公共支出与传统家计财政的不同："盖昔时专制治下之政府，率以君主之利益为前提，故出之泰半，均用以供君主一身一家之娱乐，而其余沥之及于民者，不过十之三四。自立宪政治风行之后，观念为之一变，始知政府之所以存在，乃为谋被治者之利益，国家之支出，渐多用之于公共目的及公共利益之途，以期直接或间接可助长人民之生产力。"[2] 何廉的言论道出了公共财政的属性要求。不过，支出之用途，是否"多为民故也"，还需要细细的考察。

一、县财政支出划分

中国自古行郡县制，但是郡县是没有独立的财政收入的。对县财政支出

---

[1] 魏颂唐：《财政学撮要》，第 41—42 页。

[2] 何廉、李锐：《财政学》，国立编译馆 1935 年版，第 26 页。

的忽视，有历史的原因，也有财政理论的因素。中国历代有着丰富的财政思想与实践，但是偏重于收入之取得，对于支出，则语焉不详；臣民只知有纳税之义务，而不知税费使用的权利。这种状况，到了民国亦未能完全改变，国民政府财政部甘末尔设计委员会提到："纳税者方面固不知税款为维持公共事业之费用，甚至一般执政者亦未必能确实了解此意义。……赋税目的在谋公共利益，既非政府对于人民财产之强取苛求，亦非官吏私囊所饱。然欲使人民了解此项赋税观念，必须以公款专用于公共事业，如学校、公众卫生、道路及对于盗匪与其他不法行为之抑制，而不可用于内战及对公众无甚关系之事务或冗员之俸给。"[①] 此种说法的理论基础就是公共财政学说，公共财政与其他财政的根本区别，首先在于它以提供社会公共品和公共服务为准则，县财政支出实际上就是县级政府提供公共物品与公共服务的价格。

随着近代中国民族国家转型，与公共财政理论的引入与实践，县财政支出实现了从无到有，从小到大的演进；并以国家职能的分派为基础，实现财政分权。魏光奇先生指出：中国的县财政，从清代只有国家财政而无自治财政，到清末和北洋政府时期国家财政与自治财政并存的双轨制，再到国民政府时期国家财政与自治财政的并轨整合，经历了一个适应现代化趋势的改革过程。[②] 魏先生理清了清末以来县财政改革脉络，不过，他没有说明：自治财政与国家财政的并轨整合，并不是把自治财政简单地纳入国家财政，从公共财政的角度看，实质上伴随着政府职能分派与财政分权体制的确立。

严格来说，政府职能的界定是财政支出体制的前提和基础。县财政支出的范围及规模，就体现着县级政权的施政范围及程度。

在清代财政体系里，一县经费的出入，悉由国库收支，完全操之于县官之手，这种管理又被称为家产式管理；其他地方人士捐资兴办公益事业，官厅例不干涉。历来公款公产，不入租税系统，悉由地方绅士举人经理，

---

① 财政部甘末尔设计委员会：《税收政策意见书》（1929 年 12 月 10 日）。

② 魏光奇：《国民政府时期县国家财政与自治财政的整合》，《首都师范大学学报（社会科学版）》2005 年第 3 期，第 11—17 页。

故县地方无财政可言。县官对于地方事业，只是甩手掌拒，主要是监督的作用。

清末新政开始，地方自治于是滥觞。1910 年，清廷颁布府厅州县自治章程，地方新兴事业成为县自治的主要内容。自治新政的举办，操之于地方绅士之手，其经费都不是就正税内开支，而是独立于国家财政之外，采用"就地筹款"的办法，每办一种事业，就筹一种经费，经政府立案专作这种事业支用，称为专款制度。

进入民国，废府厅州而存县，县议会、县参事会相继成立，地方自治事业主要以"四局"（教育局、警察局、实业局、财政局）为基本框架展开，事业日繁，需用日增。由于"四局"是自治单位而非国家行政单位，上述支出也完全独立于国家财政支出。在军阀政府时代，地方人士觉得地方事业的经费如果任县政府自由支配，必至于移充于地方无利益之支出，如军费等，所以觉得地方各种事业的经费独立，确是一个良好的保障。如有移拨的，地方人士必群起反对。[①] 沿习日久的专款制度，事实上反映了县政府无法作为一级政权提供相应的公共物品和服务，没有能力，也没有责任。

南京国民政府成立后，县自治理论发生巨大变化，国民党试图重建基层政权，将政权触角深入基层社会。县政不再置身于地方自治之外，地方政权开始接手自治团体的职能，自治团体提供地方公共产品的职能也开始移交给县政权；县制发生变化，事权也在扩张，"有着重于调整组织者，如合署办公，改局为科，设置专员公署等；有着重于训练民众者，如举办保甲，推行义务教育，设立乡农学校等；有着重于培养人民经济者，如办理各种合作社，设置积谷仓储等；有着重于改善吏治者，如地方行政人员之训练，慎重人选，提高待遇等。各方面兼程并进，多能表现相当之成绩。……地方政制上之新设施，亦时有之，大有由'无为'而转到'有为'，由消极政治而趋于积极政治之势"[②]。

财政为庶政之母，南京国民政府统治初期对县政仍然沿用专款制度。教

---

① 梅思平：《江浙各县财政的瓜分制度》，《时代公论》1932 年第 14 期，第 19 页。

② 何廉：《吾国地方财务行政之检讨》，方显廷编：《中国经济研究》，商务印书馆 1937 年版。

育经费、建设经费、公安经费，甚至于自治经费、党务经费等，都有指定的税收，作相关事业收入的来源，"一事一款"、"一款一事"。弊病逐渐显现：其一，从民众负担来看，地方苛杂大都由于事业的兴办或扩展而来，若各项收入均已固定，支出不能统筹，遇有新兴事业，势必另辟财源，增加人民负担，致使各项捐税及附加有增无减，苛捐杂税是专款制度的寄生物；其二，从财政制度来看，形成县财政的瓜分现象。每年县地方预算，只是各种独立预算的集合，甚至各县教育、公安、建设等杂捐往往有不列入预算内的，县政府无法对财政资源进行通盘筹划。

可见，县政事权与财权均在扩张，但并不统一。县级财权没有法定地位，没有制度保障，弊窦丛生，根源在于财政体制问题。财政体制的核心是各级政府之间的收支划分，一般地说，各级政府有什么样的行政权力（事权），就应当有相应的财权，以便从财力上保证各级政府实现其职能。包括两个方面，一是收支划分，二是收支的平衡。

专款制度是自治财政与国家财政分割的二元体制下的产物，整合自治财政与国家财政的途径，就是要经过财政分权来界定国家与地方收支，确定县财政的统收统支，确定县财政收支的范围，这是第一个问题。

第二个问题是如何使得支出（即事权）有收入（财权）的匹配。这是一个难题，正如当时的财政论者指出："在现代，各国租税收入，多趋重于中央集权。……各国政府支出，其趋势又侧重于地方分权。地方财政，因一般经济情形改变之故，收入趋重于中央集权，而同时支出又有地方分权之动向，收入与支出，不能相称，因之如何调整，遂为今日实际财政上之一重要问题。"[1]

南京国民政府初期，财政部先后两次划分国、地收支。1927年夏，财政部长古应芬公布施行《划分国家收入地方收入暂行标准案》及《国家地方支出标准案》。1928年夏，财政部长宋子文召开第一次全国财政会议，对前述国家收支标准进行修订，颁布了《划分国家收入地方收入标准》和《划分国家支出地方支出标准》。国家与地方财政分权体制形成，不过，此时的"地

---

[1] 李锐：《论吾国中央与地方政府财政关系之调整》，方显廷编：《中国经济研究》，商务印书馆1937年版，第867页。

方"，包括省、县两级，省县收支没有划分，省作为县的上级，可以任意处置，县地方财政无以自立。关于县财政支出方面，县行政费多由省款开支，保卫费多由保甲分别摊筹，教育费建设费等多赖专款保障。[①] 县财政收支散漫，财务行政混乱，县政府无法统筹；县地方事业受经费限制无法进展。

1934 年，第二次全国财政会议召开，重点内容就是整顿地方财政。财政部长孔祥熙特别提出了要在省与县之间进行财政收支划分的问题，提出了省县收支标准五原则：

1. 县市与区乡镇财政合而为一体不再划分。

2. 省县税收划分，依税捐种类分别归属，不以正附税为区分，其大宗税捐不能完全归省或县市者，按成数分配之。

3. 关于支出之划分以其机关及事业设施目的之所属为依归。

4. 省与县市税收划分以后，彼此不得附加。

5. 省与县市支出划分以后，遇有必要，仍须互相协助。[②]

根据第二次全国财政会议的精神，1935 年国民政府颁布《财政收支系统法》，在支出的划分上，根据支出项目的受益范围将整个支出划分为三类：(1) 中央与地方共同的支出：保安费、教育费、保育费。由于这几项支出关系到中央与地方的共同利益，因此，应由中央与地方共同负担。(2) 地方单独支出：地方会议费及行政费、卫生费、救济费、建设费四项。由于享受上述事业利益者，主要是各自地方的居民，因此，应由地方负担。(3) 性质难以辨别的支出：如大规模流行病的防治、影响巨大的防治建筑工程（如治黄、长江防洪等）的经费支出。由于这些事业受益者不仅限于本辖区的居民，区域外的居民也可受益，因此，这些事业费支出由中央和地方分担或由数个受益地方共同分担。

一级政府对应一级事权，合理的政府事权划分也是划分政府财政的保障。《财政收支系统法》划分了各级政权之间的支出范围，县财政支出的地方受益性原则得以确定；此外，还提出一个重要的支出标准：教育文化、经

---

① 彭雨新：《县地方财政》，重庆商务印书馆 1945 年版，第 3 页。
② 《关于整理地方财政案及决议案》，《中华民国工商税收史料选编》第一辑综合类（上），第 1224 页。

济建设、卫生治疗、保育救济经费之总额，其最低限度：在中央，不得少于其总预算总额百分之三十；在省（区）或市县，不得少于其总预算总额百分之六十。[①] 这个标准仍然是要坚持财政支出的公共性原则。

到 1937 年抗日战争爆发，县财政收支体制因各种原因没有落实，但是为 1941 年国家财政系统改统，最终确立县自治财政，奠定了关键性的基础。1912 至 1937 年间，地方公共物品与公共服务的提供，由自治团体的专款转向县政的公共支出，初步解决事权与财权的匹配原则，这种体制性转型基本完成。

二、县财政支出结构

县财政支出，按照 1935 年《财政收支系统法》，有如下科目：

（1）政权行使支出；（2）行政支出；（3）立法支出；（4）教育及文化支出；（5）经济及建设支出；（6）卫生及医疗支出；（7）保育及救济支出；（8）营业投资及维持支出；（9）保安支出；（10）财务支出；（11）公务人员退休及抚恤支出；（12）债务支出；（13）损失支出；（14）信托管理支出；（15）普通协助及补助支出；（16）其他支出。[②]

县财政支出预算科目，也可以根据其性质分为六类：（1）党政自治费，（2）公安保卫费，（3）教育文化费，（4）建设事业费，（5）杂项经费，（6）预备费。根据 1936 年的县财政预算统计数据，六者之中以党政自治费居第一位，共 41819632 元，占 29%。其内容包括党务、行政、自治、财务等费，在实际上尚不及教育文化费及公安保卫之重要。教育文化费占岁出总额 28%，公安保卫费占岁出总额 20%，均为岁出之大宗。至建设事业费，包括实业、交通、卫生、建设、救恤五项，仅占岁出总额 8%，可见县政事业并不发达。杂项经费一项，包括补助费及其他支出两项，为数不多。兹将 1936 年度各省县地方岁出预算，分类列如下：

---

① 《财政收支系统法》(1935 年 7 月 24 日)，中华民国工商税收史料选编》第一辑综合类(上)，第 777 页。

② 《财政收支系统法》(1935 年 7 月 24 日)，中华民国工商税收史料选编》第一辑综合类(上)，第 770 页。

表4—2：1936年度各省县地方岁出预算分类统计总表

（单位：元）

		江苏	浙江	安徽	江西	湖北	河南	山东
党务费	数额	845466	457635					
	%	2.79	2.76					
行政费	数额	3499536		3556120		962929	735276	A4433704
	%	11.55		40.84		10.96	9.17	33.80
自治费	数额		2759751		2006674		A1017409	
	%		16.67		24.15		12.68	
公安费	数额	A6060948	2288818	2047291	2475729	304538	978114	
	%	20.07	13.83	23.51	29.80	3.47	12.19	
保安费	数额		1871387			A4280370		
	%		11.30			48.72		
财务费	数额	1587300	1293157		95437	414780		59577
	%	5.27	7.81		1.15	4.72		0.45
教育文化费	数额	9813597	3526599	2216543	2122825	1684211	3180633	5023287
	%	32.50	21.31	25.46	25.55	19.17	39.66	38.30
实业费	数额					B51965		
	%					0.59		
交通费	数额							
	%							
卫生费	数额	543296	181362		272883	8104		
	%	1.81	1.09		3.29	0.09		
建设费	数额	2421709	728246	397091	438279	317914	401778	B1145458
	%	8.02	4.40	4.56	5.28	3.62	5.01	8.73
救恤费	数额	B1121159	609485	66335	118190	126855		C207000
	%	3.72	3.68	0.76	1.42	1.44		1.58
补助费	数额			181195			B1046041	D1517616
	%			0.21			13.04	11.57
其他支出	数额	566936	2694839	159347	367959	159798	C239854	
	%	1.88	16.28	1.83	4.43	1.82	2.99	
预备费	数额	3741659	144244	246429	409606	474516	421503	729973
	%	12.39	0.87	2.83	4.93	5.40	5.26	5.57
合计	数额	30201606	16555523	8707351	8307582	8785980	8020608	13116615
	%	100	100	100	100	100	100	100

续上表

		山西	陕西	甘肃	福建	广东	广西	察哈尔
党务费	数额							
	%							
行政费	数额	1179605	2619754	229052	A2874871	2608592	4754802	96506
	%	27.84	49.68	9.83	38.97	17.43	35.99	13.26
自治费	数额			479463		1868549		
	%			20.57		12.48		
公安费	数额	1357511		418065	B392049	6333691		143518
	%	32.04		17.94	5.31	42.31		19.73
保安费	数额							
	%							
财务费	数额	143662	67356	38215	689452		324719	23189
	%	3.39	1.28	1.64	9.34		2.46	3.19
教育文化费	数额	1096542	1310817	6772539	2086400	2322247	4960081	335793
	%	25.88	24.86	28.86	28.28	15.51	37.54	46.16
实业费	数额					A349114	252458	19791
	%					2.33	1.91	2.72
交通费	数额					95202	480992	22635
	%					0.64	3.64	3.11
卫生费	数额	1382	59866		106130		237613	
	%	0.03	1.14		1.44		1.80	
建设费	数额	95496	164191		306169	252766		5738
	%	2.25	3.11		4.15	1.69		0.79
救恤费	数额			7887	141645	B646874		A2059
	%			0.34	1.92	4.12		0.28
补助费	数额	A45869	148224	141231		178327	69067	1720
	%	1.08	2.81	6.06		1.19	0.52	0.24
其他支出	数额	B158245	278505	177655	112406	344506	A1061693	
	%	3.74	5.28	7.62	1.52	2.30	8.04	

续表

		山西	陕西	甘肃	福建	广东	广西	察哈尔
预备费	数额	158872	624292	166503	668750		1070032	76579
	%	3.75	11.84	7.14	9.07		8.10	10.52
合计	数额	4237184	5273005	2330610	7377872	14969868	13211457	727528
	%	100	100	100	100	100	100	100

续上表

		宁夏	青海	合计
党务费	数额			1303101
	%			0.92
行政费	数额	76568	19367	27646682
	%	21.34	17.31	19.43
自治费	数额			8131846
	%			5.71
公安费	数额	84896	10627	22895795
	%	23.67	9.50	16.09
保安费	数额			6152757
	%			4.32
财务费	数额		1159	4738003
	%		1.04	3.33
教育文化费	数额	191679	71661	40615454
	%	53.43	64.04	28.54
实业费	数额			673328
	%			0.47
交通费	数额			598829
	%			0.42
卫生费	数额			1410636
	%			0.99
建设费	数额	3864	4779	6683478
	%	1.08	4.27	4.70
救恤费	数额			3017489
	%			2.12
补助费	数额	A1722		3168012
	%	0.48		2.28
其他支出	数额		A4301	6326044
	%		3.84	4.45
预备费	数额			8932958
	%			6.28
合计	数额	358729	111894	142293412
	%	100	100	100

备注：
江苏 A 原称保卫公安费，B 原称救济费。浙江 A 土地费 2240632 元合并在内。河南 A 原称区署经费，B 原称协助费，C 临时费 218326 元合并在内。山东 A 原称内政费，B 原称建设实业费，C 原称抚恤费，D 原称协助费。山西 A 原称协助费，B 司法费 41632 元合并在内。福建 A 原称区政费，B 原称地方防务费。广东 A 原称农矿费，B 原称公益费。广西 A 债务费 495052 元解省田赋均并入其他支出类。察哈尔 A 原称抚恤费。宁夏 A 原称协助费。青海 A 原称司法费。

资料来源：贾德怀：《民国财政简史》，下，商务印书馆 1941 年版，第 645—648 页。

上表反映了全国的一般情况，事实上，各省县由于经济社会政治行装各方面的差异，县财政支出也不尽相同，反映出极大的差异性。省与省之间不同，各省县地方预算总额，以江苏为首，总数达三千万元，浙粤桂鲁四省均在一千万元以上，其余各省咸在一千万元以下。[①] 在一省之内各县的预算数额也是呈现极大差异性：

"各县预算总额之参差，非仅省与省互异，而一省之中，县与县亦不相同。盖辖区广狭，财力丰诸因素，均足以造成此种差别之倾向也。全国各县中以江苏吴县之预算额为最高，达 1654405 元，以青海之同仁为最低，仅915 元，相差至 1653490 元之巨。至于一省之内，县预算总额最高与最低相距之最烈者首推江苏，吴县与扬中计相距1539246 元；其相距最小者为宁夏，平罗与磴口仅 28712 元。"[②]

正是这种差异性，因此，各省根据各自的省情县情，对列入预算的县财政支出科目有所增减，增加可操作性。譬如，1935 年浙江省的地方概算岁出科目，关于县财政支出，有如下内容：

（1）党务费，包括县党部经费、全县代表大会经费。（2）自治费，包括保甲经费、拨补教育经费。（3）公安费，包括拨补县政府行政经费，第一公安分局经费等。（4）保卫费，即保卫团经费。（5）财务费，包括财务委员会经费、上期田赋特捐征收费、下期田赋特捐征收费、店住屋捐公费、屠宰附捐公费、置产捐公费、广告捐公费、人力车捐公费、戏捐公费、筵席捐公费、彩结捐公费、学谷捐公费、经忏捐公费、保卫户捐公费、自治户捐公费、各项认捐公费。（6）教育文化费，包括拨补县政府行政经费、拨补财务委员会经费、学校教育费、社会教育费、各项教育费。（7）卫生费，包括县立医院经费、卫生预备费、清道经费。（8）建设费，包括治虫经费、农林经费、苗圃经费、造林事业经费、合作事业经费、拨补农民借贷所经费、农民银行股本、指导农民川旅费、度量衡检定分所经费、修筑县道街道经费、各项建筑工程补助费、原有雨量站津贴、收音机经费、水利经费、圩堤经费、浚河经费、蚕桑经费、国货商场经费、特种事业费。（9）救恤费，包括贫民

---

① 贾德怀：《民国财政简史》，下，商务印书馆 1941 年版，第 648 页。
② 贾德怀：《民国财政简史》，下，商务印书馆 1941 年版，第 650 页。

习艺所经费、救济院经费。（10）杂项支出，包括总理诞辰纪念费、植树经费、国术馆经费。（11）债务费，即偿还各项借款。（12）总预备金，为县税一成准备金。[①]

1936 年浙江各县财政支出的预算概算科目变化在列支土地费，裁减债务费。

浙江省 1935 年度省地方预算为 21256015 元，而全省各县预算总额为 11445376 元，仅及省地方预算数额之半，平均每县不过 152605 元。县地方事务极为繁重，以如此极少数之经费而责其办理一县之党务、自治、公安、财务、教育、卫生、救恤等等事业，其成绩如何，自不难推想而得。[②]

且来看看县经费在各项行政、事业中的支出情况。1935、1936 年全省各县综合分类统计表如下：

表 4—3：1935、1936 年浙江各县支综合分类统计表

单位：国币元

科目	1935	百分比%	1936	百分比%
党务费	451833	3.36	457652	4.09
自治费	1209550	8.98	2666733	20.07
公安费	1923716	14.29	1289328	12.04
保卫费	2450740	18.19	1871275	14.66
财务费	580588	4.31	1294976	9.18
教育文化费	3185573	23.65	3536364	22.46
卫生费	359001	2.67	180166	0.75
建设费	698652	5.20	737902	4.13
救恤费	558207	4.14	613936	2.98
杂项支出	1095623	8.13	275673	1.50

---

① 《各县二十四年度地方概算岁出科目》，《浙江财政月刊》，第 9 卷，第 11、12 期（1936 年 11 月 15 日）预算专号（下），第 956—958 页。

② 魏颂唐：《对于本省各县二十四年度预算感言》，《浙江新闻》1936 年 1 月 1 日第 3 张第 10 版。

续表

科目	1935	百分比%	1936	百分比%
债务费	506611	3.76		
土地费			2237485	6.99
总预备费	447221	3.32	146672	0.92
合计	13467315	100	16513264	100

注：预算数额均为经临合计。1936年土地费仅部分县份清理田赋支出。1935年资料来源：《浙江财政月刊》，第9卷，第11、12期（1936年11月15日）预算专号（上），第7—11页；1936年资料来源：《浙江财政月刊》，第10卷，第11、12期（1937年5月15日）预算专号（上），第8—12页。

综观上表，1935、1936年度浙江省各县支出科目中以教育文化费、自治费（主要是区乡保甲经费）、公安费、保卫费为主要支出项目，其次是建设费和财务费等，表明县政建设的重心在于政权组织建设与地方教育事业[①]。

在支出科目中，党务费与自治费属于政权建设经费，两者相加，在1935、1936年分别为12.34%、24.16%，比例上升，表明国民党政府加强基层政权建设的倾向；公安费与保卫费的作用是巩固政权与维护社会秩序，两者相加，在1935年为32.48%，居于第一位，1936年度，考虑到地方渐趋安定，公安与保卫的预算支出额下降，所占百分比同时下降，为26.70%，但仍居于第一位。这种财政支出清晰表明了施政重心在"卫"，强化治安，巩固其政治统治。

教育文化费为社会公益事业，是地方事业的传统重点项目，两年所占百分比均属第二位；经济建设方面，支出经费数额是上升的，但是比例从5.20%变为4.13%，表明了稳定中有下降的趋向，建设经费紧缩，县级政权在经济建设事业中难有大的作为。

---

① 如果把财政支出科目归纳为县政"管、教、养、卫"四大要政，浙江各县施政的重点是"卫"重于"管"，"教"重于"养"。通过对1936年部分"县管教养卫"经费比例的分析，台湾学者李国祁先生认为，浙江省的施政重心即是在"卫"，故此时期我们所见到的重要民政措施，无不与公安保防有关。"卫"之主要目的在使社会安定，如果不由卫入手，则地方不靖，盗匪频仍，社会动荡，则"管教养卫"必皆劳而无功，显示出很强的计划施政特点。（李国祁：《闽浙两省制度、行政与人事的革新》，《中国史学论文选集》（台湾）第五辑"中华文化复兴运动推行委员会"主编，幼狮文化事业公司印行，1986年第2版，第930页。）

第五章　县财政收入

在财政学家何廉看来，财政收入就是"公共收入"，"国家为公共团体，其需要为人民之公共需要，故财用之供给，须赖人们之输将"[1]。这种公共财政理论和民国县财政收入的现实之间，还是有较大距离。

我国在历史的传统上，向来不重视地方政治，而地方财政亦只不过是分受中央唾余，既无制度上的划分，也没有法律上的保障。国民政府最初颁布的《县组织法》中，也没有县财政的规定。中央有固定的重要财源，省市亦紧握着其分内的收入，惟独处于最下层的县地方财政，却没有一个确定的独立的充足来源。但是，国民党政府规定训政时期的县政却非常繁重，中央及省的政令多恃县去执行，以立宪政之基石的"地方自治"、"县政建设"亦亟待县政权的推动。这些不能不说是一个很大的矛盾，县财政收入也就是在这种矛盾中逐渐扩张，始终徘徊在合法与非法之间。对于民国县财政收入状况，须保持一种历史的和变革的眼光去对待。从总的方面来看，县级政权获得收入的来源和能力并不乐观。

第一节　县税的确定与整理

一、田赋成为地方税收

欲图地方事业之兴盛，首要在扩大财源。国民政府在税源划分方面，

---

[1]　何廉、李锐：《财政学》，国立编译馆 1935 年版，第 81 页。

一个重大的变化就是田赋尽为地方所有，称之为"开吾国财政史乘之新纪元"①。毕竟传统中国以农立国，田赋历代均为国家财政收入，集权于中央政府。

南京国民政府甫经成立，即决定推行分税制，这既是结束北洋财政混乱的需要，也是国民政府的政治理念使然。②财税体制的核心是分税体制，它解决的是一定时期内主导税收制度如何设计，税收政策如何制定以及收入在中央和地方之间如何分配的问题。③

孙中山关于中央与地方关系的原则是均权制，体现在财政制度上便是分税制。国民政府第一次全国财政会议指出："中央集权与地方分权并重，乃总理手定政纲，吾党奉为圭臬，兹所谓统一财政者，乃统一中央之财政。故中央财政应取中央集权主义，非并地方财政而统一于中央也，至地方财政，中央力之所及，自当助其各个之发展，以尊重地方之分权。而中央财政各省尤宜一致拥护，严格服从，使中央举其统一财政之实。"④事实上，南京国民政府要保证中央收入的稳定，就不得不照顾地方的利益，具体做法是以田赋换厘金，按照国民政府财政次长钱永铭的谈话："整理财政策划决议甚多，而惟一要点，即以后国税概解中央，田赋划归省有，厘金划归中央。缘田赋随各省自身情形变化可以付诸各省自理。厘金必归中央，所以作裁厘加税之准备。"⑤

当然，田赋尽归地方，在民初已有创议。1912 年江苏都督程德全即主张田赋改归地方，学界也有论著提倡田赋为地方税。不久，各省有漕粮改属地方之争，以江苏为最力。⑥1923 年曹锟宪法正式定田赋为地方税，1925

① 《国民政府田赋实况》（上），第 1 页。

② 叶振鹏、赵云旗：《国民政府分税制税收划分研究与借鉴》，《财政制度与经济发展历史问题研究》，第 10—34 页。

③ 付志宇：《中国近代税制度流变初探》，中国财政经济出版社 2007 年版，《导论》，第Ⅷ页。

④ 《统一财政案》，江苏省中华民国工商税收史编写组、中国第二历史档案馆：《中华民国工商税收史料选编》南京大学出版社 1996 年版。第一辑，综合类，上册，第 1021 页。

⑤ 钱永铭谈话（1927 年 7 月 6 日），上海《国民日报》，1927 年 7 月 6 日。江苏省中华民国工商税收史编写组、中国第二历史档案馆：《中华民国工商税收史料选编》南京大学出版社 1996 年版。第一辑，综合类，上册，第 994 页。

⑥ 《国民政府田赋实况》（上册），第 2 页。

年李思浩任财政部长时，在善后会议上宣布财政政见，认为田赋宜为地方税。但是军阀专制，各省财政割据，此议无法付诸实现。

1927 年 6 月，刚刚成立的南京国民政府召开苏浙皖闽粤桂六省财政会议，通过《划分国家收入地方收入暂行标准案》和《划分国家支出地方支出暂行标准案》。这一标准案的一个特点是在 1923 年《中华民国宪法》的基础上继续扩大了地方税的比重和范围，将田赋改归地方，苏、浙、皖、闽、赣省先后施行。

1928 年 7 月，第一次全国财政会议召开，财政部赋税司司长贾士毅向大会提出实行划分国家税地方税，及国家费地方费一案，并附各项施行条例。此案以田赋改归地方，以发展公共事业。契税与田赋有关，同样划属地方。至此，国地收支始有明确之划分。

不过，田赋归属地方，"地方"包括省与县两个层级。第一次全国财政会议对省县田赋分配有所提及，但并没有具体的方案与施行措施。会议中，财政部赋税司提出《规定省县田赋分配标准案》，提案主张："丁漕国税既尽数划归地方，则省与县之所得，不可不明定标准，俾无畸重畸轻之弊。至标准如何规定，似宜全县田赋总额应归县有者，以百分之三十至百分之五十为限度，……由各省财政厅审度省县财政现状，于此限度内公平支配，拟定办法，呈报财政部备案。"经大会审查结果：(1) 省县普通市镇乡之收支，由财政厅先行汇集各级收支，酌定办理情形，呈请财内两部会核。(2) 省财政与特别市财政之收支，由省政府与市政府商定办法，函行财内两部会核，大会议决照审查意见通过。①

中央政府把省县田赋分配权交给了省级政府，省为县上级，可以任意处置财权。于是，在国民政府初期，基本事实便是，所有划归地方的税源全由省级把持，原有田赋正税归属省财政收入，甚至在田赋本税之外，加课省附加。而县地方财政所有的田赋收入，概为田赋附加。省县正附合计，是为田赋全额。

田赋自古为中央财政的主要税源，远者姑不置论，清乾隆三十一年岁入总额 4000 余万两，地丁正耗即达 3200 余万两，约占总收入 2/3，而米豆

---

① 《国民政府田赋实况》(上册)，第 21 页。

之征本色者，尚不在内。1916 年度预算总收入 47200 万元，其中田赋收入约 4700 余万元，仍占收入的首位。1928 年田赋划归地方税后，转为各省收入。1931 年至 1935 年度，各省市地方预算中若将债款收入除外，则田赋平均占岁入 1/3。至田赋在县地方预算中所占地位，多者占全县收入总额十分之八九，少者亦十分之六七，其在财政上的重要地位，于此可见一斑。[①]

二、省县财税的分割

1928 年第一次全国财政会议修订通过《划分国家收入地方收入标准案》和《划分国家支出地方支出标准案》，这是南京国民政府成立以来第一个较为成熟的关于税收体制的文件，把中央与各省收入权限进行了划分，现行国家收入 16 种（将来税种 2 种），地方收入 12 种（将来税种 3 种）。具体税目如下表所示：

表 5—1：国民政府国家和地方财政收入划分表（1928 年）

	国家收入	地方收入
现有收入	盐税、海关税及内地税、常关税、卷烟税、煤油税、厘金及一切类似厘金的通过税、邮包税、印花税、交易所税、公司及商标注册税、沿海渔业税、国有财产收入、国有营业收入、中央行政收入、其他属于国家性质的现有收入	田赋、契税、牙税、当税、屠宰税、内地渔业税、船捐、房捐、地方财产收入、地方营业收入、地方行政收入、其他属于地方性质的现有收入
将来税种	所得税、遗产税	营业税、市地税、所得税附加

资料来源：《全国财政会议汇编》，上海大东书局 1928 年版，第 21—23 页。

国地税收划分后，国家税收与地方税收从此形成了各自的新格局。国家税收以盐税、关税、统税为主体；地方税收以田赋、契税和后来的营业税为主体。"其要点为中央税以间接税为主，而以直接税辅之，地方税则以直接税为主，而以杂项税捐辅之。"[②]

---

① 《田赋·土地陈报·土地税》，第 1—2 页。
② 国民政府财政部：《十年来之财务行政》，第 3 页。

不过，这里的"地方收入"主要指省地方财政收入而言。第一次全国财政会议也试图对省以下财政收入进行划分，有提案讲到了县财政的重要性："积点成线，积线成面，积县则成省。省非别有领域也，省之地即县之地也；省非别有政治也，省之事皆县之事也。欲求县政之发荣璀璨，应以县能自治与否为先决问题。先总理建国大纲确定县为自治单位。欲谋县自治之发展，又以县费之充实与否为先决问题。故每县岁收对于中央政府之负担，只有10%以至50%。我国民革命军勘定中原，首将各省田赋划归地方所有，不属于中央收入。顾地方有省县两级，厚于省而薄于县，恐县无事可为，而训政时期之建设未由实现。"①

在财政会议上，董修甲提交《划分省县市镇乡地方收支办法案》，划定县收入有6种：（1）县有产业收入、（2）县政府行政收入、（3）契税、（4）屠宰税、（5）县特别估税、（6）国家和省政府补助金。② 但是，会议最后议决省以下税收由各省自行决定。实际上，各省政府为集中财力，并没有实施这一方案，"所列地方收支仅及于省，尚未推及县市。"③

地方财权握之于省政府，所有丰厚税源均为省有。而中央及省的行政事务，多以一纸命令令县就地筹款，县政府在中央及省层层压迫之下，只有出之于附加摊派、繁兴苛杂之一途。1931 年国民政府宣布裁厘改统，颁布《营业税法》，令各省开办营业税以为抵补，省政府深受影响，于是将废厘后的财政缺口尽加于田赋之上，对县财政形成新的更大压力。

1934 年财政部召开第二次全国财政会议，决定实行省以下分税制财政体制，将财政系统，由过去的中央与省地方二级，改为中央、省、县市三级制度；④"确定划分县财政范围，以别于省之财政而谋独立精神"，"将省县税

---

① 赋税司向第一次全国财政会议提交《规定省县田赋分配标准案》，江苏省中华民国工商税收史编写组、中国第二历史档案馆：《中华民国工商税收史料选编》南京大学出版社 1996年版。第一辑，综合类，上册，第 1033 页。

② 董修甲：《划分省县市镇乡地方收支办法案》，江苏省中华民国工商税收史编写组、中国第二历史档案馆：《中华民国工商税收史料选编》南京大学出版社，1996 年版。第一辑，综合类，上册，第 1031—1032 页。

③ 国民政府财政部：《十年来之财务行政》，第 3 页。

④ 张一凡：《民元来我国之地方财政》，载于《民国经济史》，第 178 页。

逐一划分"①，使省与县市各有独立的税源，以充实县财政。通过了划分省县地方收支五项原则：

(1) 县（市）与区乡镇财政合为一体不再划分。

(2) 省县税收划分，依税捐种类分别归属，不以正附税为区分，其大宗税捐不能完全归省或县市者，按成数分配之。

(3) 关于支出之划分以其机关及事业设施目的之所属为依归。

(4) 省与县市税收划分以后，彼此不得附加。

(5) 省与县市支出划分以后，遇有必要，仍须互相协助。②

1935 年，立法院通过公布的《财政收支系统法》，确定了财政收支系统分中央、省（市）、县（市）三级，县（市）财政由此成为独立收支系统。"这在中国财政发展史上具有重要的意义，它标志着中国分税制财政体制第一次全面实行。"③ 划分后的县级财政税收，共有 7 项，如下表所示：

表 5—2：县级税种改制前后比较

1928 年县税	1934 年县税
田赋附加、契税附加、屠宰税附加、其他附加、房铺捐、杂捐	土地税（田赋附加）、土地陈报后正附溢额田赋全部、中央拨补印花税三成、营业税三成、土地改良物税（房捐）、屠宰税、其他依法许可的税捐

资料来源：《财政年鉴》三编，中央印务局 1948 年版，第 12 编，第 3 页。

南京国民政府成立初期，县税仍然是附加税制度，基本上没有独立税种，都是些附加税和杂税，是省税的附庸。经过 1934 年的省县收支划分，土地税（田赋附加）全部划给了县级财政；此外，采用税收分成制，县财政获得原属于省财政收入的印花税的三成、营业税的三成，从此县级收入在名

---

① 《关于划分省县（市）地方收支各案及决议案》，江苏省中华民国工商税收史编写组、中国第二历史档案馆：《中华民国工商税收史料选编》，南京大学出版社 1996 年版。第一辑，综合类，上册，第 1230、1233 页。

② 《关于划分省县（市）地方收支各案及决议案》，江苏省中华民国工商税收史编写组、中国第二历史档案馆：《中华民国工商税收史料选编》，南京大学出版社 1996 年版。第一辑，综合类，上册，第 1233 页。

③ 叶振鹏、赵云旗：《国民政府分税制税收划分研究与借鉴》，《财政制度与经济发展历史问题研究》，第 21 页。

义上大为增强。县税的划定，是县财政独立发展的一个阶段性重大成果。

三、县赋税的整理

由于省县财政分权尚未落实，以及县税采用附加省税制度，包括以后的税收分成制，都说明县赋税与省赋税是合而为一的，因此，县赋税的整理事实上就是省赋税的整理。南京国民政府成立后，地方政治发展，省政与县政进入一轮膨胀期。财政是庶政之母，政务的膨胀必然要求财政收入的膨胀。但是，承续清末民初的地方财政早已不适应现代化的发展建设，更何况其自身带着严重的贪腐问题。20 年代末 30 年代初的世界经济危机深刻影响国内经济，特别是农村农业经济面临严重的市场冲击，农村农民面临破产危局。

内外交困，地方政治谋求发展却面临严重的地方财政瓶颈。正本清源，整理赋税成为各省县政府的迫切要求，这也是第二次全国财政会议的中心议题之一。时任财长孔祥熙认为："裁厘以后，原指营业税以为抵补，不意办理多未得法，税收短绌，正供无法支应，地方当局遂征收田赋附加，横征暴敛实由于此。"[1] 故救济农村，"最重要办法莫急于税制之整理"[2]。如何改进开源节流，改革地方税制呢？以下便试述有关县财政收入主要来源的赋税整理情况：

（一）整理田赋及附加。

田赋于省县财政极为重要，但田赋问题涉及面广，积弊甚深，国民政府各个层级对田赋都很关注，而全国各省县呈现出极大的地方差异性，使得整理田赋又不可能形成统一的步调，因此，整理田赋呈现出相当复杂的局面。

在中央政府层面，田赋虽然划归地方财政，但中央对田赋仍有监督之

---

① 《行政院副院长兼财政部长孔祥熙在国府纪念周上的报告》（1934 年 6 月 4 日），江苏省中华民国工商税收史编写组、中国第二历史档案馆：《中华民国工商税收史料选编》南京大学出版社 1996 年版。第一辑，综合类，上册，第 1206 页。

② 中央执行委员会委员孔祥熙在中央党部纪念周上的报告（1934 年 6 月 4 日），江苏省中华民国工商税收史编写组、中国第二历史档案馆：《中华民国工商税收史料选编》南京大学出版社 1996 年版。第一辑，综合类，上册，第 1212 页。

权，在田赋的重要问题上，仍然有通盘考虑与擘画，主要有：

第一，规定考成。1927 年 12 月，国民政府重订"征收田赋考成条例"，规定对田赋督征官与经征官的考成奖励与惩戒措施。

第二，豁免旧欠。1928 年 7 月 11 日，国民政府通令各省，所有 1927 年 12 月 31 日以前之田赋旧欠，实欠在民者，应即一律豁免。嗣后对豁免期限，加以解释："十六年十二月三十一日以前之旧欠，系按十五年度以前田赋截至十六年十二月三十一日，已过结束期限，犹有积欠者，又豁免旧欠，应以实欠在民者，其劣包粮顶户者，仍应切实查明，从严追缴。此次免赋，务求实惠及民。"

第三，限制附加。1927 年，国地划分税源，田赋改归地方税，原案规定，不得添设附加税。但征赋之权，操于地方，附加摊派，漫无限制。"其时地方当局复竟言兴革，侈谈建设，因之地方支出日形膨胀，加以裁厘之后，收入锐减，于是举凡自治、公安、卫生、教育、筑路、水利……等项经费，率皆于田赋带征附加，擅自征收之风日甚。"[1] 鉴于田赋及其附加征收日益泛滥，国民政府于 1927 至 1934 年间，出台一系列限制附加政策，包括：1928 年 10 月颁布《限制田赋附加办法》8 条，其要点为：田赋正税赋捐之总额不得超过现时地价之百分之一；田赋附税之总额不得超过旧有正税之数，已经超过的县份要陆续核减以符合规定。同时财政部严令"各县县长对于此标准，倘故意抗顽或率增加者，即上报财政厅会同民政厅，将该县长撤职罚戒"。[2]1928 年 12 月，财政部又颁布《整理田赋办法》5 条，重申不得随意增加赋额；增设粮柜以便农户投纳；惩罚贪官污吏等。1929 年国民政府重申前令。1933 年 4 月，财政部颁布《限制田赋附加税办法》8 条。5 月，行政院颁布《整理田赋附加税办法》11 条，强调"旧有正税之外，凡一切税捐，以亩数或赋额及串票等为征收标准者，均以附加论"。[3]

第四，第二次全国财政会议提出整理田赋及附加的一系列方案，包括：减轻田赋与附加，取缔各种摊派；改革田赋征收制度；施行土地陈报；废除

---

① 《国民政府田赋实况》，上，第 7 页。

② 《近代以来限制田赋附加之回顾》，《地改月刊》，第 4 卷，2、3 期合刊。

③ 《整理田赋附加税办法》，《国民政府财政金融税收档案史料（1927—1937）》，中国财政经济出版社 1997 年版，第 1106 页。

苛捐杂税；整理中央和地方财政关系；编制省市县的财政预算。依次如下：

（1）重申田赋及附加的 6 项原则，限制附加数量。

（2）改进征税制度，提出 8 原则，其要点有：经征机关与收款机关应各分别设立；串票应注明正附税银元数及其总额，并预发通知单；确定征收费应由正款项下开支，不得另征；革除一切陋规；田赋折合国币，应酌情设法划一；禁止活串；不得携串游证；不得预征。

（3）在整理田赋与附加的程序方面，财政会议议定由清丈土地开始，但是清丈工作浩繁，非短时间内可完成。于是财政会议议定以土地陈报代替土地清丈，通过了《办理土地陈报纲要》35 条。

（4）为减轻地方财政由于废苛减赋带来的影响，中央对地方财政重新分配，进行了一些补救措施。

（5）确定地方财政预算并督促其严格执行，在一定程度上可以限制县级政府的田赋与附加及其他苛捐杂税的滥收。

显然，第二次全国财政会议是一个转折点，国民政府把田赋及附加的整理看作是一个系统工程，摆脱过去局限于田赋及附加的数量与和范围。

（二）整理契税及附加。

契税就是土地房屋不动产的产权转移时所立契约，呈报官府，加盖官印，确定所有权时所缴纳的费用。缴纳的契税额与契价即土地买价之间的比率，称之税率。民国元年 1 月 1 日至 1927 年 11 月 16 日，契税是民国的 17 种国税之一，由中央政府管理征收。1928 年国地划分财政之后，契税归属地方财政，成为地方的重要财源，契税正税归省，县则征收契税附加。

契税大都沿袭历史而成，各省不尽相同。据财政部的调查，各地方差异较明显：

广东：广东省契税税率，依照税契划一章程之规定，其税率：断卖契，每产值百元收正税四元，典质契，每产值百元收正税二元，又断典契，每产价百元，均各附加广东国立大学经费各二元，均应于契税成立后六个月内投税。

浙江：浙江省契税现行税率，依修正契税条例施行细则之规定，买契照产价税百分之六，典契照产价税百分之三，每契纸缴纳契纸费五角。

江苏：江苏省契税率，卖契税每张价银百元征收九元，典契税每张价银百元征收六元，遵用官契纸，每张纳费五角，纳税时期，自立契之日起定为三个月。卖契税九元内暂准各县扣留一元，抵支原有地方教育警察等费。

湖南：湘省契税章程，规定卖契四分，典契二分，卖契税附加一分，作地方经费，契纸费每张收光洋三角。

湖北：湖北契税税率卖契税课契价百分之九，典契税课契价百分之六，缴纳契税，贴用财政部颁发之特别印花，六个月以内缴纳契纸费五角。

江西：江西省征收契税，每卖契价一元，征正税六分，附税二分，典契价一元，征正税三分附税一分，契纸每张征洋九角，内以三角五分解库为纸价，五分解厅为刷印工料之用，其余五角，留县为经费。①

契税创设之初，一方面证明产权，一方面征收税款，两者并重。但是年代久远，地方官吏往往以税收为重，专以多征税款为能事，而对于产权证明，并不重视，置土地册籍于不问，从而导致积弊深重。第二次全国财政会议议决了契税整理办法，其要点如下：

（1）契税正税税率，以卖六典三为最高限度，其在限度以上者，缩减为卖六典三，在限度以下，悉仍照旧。

（2）契税附加，以正税半数为原则，其在半数以上者，缩减至正税之半，未达正税半数者，悉仍其旧。

（3）契纸费，每张五角，卖典一律。

（4）推收应与契税同时办理，一面纳税，即一面办理推收。

（5）逾期及短匿之契，分别处以递加罚金，惟罚金最高额，不得超过应纳税额，其有特殊情形者，并得免罚。

（6）未税白契，定期准予投税免罚。②

契税与整理土地有着紧密联系，根据《土地法》的精神，契税的未来必有较大变革，变革的主要内容有：废除契税，改办不动产登记税，于征税之中，寓清理册籍之意。征收不动产登记税应归土地局，土地局遇有物权变动时，即须登记，又可随时征收登记税，如此则证明产权既归简捷，而征收税款亦可核实。另外，不动产登记应较契税的范围稍广。现行契税制度，仅征

---

① 贾德怀：《民国财政简史》，下册，第595—597页。
② 贾德怀：《民国财政简史》，下册，第627—628页。

收卖契和典契，是仅所有权和典权的移转时，方可征税。但现代社会的发展，日趋复杂，所有权与契权以外，还有地上权、承佃权、地役权、抵押权、质权、租借权等项，均属物权之一，且为民间社会所重视。因此，不动产登记的范围，就根据各情形，参酌各国成规，妥善制定适合时代发展的物权交易与转移制度，推动税制的进步。

（三）牙、当、屠宰各税及其他杂税。

牙、当、屠宰各税属于营业税范畴。我国原本没有营业税，但牙、当、屠宰各税与其性质相类似，1928 年 7 月，第一次全国财政会议议决牙税、当税、屠宰税等一律归营业税整理。《营业税法》第十条规定"各省（市）原有牙税、当税、屠宰税及其他应依法取缔或寓禁于征之营业税，得暂照原有税率，分别改征营业税"。经过不断整理，牙、当、屠宰各税逐渐走向现代税制之路。

牙税，在我国存在较早，相当于现代的营业执照。牙商或牙行纳税后取得牙帖，方准营业。国民党政府曾于 1934 年底宣布废除，但未能实现；后于 1941 年开始，国民政府将牙税并于营业税征收。1934 年第二次全国财政会议议决整理牙税办法七项，其主要内容有：

（1）限定牙行行所。牙行领证营业，不论短期长期，应于县市镇集交易地点，设有固定行栈。（2）确定牙行责任。牙行为货物交易媒介枢纽，不得无贴私开，亦不得一贴两用，并不得强拉客货，迹近垄断。（3）限制牙佣。牙行抽收佣金，各省市颇不一致，约自百分之一至百分之五，嗣后一律以百分之三为度。（4）牙行营业税。应依买卖额或佣金额为标准。（5）游行牙纪，应予废除。（6）纠正违章滥收恶习。[①]

当税，创自前清康熙三年，起初数额不大，往往是州县官征收存留起解。清代后期典当业税制发生了很大变化，尤其是光绪朝。光绪朝因灾害、战争所迫，税率有所增加，当税也在其列，当税由五两至五十两不等，而且增加了各种形式的当捐，这成为遏制典当业发展的瓶颈。北洋政府和国民党

---

① 《整理牙税办法》（1934 年 7 月），中华民国工商税收史料选编，第五辑，地方税及他税捐，上册，南京大学出版社 1999 年版，第 343 页；贾德怀：《民国财政简史》，下册，第 629 页。

政府时期，继续征收当税。

1934年第二次全国财政会议时，认为当质业为目前救济农村的唯一金融机关，应该予以改进，提出了整顿办法，要点有：（1）当质业营业税课税标准，应依架本计算。（2）当质业营业税税率之高低，以架本之多寡为基础，并以五千元为架本最低额。（3）最低税率为千分之十，超过五万元时，每五万元递加千分之一，但至多不得逾千分之十五。（4）架本不满五千元者，其税率为千分之五。①

1941年后，国民党政府将当税并入营业税不再单独开征。

屠宰税，各省屠宰税本系杂税之一，其征收办法，大都按地方习惯而定，故税率及征收手续，各地不尽相同。第二次全国财政会议对屠宰税提出整理办法，要点有四：（1）屠宰税以牲畜为课税标的，其转稼性甚强，屠宰商并非纳税主体，而主体实为商铺。（2）营业税法第十条规定，事实上极有困难，应请修改。（3）屠宰业营业税税率，应以屠宰之猪牛羊只数计算，由各省市按照营业状况，自行规定，并按月征收。（4）屠宰营业税，应由征收机关直接征收，不得承揽包办，征收方法应依营业税调查改定办法征收。②

此外，尚有不少杂税杂捐类。由于地方事业的发展，各省县新增各种杂税杂捐，往往有不经中央核准而即行举办。这些杂税杂捐，大都自为风气，参伍错综，莫可究诘，而且有些捐税名目令人惊异，例如：北平市公厕捐，始创时期不可考，似原属京兆尹公署办理，1928年8月市府八局成立，此捐划归卫生局直辖，1930年4月卫生局裁并为公安局卫生科，随归该科征收。③还有如北平市猪羊小肠兽骨税，此税系1929年11月创兴，采包税制，初由商人蓝竹坡包定，年额八千元，按月分缴。旋因肠骨商肆力反对阻挠，致使收不敷缴。乃于1930年5月改由肠商侯祥云等直接承办。④

---

① 贾德怀：《民国财政简史》，下册，第629页。

② 贾德怀：《民国财政简史》，下册，第629—630页。

③ 北平市公厕捐概况，《中华民国工商税收史料选编》，第五辑，《地方税及他税捐》，下册，南京大学出版社1999年版，第3751页．

④ 《北平市猪羊小肠兽骨税概况》，江苏省中华民国工商税收史编写组、中国第二历史档案馆：《中华民国工商税收史料选编》，第五辑，《地方税及其他税捐》，下册，南京大学出版社1999年版，第3756页。

整理杂税杂捐势在必行，而整理的方法，应考虑国民负担力，分别合并，或逐渐减免，使符合赋税公平的原则。国民政府拟定了革新办法四条：（1）此项税捐查有妨碍平民生计者，一律豁免。（2）各税捐内，有同一课税物件而有数种捐税者，即行归并。（3）应择其收入较丰，财源较确，而普及于全省者，仍归省地方项下。（4）凡片收之范围，限于一县或一地者，改归县地方、市地方项下。[①]

四、减附废苛运动

1928 年分税制推行后，国民政府中央收入大增，地方收入大减。地方有省与县二级，省级政府往往将财政压力转移至县级政府，"省之权大于县，支配财政往往厚于省而薄于县，以至县之支出不得不出于田赋附加及苛捐杂税之征收。"[②] 无法自立的县赋税制度极为混乱，县财政收入主要取自各项附加、摊派与苛捐杂税三大类。实际上，县级财政缺失工商税源，主要取自于农村、农民和农业，无疑大大加重了农民负担，农村经济在 1930 年代初陷入破产境地。1934 年召开的第二次全国财政会议，其主要议题之一在于整理地方财政以救济农村，其主要收获为废除苛杂培养税源，并检讨地方财政的改进，及改革税制的实施，"（1）废除苛捐杂税蠲减民众负担，（2）举办土地陈报解决田赋问题，（3）彻底改革税制整顿地方税收，（4）确定地方预算注重生产建设诸端。"[③] 这一时期，国民政府掀起一声规模颇大的减附废苛运动。

（一）减轻田赋附加。

田赋及附加在 1928 年后加重，分税制和裁厘改统政策的实施是重要原因。分税制使财权收归中央，裁厘改统使得主要税源归中央，省、县收入

---

① 贾德怀：《民国财政简史》，下册，第 607 页。

② 《第二次全国财政会议关于改善地方财政与划分省县税并废除苛杂各案及议决案》，江苏省中华民国工商税收史编写组、中国第二历史档案馆：《中华民国工商税收史料选编》，南京大学出版社 1996 年版。第一辑，综合类，上册，第 1274 页。

③ 《十年来之财务行政》，第 6 页。

锐减。省、县地方政府曾期待营业税能抵补裁厘的亏缺，结果于事无补；而省、县事权扩张，百事待举，需款孔急，迫使省县政府加重了对农民的搜刮程度。国民政府虽三令五申，限制附加税不得超过正税一倍，"正附税总计不得超过地价百分之一"。[1] 但事实上，这一限制毫无作用，农民负担有过之而无不及，"数载以来，人民呈控地方违法附加者仍纷至沓来"[2]。

据一份田赋附加名目分类清单统计，各项附加名目计有 60 余种，大体各县皆然，性质类似，名称不同，可谓极尽重复之能事。清单统计如下：

1. 公安类之附加（包括保卫、清乡、自治及行政）：公安经费、自治费、新案自治费、公安亩捐、地方亩捐、警察队亩捐、公安行政费、保卫团经费、公安局经费、区公所经费、县警队费、警队地方费、水警队经费、保卫团亩捐、保卫团捐、保卫团费、公安费、警察队费、扩充警察队费、区经费、乡镇经费、村制费、清乡费、警备费、防务费、水巡队费、补助警察费、清乡分局经费、政务警察检查所经费、内务费、地方补助行政费、预算不敷费、市乡行政亩捐。

2. 教育类之附加：教育费、教育经费、新案教育费、教育实业费、普及教育亩捐、教育特捐、教育自治费、教育亩捐、恢复原有教育亩捐。

3. 建设类之附加：建设局经费、积谷捐、党部亩捐、农业改良捐、积谷亩捐、清丈费、修志经费、选举费、党部经费、积谷经费、平民工厂捐、建闸费、河坝费、区圩塘工费、备荒费、地方弥补费。

4. 慈善类之附加：慈善捐、慈善经费、慈善亩捐、救济院费。[3]

1933 年 10 月，孔祥熙任财政部长，下定最大决心将整理田赋、减轻附加和废除苛杂作为整理地方财政重要突破口。1934 年 1 月 25 日，孔祥熙向国民政府中央四届四中全会提出两个提案获通过，即《整理田赋先实现土地陈报以除积弊而裕税源案》、《减轻田赋附加以救济农村解除民困案》。5 月

---

[1] 《财政部向国民政府三全大会提出之财政部工作报告》（1929 年 3 月 17 日），中国第二历史档案馆。

[2] 任树椿：《中国田赋之沿革与整理之方案》，《东方杂志》第 31 卷，14 号。

[3] 《各省现有田赋附加名目分类清单》，江苏省中华民国工商税收史编写组、中国第二历史档案馆：《中华民国工商税收史料选编》南京大学出版社 1996 年版。第一辑，综合类，上册，第 1315—1316 页。

27 日召开第二次全国财政会议，进一步讨论减轻田赋、废除苛杂等问题。

关于整理田赋，大会议决了六项重要原则：

（1）在各县土地陈报后，以地价百分之一为征收原则，其他附税一律取消，其所收税款的分配，以省得百分之四十，县得百分之六十为原则，并按各县地方情形酌情增减之。（2）田赋附加，不得超过正税总额，其在正税科则原属轻微之区，以正附税并计，不得超过地价百分之一为限。（3）现有田赋附加无论已否超过正税，自 1934 年度起，各省县不得以任何急需或名目，再增田赋附加。（4）禁止各县区乡镇的临时亩捐摊派。（5）附加带征期满，或原标的已不存在者，应即予废除。不得变更用途，继续征收。（6）田赋附加现已超过正税者，应限期递减，并以土地陈报所增赋额，尽先拨充抵补减轻附加之用。①

会议之后，国民政府于 6 月 25 日发布命令："自颁布明令之日起，对于田赋永远不准再加附加，并永远不准再立不合法之税捐名目，著为定例，由各该地方政府刊发告示，张贴通衢，俾得家喻户晓，如有主办人员玩忽法令，阳奉阴违，或巧立名目，希图蒙混者，一经发觉，定予以从严惩处，不稍宽容。"②

（二）废除苛杂，整理税捐。

省县地方财政自裁厘改统之后，财源枯竭，为应付地方政务支出，相率就地筹补经费，于是苛杂繁兴。第二次全国财政会议的一个重要议题就是废除苛杂，大会议决不合法税捐范围六项，整理捐税程序四项。财政部专门设立整理捐税委员会，各省分设地方捐税监理委员会，以推动整个工作。

六项不合法捐税的范围是：1.妨害社会公共利益；2.妨害中央收入之来源；3.复税；4.妨害交通；5.为一地方之利益对于他地方货物之输入为不公平之课税；6.各地方之物品通过税。③

---

① 《时事月刊》，第十一卷第二期。

② 财政部财下年鉴纂处编：《财政年鉴》，续编，第 13 篇，1945 年。

③ 关于废除苛杂税各案及决议案，江苏省中华民国工商税收史编写组、中国第二历史档案馆：《中华民国工商税收史料选编》，南京大学出版社 1996 年版。第一辑，综合类，上册，第 1254 页。《国民政府公报》第 786 号。

整理税捐的程序分为四步：1.各省（市）征收的合法税捐，其开始征收时期远在 1928 年 11 月国民政府公布国家地方收支标准划分以前者，应将税捐名称、用途、税率、征收概数、征收年月每月列表专案报部。2.各省（市）征收的合法税捐而并未依据现行法律或法令举办，其征收时期在 1928 年国民政府公布国家地方收支划分标准以后者，应将税捐名称、用途、税率、征收概数、征收年月列表专案报部，转送立法院补请审议。3.各省（市）征收税捐或增减税目凡与法律或法令的规定有抵触时，财政部得随时制止撤销之。4.上列不合法税捐各款统自 1934 年 7 月 1 日起至 1934 年 12 月底止，分期一律废除。[①]

为落实各议决案，财长孔祥熙还采取一定的抵补措施与行政措施。首先，颁布废苛减赋抵补办法。1934 年 6 月 26 日，孔祥熙向行政院正式提出抵补办法三项：1.各省市预算先自紧缩剔除浮滥节省之款，为第一抵补。2.各省捐税整理后增收之数，为第二抵补。3.中央以烟酒牌照税全数划归地方办理，并准备以印花税提拔一成归省，三成归县，二成接济边远贫瘠省份，为第三抵补。[②] 其次，在组织上设立整理地方财政的领导与监督机构。1934 年 6 月，在中央设立"整理地方捐税委员会"，职权是调查各省捐税情形，作成整理计划，拟定中央补助地方之方法与数额等；在各省则设立"捐税监理委员会"，职权是调查境内苛捐杂税及其征收情形，研究整理办法，向行政院及财政部报告整理状况，监督税务违法行为。再次，在操作上，设立试验点，推广经验。财政部以安徽涂县为试办土地陈报试点县，江苏省也设立实验县份，举办土地陈报。事后，这些实验县份的经验成果被财政部推广到全国各省县。

（三）改进现行地方税法。

正税必先有增加，然后苛杂方易于废除。为此，国民政府对合法的正税，如营业税、契税、牙税等，力谋整理，修改新税法，对正附税率、征收方法、程序等进行改进，以恤民艰而维税源。

从各地政府上报中央的文件资料看，整理过程中确实废除了许多不合理

---

① 《国民政府关于限期废除苛捐杂税令》（1934 年 6 月 25 日），《大公报》，1934 年 6 月 26 日。

② 《财政年鉴》（1935 年），第 2259 页。

的税费。据统计，到 1937 年 6 月，全国各省所废除的苛捐杂税总计达 6748 项之多，款额达 6600 多万元。[①] 当然，虽然中央政府声称废除苛杂"成绩斐然"，但是实际情况并不乐观，如 1936 年江苏省的各县财政情况："县附税名目繁多，种类不一，有同一税目，而各县间名目不同者，有同一用途，而重复课税者，有本为临时，因未定年限而变为长期带征者。虽经省厅整理，但不合理甚多。"[②]

第二节　县财政收入结构

分析县财政收入构成，有助于分析县财政收入来源结构，从而清楚县政府增加财政收入的主要途径，也就了解社会问题的所在。欲分析县财政收入构成，还需要理清楚地方财政体制的演变。清末民初，地方实际存在两种财政收支系统，第一是指国家财政系统内部的地方层面，即相对于中央国家财政而存在的省国家财政、县国家财政；第二是指外在于国家财政系统的地方自治财政。县财政就是一种双轨制，一方面，（州）县官手中的"银两"是坐支省税收入而来，作行政开支；另一方面，地方自治财政收入，控制在自治机构中的地方精英手中，超出县长掌控之外。当然，总体而言，县官手中坐支的行政经费并不多；而地方自治财政随着地方公共事业发展不断膨胀，逐渐成为县财政收入主干。

一、县财政收入构成

县财政收入可以根据不同的标准进行分类，有三种分类方法值得注意，列述如下：

---

① 孔祥熙：《三年来整理地方财政报告》，附录部分，1937 年 7 月，南京图书馆藏。
② 张廷林、崔唯吾：《江苏地方财政第二次视察报告》，财政部整理地方捐税委员会印，1936 年，南京图书馆藏，第 48 页。

（一）从财政体系的角度看，县财政来源主要有三：省支政务费、省支补助费、县税收入。

省支政务费主要用来维持县政府的行政费用。以浙江为例，按照1929年按照《县组织法》，改组县组织，对县分等支付政务费如下表：

表5—3：县等行政经费表

单位：国币元

县等	改组一等县	一等县	二等县	三等县
每月经费	4000	2000	1600	1400

浙江省政府秘书处：《浙江省政府一年来政治工作之回顾1929.2—1930.4》，第2页。

辅助费主要是省政府对某县之建设事业或教育事业所进行的补助，在某县发生突发性灾难时，如旱灾，水灾时，省给予一定的补偿。

县支用省款时，在1930年以前，基本上沿袭清制，过去收税机关征得税款，一部分自行支用，以充该机关自己的经费，谓之"坐支"；一部分则拨付其他机关，以充其经费，谓之"拨付"。县政府征得税收，解付省款之时，留下余款支付县地方行政与司法支出，形成"坐收""拨付"的制度，另外专款亦会从省款中减去作为专用。这种方法极有流弊，亦使得省款往往解不足数，省县之矛盾也往往由此而产生。这是公库制度不健全所产生的流弊。公库变成一个事后的转账机关，不能收统收统支满收满支之效。何谓统收统支满收满支？一般来说，凡政府的收入，都应该直接交纳于国库，叫做"统收"；而政府一切的支出，都应该直接由国库支付，叫做"统支"。为解决省款解不足数之流弊，1928年4月8日，浙江省财政厅颁布财政独立的通令，"以后该县关于解省正杂税款，非奉本厅命令，无论何种用款，概不得擅自挪移，违则责令赔缴，以重公款。"另一方面，在全省各县推行县库制度。但是这一制度的效果有限，由于县政府财政困难，应行解现专款，往往被县挪垫。[1]而浙江省历年各县局征解款项，每至年度结算，辄多亏解，兹据财政厅统计，1934年度各县局亏解库款，约共250万元，

----

[1] 徐青甫：《浙省过去财政情形及今后改进之途径》1935年5月6日，《浙江省政府公报》，第2339期，第16页

影响政务推进。①

县税收入为推进县政建设的主要来源，依法有省税附税和省定其他县捐税。以永嘉县为例，列表如下：

表5—4：永嘉县税目表

田赋县附税	地方杂税	
正税	屠宰附捐	富绅捐
建设特捐	米谷牙照捐	契税置产捐
建设附捐	清道捐	验契教育费
特捐	桥棚捐	炭捐
教育附	人力车捐	契纸价
自治附捐	戏捐	经忏捐
区自治附捐	茅竹捐	筵席捐
治虫经费	渔捐	柑捐
弥补预算附捐	畓囤捐	煤气灯捐
正税征费	电话捐	店屋捐
保卫户捐	电灯捐	住屋捐
清丈测绘费	西郊山货捐	地丁项下带征
带征积谷	东郊山货捐	农行股本附捐
	各区保护月附捐	

资料来源：永嘉县志编纂委员会：《永嘉县志》，方志出版社2003年版，第728—740页。

（二）从财政收入形式的角度，县财政收入可以分为租税收入和非租税收入两大种类，以租税收入为要源，非税收入包括公产、公业、公债、行政收入等。

从财政收入形式的角度分类，更具有实际价值，有利于分析财政收入规模的增长变化以及增长变化的趋势。按照1935年《财政收支系统法》对县财政收入的规定，列支科目如下：

（1）课税收入，包括土地税、房产税、营业牌照税、使用牌照税、行为取缔税、由中央分得之所得税、由中央分给之遗产税、由省分给之营业税；（2）特赋；（3）惩罚及赔偿收入；（4）规费；（5）代管项下收入；（6）

①　《浙江新闻》1935年7月13日第一张第四版。

代办项下收入；（7）物品售价；（8）租金使用费及特许费；（9）利息及利润；（10）公有营业及事业之盈余；（11）补助；（12）赠与及遗赠；（13）财产及权利售价；（14）收回资本；（15）公债；（16）长期赊借；（17）其他收入。

由于1935年的财政系统并没有能够落实，其有关县财政收入的科目并不具有现实意义。在实际上，县财政收入主要采用附加制，另外摊派也是一种获得收入的重要手段。

所谓附加税制，就是附加于正税征收。县财政收入，多仰赖附加，如田赋附加、契税附加、屠税附加、房捐附加等，其中以田赋附加为最重要。

摊派系按户或按财产摊派，以户捐为最普遍。摊派制在西北各省曾极为盛行，中部各省则多为乡镇保甲采用，不属于县财政统制范围。自保甲经费得向保甲内住户征集的明令公布后，各省地方多有征收户捐办法，按住户负担能力摊派款项。此种摊派，或经呈准有案，列入县预算内，也有未经呈准，视为预算外的支出，也有任由乡镇保甲自收自支，明禁暗许。[①]摊派不属"税"的领域，属于"费"的范围，这是地方机构压在人们头上的一笔负担，为人们所诟病。

（三）依财政收入来源的性质划分，可归纳为三类：1.为田赋附加，凡田赋各项带征之未均属之；2.为各项捐税，包括契税附加、屠宰税附加、牙税附加、其他各税附加、房铺捐，杂税等六项；3.为杂项收入，包括地方财产收入、地方事业收入、地方行政收入、补助款收入、其他收入等五项。三者之中，以田赋附加收入最占重要。据统计1936年全国各县岁入总额140213714元，而田赋附加竟达76557792元，占50%强。其余两项，各项税捐占岁入总额22%，内以杂税收入为最巨。杂项收入占岁入总额23%，以其他收入一项额数为较多，补助款收入次之，地方财产收入又次之。兹将1936年度各省县地方岁入预算，分类列表如下：

---

① 1942年财政部鉴于县市自治经费多感不敷，拟定自治经费筹补办法，除以整理法定税捐及合法收入为第一财源、积极造产为第二财源外，规定征收自治户捐为第三财源。1943年后将自治户捐停征，各项摊派均为法令所不许。但是，在实际上，摊派之风长盛不衰。

表5—5：1936年度各省县地方岁入预算分类表

（单位：元）

		江苏	浙江	安徽	江西	湖北	河南	山东
田赋附加	数额	2238445	3231431	4481934	5214564	6068211	4539967	11532929
	%	74.1	19.51	51.47	62.77	69.06	56.60	87.93
契税附加	数额	903223		441472	27767	407800		
	%	2.99		5.07	0.33	4.64		
屠宰税附加	数额	A392873		131988	290793	379713		
	%	1.30		1.52	3.50	4.32		
牙税附加	数额			63109	3850	44890		
	%			0.73	0.06	0.51		
其他各税附加	数额			A70102			1273000	
	%			0.80			15.87	
房铺捐	数额				278643	A409928		
	%				3.35	4.68		
杂税	数额	B1914139	7717894	88097	308882		356799	405144
	%	6.34	46.62	1.01	3.72		4.45	3.09
地方财产收入	数额	1435902	689447	781589	A446514	B451325	751125	A1178542
	%	4.75	4.16	8.98	5.37	5.18	9.36	8.98
地方事业收入	数额	280782	483902				3638	
	%	0.93	2.92				0.05	
地方行政收入	数额	131622	331193					
	%	0.44	2.00					
补助款收入	数额	1516223	870437	2363913		565104	137076	
	%	5.02	5.26	27.15		6.43	1.71	
其他收入	数额	1248397	A3231219	285147	1736569	459009	A959003	
	%	4.13	19.52	3.27	20.90	5.23	11.96	
合计	数额	30201606	16555523	8707351	8307582	8785980	8020608	13116615
	%	100	100	100	100	100	100	100

续上表

		山西	陕西	甘肃	福建	广东	广西	察哈尔
田赋附加	数额	1203990	2611097	1621133	833258	7402424	5181214	226901
	%	28.41	52.91	69.56	11.30	55.96	39.22	31.19
契税附加	数额		90307		242220	268369	138307	73680
	%		1.83		3.28	2.03	1.05	10.13
屠宰税附加	数额				588115		A3077488	
	%				7.97		23.29	
牙税附加	数额				56880			
	%				0.77			
其他各税附加	数额		181136				441108	160170
	%		3.67				3.34	22.01
房铺捐	数额				2855452			
	%				38.70			
杂税	数额	A1770365	691232	90892	797466	2774529	777509	21134
	%	41.78	14.01	16.77	10.81	20.98	5.88	2.90
地方财产收入	数额		237371	154755	139426	134155	807346	55263
	%		4.81	6.64	1.89	1.01	6.11	7.60
地方事业收入	数额			3860	41507		124276	4214
	%			0.17	0.56		0.94	0.58
地方行政收入	数额				191802		1567991	21491
	%				2.60		11.87	2.95
补助款收入	数额			27034	822390		241647	156675
	%			1.16	11.15		1.83	21.54
其他收入	数额	B1262829	1123845	132936	A809356	·2648710	B854571	8000
	%	29.81	22.77	5.70	10.97	20.02	6.47	1.10
合计	数额	4237184	4934988	2330610	7377872	13228187	13211457	727528
	%	100	100	100	100	100	100	100

续上表

		宁夏	青海	合计
田赋附加	数额		A30494	76557992
	%		27.25	54.60
契税附加	数额			2593145
	%			1.85
屠宰税附加	数额			4860970
	%			3.47
牙税附加	数额			168729
	%			0.12
其他各税附加	数额			2125516
	%			1.52
房铺捐	数额			3544023
	%			2.53
杂税	数额		3037	18017119
	%		2.72	12.85
地方财产收入	数额	133102	15444	7411306
	%	37.10	13.80	5.28
地方事业收入	数额		23411	965590
	%		20.92	0.69
地方行政收入	数额			2244099
	%			1.60
补助款收入	数额	225627		6926126
	%	62.90		4.94
其他收入	数额		39508	14799099
	%		35.31	10.55
合计	数额	358729	111894	140213714
	%	100	100	100

备注：江苏 A 原称屠牙税，B 捐款 123226 元合并在内。浙江 A 土地事业费收入 2264599 元合并在其他收入内。安徽 A 原称牲税附加。江西 A 包括公产收入及学产收入。湖北 A 原称保安商铺捐，B 包括公产学产两项收入。河南 A 摊派改征款 791003 元合并在内。山东 A 包括收费 360646 元并入其他收入。广西 A 原称屠税，B 债款收入 402049 元及县营业纯益 6440 元，均并入其他收入。青海 A 原称摊款收入。

资料来源：贾德怀：《民国财政简史》，下，商务印书馆 1941 年版，第 641—645 页。

二、县财政总量增长趋势

县地方财政收入之中，税收是主要收入来源，按照国民政府掌握的各省县地方主要收入预算总数，1935 年至 1937 的三年间，县地方税收年有递增，只是在县岁入总额中的比例有所下降，如下表：

表5—6：1935—1937年间各省县地方主要收入总额比较表

（单位：国币元）

年度	县区数目	岁入总额	%	税课收入	%	地方财产收入	%	补助及协助收入	%	其他收入	%
1935	928	100004475	100	83512307	83.51	6602419	6.60	2069576	2.07	7820173	7.82
1936	1137	142293412	100	107867494	75.80	7411306	5.21	6926126	4.86	20088486	14.11
1937	1259	202815919	100	136984875	67.54	12216653	6.02	25507814	12.57	28106577	13.85

资料来源：截取于《1935—1940年度各省县地方主要收支与岁入岁出总额比较表》，中国第二历史档案馆藏财政部档案，江苏省中华民国工商税收史编写组、中国第二历史档案馆：《中华民国工商税收史料选编》，南京大学出版社1996年版。第一辑，综合类，下册，第3095页。

于上表可知，县税课收入在1935至1937年间，其绝对数额呈现出较大增长，1935年度，全国928个县税收额达到83512307元，1936年1137个县税收额为107867494元，1937年1259个县税收达202815919元，比1936年近乎翻了一倍。不过，县税课收入在1935年占县收入总额的83.51%，到1937年为67.54%，比例有所下降。补助及协助收入、其他收入则分别有所上升，地方财产收入保持原状。其中原因之一就是国民政府减轻田赋附加政策产生了一定效果。同时，国民政府采取了补助金制度以抵补县税收入的减少。

从总量上看，南京十年间，县税收入有猛增趋势。据1931年度湖南各县呈报的预算书表，全省县地方岁入为1300余万，1934年预算则为1480余万，其中田赋附加1160余万，约占78%，捐税190余万，占13%，公产租息及省款补助约130万，占9%。[①]田赋附加增长最快，以湖南为例，在1931年时，全省田赋附加为848万，到1934年增至1160余万，以正供360余万比较，超过3倍多。[②]

杨荫溥先生以江苏宜兴县田赋附加的变化为例，指出1912年至1927年间的收入是比较轻微的，而1928年后，田赋附加突然大增。1927年以前许多年田赋附加一直只有三项，为数仅三元六角五分（即正税一元，附加三元六角，下面类推）；1928年一年间就骤增为九项，税额亦提高到十四元七角

---

① [民国]《湖南之财政》，第84页。

② [民国]《湖南之财政》，第84页。

九分，一年内增加了十一元一角四分，即增加了三倍多。如下表：

表5—7：江苏宜兴县1927年以前及1928年田赋附加项目和数额的增加情况

附加名称	1911—1927年征收数（元）	1928年征收数（元）
省附税	1.500	1.500
县附税	1.600	1.600
征收费	0.546	0.666
普教亩捐		1.470
农民银行亩捐		3.676
筑路亩捐		0.919
扩充公安局捐		1.644
县预算不敷亩捐		1.315
漕折加征		2.000
合计	3.646	14.790

资料引自：杨荫溥：《民国财政史》，中国财政经济出版社1985年版，第94页。

杨荫溥先生关于宜兴县田赋附加的变化是经典案例，可以代表江浙地区的一般情形，下面用浙江云和县的田赋附加情形，进一步佐证县财政收入在1912—1927年间是平稳而轻微的，1928年后收入大增的情况，见下表：

表5—8：云和县县田赋附加表

县附税目	起征年份	全年征额（元）	用途
上期田赋县税特捐	1912	6209.269	内除一成征费以十成分配计一成准备金二成公费三成警察费四成教育费
上期田赋学校附捐	1916	198.044	指定专款（下同）
上期田赋自治附捐	1923	652.381	
上期田赋征收费	1914	1048.469	
上期田赋治虫费	1929	326.190	
上期田赋教育费	1928	664.031	
上期田赋准备金	1930	652.381	

续表

县附税目	起征年份	全年征额（元）	用途
上期田赋教育附捐	1930	1001.870	
上期田赋警察附捐	1932	396.088	
下期田赋治虫费	1929	15.926	
下期田赋教育费	1928	96.617	
下期田赋征收费	1914	39.284	
总计		11300.550	

资料：屠启东：《浙南旧处属九县田赋纪略》，《浙江财政月刊》，1936 年第 9 卷第 5 期。

云和县是浙江相对贫瘠的县份，在 1927 年前，附税项目共计 5 项，共计 8147.447 元，1912 年计 6209.269 元，1912 年后至 1927 年间，15 年间增加了 1938.178 元。而在 1928 年后到 1932 年，4 年间即新增县附加 7 项，新增加 3153.103 元（以上统计根据表 2 计算），增加的幅度还是相当高的，表明了收入猛增的趋势。

除县田赋附加之外，其他县商业捐税的大量增加也表明了县财政收入的变化趋势。下面用浙江东阳县各项捐税收入列表来说明这一情形。

表 5—9：东阳县税目分类征收用途表

支出用途	捐税类别	起征年份	征收机关
公安经费	店住屋捐	前清	1928 年由征收员直接办理，1934 年由公安局收
公安费	各项固有警捐	前清	包商认办
公安费	旅店捐	1929	由公安局派员征收
公安费	人力车捐	1933	由人力车公司认缴
分成：建设经费、教育经费	戏捐	1917	包商认办
教育经费	公益捐	1915	县立中学直接征收，1933 年归教育款产会征收，1935 年归财务委员会
教育经费、义务教育经费	屠宰教育附捐	1933	向由教育款产委员会派员征收，1935 年后认商包办

续表

支出用途	捐税类别	起征年份	征收机关
建设经费	置产捐	1928	县推收所
卫生费	广告捐	1929 归县税	县政府委由广告捐征收员征收
乡镇公所、保甲等经费	自治户捐	1931	各区公所转饬各乡镇公所代行征收，1935 年后由县政府设总督催员一人，会同旧自治区各派一人负责征收
解省拨充保安经费	保卫户捐	1935 解省	不动产保卫捐归田赋征收处，动产保卫户捐与自治户捐合并办理

资料出处：《东阳县财政调查报告》，浙江省图书馆古籍部藏。

从上述捐税目类别看，东阳县在前清时代即有店住屋捐和各项固有警捐，充当公安经费；北洋时期新增戏捐和公益捐 2 项，充当教育经费和建设经费，税目相对简单。1928 年后，新增 7 项捐税，除了增厚公安与教育经费外，新增加卫生费、乡镇公所保甲经费、保安经费等，县财政支出范围大为扩张；同时也表明，为充实增厚教育、警察等经费，县政府通过新增捐税来开辟财源。

三、县税收入结构分析

各省县地方税种地域差异大，种类繁杂，主要包括田赋附加、屠税附加（或屠税全部）及各项杂捐税，其中以田赋附加最为重要。自 1930 年国民政府实施裁厘改统政策后，省县地方政府曾经的主要税源——厘金收归中央，地方政府只能更依靠田赋正、附加，而田赋附加又远远超过了正赋额数。行政院农村复兴委员会曾做过苛捐杂税的调查：以田赋附加而论，其项目之多，江苏各县有 105 种、浙江有 74 种。至其与正赋的比例，据报：江苏灌云县课小粮附加超过正赋 31 倍；灶田地亩捐及大粮附加种起发过正税 30 倍。海门县附加超过正赋 26 倍。灌云县附加超过正赋 20 倍。[1] 江、浙素称富饶

---

[1] 陈明远：《废除苛捐杂税问题》，《东方杂志》第 34 卷第 14 号，第 211—213 页，1934 年 7 月 16 日出版。

之地，其捐税之繁苛如此，他省不难测也。

再来看县税的主要构成。如果把县赋税按土地税和非土地税的商业税来划分的话，或者能更清楚地看到农村社会所承受的负担。以浙江东阳县为例，其税目为田赋附加（包括上期田赋特捐、上期田赋县税不敷附捐、上期田赋自治附捐、治虫经费、教育附捐）、店住屋捐、旅店捐、各项固有警捐、人力车捐、戏捐、公益捐、屠宰教育附捐、置产捐、广告捐、自治户捐、保卫户捐等。田赋附加和自治户捐、保卫户捐及置产捐，均以土地的出产、增值、流转等为标的的征税，可以划入土地税范围；其他捐税如店住屋捐、旅店捐、各项固有警捐、人力车捐、戏捐、公益捐、屠宰教育附捐、广告捐等，为营业税或资本税，大致要以划入商业税部分。1932—1935 年东阳县的土地税与商业捐税的征税额比较见下表：

表 5—10：浙江东阳县赋税分类比例比较表

单位：国币元

类别	1932		1933		1934		1935	
土地税	53231.648	91.7%	49731.815	90%	24377.02	87%	81191	89%
商业捐税	4831.133	8.3%	5499	10%	3637.7	13%	10197	11%

数据根据《东阳县财政调查报告》汇总计算而成，该报告藏于浙江省图书馆古籍部。

上表清楚地反映了土地税在政府财政上的地位，也可以说，在商业极为落后的情况下，以土地为核心的收入是地方政府各项事业经费的主要来源。[1] 东阳县在 1929 年即被浙江省政府定为一等县份，可以想见，除浙江的部分商业发达县外，大部分县份的财政状况是与土地紧密相连的，田赋整理也就成为地方政府工作中的重心。土地问题也就构成了政府与社会的核心问题，社会主要矛盾也集中在土地问题上，田赋附加的膨胀与繁苛，"于人民之骚扰极大，农村破产，工商凋敝，胥此之由。"[2]

---

[1] 尹红群：《民国时期的地方财政与地方政治》，湖南人民出版社 2008 年版，第 81 页。

[2] 陈明远：《废除苛捐杂税问题》，《东方杂志》第 34 卷第 14 号，第 211—213 页，1934 年 7 月 16 日出版。

上表中的数据也反映了一个趋好的变化，这就是商业捐税的数量与所占比例都在上升。

国民政府对赋税造成农村衰败的事实严重关注，故第二次全国财政会议的重心问题之一即在地方财政的整理。"地方财政之整理，又归结到如何减轻田赋附加与废除苛捐杂税两项。如改善税制，乃所以增加地方之收入；实行内外相维，可视为中央对地方之一种补助；确定地方预算，为整理地方税捐之前提条件。总之，这数项都是为废除苛捐杂税与减轻田赋附加而行的种种筹备。"[①] 基于国民政府财政部的行政措施与抵补措施，1935 年至 1937 年间田赋附加的增量得到一定的控制，各省县地方田赋在县收入中所占地位趋于稳定，所占百分比例有一定下降，如下表示：

表 5—11：1935 至 1937 年江苏等 13 省县地方田赋收入所占全部岁入百分比表

省别	1935 年（%）	1936 年（%）	1937 年（%）	平均（%）
江苏	77	74	67	72.7
甘肃	66	70		68
江西	55	63	61	59.7
河南	57	57	48	54
湖北	48	69	28	48.3
陕西	55	50	45	50
安徽	70	51	52	57.7
湖南	42	37	41	40
广西	33	39	38	36.7
广东		50	33	41.5
四川	46	32	33	37
浙江	27	20	16	21
福建	36	11	10	19

百分比统计数据根据各省县地方预概算数字计算而得。彭雨新：《县地方财政》，商务印书馆 1945 年版，第 66 页。

[①]　千家驹：《评第二次全国财政会议》，《东方杂志》第 31 卷，第 14 号，第 25—32 页，1934 年 7 月 16 日出版。

从上表可见，各省的县田赋收入，在县收入中，占重要地位，其百分比，高者达 77%，低者占 10%。以各年度百分数平均计算，江苏、甘肃两省占 60% 以上，江西、河南、陕西、安徽、湖北占 50% 上下，湖南、广西、广东、四川占 40% 左右，浙江和福建所占比例相当较低。从以上 13 省的数据来看，1935 年至 1937 年间县田赋所占县岁入百分数一般多呈递降趋势。

不过，上表是国民政府要求各省县造具的预算表格，并不一定反映现实情况。要注意的是，预算外资金也是一笔巨款，未能列入统收统支范围，没有列入预算。湖南省的情况："尚有未经财政厅核准的田赋附加及杂捐，又有多数县份未将区教育经费，义勇队经费及区自治经费列入，更有临时清剿及修筑堤防等费，总计全省各县收支数目，当在二千万之谱。"[1]1934 年湖南省各县收支大约有 2 千万，与预算数相比较，大致有 520 万的预算外资金，这笔资金主要为地方事业专款和临时事业筹措资金。对于这批资金，国民政府力图"统筹支配"，不过，在县收入来源有限、县税制未能根本变革之前，"各县积习相沿，畛域观念，已成牢不可破"[2]。

---

① （民国）《湖南之财政》，第 85 页。

② 《湖南省财政整理报告书》，1935 年 8 月 21 日至 1937 年 3 月 15 日，湖南省财政厅编印，第 94 页。

第六章　县财务体制的变革

县政建设和县财政的独立趋向，使得县财务管理体制的变革迫在眉睫。从传统的县官家产制管理到公共财政管理，这是一个破与立、整合与重构的进程。

第一节　走向统一的县财务机构

县财务机构趋于统一，由过去的分散管理走向集中，这是一个大趋势。当然，由于各省各县情况的差异性，县财务机构的变革也呈现出一定的差异性。

一、专款时期各自为政

从清末新政开始，一直到南京国民政府初期，各县地方普遍实行专款制度，以应对不断兴办的新事业。清末新政时期，各地方初办学校及警察的时候，其经费都不是就正税内开支，都是用"就地筹款"的办法，所以办一种事业，就筹一种经费，并经政府立案专做这种事业支用。在事业初办的时候，如有一定的款，其事业也就容易发展。这种方法相沿成习，养成"一事一款"、"一款一事"的习惯，形成了沿习日久的专款制度。

尤其在军阀政府时代，地方人士觉得地方事业的经费如果任县政府自由支配，必至于移充于地方无利益之支出，如军费等。所以觉得地方各种事业

131

的经费独立，确是一个良好的保障。如有移拨的，地方人士必群起反对。因此，甚至有各种事业经费，由相关机关自行征收的。南京国民政府统治初期，对于这种制度也不予变更，后来因注意建设，于是各县都特别筹措建设经费，与教育、公安等费一样的独立。而党务费、自治费等也都采取了这个办法。

江苏、浙江省各县情形大体一致，在征收某项事业款时，并同时组成该种委员会来管理这项的款。①

在湖南，专款制度下的财务机关也是各自为政。1912 年 7 月，湖南省令设县有财产管理处，专管地方税及地方公产，财政科专管国税。②县有财产管理处虽有管理之责，但无通盘统筹之权。在县有财产管理处内，附设有学款保管员，款项独立。民国《醴陵县志》载："邑人恐财政权归政府，复将保管处原有田租五千余石，划归教育局，而财政局仅有田租千余石，开支浩繁，均取诸田赋附加。"③

另外，各镇乡经费也是各自为政。譬如湖南《宁乡县志》载，1913 年袁世凯政府令停自治公所，设保卫团防局，以团防局长兼理地方公务，但是历年的经费筹措，却是镇乡各自为政。具体的财务情况是："镇乡经费先则每月向保管处支取，月费不敷之数乃向各团抽收亩捐，抽捐由团牌经手，其中不乏中饱拖欠诸弊；各局择日派遣团丁催捐，地方既苦骚扰，局用仍缓不济急，而业户缴款且超过数倍。十一年（1922）公议各镇乡亩捐皆由田赋征收处带征，另给收据，所征数目按照各局预算规定，捐率不一，由征收处带收款后交各局保管员，以备支取，自团防统一改编挨户团，亩捐始归一律。"④

二、财政局制度

财政局的前身即为财务局，1928 年 9 月，国民政府公布《县组织法》，规定县政府之下设立财务局，其职掌为征税募债管理公产及其他地方财政等事项。1929 年 6 月国民政府公布及 1930 年 7 月修正公布的《修正县组织法》

① 梅思平：《江浙各县财政的瓜分制度》，《时代公论》1932 年第 14 期，第 19 页。
② 民国《宁乡县志》，第 585 页
③ 民国《醴陵县志》，政治志，财政，第 411 页
④ 民国《宁乡县志》，第 601 页

将财务局改为财政局，其职掌未有变更。1929 年 4 月 15 日，内政、财政两部颁布《县财政整理办法》，明确了财务局（财政局）的地位与作用，表现了中央政府试图以财务局为中枢以便整理县财政的意图，规定凡一县地方财政收入与支出事务，均由县财务局办理，各县如有成立的经理地方款产机关，亦须隶属于县财务局，以便统一行使职权。其主要内容有如下：

"……四、各县地方财政之收入、支出，均由县财务局掌管之。凡在预算以外有浮收滥支者，应受相当之处分。五、本办法施行后，除财务局外，无论何种机关均不得自行筹款。财务局对各机关经费亦须按月发给，不得延欠。六、财务局之收入若有意外减少时，应即速行筹划，不得使其他机关政务停顿。各机关亦不得巧立名目自行弥补。七、各县已成立之经理地方款产机关得仍其旧，隶属于县财务局，依据各该省颁布之单行条例行使职务。"①

但是，财政局制度，在《县组织法》中的规定并不详尽，各省设置也是大不相同。就其组织而言，江苏、浙江、四川等省，其局较为庞大，福建、湖南、陕西、贵州、察哈尔、绥远等省则较小。主要因财政事务的繁简，以定其组织。而一省之内，财政局的设置也是时有变更兴废。财政局的组织制度，没有一定形态，并不健全，加上与县政府时有龃龉，故财政局制度，不久即告崩溃。

财政局（财务局）奉省令成立，局长由财政厅委任，征管省税成绩为财政厅对局长考核的标准，财政局所办事务仍以省税为重要，其直接对财政厅所负之责，实多于对县府所负之责，财政局事实上独立于县府之外。据湘省民国《蓝山县图志》载：

自十七年旧财产保管处人员以兵匪之余、劳怨既甚，任期已满，全体辞职，适省政府通令改设财务局，施又改立为财政局，务在整理财政，统一税收，凡国家正杂赋税及地方收入，均归接管，其治事分国家地方两课，岁费万金以上，名则县政府监督，实则独立，一为县府四局之一，仍名曰财政局焉。②

---

① 《县财政整理办法》（1929 年 4 月 15 日），《中华民国工商税收史料选编》，第五辑，"地方税及其他税捐"（上册），第 13 页。
② 民国《蓝山县图志》卷 20，财赋下，第 304 页。

三、裁局改科后的财政科和财务委员会

县财务机构的大变动是在裁局改科之后，裁局改科是统一县政的大举措，县财政也于此趋向整合，主要措施是设立财政科加强县财权的统一、设财务委员会加强对县财政的整理与监督、对赋税经征处和县金库出台了条例制度。于此，县财务机构趋于完善。

1935年国民政府军事委员会委员长行营颁布《剿匪省份各县政府裁局改科办法大纲》，并附带制定《剿匪省份各县经征处暂行章程》与《剿匪省份各县县金库暂行章程》，又于同年内颁布《修正剿匪区内整理县地方财政章程》。上项大纲及各章程，对于各省县地方财政机构的建立，起到了基础框架建设作用。

关于财务委员会。1932年12月，豫鄂皖三省剿匪总部公布《匪区内整理县地方财政章程》，按照章程，规定剿匪区内各县应一律设立财务委员会，受县长监督，执行以下各种任务：（1）接管原设各公共机关之公款公产及其他县收入的管理权；（2）会内设审核组，稽核预决算；（3）会内设出纳组，负保管收入支出等事项。

关于财政科。1934年12月，南昌行营颁布《剿匪省分各县政府裁局改科办法大纲》，确定县政府第二科为县财政最高行政机关。

1935年7月，行营复制定《剿匪省分各县政府经征处暂行章程》，《各县县金库暂行章程》，于是财务委员会之职掌事项，多分授予县经征处及县金库，其所保留者，仅为预算的审核。[①]

关于经征处制度。以《剿匪省份各县经征处暂行章程》为根据，该章程规定内容要点如下：

1.各县裁局改科后，应组设经征处，受县长及主管科长之监督指挥，办理一切征收省县赋税事宜。2.经征处设主任1人，由县长遴选合格人员，呈请省政府核委，征收人员若干人，由县长遴选委任，雇员若干人，由县长派充，并得设置临时雇员及催征警。3.经征处征起省县税款，按日解送县金库，并将省款征起额按期造送具表册呈请县长查核后转呈省政府备案，将县款征

---

① 朱博能：《县财政问题》，第80页。

起额按期造具表册呈送县财务委员会查核。经征处征收一切省县赋税均应填发票照或正式收据，并由经手人加盖私章，绝对禁止包征。

1934年第二次全国财政会议议决统一地方征收机关办法三项：(1) 各县均设一地方税局或内地税局或县财政局，统征省县税捐；(2) 地方税局或内地税局各设局长一人，并以县长为副局长，受财政厅之指挥监督；(3) 所有以前投标承包委托代征办法，一律取消。上述办法曾经财政部分电各省，后来演变成为抗战时期设立的税务局制度，例如湖南、安徽、浙江省等。

关于金库制度。金库制度未实行以前，现金处理，是县财务行政中的一个困难问题。第一，现金保管，一般多存放于殷实商店，或专设现金保管员负责保管，经手人挪移生息，卷款潜逃以及商店倒闭亏空之事常见发生，事后追究，积案不清。第二，税款经收，多由税捐征收机关人员一面计算税额，一面收纳现金，容易作弊。第三，现金解决，例如派遣军警、越境护送，时日迟延，并不安全。自金库制度建立后，上述三个缺点，获得解决。

以《剿匪省份各县县金库暂行章程》为依据，规定凡未设有省金库分库各县，应就县政府所在地成立县金库，县金库受省政府指挥监督掌理各县经管省县地方款项出纳保管事务。到1938年国民政府公布《公库法》，规定："银行代理公库收纳之现金及到期票据证券，均用存款方式。"县公库制度采用银行存款制，既不负担金库经常费用，且可获得息金收入，过去移挪卷款之弊，也不复存在。

裁局改科及《修正剿匪区内整理地方财政章程》颁布之后的县财政机构，从其各部职能来看，已形成了内部牵制作用。

县财政系统示意图如下：

经征处—专司经征赋税事项

县政府第二科　财务委员会—专司监督审核县地方收支事项

县金库—专司县地方现金出纳保管事项

县长：综理全县财务，财务行政为其中一部分。

财政科长：承县长之命办理县财务行政事务。

经征处：受县长及主管科长之监督指挥办理一切赋税征收事宜。

县金库：受省政府之指挥监督，掌理各县经管省县地方款项之出纳保管事宜。

财委会：受县长之监督，审核县地方之财政收支及预决算。

浙江县财政机构之设置，基本上采用南昌行营颁布的财政实施方案。过去各县财政情形，不但财务监督与财务行政混而不分，即使财务行政管理，也是非常紊乱，就收入机关言之，除田赋由田赋征收处征收外，同为杂税，还有县政府杂税征收处（或财政局杂税征收处）、县管理公款公产委员会、教育款产委员会、以及公安局四个不同之机关征收。

就支用情形而言，除关于国、省款部分由县政府财政科（或财政局）分别坐支划拨外，其余一切县地方款项，或向县管理公款公产委员会支用，或向教育款产委员会支用，或者自收自支，漫无限制。此种办法，不但全县整个财务行政，割裂不堪，而且行政费用亦支出过巨，浪费很大。至于其支出款项，是否合于预算，及其用途如何，尤属无从稽核，故兰溪实验县长胡次威认为："如欲整饬地方财政，即应首先确立合理的财务行政制度，俾资统制。"[①]

1935 年 6 月浙江省民政、财政两厅颁发《浙江省各县县政府财务委员会章程》，同时将原有前财政局县公款公产保管委员会、前教育局管理教育款产委员会、清丈经费保管委员会、县仓管理委员会一律裁撤，并将各该会经管银款、契据、仓谷文卷、器具等件移交财务委员会接收以统一事权。

1935 年嘉兴县裁撤之机关共有 16 个之多，如：(1) 卫生委员会，(2) 县财政局县公款公产保管委员会，(3) 县教育局管理教育款产委员会，(4) 教育委员会，(5) 识字运动宣传委员会，(6) 食粮调剂委员会，(7) 建设委员会，(8) 蚕业改良委员会，(9) 国货提倡委员会，(10) 县政府服用国货委员会，(11) 县仓管理委员会，(12) 保卫委员会，(13) 禁烟委员会，(14) 整理土地委员会，(15) 清丈经费保管委员会，(16) 贫农借米委员会。[②]

兰溪实验县的做法是：在各种骈枝财务机关裁撤以后，举凡全县一切财务行政事务，概行划归县政府财政科集中管理，以一事权，财政科置科长一人，由县长就甄审合格人员中，遴请省政府委任，秉承县长，负责筹划全县财务行政事务如征税，制用，募债，管理公产，登记收支，土地推收

① 胡次威：《县地方财务行政及财务监督》，杭州《东南日报》1935 年 4 月 19 日至 4 月 22 日。
② 《浙裁撤各县委员会，嘉兴县已首先实行，计裁撤 16 会存留 5 会》，《浙江新闻》1935 年 7 月 9 日第一张第四版。

等一切事宜。同时，为谋财务行政上之便利，除田赋收入仍设田赋征收处征收，公产收入因性质与捐税不同，另设公产管理处管理外，凡属田赋以外之一切捐税收入，则设立捐税征收处，负责征收。至于支用方面，则无论何项经费，以及款项巨细，均由财政科按照预算（指县款而言）或奉颁支付命令（指国省款而言），统一支付，各征收机关不得坐支划拨，或自收自用，如此则合理的财务行政制度即经确立，在行政费用固费减少，即办事效能亦较前增加。[①]

裁局改科首先在所谓的"剿匪区"内推行，其后逐渐推广及全国。江浙作为国民党统治核心区亦率先推广，湖南、湖北稍有滞后。

以下是湖南省鄞县财务机构变迁表，反映了湖南省县财务机构的变化：

表6—1：湖南鄞县财政沿革简明表

阶段	财务机关名称	职掌	起讫年月
统办省税县税	鄞县财政局	1. 省税征解事宜；2. 县款征收保管出纳会计等一切事宜。	1929.1—1933.2
省税县款分别保管	鄞县县政府第二科 鄞县财务委员会	省税征解事宜；县款征收保管出纳会计等一切事宜。	1933.3—1935.7
恢复县财政局	鄞县县政府第二科 鄞县县政府财政局 鄞县财政委员会	财务行政及省税征解事宜；县款征收保管出纳会计事宜；审查稽核事宜。	1935.8—1937.5
裁局改科	鄞县县政府第二科 鄞县税务局 鄞县财政委员会	财务行政及县款出纳保管事宜；省县财税统筹征解事宜；审核事宜。	1937.6—1939.5
改进财务过渡期间	鄞县县政府第二科 鄞县财务委员会	财务行政县款保管出纳审核事宜	1939.6—1940.6
实施公库法	鄞县县政府财政科 鄞县县金库	财务行政兼办县总会计事宜；县款出纳保管事宜。	1940.1—9 9140.7—
推行财务行政联综组织	鄞县县政府财政科 鄞县县库 鄞县县政府会计室	财务行政县款出纳保管事宜主办全县岁款会计事宜	1940.10—

资料来源：《湖南省各县市经济概况》，1947年，第78页。

---

① 胡次威：《县地方财务行政及财务监督》，杭州《东南日报》1935年4月19日至4月22日，第三版。

湖南裁局改科延后至 1937 年，民国《宁乡县志》载："二十六年七月一日，省令撤财政局并入县政府为财政科，自是县政统一财用亦统筹支配，所有岁收、田租及一切固定收入悉储县金库，统曰县款。二十九年财政委员会亦撤，三十年教育局改科，学产亦归并，凡各处预算决算案归县政府会计室审核，应发之款交财政科给发。"①

四、联综组织

县财务联综组织就是县财务系统。完善联综组织的主旨在于使县财务机构分工合作，相互制衡。联综组织首先在国民政府时期著名的江宁实验县有所实践，兰溪实验县使之完善；日后，联综组织成为统一县财务机构的基本范本。

县地方财政，不外乎九种情事：(1) 收入，(2) 支出，(3) 存放（即金库），(4) 预算，(5) 簿记，(6) 统计，(7) 决算，(8) 审记，(9) 稽查。上列九种事务中，(1) 至 (3) 三种事务，属于财务行政，(4) 至 (9) 六种事务，属于财务监督。财务行政事务与财务监督事务，通常分立则弊少，合并则弊多。

江宁实验县的财政，分为两部分：一为征收，二为会计。征收部分事权趋于统一；会计方面，亦有特殊的成绩，即：(1) 实行会计统一，凡前各科局皆各有会计经管收支，自是均统归于一；(2) 现金集中，凡各科处之款项，均集中于一处；(3) 实行金库制度，所有收入，统交金融机关保管，凡收入款项，除留少数必需之开支外，其余概指定存储于中央银行，既可免大宗款项在私人手中，发生危险，复可杜绝其舞弊机会。(4) 厉行稽核制度，即事前执行预算，事后实行决算，皆切实做到。②

兰溪实验县县长胡次威认为：现时各县地方财政，所以弊害百出，无法整饬者，即缘于财务行政事务与财务监督事务之混而不分。整饬地方财政，澄清吏治，对于确立财务监督制度，自属必要。确立财务监督制度之道无他，在于实行会计稽核独立制度，及采用联综组织办法。③

---

①　民国《宁乡县志》，卷二，财政，第 609 页。

②　李宗黄：《考察江宁邹平青岛定县纪实》，作者书社 1935 年版，第 16 页。

③　胡次威：《县地方财务行政及财务监督》，杭州《东南日报》1935 年 4 月 19 日至 4 月 22 日，第三版。

所谓联综组织，即所谓四权分立说，财务行政机构应分为四个系统，（一）命令机关：由主管财务机关，执行财务行政上之收支命令，并办理税务、金融、币制、公债等的财政设施；（二）公库系统：即由公库机关，经管现金票据证券之出纳、保管、移转、及财产契据等之保管事务；（三）主计系统：即由主计机关主管岁计、会计、统计、事务，所谓岁计事务，系指预算与决算两项而言；（四）审计系统：即由审计机关主办事前、事后审计及稽查事务。此四种系统，一面各具超然独立精神，一面又有分工合作之效，而其惟一总目标厥为联综组织，以求财务行政跻于健全精明之途。[①]

兰溪实验县首先在财务行政上实行联综组织方式，其具体示意图如下：

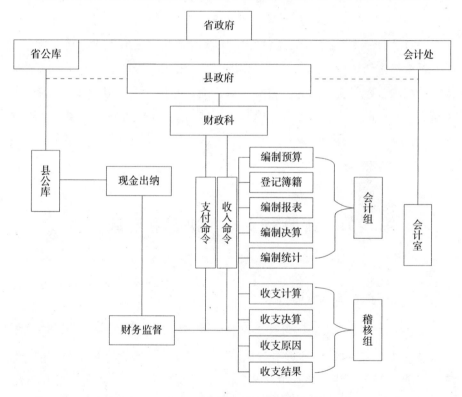

图 6—1：联综组织示意图

联综组织图说明：县政府执行各种政策及政务，无不与经济行为发生关

---

① 朱博能：《县财政问题》，第 80 页。

系，故县政府行为可分为"行政管理"，"现金出纳"，及"财务监督"三部分。与现金出纳有关者，为"收入命令"、"支付命令"、"收支计算"、"收支决算"、"登记簿册"、"编制报表"、及"编制决算"。

依照联综组织办法，现金出纳，应由经理金库银行负责办理。县政府并不直接经管现金出纳，至于收入命令及支付命令，则应由主办财务行政事务的财政科长签署发，并由主办财务监督事务的省派稽核主任审核会鉴（但省款部分除外），收支计算及收支决算亦同。

主办财务监督事务的省派稽核主任，得随时调查"收支原因"，监视"收支结果"。其他如编制预算，登记簿册，编制统计，编制报表及编制决算，则应由主办财务监督事务的省派会计主任执掌。

会计主任所凭以登账的各种传票（收入传票，支出传票，转账传票），又非经稽核主任审核盖章不可。传票即经严密稽核，从而产生的原始帐，总账，分户账，以及正表附表，自必绝对正确。如是，纵的组织即如军旅之严密整齐，而横的组织，又复分工合作，相辅而成。理想的联综组织，其精神即尽于此。[①]

第二节　统收统支、预决算和财政监督

一、废除专款，统收统支

废除专款，实为统收统支建立预算制度的第一要求。以浙江为例，浙江省各县在 1937 年以前，地方专款名称，计有自治、教育、建设、公益、保卫、警察、卫生、征费等八项。预算的编制与执行，受专款制度影响很大。从事业发展方面观察，各项事业经费的分配，以行政计划为根据，而行政计划的拟订，则应斟酌环境需要，例如在边区多匪地方，应宽筹保卫经费，在

---

① 胡次威：《县地方财务行政及财务监督》，杭州《东南日报》1935 年 4 月 19 日至 4 月 22 日，第三版。

文化落后地方则宽筹其教育经费，务使各项政务能够有计划有步骤地推进。在专款制度下，各县收入分割为众多专款，此疆彼界，壁垒森严，甲款有余，不能补乙款的不足，来源丰者不免浮支滥用，任期膨胀，而啬者虽力谋紧缩忧虑不敷，以致急迫重要的事业，往往因专款来源拮据，或竟无专款，而不能举办。所以有学者指出：

从民众负担方面观察，地方苛杂大都由于事业的兴办或扩展而来，若各项收入均已固定，支出不能统筹，遇有新兴事业，势必另辟财源，增加人民负担，致使各项捐税及附加，纵有扰民情形，而为避免事业停顿起见，仍不得不勉予维持，故苛杂税实为专款制度的寄生物。

从财务行政方面观察，自预算、会计、金库以至决算等程序，皆感到极大困难。由于各专款不能互相调剂，假设某种事急待兴办而无相当财源，则不得不虚列收入，使预算不能确实，执行遂有困难，而编具岁入岁出预决算及各个专款计账手续上的繁重，以及一宗财源内各项专款的分款手续与各专款之间的存欠复杂关系，均属无谓的麻烦。[①]

浙江省1937年间废除专款，改行统收统支实行步骤，第一期办法：依据各县1936年度核定预算，先求一适当之百分比，以为支配各县1937年度经费的标准，照此标准，权衡缓急，妥为设施；第二期办法：在1937年度开始以前，由省府订定适合各县实际情形的经费分配标准，令各县遵守，将原有专款一概推翻，不仅由县统筹支配，且亦由省代订收支标准。

在附加制未废以前，各项田赋、契税、屠宰税等附加，有仍保留其用途名目的附加税，但其实际支配已不照原定用途。如县税捐收入中附加名目已废除，统称为县附加，则已进入统收统支的境地。

关于地方公款公产，向多指定为教育经费，交由地方教育界人士分管收支，欲废除此种专款，一面先将款产统一管理，一面再将款项统一支配，此在县地方财政整理过程中，显然难以一蹴而成，各地办理实情，程度上也有差别。但从一般预算书面观察，岁入岁出总额平衡，形式上已告统一，实际上即使仍有少数专款存在，但是收支割裂之弊，已大不如过去情形，不能不视为推行县预算制度，革新县财政的一个重大收获。

---

① 彭雨新：《县地方财政》，商务印书馆1945年版，第162—163页。

二、预、决算的编制

预算与决算制度能否建立，是评定现代财政的重要指标。清末民初已有国、省预算之编制，而县地方预算制度的推行，则在 1931 年以后，但直至 1935 年才有较为规范的预算编制。

1928 年 12 月间，内政部曾举行五省民政会议，关于县政府经费的支配，有确定预算的决议，1929 年 4 月内政部会同财政部订定《县政府经费支发办法》，通行各省，其中规定"县政府各项经费，无论经常临时，应悉数编入预算"，"县政府经费预算由省政府分等核定。"[1] 但当时各县地方财政尚处于混乱时期，县预算编制，尚为一般所忽视。

依照 1932 年《剿匪区内整理县地方财政章程》，关于预决算编制的规定，其要点如下：

(1) 会计年度。自 7 月 1 日至次年 6 月 30 日止为一个年度，每年度分为两期，自七月至十二月为前期，一月至六月为后期。自 1938 年度起，改为历年制，即从 1 月起至 12 月。

(2) 预决算编造时限。预算应于每年度前期及后期开始三个月前各将本县县地方收支编成预算书呈送财政厅核定。决算应于每年度各期终了时，由县政府汇编呈送财政厅查核，如收支尚未清洁，得展期一个月，期满后七日内必须编造决算书送核。

(3) 预算执行的限制。预算所列各项科目不得留用；后年度或后期的预算收支款项，不得提前移作本年度或本期的预算收支款项；每年度各期决算有剩余时应作次期的收入；为备充预算所未备及预算外必要费用起见，得列预备费；为办理工程及其他事业得设继续费，每年度每期继续费支出的预额，至竣工时止，得依次转入使用；非先筹定相当之的款收入不得呈请追加预算。[2]

浙省各县的编制地方预算，已有数年，但是因各县地方因循旧法，致预

---

[1] 1935 年《内政年鉴》民政篇，第一章，第 285 页。

[2] 《剿匪区内整理县地方财政章程》（1932 年 12 月 22 日），蔡鸿源主编：《民国法规集成》，黄山书社 1999 年第 39 期，第 135—136 页。

算未能按期成立，甚至年度已过，尚在编造预算者，故过去浙江各县地方预算总数，究有若干，不得而知。其编造方法，也是逐年不同。如教育经费，归教育款产委员会编造。警察、建设、自治、公益、卫生等费，则由县款产委员会编造。保卫团经费，则由保卫团经费经理委员会编造。而教育、警察、建设、自治、公益、卫生、保卫团等经费，又各须先经民政、教育、建设、保安处各厅处核准后，方得送县政府或财政局汇编。可见编制预算方法非常混乱，在编造之时，县长既无统筹支配权力，不相为谋，核定之际，各厅处与财政厅之间亦欠收通盘联络之效，不相参照，因此各自为政，支出每于不知不觉中，日见膨胀，地方预算遂无法真正确立，各县历年来并无反映全部收支的统一的预算。

1934 年第二次全国财政会议召开，会议宗旨在整理地方财政，其枢纽尤在于确认预算①。孔祥熙指出："省县税费之划分，预算决算之成立，实所以纳国家财政于正轨。我国中央预算历年虽有编具，而地方预算则多阙而不全。加以省县税费至今未行划分，遂至省县收支失其平衡，各种事业俱难发展。此次议决今后省县地方收支标准必须详加划分，而统收统支尤不容紊。并由地方当局督促县预算之编具，以期全国整个预算之成立。真正国家之统一，即由财政立其基。"②

国民政府主计处向会议提交关于确定地方预算办法案，拟订具体的预算办法，其要点有四：

（1）依限编送。编送概算期限，在预算章程及预算法内，均有详密规定，其立法本质，一以确定收支，一以限制追加，此后省市政府如能依限编成预算，财政困难当可逐渐解除。

（2）核实编列。预算以收支适合为原则，但各省市所编概算，或支多于收，或收多于支，原与适合原则不符，如必强求平衡，而以虚收虚支粉饰一时，按诸预算正确之本旨，实所不许。

（3）力求自给。现时中央财政困难，无力补助地方，已为举国所公认。

---

① 孔祥熙致开会词，《中华民国工商税收史料选编》，第一辑，综合类（上册），第 1184 页。
② 孔祥熙的报告，1934 年 6 月 4 日，《中华民国工商税收史料选编》，第一辑，综合类（上册），第 1206 页。

各省市自裁厘以后，多由中央拨款补助，原系一时权宜之计，地方若无自给之计划，设遇事变，中央无力兼顾，来源骤竭，危险堪虞，似非有自己之决心，不足以固地方财政之基础。

（4）量入为出。政务之推进，全系乎经费之多寡，而经费之多寡，又以轻重缓急为前提，各省市财政之整理办法，情况各殊，而要以量入为出为目前基本原则。

该提案认为以上四点为解除目前困难的办法，至于确定预算的根本计划，尚须注意两点：（1）撙节政费，以扩充事业经费；（2）开辟财源须不超过国民经济负担能力。[1]

会议后，浙江认真督促各县确立地方预算。[2] 编制 1935 年度县地方预算时，省政府训令各县应行遵守《编制二十四年度县地方预算要点》，其规定内容包括：（1）县地方预算，应绝对遵守量入为出的原则编列，使实际收支，得以适合。（2）各项收入，应照实在收入编制，不得因收不敷出稍有虚列。（3）各项收入，既已编列预算，各该县局长对于应收数目，即应负责如数征足。（4）各项支出，应采取极端节约主义，将骈枝机关冗滥人员及其他非必要或可省的岁出，分别裁撤或核减，由县长督饬所属，切实遵办不得稍有瞻徇。（5）各县局应将各项地方教育经费，截至本年六月底止确实预计，如有挪移省税或其他借垫及欠发款项，应另行筹定弥补方法，随案声叙以凭核办。（6）各种委员会，除应支必需的费用外，其余经费应一律删除。（7）总分概算，应各油印二十份，以便交县地方预算审查委员会审查。（8）编造总概算系县政府与财政局的责任，不得诿责于公款公产保管委员会办理。[3]

另外，浙江省政府确定 1935 年各县预算编制原则如下：（1）各项收入，

---

[1]《国民政府主计处关于确定地方预算办法案》（1934 年 5 月 16 日），国民政府财政部档案三（2）578，载《国民政府财政金融税收档案史料》（1927—1937），中国财政经济出版社，1997 年，第 50—51 页。

[2] 魏颂唐：《对于本省各县二十四年度预算感言》，《浙江新闻》1936 年 1 月 1 日第 3 张第 10 版。

[3]《编制二十四年度县地方预算要点》，《浙江财政月刊》第 9 卷第 11、12 期（1936 年 11 月 15 日），预算专号（下），第 953 页。

应以 1931、1932、1933 三年平均实收数作为标准。(2) 各项支出，应就平均实收数之范围内，妥为支配，不得虚收实支。(3) 各县地方财政统收统支之第一步，应先就各种专款（如教育建设公安保卫等款）之范围内统筹整顿，即在本款项下酌盈剂虚，为合理之支配，但不得以甲种专款之所余移补乙种经费之不足。(4) 各县地方财政统收统支之第二步将各种专款彻底整理完毕后，如各种经费发现有偏枯情形，致一切事业，不能平均发展时，应体察实际状况，将各种专款，另作合理之支配，呈由本府核准照办。(5) 各县地方经费，以前如有挪垫亏欠情事，应于本年度预算内专列债务费一项，以资归偿。[①]

县财政预算制度在当时基本得到了实行，并对县财政的制度建设起到了重要作用。1935 年 11 月，时任财政部长的孔祥熙在国民党五全大会第二次会议上作了《整理地方财政简要报告》，对于各地办理县市预算给予比较乐观的阐述："本会计年度开始以后，各省各县之地方预算，全省统经省政府核定者，有江苏之 61 县，安徽之 61 县，山东之 108 县，察哈尔之 15 县，湖北之 70 县，陕西之 92 县，宁夏之 10 县；其多数县份已经核定者，计河南有 110 县，广西有 84 县，江西有 82 县，福建有 13 县，湖南有 16 县，共计有 722 县。其正在审核之中者，有 374 县，正在编送者有 685 县，造报情形未详者，计东北四省及察省之多伦，凡 160 县。总计全国 1941 县中，截至本年 9 月中旬止，已完成及正在审核者，凡 1096 县，约占全国县份总数 57%，预料最短期内，其正在编送各县，亦可一律完成。"[②]

此外，有当事人回忆说，浙江省在 1937 年建立县财政会计制度后，"各县财政交代的麻烦大为减少，会计上各项收支均有根据，随时入账，随时可以结清"；"县政府经费，按县的大小列有预算，每项支付都须合于手续，县长不得任意支付"；原来各县以"征收公费"名义征收田赋附加，其用途"除开支征收员工薪给，及其他必要费用外，悉为县长所得"，此时则"将是项收入及应支费用，均列入县预算，收支有余不归县长私囊，……从此县长无

---

① 《省府训令各县指示编制县地方预算应行遵守之原则文》，《浙江财政月刊》第 9 卷，第 11、12 期（1936 年 11 月 15 日）预算专号（下），第 949 页。

② 《中华民国史事纪要》（初稿），民国二十四年册，第 191—194 页。

此项生财之路"。①

三、财政监督

财政监督是民主政治的应有之意，也是财政管理的重要组成部分。财政监督，首要的是国民对政府财税权力的监督，也包括政府内部财政机关对行政机关、企事业单位及其他组织执行财税法律法规和政策情况，以及对涉及财政收支、会计资料和公有资本金管理等事项依法进行的监督检查活动。

财政监督机关，就各国现行的制度而言，可分为三种：立法监督、行政监督、审计监督。"立法监督之职权，在议决岁出岁入预决算及制定财政法规；行政监督之职权，在核实收支及增进效能与经济；审计监督之职权，在依据现行法令及预算，审查国家收支，并作最后之报告，以供立法机关之参考。此三种机关所处之地位，自英美现行之制观之，实非相等。盖行使立法监督之代议机关，其监督财政之权限，不仅限于预算，即对于决算亦行之。审计机关所编之审计报告，尚须交立法机关为最后之议决；而其所任事前之监督，亦系为替代立法机关而出。故审计机关对于立法机关，实不过处于附庸之地位。"②

上述三种财政监督系针对国家财政而言，对于处于基层的县财政而言，除了有同级的三种监督体系外，其中更有上层财政机关自上而下的监督。

（一）立法监督之权，在国家层面，操之于国会，在县级，操于县民意机关，北洋时期民意机关为县议会，国民政府时期则设立县参议会。

根据《县参议会组织》（1932 年 8 月 10 日公布）规定，县参议会议决的财政事项有：关于县预算决算事项、关于整理县财政收入募集县公债及其他增加县民负担事项、关于经营县公有财产及公有营业事项、关于县民生计及救济事项，等。不过，1927—1937 年间，全国各省县建立县参议会者少

---

① 《浙江文史资料选辑》，第 21 辑，第 109—112 页；魏光奇：《官治与自治：20 世纪上半期的中国县制》，第 294 页。

② 何廉、李锐：《财政学》（全一册），国立编译馆 1935 年版，第 491 页。

之又少，直到 1943 年县参议会才在全国普遍成立。

县参议会未成立前，第二次全国财政会议上有提案认为："欲求地方行政之能效，非使地方人士有监督地方财政之权力不可。故在各级地方参议会未成立以前，似宜由各地党部及法团选举公正人士组织地方财政监理会，以为各级地方财政立法监督机关。"①

县级的立法监督权还操控于中央与省。国民政府成立不久，意在集中财权、统一财政，同时也下达了统一财政监督权的通令，实施依法厉行监督地方财政，"窃惟财政为全国庶政命脉，欲蕲财政之整理，尤在中央地方间行使职权均能遵守法令之规定，始能若网在纲，振裘挈领。举凡关系财政之预算决算，以及临时之新设税目、增加税率及募集公债等项，无一不为中央法令所规范，既无一不受中央政府之监督。如此内外相维，方足以收统一财政之效。否则，中央虽有监督财政之名誉，而地方仍行把持财政之实，不惟行政失其权能，即法令亦失其威信。"②中央与省级政府对县财政的监督内容，主要集中点在县财政的预算和新设税目新增税率或募集公债，"应于每届会计年度施行前，依照法定程序编定预算，呈报省政府交财政厅审核之。财政厅应即签注审核意见，呈请省政府议决分别令行。财政厅应于每届会计年度内汇编各县（市）收支各项总数，附加说明，转报财政部。"③

中央与省对县财政预决算的监督，是县财政制度的进步，但是，仍有很大的不足，时人评论："县财政缺乏适应环境，自由裁量之余地。复就形式论，地方政府之概算，须呈报中央主计处及财政部，预算实行以后之收支，每月复须有报告表呈上级政府审核。此种形式，事实上只等于具文，盖预算编制之可靠性既小，而地方实际收支，事前又无审核，事后之一纸报告表，

① 《关于改状况地方财政案》，《中华民国工商税收史料选编》，第一辑，综合类（上册），第1275 页。

② 国民政府关于统一财政监督权的通令(1929 年 7 月 19 日)，《中华民国工商税收史料选编》，第一辑，综合类（上册），第 1560 页。

③ 《国民政府监督地方财政暂行法》(1929 年 4 月 8 日)，《中华民国工商税收史料选编》，第一辑，综合类（上册），第 1559—1560 页。

其最大效用，亦不过聊资备案耳。财政监督之作用，无从发挥也。"①

（二）行政监督之权操于政府部门，情形较为复杂，其一在省与县之间的体制关系；其二在于县政府内部彼此间应求如何互相牵制。

南京国民政府初期，由于受清末民初以来地方自治影响，以"四局"为中心的自治与以县署为中心的官治彼此分离，特别是在财政上，自治事业实行专款制度，受地方士绅掌握，县署难以插手其中。各县政府高悬在上，各局分立，俨然割据。而"四局"在业务方面，认定省政府的各吴三桂为其直接的上级机关，直接受命于省厅；而各省厅为进行便利起见，率性委派各局长乃至各科长。② 于此，县政事权分割，财权亦分裂。

其后国民政府的县政改革以裁局改科、合署办公为重点，使县政府成为一整个机关，集权于县长。在财政方面，按照《剿匪区内整理县地方财政章程》，各县设立财务委员会，办理县地方财政，"凡县有之教育、团防、自治、慈善各款，以及其他一切县有之公款，公产均属之"；县长则行使"监督权"，③ 以使促进县政事权与财权的统一。

第二次全国财政会议以整理地方财政为重点，提出更新县政，"端赖有善良而健全之财政制度"，包括实施会计法，厉行预决算，完善财政监督制，提出了《县地方财政监督条例（草案）》。④

抗战前，不少省份如山东、浙江、福建、江西、广西、广东等省对于县财务行政制度进行大力改进，各县均设有公库或金库、地方款产委员会或地方财政监察委员会、县财务委员会等机构，机构设置趋于健全。不过，"各种监察委员会，财务委员会之委员，或主任委员，率由县长聘任地方人士，第二科科长及各机关长官担任或参加，等于自己监督自己。此种制度之能否达到监督之目的，不言而喻。"⑤

---

① 朱博能：《县财政问题》，正中书局 1943 年版，第 88 页。
② 陈之迈：《中国政府》，第三册，商务印书馆 1947 年版，第 86 页。
③ 《剿匪区内整理县地方财政章程》(1932 年 9 月)，《江西省政府公报》，第 39 期，第 3—7 页。
④ 《第三计划更新县新》，《中华民国工商税收史料选编》，第一辑，综合类（上册），第 1302—13050 页。
⑤ 朱博能：《县财政问题》，正中书局 1943 年版，第 88 页。

（三）审计的监督，即司法的监督，国民政府推行的是超然主计制度，不受行政的牵制。中央财政的司法监督机关为审计部，地方财政的司法监督机关为审计分处，但是在县地方审计机关尚未设立，无法施行事前审计、事后审计、以及稽查。

不过，部分省县在探索确立会计稽核制度，并采用联综组织办法，浙江省兰溪实验县即采用此种方法实施财政监督：根据主计系统及联综组织的原则，于县政府之下，设立会计室，在审计机关未成立前，办理全县会计稽核两项事务，县会计室分为会计与稽核两组，会计组办理编制预算，登记簿籍，编制报表，编制决算，编制统计，及其他有关会计事项。稽核组，办理收支计算，收支决算，稽核收支原因，监视收支结果，及其他一切财务稽核事项。会计室的任务，在职责上，对省会计处负责，在事务上，则辅助县长，推行全县财政上的监督。这种监督精神后来体现在 1939 年颁行的《县各级组织纲要》（即新县制）的制度设计之中。

当然，抗战前县财政监督制度要体现出民主政治的要求，还远远不够。近代民主国家，监督财政之权，咸操之于人民代表之手。南京十年间，县民意机关未立，吏治不能澄清，县政处于黑幕之中，县财政困难重重，任重而道远！

第三节　经征体度变革

赋税征收是税制的重要环节，也是政府与社会关系的纠结点之一。征收制度不完善，则大大增加税收成本，甚至出现所谓"内卷化"现象：税收增加但效益递减，也就是农民负担加大而国家税收增加不多甚至减少的现象。[①] 美国学者杜赞奇提出的"内卷化"现象是伴随着地方财政的兴起而出现的，主要是由于征收环节出现大量的中饱、贪腐等问题，县税征收制度极为混乱。第二次全国财政会议指出："今日地方税制之大病，征收机关之复

---

① ［美］杜赞奇著，王福明译：《文化、权力与国家：1900—1942 年的华北农村》，江苏人民出版社 2003 年版，第 51 页。

杂实为最大之原因。如仅就税法及征收手续予以改善，而不谋地方税收制度之通盘整理，仍不能使地方财政有稳定基础，作健全之发展。"①

赋税征收主要包括田赋的征收和地方捐税的征收两大块。

一、田赋征收

田赋征收积弊甚深，是问题的重灾区。自民国肇始，各省便筹划征收改良，但无根本变革，到国民政府时期问题更为严重。真刀真枪地除弊兴利，是解决田赋问题的必由之路，但改革又会积累新的问题，根除积弊是国民政府无法完成的使命。

（一）问题所在。

田赋是中央、省、县之间利益分配的焦点，在政府与社会之间，田赋亦是一个核心问题。田赋包括省田赋正课、省附税和县附税三项。田赋收入问题表现在两个方面：其一是田赋附加的不断增长。其二是田赋征收成数严重不足。这两者的发展状况犹如一种螺线型，一方沿着扩大螺线，另一方则沿着收缩螺线，形成螺形的背驰。田赋附加额虽年有增加，但田赋之征收成数却历年不足，积欠过甚，影响省、县地方财政收入，而地方政权建设急需款项，无从出处，只有增加田赋附税，而附税增多，亦会影响正课的征收，从而加重农民负担，由此循环往复，财政收支关系日益紧蹙，农村农民的积怨日趋加深。

田赋附税的膨胀表明了县政建设的快速发展，而田赋征收成数不足标明了县政建设资金的困难，反映了地方政权的现代化与汲取社会财力之间突出的紧张关系。造成这种紧张关系的因素很多，如有：纳税户的问题、征收制度问题、民间财力限制问题，等等。其中，问题的症结点之一便是征收制度问题。

---

① 关于统一征收机关改进地方税制案，江苏省中华民国工商税收史编写组、中国第二历史档案馆：《中华民国工商税收史料选编》南京大学出版社 1996 年版。第一辑，综合类，上册，第 1270 页。

前论赋税的整理，涉及开源方法，欲使税收点滴归公，取之于民而用于民，还需要同时确立完善的赋税征收制度，方能剔徐积弊。国际技术合作代表拉西曼，在其报告书中，对于田赋的各弊，亦认为由于征收制度的不良。他认为："赋税征收制度不良，使人民受额外的需索，富豪者设法逃税，致政府税收大受影响。（反而言之，失去减低税率的机会。）至征收田赋关键的人物，并非官吏，而是书吏——非正式的田赋登记者，其所持的鱼鳞册，由其祖宗传下，凡纳税人及地主以此为唯一根据。我们不能计算此种制度所包含的逃税与勒索，就所有证据观之，大致二者均属重大。在许多地方，小地主为合法与非法的重重赋税所混淆，农民受害尤烈，因负担重而得益者少。"接着又说："……然如能平均征，提高行政效率，杜绝逃税，禁止勒索，平均分配，亦不致目为苛政。但应改良征收制度，俾税率减低，同时维持税收现状，或竟能增加税收。"[1]

田赋征收是收入行政中至关重要的工作，而其枉法营私的机会，亦特多，侵吞中饱的黑幕亦最大。揆其原因，第一，征收制度本身的缺点过多；第二，征收员司人品不良；第三，缘于财政监督制度之未确立，或者简直可以说，以碍于事实，几无从施其监督之权。[2]当时有学者作了精彩分析如下：

何以言田赋征收制度本身的缺点过多呢？此亦有其历史变迁的根由，盖以田赋征收，向有其依为征收根据的鱼鳞册，详载土地的坐落；复有花户册，记明地主的姓名，按照地亩科则，以定完纳之数，按图稽考，本极明了。惟此种土地册籍，多系沿自明代，以年代久远，原已不无散失，嗣经洪杨之乱，更以损毁无存，于是各县经征田赋，仅凭胥吏所抄存的秘册。但此种秘册，窜改已多，花名与业户失实，地目与科目不符，有田者未必有赋，有赋者未必有田，或田多而赋少，或田少而赋多，地籍由是紊乱，科则因以不均，民间时有纠纷，征收乃生障碍，"公"的制度既隳，"私"的弊端遂层出不穷，于是一般私藏秘册的胥吏，就得从中控制田赋征收的各方面，举凡造册制串，过户经征，皆由胥吏"上下其手"。而且另一方面，折征标准不一：即所谓由石折成钱，再折成两，再折成银元，然后再折成通用银元与辅币等，二重三

---

① 转引自：程方：《中国县政概论》，商务印书馆 1947 年版，第 198 页。

② 程方：《中国县政概论》，商务印书馆 1947 年版，第 172—173 页。

重四重的折征。串册应用不争：即串册多用木板印成，字极模糊，纸质又劣，或预留空白，以便增添，或故作糊涂，以便窜改，仅载应征银两，不载折征数额，私相授受，任意妄为。至如簿册之凌乱，完纳手续之麻烦，尤其余事。

其次，关于经征员司人品问题。大凡经征员司，不外二种：一为贪墨的胥吏，一为包办的豪绅。揆其行为之动机，即皆为从中渔利，图饱私囊；考其出身，即皆为乡里奸桀狡诈之辈。乡户贫富之厚薄，彼辈均能烛照数计，其暴如虎，其污如狼，且以其多为无给之职，前者则按征起的税额提成支给，后者则于缴纳议价之外，悉取规费，其中奸诈贪污之状，殊非笔墨可以形容。胥吏之权固足以把持官府，鱼肉闾里；而承包之豪绅，亦俨然官吏，足以吓诈民间，其营私舞弊之术益工，则官民之受害者愈烈。有某任苏省某县长时，赴任之日，声言田赋将收归县府征，包商闻之，即出以五千元行贿，某县长固受之，要知此五千元者，亦系来自贪污，既可继续承包，且可继续谋利，其目征收田赋为"利薪"，于此可见一斑。

因有上述两种恶性肿瘤形，则可知官厅监督之不易，何况一向因循泄沓，土地未能清丈，更何从施其监督之权？①

（二）民初的改良。

清代田赋的征收方法，计有四种：官征官解、书征官解、书征书解、包征包解等。但是无论何种方式，州县官吏都必须假手"粮书"（钱粮师爷）。因此，革除粮书制度，势在必行。

民国初建，不少省份便有改良措施出台，大致形成三种片收方法：委征、包征和官征。所谓"委征"，即是由县政府委派征收员或粮胥分赴各乡镇征收，不限认额，随征随解，尽收尽缴。所谓"包征"，即是由粮胥认额承包，其法是预先估计本年丁粮成数，设一比额。征收员则负短征垫缴的责任。所谓"官征"，即是由县政府自己直接设柜征收，不用前二种办法。

各省县的田赋征收方法，错综不齐，大概采用包征方法者为较多，次为委征，再次为官征。此外，尚有所谓"义图制"和"自封投柜"二种。所谓"义图制"是把县分为若干乡，以乡为收税单位，每乡又分为若干庄，

---

① 程方：《中国县政概论》商务印书馆 1947 年，第 172—173 页。

庄有庄首，依次轮充值年，核收全图赋税负责总缴县府。义图成立之时，即订定共同的规约，彼此遵守。在征收期内，则设柜于公共场所，各粮户自行投柜完纳。如有延宕拖欠之事，则由图董协助催收，期满即赴县归数掣据回乡，定期演串，以昭公信。至于所谓"自封投柜"，就是由纳税人将自己应纳税银，亲赴县府粮柜缴纳，不由粮胥或征收员代收代解，随取缴税单据，即完手续。

湖南省：在清代，各县设置粮房，以书吏司其职，即所谓"粮书"制度（粮书为粮柜上书记之简称，细别有里书、册书等名目）。在 1911 年底，由临时省议会废除了"粮书"制度，通过"田赋改良征收说帖"。1912 年 1 月 1 日，湖南省都督公署颁布"湖南田赋新章"，即《湖南征收田粮丁赋办法》新章，其中规定：各府、厅、州、县的田赋征收事务，由财政厅委任各府、厅、州、县行政厅办理。行政厅对于所征收田赋应上交省财政司的，有保证解送司库的责任；应留存地方的，有妥善交该地方财产管理处的责任。行政厅经省财政司的允许，可以再委任城、镇、乡、团、保、甲征收田赋。统一由省财政厅授权给各府、厅、州、县行政厅征收、并由行政厅负责将田赋按规定比例分别解送至省库或地方财产管理处保管。①

湖南的改良措施，在于严令革除粮书制度，即由过去的胥吏征收，收归绅办。设立征收处，所有征收人员，或由县长遴选委任，或由公团推举，前此积弊，始稍革除。②

浙江省：民初各县田赋征事宜，由县设立田赋征收处办理。以昌化县为例，在晚清时代，以庄书 45 人分别掌理全县的所有征务。至民国元年，改组田赋征收，上忙开征时按照地段分为东南西北 4 个征收处，每区设一征收柜，每柜仅设置征收员 4 人共同掌理所辖区域内征收田赋一切事项，并无所谓主任一职位。在县城亦无征收总柜之组织，仍以每区征收员 4 人为本位，由每个征收员管辖若干庄，以各征收员管理上的便利而划分，征粮册串各自领管，以征收员住所为征收分处，掌理所辖各庄的田赋，征收一切事项，也没有征收总处的组织，但是在名义上设置征收主任 1 人，由财政科职员指定

---

① 《湖南通鉴》，湖南人民出版社 2007 年版，第 813 页。

② 《湖南之财政》，第 87 页。

一人兼任。[1] 由于征收主任责任不专，形同虚设，因此征收疲滞。

（三）南京国民政府初期的征收乱象及改革。

民初，各省县政府虽然对征收制度有所改良，但是，土地尚未清理，田赋征收积重难返，征收权虽收归县政府，但具体承办事宜仍依赖前清时期的粮书（或称庄书），"是故各县征收田赋实权，名虽属诸县署，实则操诸彼辈。田赋征收主任一职，虽由县长委任，不过就彼辈中择其家道较殷实、品行较端正者任之耳，即使欲另行委任，以其位卑薪薄，能者不就，不能者则亦徒供傀儡而已。故县署各职多随县长为进退，独征收主任不然，盖新任县长，实有不得不继续任用之原因。"[2]

而随着县田赋附加的增多，新办的事业急需用款，不少机构加入自收自支的队伍，征收体制进一步紊乱。特别是预算外非正式核定的县捐税，沿用各种专款制度，不是由税务局征收，而是积习相沿，各自为政，在湖南的情况是："保甲附加、义勇亩捐、并教育各项税捐等，大抵由区乡公所、义勇队部、及教育局各学校，各自征收。"[3]

湖南常宁县：1920 年，改粮赋房为征收处，以花户名与粮户本名不同，难于查考，疲粮日多，1928 年冬，设立财政局，财政号称统一，而粮疲如故。[4]

湖南东安县更为典型：

改革以来（注：1912 年以来），地方绅士，以田赋由胥吏征收，则人民感受痛苦，遂收归绅办，设立田赋征收处，以总其成。当时收回征册，未尝加以注意，以故只有花户，并未注明住址。一二年内，各花户尚能自投完纳，嗣后附加日重，抵借频来，巧黠者，遂常拖欠，当局亦不追究。一般征收员，以与本身无关，更不注意，且征收主任，常有更换，征收员，亦常有进退，甚至有以秘密转告亲友，使其隐匿者，于是全县田赋，更紊乱无所查考矣。以故十余年来，逢九成减至五六成，及至本年，竟达至五成，倘长此

---

[1] 《各县财政科长会议时应行报告事项——昌化》，临安市档案馆旧 3—4—321，第 8 页。
[2] 钱绶曾：《改革浙省田赋之研究》，《财政研究会会刊》浙江财政研究会刊印，第 42—43 页。
[3] 《湖南省财政整理报告书》，1935 年 8 月 21 日至 1937 年 3 月 15 日，湖南省财政厅编印。
[4] 曾继梧：《湖南各县调查笔记》，政治篇，第 21 页。

以往，再过数年，恐欲求三四成，而不可得。[①]

　　1928 年冬内政部与财政部确定了县财政统收统支原则，订定《县财政整理办法》四项，其中规定："各县地方财政收支均由财务局掌管，无论何种机关均不得自行筹款；已成立的地方款产机关得仍其旧，但须隶属于县财务局。"财务局后改称财政局，但因财政局与县政府职责不明，事实上无法统一地方财政收支。县税征收制度仍然极为紊乱，一县之内，田赋、营业税、牙税、当税、屠税、杂税等，有县政府，财政局、田赋征收处，营业税局所，财委会，杂税征收处等征收机关，复以专款制度之存在，凡公款公产委员会、教育基金委员会，公安局、团务局等均多自行征收税款。而在此叠床架屋组织之下，更有包税制度错综其间，浮收短报，流弊百出。[②]

　　统一征收是扫除过去紊乱制度的一致要求。1934 年第二次全国财政会议议决统一地方征收机关办法三项：（1）各县均设一地方税局或内地税局或县财政局，统征省县税捐；（2）地方税局或内地税局各设局长一人，并以县长为副局长，受财政厅之指挥监督；（3）所有以前投标承包委托代征办法，一律取消。

　　上述办法经国民政府财政部电传各省，后演进而成湖南、安徽等省的税务局制度。以湖南为例，1934 年 7 月，湖南省政府委员会通过《湖南省各县税务局章程》，其组织构架：局设局长，局长之下设赋税征收主任襄助局长掌理局务，设田赋征收处，置主任、征收员、契税员、拨粮员，设总稽核及营业税稽征员，稽征营业税，设总稽查查验产销税，并设产销税征收所查验所，置主任收查及查验员，此外设会计主任会文牍等各若干人。职掌：关于田赋契税、营业税、烟酒牌照税、牙当税、屠宰税及其他省税征解事项，关于国税代缴事项，关于县地方税捐及各项附加征收事项，关于省有产业的保管事项等。承隶关系：税务局直隶于财政厅，局长由财政厅长提请省府委员会议决任命。

　　南京国民政府时期，浙江省对田赋整理极为重视，对田赋征收进行重大改革，改组田赋征收处，取消经征人，使得征收体制正规化、官僚化。各县

---

① 　曾继梧：《湖南各县调查笔记》，政治篇，24—25 页。

② 　彭雨新：《县地方财政》，商务印书馆 1945 年版，第 150 页。

政府设立田赋征收处，并各就辖境大小，酌量划分征收区域，于各区适中地点，设立征收分处，各征收分处名称，冠以所在地名，城区征收分处，附设于县政府征收处。各县征收处及各区征收分处，各置核算收款二部及管串室，并设主任及司册、收款、管串、会计各员，以及地籍员，或经征人。司册员及会计员隶属于核算部，收款员隶属收款部。管串员隶属于管串室，地籍员或经收人则隶属于各征收分处，其管辖区域由县政府就地方情形酌量划定。

浙省田赋的征收，采取划分制度，上述机构及人员仅为办理经征部分，至于经收事宜，则由县金库办理，故各征收处的收款员，隶属于县金库。如此可以做到分工合作，相互制约。田赋征收机构系统，如下图：

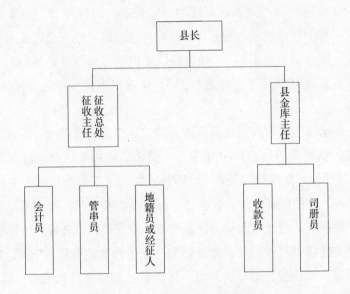

表6—2：浙江田赋征收机构系统

二、地方捐税征收

田赋附加是县财政收入的主要基础，但各种捐税的兴起也逐渐成为县财政收入中的重要部分，且在县财政收入中的比重日益增大。对县政府来说，地方捐税成为一个大有潜力可挖的财源。地方捐税在地方财政中的征收与运用起于清末，但是无规章可循，"终清之世，各省仅有开地方财源之实事，而犹无地方财政之规模"，"筹款增税，不过随时应付而已"①。北洋时期，各省军阀拥兵自重，"军费骤增，收少支多，亏累日甚，聚敛之谋因以百出，……杂税乃与日俱增，附捐亦继长增高"。另外，地方捐税的征收方式也是复杂多样，花样百出，大体上分为三大类：官征、包商、摊派。

（一）官征。

由于专款专用制度的存在，县地方捐税的征收系统缺乏统一性。甚至有每开创一种税源，即设立一种征税系统。而且由于每种税源都有一种或数种用途，便出现专款专用单位自行征收的状况。此种现象盖出自于历史原因，传统官府不参与不干涉地方事业的建设，这些地方事业概由地方士绅主导经营，地方事业经费也由地方士绅募集和管理，而地方士绅亦不愿意将自己筹集的资金为官府所挪用或贪污，故造成经费来源系统的分割局面。

各县的征收系统极不一致，其转变过程亦有很大差异。地方捐税征收系统大致有三种：其一是设置捐税征收处，统一征收；其二，没有捐税征收处机构，直接由县政府按税捐分别派员征收；其三，由多个征收机关分别征收，如捐税征收处征收大部分的捐税，小部分由财务委员会、公安局或其他机关征收。这三种征收系统中，又可分为两种情况：其一，由征收机关派员征收；其二，招商认办。一般来说，各县均是两种情况杂而用之。

以浙江绍兴为例。绍兴原有的征收捐税机关，非常繁杂，计有财政局、公安局、公款公产保管委员会、管理教育款产委员会、保卫委员会、救济院基金保管委员会、区教育委员会、国术馆、各学校等机关，而财政局所属征收机关，除各种认商征收所外，还有警捐经征处、永佃契税处、税验处、广告捐经征处、派收积谷经费处。以至于每创一税则设一征收机关，这种做法极不经济，譬如，1933 年 11 月奉省令开办永佃契税，添设永佃契税办事处。1933 年度征收永佃契税银一千三百三十二元三角三分五厘，1934 年度征起税银八百三十一元九角九厘。就该处 1934 年度组织而言，则有主任办事员等五人，年支薪一千二百元。税收不敷薪给，浪费殊甚。②

---

① 《财政年鉴》，正编，第 13 篇，第 1945、1946 页，财政部财政年鉴编纂处，1935。
② 《裁局改科以后之绍兴财政概况》，第 13 页。

1935 年县政机构调整，绍兴县裁局改科，改革捐税制度。将原财政局各征收机关裁并，改组为捐税征收处。并遵照法令裁撤各种款产委员会为财务委员会。绍兴县原有公款公产甚为繁多，向由地方团体组织各种款产委员会负责保管与处理，自变更县行政机构后，即遵照省令，裁撤一切有关保管或稽核地方款产机关，如公款公产保管委员会、教育款产保管委员会、救济院基金保管委员会、土地清丈处经费保管委员会、教育经费稽核委员会、县仓管理委员会、保卫委员会、建设委员会，成立财务委员会，将所有公款公产悉由财务委员会接管。地方税捐事宜归诸于捐税征收处和财务委员会办理，事权既已集中，政府对地方款产的监督权力亦增大。

绍兴县地方捐税共有 22 种，除彩轿贺货教育捐、寺庙香火捐等两种由财务委员会（征收系统组织如下表 6—3）经征，仍受捐税征收处监督，盐引捐由两浙盐运使划拨外，其余 19 种地方捐税皆统一于县政府捐税征收处（征收系统组织如下表 6—4），并拟将县财务委员会经征的 2 项捐税收回捐税处，统一办理。[1] 绍兴县政府捐税征收处示意图如下：

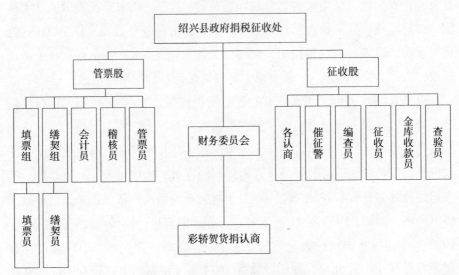

表6—3：绍兴县政府征收处系统图

---

① 《浙江省财政科长会议地方捐税报告》1937 年，浙江省档案馆 L 31—1—847。

绍兴县政府财务委员会捐税征收系统如下：

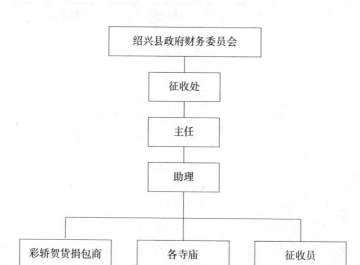

表6—4：绍兴县财务委员会征收处示意图

就征收组织而言，直接与纳税人打交道的有两种人：一是征收员，一是包商。为加强控制，县政府一般都会对各征收员及包商的基本情况进行登记，并要求其提供殷商保证或各证人。下面摘录部分绍兴县1936—1937年度各征收员之姓名、经历、所任职务、任职年月日、保证人姓名列表如下：

表6—5：绍兴县征收员及包商列表

职别	姓名	出身	经历	任职年月	保证
主任兼征收股长	胡宗谦	中央政治学校大学部财政系毕业	绍兴县政府第二科科员	1936.11.1	沈同兴麟记
收款员（县金库派驻）	张翰波		曾任裕源昌钱庄司账，绍兴地方银行出纳课课员	1937.1.18	地方银行绍兴分行
查验员	陈子良	绍兴县政建设人员训练所毕业	曾任存税处批算员	1936.9.1	越昌升

续表

职别	姓名	出身	经历	任职年月	保证
管票员	朱大耀		曾任前绍兴县财政局税验处批算员、本前契税处查验员收款员	1936.9.1	褚治民
广告捐征收员	李立		瓯海公学毕业曾任兰溪实验员平民习艺所经理股股长本瘵前警捐处广告捐征收员	1936.9.1	广大印刷局
店住屋征收员	高德华		曾任本府前警捐处店住屋捐征收员	1936.9.1	松鹤春药店

认税名称	认商	出身	经历	认限	保证
屠宰附税	陈士美	商	曾任捐税局所征收员历充本县捐收认商	1936.3.1—1937.2月底	徐公茂：本城大路油纸店29号
筵席捐	钱棋	商	历充各捐税认商	1936.6.6—1937.6.5	人寿药局设前店主丁樟灿
茶碗捐	汤滋湘	商	前任道署职员历任捐税认商	1936.8.1—1937.7.3	大昌印书局设日晖桥下店主史源
彩轿贺货捐认商	李达章		略	1936.10.1—1937.9月底	恒春米店

《浙江省财政科长会议地方捐税报告·绍兴》1937年，浙江省档案馆L 31—1—847。

绍兴县为浙江的大县和富县，商业较为繁兴，地方捐税较为丰裕，故捐税征收组织比较健全。另外有一些县份由于地方经济较不发达，地方捐税的征收组织则比较简单。如松阳县并未单独设置征收机关，实无组织可言。

松阳县地方捐税，由县政府统一征收的捐税，计有保安户捐、壮训户捐、自义教附捐、广告捐、置产捐、戏捐等六种。松阳县财务委员会，除各项租课、产息、及公地祠宇使用费外，并不经收其他税；此外，店住屋捐、旅店捐、人力车捐、固有警捐等五种，系由公安局自行征收，仍缴县汇拨；自治户捐，则由乡镇公所自收自用，至于屠宰附税、筵席捐及戏捐项中的木人戏捐部分等三种，均系招商认办，按期缴交财务委员会保管使用。松阳县财务委员会经管较多的公款公产，故在地方财政上起着很重要的作用。[1]

定海县在浙江属于财政中等县份，设县地方捐税征收处，捐税征收由三个部分分别征收：一是城街杂税征收员；一是代收机关，由公安局代收；一是商人包办。[2] 其系统表见下：

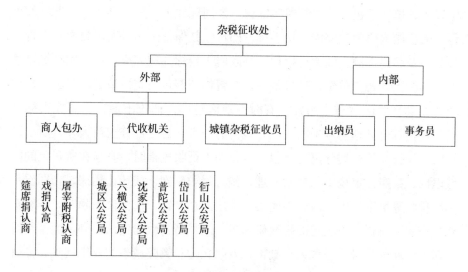

表6—6：定海县杂税征收处系统图

从以上浙省各县的情况来看，县地方捐税之征收系统大致有四：一是捐税征收处；二是财务委员会；三是代征机关主要是公安局；四是各包商。四类群体或机构当中，前三项可称之为官征或半官，唯有包商是游离于地方政权体制之外的征收系统，也是最为复杂难以管理。

（二）包商。

捐税包商制也是诟病最多的一种征收制度。所谓包商制度，即商人承包税款。其基本程序如下：

商人承包之前，必须经过投标手续，各项捐税标额，由财政厅规定，通令各县遵照，或由县核定捐率，决定底价，由县呈省复核，招商承包，商人

---

[1] 《浙江省财政科长会议地方捐税报告·松阳》1937年，浙江省档案馆L 31—1—847。

[2] 《浙江省财政科长会议地方捐税报告·定海》1937年，浙江省档案馆L 31—1—847。

投标，如能超过标额，即算得标。[1]

投标之时，由县地方有关机关长官到场监视，投标完毕，立即开标，其超过标额最高者为得标，最高标额若有两标以上，则当场用抽签方式决定。倘第一次投标不足够规定起码标额时，可再定期举行。包商得标后，应在期限以内，填具承包书，取具殷实铺保，连同保证金，呈请县政府核准，如果得标人不能依照限期完成一切手续，即没收其保证金，以次多数递补，若次多数不及起码标额，则另行招包。县政府于投标办理完成之后，例将经过情形，得标人姓名、包额，呈报备案，并督饬新旧包商交接清楚，将承包某种税务及其征收区域布告周知。有时因地区过广，征收不便，包商在得标之后，往往将全县划为若干区域，分包与另一人，有时此分包商人在其所包区域内，又按乡镇村划分再行分包。承包商人征收税捐时，必须在所包定的区域以内，按照法定税率与规章办理，倘有浮收勒索，或减让招徕，企图侵越邻境税收等情事发生，被查明属实，各应照章处罚，商民偷漏隐匿，一经查获，亦照章科罚。不过包商查获偷漏者，应呈请县政府依法讯办，而不得擅自罚办。此外为考核包税人员勤惰，及防止营私舞弊情事的发生起见，亦有订定各项奖惩办法，此为各县包税的一般情形。[2]

招商包税制度，固然可以利用竞争投票的方式，逐年增加税额，并且因为税额固定，可以无亏绌的顾虑。然而细考之下，包税制度之下，犯法营私舞弊，成为公开的事实，其主要弊端有：1. 承商为利而来，贪婪之徒，则视为利薮，趋之若鹜。2. 市侩从中弊混。[3]3. 豪绅把持操纵。4. 利薄无人问津。5. 政府无从监督。[4]

浙江省昌化县一份财税报告指出："各县屠宰营业税招商认办者，每年

① 《浙江省各县招商认办屠宰税投标规则》，《浙江财政月刊》1937年第10卷第2—3期法规专号第148页。

② 参考朱博能：《县财政问题》，第69页。

③ 浙江兰溪《新民报》多有报导关于认商欠缴税款之事。如"第八区营业税亟请押追屠宰营业税款，但认商孙宝仁无力清缴，早已避匿。"（《新民报》1935年6月24日第二版）。"保商未履行保约，营业税局亟请查封，以抵欠款，而重税收。"（《新民报》1935年7月18日第三版）。"八区营业税局严催金前屠税认商积欠。"（《新民报》1935年8月29日第三版）。

④ 朱博能：《县财政问题》，第70—71页；王志信：《河北省之包商制度》，《政治经济学报》第3卷第4期（1935年7月），第530—589页。

仅办理招商投标之手续，投认手续完竣后，即为确立一年税额，而对于章程规定应行清查之任务，类都废弛，以致每年应征税额之确数无从明其究竟，只就历年认额定为标额，甚或有所减低，此非切实之办法，再则至于认商承办这一年中其征起数额是否超过原认数额，亦无从知之，顾目前之商业年有进展，营业之情形年有不同，若非严密查明商业之实况，殊难以增裕税收。"①

在包商制度之下，人民负担綦重，但政府并不因人民负担过重而财政收入有所改善，故政府与民间屡有废除包商制度的呼声，浙江省亦逐渐确定废除包商，改由官征的法规。1934 年 4 月省政府委员会第 676 次会议议决通过《浙江省整理各县地方捐税办法》，规定：各种捐税凡属于县地方范围者应由县政府统一征收，并一律掣给县印收据，不得任令所属机关自收自用；各种地方捐税有向由地方士绅或团体承揽包办从中弊混者，就责成各县彻底清理并照前条之规定办理。②

一切捐税均由政府直接征收，方合现代税务行政的原则。包商制度弊端丛生，但是鉴于事实——税务系统并不无善，基层政权并不健全，各县在具体操作上仍有部分捐税采用包商制度。政府所能做的只是一方面减少招商之税目种类，一方面加强对包商的控制。从各县政府的税务改革来看，税收体制是在逐渐的改进。

（三）摊派。

一般来说，各县税目必须经过省政府核准备案，其税目或以用途，或以课税目的物等命名，各县税目根据当地社会经济情形而设定，尚在法定征收范围。事实上，各县还有有众多的仅由县批准的捐税，其税目的征收，并没有经过民意机关通过，也没有经过周到的准备，往往是需款时，既设税目临时摊派，毫无系统可言。

问题比较突出的是在区、乡一级。区、乡机构往往存在不同程度上的摊

---

① 《各县财政科长会议时应行报告事项·昌化》，临安市档案馆旧 3—4—321。
② 《浙江省整理各县地方捐税办法》，《浙江财政月刊》第 10 卷第 2—3 期，法规专号第一类赋税，第 152—153 页。

派现象和征收地方杂捐，这些杂税种类繁多，由区、乡镇长根据经费的开销，自行决定，并不上报县府，往往成为无案可稽的局面，使得县政府无法控制区、乡镇财政。

绍兴县政府在 1935 年 12 月颁布《各区乡镇征收租捐税调查表》，饬令各区乡镇填报，试图厘清乡镇级财政，以使之纳入县预算范围，以示节制。有人在《平晨报》警告农村自治潜伏危机，农民负担太重："今天缴区公所办公费，明天催保卫团饷金，后天征枪弹款，接着又是军事捐，抗日捐，八厘公债，县借款，教育费，房田草契费，中佣费，旗产留置费，警察费，征大车，征骡马，征粮草，征农夫，……处处都是要钱，征款，纳捐，缴费，出人力，出畜力。今天警察来催，明天法警来传，后天县队来何去何从坐索，接着团兵也来督讨，农民整天忙着凑款，村长也是一面催款，一面搪债"。[①]

根据财政部财政会议 1934 年的整理地方财政案，把县市及其区乡镇等收支合并，即县市以下不再划分，使县市与其区乡镇等财政归于统一。但实际上区乡镇财政不可能全由县市统筹统支。同年浙江省政府规定各乡镇筹集经费由乡镇公所召集保长会议议决，其来源有："原由乡镇自收之自治经费（如有隐匿，经查明属，定以侵吞公款论罪）；商拨祠产、社产、会产、庙产（此项庙产系指淫祠庙而言，如五圣庙、土地庙等非宗教上之寺庙）之一部，其有纯属迷信款产依法令应行禁止者得全部拨充；整顿原有乡镇收益；各乡镇内原存公共事业款产酌拨其一部或全部；分户征集。""保甲经费部分由各县统筹分征。"[②]

但是，县府对乡镇的拨款，往往迟迟不到位，譬如，崇德县"乡镇公所，有乡长或镇长一人，另选一人副之，其经费按户口多寡，分三等拨给，计甲等五元，乙等四元，丙等三元，年征总额五千七百三十八元，但据各乡乡长言，则此项款从未领到。"[③]乡镇经费出自杂捐必不可免，而其征收方法，只是诉诸摊派而已。

---

① 徐雍舜《农村自治的危机农村社会研究感想之二》，季啸风、沈友益《中华民国史料外编》第 93 册，738 页，中国农业 1918—1936 年，第 352 页。
② 浙江省政府秘书处编《浙江省现行法规汇编（二十三、二十四年份）》，第 312、311 页。
③ 《浙江农村调查》，第 146 页。

第七章　农村公共财政论

有必要再回到财政的本义，财政者，分开来讲，就是"以政控财，以财行政"的运行系统。[①] 简略来说，政府以合法的手段获得收入，为政府职能提供财力支撑，以实现社会公共需要。"公共支出者，简括言之，即政府执行公共事务之支付也。自近代政治观念，以政府为适应民众公共需要之社会组织，于是公共支出之重要，遂倍蓰于前。盖昔时专制治下之政府，率以君主之利益为前提，故支出之泰半，均用以供君主一身一家之娱乐，而其余沥之及于民者，不过十之三四。自立宪政治风行之后，观念为之一变，始知政府之所以存在，乃为谋被治者之利益，国家之支出，渐多用之于公共目的及公共利益之途，以期直接或间接可助长人民之生产力。今日文明各国之收入，无不重取之民，然而民不病者，支出之用途，亦多为民故也。"[②] 此番言论，以西方公共财政理论为基础，虽有掩盖财政阶级性的嫌疑，从近代国家加强社会管理职能的角度看，对民国时期的财政建设有重要启示作用。

具体到县一级，县政府总绾农村社会发展之牛耳，县财政对于农村公共事业发展负有重要使命。然而理论与现实总是相差很远，农村公共事业的发展有其自身的发展逻辑，县财政对接农村公共事业有一个整合过程。欲厘清县财政的公共职能，还须从实证的角度，透过经费配置，来观察农村公共事业的进展程度。

---

① 贾康：《以政控财，以财行政》，《信息导刊》2005 年 11 月，第 42 期。
② 何廉、李锐：《财政学》，国立编译馆 1935 年版，第 26 页。

第一节　农村公共产品论

公共产品论来源于西方财政学，引入中国后，能否解释中国的实际，特别是对于中国最广大的农村社会，是否同样可以适用？农村社会有没有公共财政建设趋向？

公共财政的核心理论是公共产品论。从产品供给者（即政府）的角度看，公共产品就是政府向居民提供的各种服务的总称。根据公共产品供应分层次的特点，可区分为全国性公共产品和地方性公共产品。农村公共产品属于地方性公共产品的一部分，主要是在农村范围内提供的，为农民共同消费，为农民服务的产品和服务，如农田水利、农村教育、农村医疗卫生、农村技术推广等等。农村公共产品除了具有一般性的公共产品的特征外，基于农业和农村社会的自身特点，它还有具有：（1）成本高收益低；（2）多样性和分散性；（3）层次性。由于中国地广人稠，各地农村呈现出多样性、差异性和发展的层次性，农村公共产品的提供需要因地制宜。

依据公共产品理论，税收是公共产品的价格，即税收是政府提供公共服务所支付的经费的来源，具有公共产品的受益者为自付费的性质。"地方自治所施行的各种事业，直接关系于地方人民之利益，故对于人民所征收之各种赋税而直接用于人民，人民感休戚之相关，就经济政策之运用方面是很适合的。况且国库的金钱，用来作地方的政费，有时或因间接取之于人民，势必铺张扬万，踵事增华，而国家和地方的人民常因此而受无形的亏累。地方自治以地方之财办地方事，人民感觉涓滴的归公，取之不易，各种设施必以最有利益适合于人民之要求为标准，不致奢靡公费。"①

由于公共产品所具有的层次性，因而税收也相应具有层次性，即各级政府都必须为自己所提供的公共产品征收相应的税收。这样就牵涉到各级政府之间的税权划分问题。由于农村公共产品的差异性，地方税收也会呈现出差异性。

---

①　陈安仁：《地方自治概要》，泰东图书局 1930 年版，第 63 页。

很明显，使用成熟的西方公共财政理论一定要注意到近代中国社会的具体实际。近代中国社会面临着"数千年未有之变局"，在西方列强的冲击下，逐渐沦陷为半殖民地半封建社会，中国卷入世界资本主义市场体系，但处于边缘地位。在西方的影响下，中国内生性力量不断增长，艰难地迈向现代化：在政治上，中国要建设成一个宪政民主的民族国家；在经济上，中国迈向工业化和城市化。工业化和城市化，意谓着社会资源将向工业和城市倾斜。在这个"两化"过程中，国家的财税政策在这方面起到导向作用。

近代中国已形成了明显的城乡二元经济态势，也逐渐形成了城乡二元财政的区别。但是西方财政理论并不存在独立的农村或者城市公共财政，这是由公共财政形成的历史和本身性质决定的。财政作为一种制度，大致是与英国的宪政同时出现的，是民主制战胜封建制的成果之一，此后的现代市场经济国家都先后选择了这种财政形式，要求为公民提供无差别的公共产品和公共服务。西方公共财政的基本原则是公平，是社会公正理念在制度中的体现。①

这与传统中国资源的流动恰恰相反。在传统中国，乡村资源流向全国大都会的转移一直是有限的，"作为法英日俄诸国特点的国家权力增长和随之而来的全国性大城市的发展，都没在中国出现过，20世纪的中华民国也未能明显地提高其征集资源的能力。"②虽然在传统社会，国家通过赋役制度从农村调集资源，这种赋税流动是单向度的流出农村，流向大都市。但是在社会经济层面，资源却从大城市中倒流出来，譬如，中国商业组织的模式使资源从大城市倒流出来的程度是罕见的。当然新的投资仍集中在适当的城市地区，但资金也流向商人们的老家。这些资金被用来购置土地，用于儿子的教育，使之步入仕途，还用于各种铺张的消费，也用于扩大乡里的企业活动。③"中国乡下居民不仅享有广泛的集市贸易网络之便，而且流动在农村庙会的说书人、戏班子和行僧也可满足居民的各种需要。既然农村的财富没有大量流入城市中，农村住家就能享有在其他地方难以达到的生活水准。反

---

① 马昊：《当代中国县级公共财政制度研究》，中国经济出版社2008年版，第37页。

② ［美］吉尔伯特·罗兹曼：《中国的现代化》，第596页。

③ ［美］吉尔伯特·罗兹曼：《中国的现代化》，第213页。

过来，城市部门未能变成吸引移民的磁石，因为国家没有采取积极行动去改变城市，使之产生世代遗传的上层精英和握有特权的商人核心集团。"[①]

这种状态在发生改变，在现代化的指挥棒下，城乡的资源流动逆转。虽然近代中国仍是一个以农业为经济基础的国家，但在现代化的作用下，农村资源流向城市将是一个长期的趋势，原来的绅商阶层逐渐放弃他们承担的农村社会建设责任，他们本人及其财富移向城市，带来的一个后果就是农村衰败难以避免。

但是，不论是政治的需要，还是公共财政的本义，现代国家不可能放弃农村，相反，现代国家将承担传统封建社会皇权所放弃的农村公共事业的责任，接管乡绅阶层放弃的使命。民国时期的县政建设和政权向农村基层延伸，一方面表明了国家加强了对农村社会的控制，另一方面国家也加强了对农村社会的管理与服务职能，试图通过公共财政等手段来建设农村社会。

自治事业方面，清末民初以来各省县主要以"四局"为中心，开办自治事业，由于各县情形不一，地方公共事业的创建发展呈现出不平衡的特点。南京国民政府成立后，在"四局"自治的基础之上，统一县政，协调调整各自治机构，增强"官治"色彩，加强了对农村公共事业的整顿和推进，农村公共事业的发展似乎有了更强力的支持。

第二节　农村公共事业的经费配置

国民党政府对农村公共事业的解读，在不同时期其内涵有所不同，和政治时局的变动紧密相关。南京国民政府成立初期，农村公共事业建设受孙中山县自治理论指导，承续清末民初地方自治的一些做法，强调"民治"的本质，农村公共事业主要在于自治的举办、教育的发展和经济建设等方面。不过，农村公共事业进展缓慢，成效不彰。1932年起蒋介石在所谓"剿匪区"推行"三分军事七分政治"的农村社会建设，农村公共事业的内涵发生一些

---

① ［美］吉尔伯特·罗兹曼：《中国的现代化》，第221页。

变化，侧重点偏向农村控制与社会秩序安定，初步提出了新县制所强调的"管、教、养、卫"四大要政，管、卫又是重中之重。农村公共事业的举办及起伏在财政经费的配置上也有所体现。

一、自治经费

自治经费与自治财政不同，指的是地方自治机关的行政经费。自治机关是与国家官治机构相对立的自治团体。所有这些自治机关从筹备到创立，以及办公运作，经费均由地方财政支出，此外，各县农会、教育会、商会作为社会自治团体，从事农业普查、推广新技术、视察学校教学、举行教学观摩会、举办教员讲习所及调解同业纠纷，也被认为兼有某种自治行政辅助机关的作用，有时地方财政也负担其部分经费。这些经费统称自治经费。

1908 年《城镇乡自治章程》规定，地方自治组织分为两部分，议事机关为议事会；执行机关在城镇为董事会，在乡为乡董。1914 年袁世凯令内务部重新修订地方自治制，县以下的区乡公所皆为自治团体。1919 年，北京政府再次推行县和市乡两地方自治，并于 1921 年 7 月公布了《市自治法》和《乡自治法》，这两个法律规定，在县以下划分市、乡，选举自治会、自治公所作为自治议决机关和执行机关。不过，由于政局混乱，当时大部分省份没有实行。南方一些省份在 1920 年代初南方数省曾倡议"联省自治"，广东、江西、湖南、浙江等省颁布了"省宪法"，其中也都规定县以下实行自治制度。

南京国民政府成立后，根据孙中山关于县自治和"直接民权"的思想，吸取此前山西、云南等省的经验，在县以下实行地方自治，建立区和乡镇两级自治行政及闾、邻自治组织。此类区、乡镇、闾、邻等自治机关所应支出的俸薪、办公费等，列为自治费。后改闾邻为保甲，因保甲隶属于乡镇，故保甲办公经费，也属于自治费。另外又新增加了党务费或其他自治团体。由于自治经费开支不断增加，南京国民政府时期的自治经费的筹措也成为一个棘手的问题。

自治经费原由北洋时期征收的田赋附加自治费移充而来，后又努力增开新的财源。以下是一些省县的具体筹措办法：

江苏省：江苏省自治费原属有限，且多已拨充党务及其他费用，如各县在 1930 年，地方自治经费，计旧有经费移充党务及其他用途的，达 43 万余元。各县所有市乡行政经费，拨充区公所经费暨新筹区公所行政经费，共计 88 万余元。好在由省府补助，使区政不致因经费欠缺，而延误进行。[①]

江苏省昆山县自治经费的收支情况：

本县自治经费，按照二十四年度地方预算，共计 695.591 元，内计田赋县税 555.625 元，契税县税 9.347 元，屠牙县税 6.160 元，杂捐 10.703 元，财产收入 76.335 元，事业收入 11.792 元，补助款收入计 3.926 元，其他收入 18.703 元，又行政收入 300 元（系属临时收入）。其用于各区自治费项下者，计每区公所月支 177 元，（行政费），每乡镇公所列入一等者（38 乡镇）月支 10 元，二等者（15 乡镇）月支 8 元，三等者（2 乡）月支 6 元。保长办公费月支 2 元。又区乡镇临时经费总额 35.914 元。[②]

湖南省：湖南省县自治经费，由各县以田赋附加筹收。由省政府就其县内应解正额钱粮项下，检定若干补助之。[③]湖南在 1937 年改革各县自治办法，废除各县市原有区一级，各县废区后，其原有经费，就移列自治督员及区署经费。

1935 年后，全国推进撤区设署，合并乡镇，设立保甲的工作，区署作为县政的一部分，而不是自治单位。保甲的职能，偏重于自卫，自卫与自治的性质不同，其经费支出不宜列为自治费用；乡镇保甲所办事务，实际上几仅限于上级行政系统交办的事件，其薪给办公等费可列入"县行政费"内更为合理。1935 年后，不少省份在县预算科目中不再设立自治费一项，而是统归入"县行政费"。

按照县财政预算科目设置，"县行政费"主要包括区乡镇保甲经费、县政府经费、县行政会议费、政务警察费、训练费、户籍费、各局会等经费以及其他属于行政费性质者。原属自治经费范围的区乡镇保甲经费在"县行政费"中占有重要比例，如：江苏约占 65%，浙江占 66%，安徽约占 33%，江西占 100%，湖北占 96%，山东占 15%，山西占 47%，陕西占 29%，甘

---

① 《中央日报》，1930 年 1 月 11 日，第二张，第一版。
② 《昆山县县政报告》，第 11 页。
③ 《中央日报》，1932 年 12 月 6 日，第二张，第二版。

肃占40%，福建占76%，广东占64%，广西占65%，惟察哈尔仅占1%。[1]上述比重并不一致，其中原因在不同的省份里"县行政费"的构成有一定的差别，但大体上基于经费比重数额，可以看到华中华南地区各省县的基层组织更为健全，华北的区乡镇保甲经费所占比重偏低，说明基层组织建设的投入相对不足。

二、团防保安费

（一）团防保安经费的属性。

团防保安经费的属性，与团防保安事业的性质有关，涉及地方政权的事权与职能问题。近代以来，团防保安也从纯粹的地方性事业转向国、地共管的事业，团防保安经费也于是生变。

近代以来政局不定，社会动荡，农民生活的保障和社会安定便成了农村社会的首要问题，而捍卫地方的组织不外团防与警察。警察制度引自西方，湖南最早，在戊戌新政运动时期，设立保卫局，即仿效上海、天津等处租界的巡捕制度。中国警政的推行，时兴时废。直至南京国民政府时期，警政的推行，仍偏重于都市，县地方警察组织一向极为简陋，富庶省份亦仅限于县城或重要市镇部分，始有警察分布，贫瘠省份，则除县政府政警外，另无其他警察组织。

总体上看，农村社会的治安维持主要是依靠团防力量。团防是属于地方自卫性质的军事组织，自清代太平天国运动兴起，各地普遍兴办团防以自卫，进入民国时期，军阀割据，战争频仍，地方上仍有名目众多的自卫组织，诸如保卫团、保甲局、团防队、挨户团等等，本质上都是团防。南京国民政府成立初期，军事粗定，各省为剿匪清乡起见，大都有县区团队的组织，如江西的靖卫团、安徽的人民自卫团、湖南的挨户团，湖北的常驻保卫团；名称各异，编制比较混乱。

国民政府曾多次颁布整顿法令，各省也根据省情力加整编，地方团防组

---

① 彭雨新：《县地方财政》，商务印书馆1945年版，第44页。

织变动不居。下面以湖南会同县的团防制度的变动为例予以说明，时间段为1927至抗战前：

1928年，根据省清乡督办署的规定，将县保卫团总局改为挨户团总局，县长兼挨户团总局主任，另设专职副主任负实际责任。下设六个常备队，各区设守望队。

1929年，湖南省清乡司令部分全省为十七区，会同属第四区。会同县挨户团缩编为四个常备队。守望队改为"铲共"义勇队，归县"铲共"义勇总队长统辖，武器也逐步有所改善。后奉令按十户为一牌的规定，清查户口，举办联结。1931年实行五牌为甲，百户以上为保，保以上为团。

1933年，会同县挨户团改为会同县保安大队，同年又改为省保安第三团。1934年，省保安第三团改为省保安十二大队。修改"铲共"义勇队章程，以适合地方自治。同年该大队撤销解散。

1935年5月，统一地方义勇队，按五个自治区、一个洪江直属镇、一个朗江直属乡，编为七个支队，每支队辖四个分队，共二十八个分队。每分队20至40名，经费以田赋捐税为主，营业捐税次之。8月奉令集中县公私所有枪械，统筹编制。其中150名驻黔阳，60名驻县城。1936年义勇枪兵缩为140名，驻县城60名，广坪40名，郎江40名。[①]

到了抗战以后，各县有国民兵团的设立，地方原有的自卫组织改隶于国民兵团，称为国民兵团自卫队。

关于经费，当时的认识是：团防既为捍卫乡里而设，则其经费之所需，自当取之地方。团防经费以就地筹款为原则，属于地方财政范围。就地筹款原则起于清代，延及民国：

各县之团练，所需经费，皆就地征发，由地方人众分负之，征之法，或以田租之多少为原则，或以居民富力之厚薄为准绳；大抵经常之需，则筹之畎亩之所出，创始之费，则捐之于富裕之家。盖团防之职责，既在补助国军之所不及，而保护闾阎；则被保护之家，自当供其所匮乏，而不能有所辞，相沿至今，固未有取诸公帑者也，今犹因之。[②]

---

① 民国时期会同的警察机构，参考《会同文史资料》，第5辑。
② 《湖南之团防》，1934年8月印行，第54页。

维持地方治安的团防组织，自清代创立就属于地方性组织，起初开办时由富裕之家承担，而经常费则通过田赋附加来提供。团防经费与称之为"公帑"的国家财政之间不产生关系，这种情况一直延续到南京国民政府初期。

但是，从事权性质上看，维持地方治安不仅是地方政府应负有的责任，中央政府也义不容辞，民国的财政理论也提出："警察（包括团防等保安力量）之设，为保持内部之秩序，固属大众之利益，按照原则属国家，但由地方主持，比较经济，且易于监督。故普通解决之法，由中央及地方分配担任。"

1930 年后，一些省份开始整编团防力量，在经费上实行统筹，由省款支付，但省款仍然是出自农村农民，湖南便是如此。1930 年国民政府军事委员会颁令对团防组织加以整顿，施行以军事力量整饬自卫武力，及以保安团队试办征兵事项；1931 年后，各省遵照军事委员会办法整训自卫组织，建立保安团队，设立省保安处以便集中训练统一指挥。湖南省在整编方面颇有成效，这种整编的作用在于改变各县挨户团各自为战的局面，进行跨县"联防指挥"，以及进行"团防区指挥"，即"划分全省为十数区，择地域居中之县长，兼充联防指挥，如区内发生匪患，即由联防指挥酌量调遣，以资防剿，实施以来，颇能收指臂之效。"[①]

集中整编自卫组织的结果，便是保安团队成为省直接指挥武力，人枪均随整编而去，经费最终也由省税负担。但是，各县地方治安便成空虚，因而新兴自卫组织又纷纷产生，新的经费负担又随之发生。前述湖南省会同县的团防组织变化不定，1935 年又出现"地方义勇队"便是典型事例，而其经费仍将取自田赋及营业税等，说明了农村治安的保障仍然无法摆脱传统的轨道，农村缺乏新式治安组织，农村农民仍将为保障地方治安支付一笔沉重的费用。

（二）团防经费的来源

团防组织在农村的存在延年日久，团防经费是一个比较复杂的问题。综

---

① 《湖南之团防》，1934 年 8 月印行，第 47 页。

合各省县的情况，团防经费的筹措大致有两种方式，第一是统筹方式；第二是摊派方式。

1.统筹方式。由县政府就地筹措经费，列入预算范围。经费来源主要是由县政府在田赋上加征附加，或另征捐税。湖南是团防创办最久最有成效的省份，筹款方式相对比较规范。但是团防组织名目众多，经费的筹措也是苛杂繁兴。如：

挨户团的经费来源：（一）原有团防产业；（二）赋税附加；（三）其他捐助。

湖南各县保安团暨保安大队的经费来源：各县保安团或保安大队经费，由各该县政府就原有团款，负责支付，如不足时，仍由各该县政府召集各公法团会议筹措，呈报湖南清乡司令部暨湖南省政府核准。

湖南铲共义勇队的经费来源：（一）亩捐；（二）营业捐；（三）特别捐。前项捐款，由县政府召集各公法团酌议，呈请湖南省政府及清乡司令部备核。[①]

湖南各县挨户团的经费来源中，第一项"原有团防产业"在全省只有一两个县存在，因此，练团经费来源主要依靠田赋附加。田赋附加收入款不丰的县份，则由地方官绅，召开县政会议，决定开办其他捐税。这种捐税往往名目繁多，苛细如毛，例如：永绥有城区粮食行捐、尖冈坪百货捐、排碧百货捐及执照费；麻阳则有屠宰毛厘；其他县还有竹木纸捐、油捐、盐商水贩乐捐……。

如果团款开支过巨，县定捐税仍无法满足的，则向各乡镇摊派捐款、或谷米、或向上中各户，按户摊筹以益之。[②] 也就是说，即使在湖南这样筹款相对规范的省份，摊派也是常用的手段。

2.摊派方式。或由县政府订定办法，按全县经费需要，抽收亩捐或户捐；或由乡镇保甲各自按其单位区域的经费需要抽收捐款；或者直接由保安团队或团防局自行向各地居民派缴。

采用摊派方式，如果经管不善，最容易发生任意索取现象。且保甲人员

---

① 《湖南之团防》，1934 年 8 月印行，第 55 页。
② 《湖南之团防》，1934 年 8 月印行，第 55 页。

分月分季向住户索款，烦琐苛扰，弊病甚大；其由保安团队自行派缴者，更不免鱼肉乡民，娄索无厌。[①] 团防组织本身就是农村社会的一大乱源，也给农村经济增加了负担，农村居民的怨气甚大。

（三）团防经费的支出。

按照各地的团防章程，团防经费的支出应有一定程序。如湖南省的支出方法：第一步，由团部按月编造薪饷花名册及请款凭单（如果要申领临时费，须造具临时费计算书），送县政府，由县政府送至财务委员会，经审核后，始通知财政局照发。第二步，团部领款的方法，如长沙、湘潭等大县，则特设团款经理处，由处向财政局领出而支付之。其他县份，由保安团部、或大队部、或挨户团总局军需处，直接向财政局领出，支付的手续甚为繁难。第三步，士兵饷项，多数须由团部点名发放，也些县份，且须由团部或大队部会同县政府派员监视，点名发饷。另外，在经费较易筹集之地，于动用临时预备各费时，尚可于范围以内，自由支付，若经济困窘之区，则处处加以限制。如溆浦保安大队支用临时费，"如有至十元以上之数目，即须函知财政局咨会财政委员会审核之，认为得当，再函知大队部、财政局，然后动用。若开支预备费，且须交由县政会议通过之，又平时所支各种费用，尚有于每月五日，由县政府召集各关系人员，对上月支出，特加审核之举，其审核极为周密，不容稍涉含糊"。[②]

当然，团防经费的支出情形，未必有如章程规定的严密。实际上，团防费用的支出，乱象丛生：（1）因经费筹措困难，队兵给养，一般均甚低薄，往往膳食不敷，致使队兵向外骚扰需索。至队兵服装以及各种装备均多因陋就简。（2）欠发经费，辄至数月或经年，致使团队队兵纷纷向应缴住户催领，坐守押缴，加罚倍收。（3）随收随支，无法按月清理，支出款额，辄无报销，经手人员遂易从中舞弊。[③]

---

① 彭雨新：《县地方财政》，商务印书馆 1945 年版，第 49 页。
② 《湖南之团防》，1934 年 8 月印行，第 65 页。
③ 彭雨新：《县地方财政》，商务印书馆 1945 年版，第 49 页。

三、农村教育财政

自清末新政兴办学堂以来，新式教育观念，如普及教育和义务教育在全社会逐渐兴起，县是实施普及教育和义务教育的基本行政单位。由于传统的农村教育体系中政府是缺位的，因此，从公共财政角度构建农村教育财政之路十分艰辛。农村教育的发展始终存在着巨大的经费缺口，这种财政压力也推动着农村教育财政体制的变革。到南京国民政府之后，县财政逐渐成为筹措农村教育经费的主力，大体趋势是实现全县统筹配置农村教育经费。

（一）农村教育经费筹措：从劝学所到教育局。

清末民初时期，农村教育财政体制以劝学所为核心。劝学所"以分区筹款与兴学宣讲为办法大纲"，筹款是这一机构的主要职责。它受地方官监督，兼受学务公所管理；设总董一员，综理各区事务；每区设劝学员一人，负责学区内事务；劝学所人员与村董保持联络。它以地方自治为依据，官为设所，绅为管理，可视为一个揳入地方官府和地方士绅间的中介组织。

劝学所是对传统教育筹款方式的革新。传统皇权不下乡，代表皇权治理农村社会的州县官没有义务更没有资金投入农村教育。作为最基础的农村教育全部由民间社会承担。国家有庠序之制，但庠序之制主要是为县官学和科举考试提供一定经费。基础教育尤其是初等教育实际上由私人延师设塾，作为农村教育基础的经费筹措主要由私人捐赠，田产居多，包括旧学款产、慈善款产、捐赠款产等。

在地方自治推进的背景下，劝学所的筹款功能进一步加强，一方面使松散的传统地方教育筹款得到有效的整合；另一方面，开始经理地方举办的教育附加税。在清政府的规定中，地方教育经费来源主要包括几个方面：旧学款产、慈善款产、祠产庙产、地方公款、地方官款、乐捐、派捐、学费等，公共捐税和地方公产在地方教育中的作用在增强，劝学所的职能在扩大。

民初，地方自治有所弱化，军阀割据，政治黑暗。但各地新式教育却有一定的发展，为保证学款不被地方官员挪用侵占，劝学所对经费的筹措和管理显得更为突出。在政治动荡时期，地方人士觉得地方事业的经费如果任由县政府自由支配，必至于移充于地方无利益的支出，如军费等，所以觉得地方各种事业的经费独立，确是一个良好的保障，于是，教育专款制度确立。

但是，劝学所守成有余，开拓不足。一方面，教育事务需要专门的知识与技能，教育行政人员的专业化成为一种大的趋势。1916 年教育部规定劝学所所长和劝学员须具备任教育事务或师范学校毕业的资格；自治区 (学区) 的学务委员也倾向于专业化。1922 年，美国教育家孟禄在考察中国教育时批评各地劝学所、视学员大多为地方绅士，不能真正成为一地方的教育领袖人才。[1] 另一方面，劝学所向民间筹集税源的能力不强。在国家深入基层，地方政权扩张的背景下，劝学所的官方色彩淡化，权威下降，已经无法满足日益扩大的教育经费需求。

20 年代以后，各县先后设立教育局，更能担负专业化的教育行政职能；在筹资方面，县财政日趋重要，1925 年第十一届全国教育会联合会甚至建议："省区政府应强制各县筹集教育经费。"[2]

南京国民政府成立后，征收教育附加税之权归于财政局，经费的管理与分配之权归于教育局，专款体制得以延续，更有了官方的财政保障。1927 年 12 月，孙科和蔡元培向国民政府提议《教育经费独立案》，要求所有各省学校专款，及各种教育附捐，暨一切教育收入，务求速悉数拨归教育机关保管，实行教育会计独立制度。1929 年行政院颁布教育经费保障独立之令，[3] 1931 年 5 月，教育部订定《地方教育经费保障办法》，由行政院分令各县遵行。依照保障办法之规定：

教育经费无论何人及何项机关均不得挪移或移作别用，在某项统征之捐税中，地方教育经费，定案所占成数，永不得减少，总征额数增加时，教育经费成数应按比照数同时增加；教育捐税，因特种关系，主管政府拟行变更

---

① 中央教育科学研究所编：《中国现代教育大事记》，教育科学出版社 1988 年版，第 47 页。

② 李桂林等编：《中国近代教育史资料汇编·普通教育》，上海教育出版社 1995 年版，第 511 页。

③ 1929 年 2 月 18 日，行政院第 734 号训令。教育年鉴编纂委员会：《第二次中国教育年鉴》，第三编初等教育，沈云龙主编近代中国史料丛刊三编第 11 辑，第 22 页。

时，如因捐率或办法变更而收入减少时，应由主管政府预先指定确实相当之款项抵补；教育经费由财政局征收者，应按照所得数随收随交当地教育行政机关，不得挪用延欠，遇必要时，教育行政机关得呈准主管政府派员协同财政局办理教育专款之征收事宜。①

1931 年 10 月国民政府公布的《中华民国训政时期约法》第五章国民教育第五十二条："中央及地方，应宽筹教育上必需之经费。其依法独立之经费，应予以保障。"②1931 年间中央裁厘及统一各省盐税附加，各省市教育厅局金以厘金及盐附多经指定为教育基金，一旦裁废，将致教育事业中途停顿，故呼请抵补。教育部呈文行政院关于《裁厘及统一盐税后继续保障教育费独立办法》，其中规定，除"向由国家正税或附税项下指拨之教育专款，如厘金、盐、烟、酒等税附捐，在未筹定确实抵补办法以前，应指定当地国税机关，照原定实数拨给，""按月拨交教育行政机关或教育经费保管委员会以免延欠挪用，""早经充作教育专款之某项地方特税，如具有特殊性质，而与新颁税制无甚抵制者，应准照旧办理，如有改征新税必要，亦应查照原案将此项税入仍予拨作教育经费。"③

例如浙江省，1931 年 1 月 1 日起，裁撤厘金及类似厘金之捐税后，教育厅认为地方教育载在中国国民党对内政纲，与他种经费性质不同，因此首先叙案提奉省政府委员会核议议决："向充教育经费之地方捐款，应照常征收。"④这种决议安排有利于县教育局在保证教育经费的独立与稳定方面奠定制度和政策基础。

（二）农村教育经费的来源。

南京国民政府维护了教育经费的独立性，但是，独立并不意味着经费

---

① 1931 年 5 月，《地方教育经费保障办法》。教育年鉴编纂委员会：《第一次中国教育年鉴》，吴相湘、刘绍唐主编民国史料丛刊第九种，传记文学出版社 1971 年版，第一册，第 23—24 页。

② 《中华民国训政时期约法》（1931 年 5 月 12 日），蔡鸿源：《民国法规集成》，黄山书社 1999 年版，第 33 册第 30—32 页。

③ 教育部呈行政院所拟《裁厘及统一盐税后继续保障教育费独立办法》，转引自浙江省教育厅编印：《三年来浙江教育行政概况》1932 年 10 月，第 105 页。

④ 浙江省教育厅编印：《三年来浙江教育行政概况》1932 年 10 月，第 105 页。

充裕，特别是农村教育经费。由于农村教育事业的不断发展，县对农村学校的支持力度在上升，但是由于县教育经费规模限制，农村教育经费的筹集在很大程度上还得依靠乡村本身的力量。且来研究一下农村教育经费的构成情况。

进入民国之后，教育附加税日益增长是县教育经费配置的新特点。这与北京政府时期全国战乱纷呈形成对照。由于中央权力衰弱，无力统筹全国教育，义务教育进入省自为政时期。各省在确定公共教育经费方面纷纷采取了一些措施，特别是县教育税收项目陆续出台。例如：浙江于民国以后规定县税特捐下 40% 的经费为地方教育经费。1921 年江西规定留县五成附税专充义务教育经费。1922 年安徽省召开全省第三次教育行政会议议决统筹各县义务教育特捐，附加田亩税 10% 等为义务教育费。1926 年，江苏烟酒税带征义务教育经费一成。[1] 同年，广西征收二成粮赋附加为义务教育专款。江苏省省长认为江苏教育逐年进步，固然有官民提倡得力之因，而根本规划，实由附加税项下教育费加占份数而致。[2]

南京国民政府时期，政局趋稳，中央政府的控制力增加，对全国教育有了通盘筹划的可能。与北京政府不同，国民政府统一规定县教育经费款项和规模。1930 年，全国第二次教育会议对于县教育经费的来源有明确规定：沙田官荒收入二成归县市，遗产税二成归县市，屠宰税、牙贴税完全归县市，寺庙财产归市县或地方团体，烟酒附加五成归县市，等等。

国民政府归于教育附税的一些税源尚未开征，如遗产税，但是总体上来说，县教育经费增加，增长的速度加快；县教育经费的税基不断扩大，来自全县范围内的附加税增多。国民政府教育部对 1933 年度各省的市县教育经费来源作了一个不完全统计，县市教育经费来源有田赋及其附加、屠宰及牙帖等捐税、县库款、基金及学产租息、地方行政收入、捐赠及乡村自筹、其他等项目，如下表：

---

[1]　[民国] 教育部编：《第一次中国教育年鉴》丙编，教育概况，492、596 页，开明书店 1934 年版。参见商丽浩：《政府与社会：近代公共教育经费配置研究》，河北教育出版社 2002 年版，第 262、263 页。

[2]　《韩巡按使维持教育经费之通饬》，记事，《教育杂志》，第六卷，第四号。

表 7—1：1933 年各省的县市教育经费岁入

省别	总计	县库款	田赋及其附加	屠宰及牙帖税	契税营业税及杂税收入	基金及学产租息	学宿费	地方行政收入	捐助款及乡村自筹经费	其他收入及临时拨款
苏	11272069		5344211		3634330	1170986		1030636		94187
鲁	4567272		3371033		66977	625721				503541
豫	4315404		1455618	62362	1504151	820030	42192		417042	14009
桂	3830511	3380511								
闽	1812430	178516			1241756	235017		28592	128549	
赣	854481		382923	20194	106788	228029	18773		9275	88499
察	748755	3014	37297	88576	163833	51049	1520		258336	29948
绥	237603	36866	37297	2715	118776	14959			26715	639
总计	27188525	3598907	10743570	173838	6834330	3145427	62485	1059228	839917	730823
占比	100%	13%	40%	0.6%	25%	12%	0.2%	4%	3%	2.6%

上表中的察是指察哈尔，绥指绥远。资料来源：[民国] 教育部统计室编：《全国教育经费统计》，商务印书馆 1937 年版，第 108 页。

上表是国民政府教育部根据各省市教育局填报的数报所做的统计，仅涉及 8 个省份，并不完全符合现实情况。仅从上表来看，各省县之间的经费来源是有差异性的，县库款所占比例小；税基虽有扩大，但主要来源仍然是田赋附加，田赋及其附加所占比较最高，高达 40%；地方捐税（包括屠宰及牙帖、契税营业税等）占第二位，所占比例达到 25.6%；学款产仍然是比较重要的经费来源占 12%；捐助和乡村自筹、地方行政收入、临时性的其他款项占有一定的比例，其中乡村自筹多为摊派方式。

具体到一省。江苏已如上表，再看浙江，浙江省各县教育经费来源中，以地丁、抵补金及营业税三税附捐及亩谷捐最为普遍，其余的无非为零星捐款而已。[1] 具体到一县。浙江东阳县在 1935 年的财政说明书中提到：该县教育经费全年为 13863 银元，全县县税收入约为 71800 万，占比 19.3%；其来源为附加税、港口埠捐、田租茶捐、租息、基金息、学费、补助经费等。[2]

福建莆田县一份 1935 年教育经费预算表和沿革表，颇能说明县教育财政的实态。莆田县教育经费有源明确的有 29 项，在 1905 年至 1911 年间确

---

[1]　浙江省教育厅编印：《三年来浙江教育行政概况》，1932 年 10 月，第 107 页。

[2]　姚永徵：《东阳财政说明书》，浙江财政养成所，油印本，浙江图书馆藏。

定为县教育经费的项目有 3 项，分别是戏剧捐、原书院经费及沁后村桂元捐；在 1912 至 1926 年间有 13 项，其中有 7 项捐款由学校直接征收，款额较小，十分细碎；在 1927 至 1935 年间有 14 项，其中 6 项来自田粮附税，2 项来自省款补助。据 1915 年统计，莆田教育经费是 1.7816 万元，至 1935 年教育经费预算为 8.7997 万元，增长了 493%，款项增长的重点是田赋附加。[①]

再如湖北蕲春县，根据 1933 年教育经费来源及支出如下表：

表 7—2：1933 年教育经费来源及支出

收入科目	数目	占比	经费支出	数目	占比
丁漕附税	5500	37.5%	教育行政经费	1440	8%
税契附税	2000	13%	县立小学经费	12000	66.9%
屠宰附税	3000	19.5%	区立乡师经费	2040	11.4%
花 捐	400	2.6%	社会教育经费	450	2.5%
学租	4500	29.2%	临时经费	2000	11.2%
总计	15400	100%	总计	17936	100%

资料来源：湖北省政府民政厅编：《湖北县政概况》（1934 年），第 298—299 页。

从湖北蕲春县的实况来看，县财政调控的教育经费（包括丁漕附税、税契附税、屠宰附税、花蔴捐）超过 70%，传统的旧学款产占比为 29.2%。随着农村教育事业的发展，所需经费会进一步提升，旧学款产的增长弹性较弱，只有通过财政的力量才能做到这一点，这是一个大的趋势。

四、建设经费

（一）县经济建设经费的筹措。

北洋时期，县政府对经济建设事业，殊少顾问，多由县政府民政科或

---

① 王孝泉：《福建财政史纲》，台北文海出版社 1935 年版，第 337 页；商丽浩：《政府与社会：近代公共教育经费配置研究》，河北教育出版社 2002 年版，第 264—267 页。

第一科或政务科兼办。直至 1920 年 7 月间，各县开始设立实业科。1925
年，部分省县筹设实业局，如浙江海宁县，于 1925 年 8 月 1 日组织成立，
每月经费定为 50 元，在米照费项下拨用；后因米照费收入减少，经费无着，
1926 年底停止。[①] 海宁县往昔因无建设专款，故所办理的建设事业，仅为遵
令办理的事业，或为地方人士所举办而请县补助经费的事业。所需经费，随
时在县税准备及抵补金公益费项下指定拨用，或临时呈准带征。又如 1918、
1919 两年度所编造之县地方实业岁入岁出预算书（如表 7—3），甚为简单，
只是一些调查费用和植树费用。

表 7—3：1918、1919 年度预算支出表（数字为预算数）

单位：银元

科目	经常费		临时费	
	1918	1919	1918	1919
第一款实业调查费	25.00	25.00		
第一项农事统计调查费	25.00	25.00		
第一目农事统计调查费	25.00	25.00		
第二款植树费			50.00	40.00
第一项清明节植树费			50.00	40.00
第一目清明节植树费			50.00	40.00
总计	25.00	25.00	50.00	50.00

资料来源：楼茎：《海宁县历年来之建设机构与建设经费》，《浙江省建设月刊》8(11)10，1935 年 5 月。

　　南京国民政府成立后，随着政局稳定，从中央到省县，执政者对农村经
济建设表示关注，特别是经历 1929—1933 年的世界经济危机，中国农村经
济也陷入谷底，"救济农村"的呼声日高，农村复兴运动在不同的层次开展
起来；到 1935 年，南京国民政府推动国民经济建设运动，农村经济建设进
入一个有所作为的阶段。在县一级，由于始终存在着经费困难的问题，农

---

① 楼茎：《海宁县历年来之建设机构与建设经费》，《浙江省建设月刊》8(11)10，1935 年 5 月。

村经济建设很难有大的成效，不过，在某些领域，农村经济建设还是有些亮点。

孙中山在《建国大纲》中提到，地方自治团体不止为一政治组织，亦并为一经济组织，地方山林川泽之利与夫有关衣食印刷等轻小工业及建筑住宅道路水利诸端，皆可由县地方经营。但是，孙中山提到的经济建设事业，部分县除了架设电线、设立模范农场外，其他甚少举办。据浙江省农村调查，建设事业，包括：组织合作社、培植森林、修浚沟渠、建筑道路桥梁。[1] 但实际上，"水利道路教育卫生，亦仅从事宣传，无法举办。盖农村经济衰落财政经费难筹，农民但望免于冻馁，他无所求。"[2] 对照 1929 年国民政府颁布的《训政时期完成县自治实施方案内政部主管事项分年进行程序表》内所规定的事项，地方自治工作，没有做好，能达到建国大纲内所说的各种目标者，实不一见。[3]

1933 年，南京国民政府成立"农村复兴委员会"，推动全国的农村复兴工作，并指导各省县的农业经济建设。1933 年，蒋介石倡议"国民经济建设运动"，其中振兴农业是第一的要务，振兴的方法："增加农业生产，凡制肥，选种、改良农作方法，活泼农业金融，流畅农产运销，悉以合作社为基础，指导并改进之，以达到粮食自给自足为初步目标，一方面增加产业原料之生产量，同时提倡农产品就地加工制造。"[4]

国民政府所提倡的农村经济复兴工作在部分省县得到了一定的落实，这在县一级的财政资金中得以体现。江浙地区是国民政府的核心统治区，政局相对安定，农村经济建设工作在这两省有比较进步的表现。特以浙江为例，予以说明。

浙江省政府自 1927 年后，有志于现代化建设，以"模范省"建设为己任，各县政府追省府之余绪，县政府官员由"消极"行政逐渐转入"积极"行政，在行政机关的设置方面，确立了建设局，在县公署内设专科办理，具

---

[1] 《浙江省农村调查》，1933 年，第 38 页。

[2] 《浙江省农村调查》，1933 年，第 146 页。

[3] 王肇宏：《训政时期省市施行地方自治的实况》，《中国现代史论集》，联经出版社，第 8 辑，第 75 页。

[4] 蒋介石：《国民经济建设运动之意义与实施》，1935 年。

有了特定的编制和地位①，另外，根据事业之确定与发展，设立了各种专门委员会，如海宁县建立了建设委员会、水利委员会、度量衡检量场、农业银行监理委员会、国货陈列馆等，使得事业责有专成。在财政方面的表现就是由无为（或量入为出）政策进入量出为入的阶段，并确定建设经费，列入县预算，使得事业能够有规划进行。

经费为事业之母，若经费不能确定，则事业无从进行，故欲希望地方事业之发展，应先确立建设事业的经费。浙江全省 75 县建设经费，1935 年全年总收入为 1104306 元，约分为三大项如下表：

表 7—4：1935 年度浙江各县建设经费来源比较表

单位：国币元

经费来源	概数	百分比
田赋带征附捐	582191	53%
置产捐	268386	24%
杂项收入	253792	23%
总计	1104306	100%

于上表可见，占第一位的是田赋带征附捐：此项捐款，系由地丁抵补金项下带征，计分建设经费，治虫经费、农民银行基金及其他四目，内计建设经费年收入 58095 元，治虫经费 275631 元，农民银行基金 93304 元，其他 155159 元，其中以治虫经费为最巨，综计为 582191 元，约占总收入 53%弱。

其次为置产捐。此项捐款，全年度收入为 268386 元，约占总收入 24%有奇。

第三为杂项收入。此项收入，因各县地方情形不同，名目互异，未得分

---

① 1927 年 5 月间，奉省政府令发浙江县政府组织暂行条例，依照此条例第四条之规定，县政府应设总务，民治、财政、建设等四科，此时始有建设科之设立，以其名列第四，故又名为第四科。1929 年 11 月间，奉民政厅令发县组织法，县组织法施行法及办事通则，依照县组织法第十六条之规定，县政府应设公安、财政、建设、教育等四局，又同年 4 月间，省政府公布浙江省县政府建设局规程，局内可分设四课。1929 年 5 月间，省政府公布浙江省地方建设行政及佐治人员考试章程，同年 7 月间，建设厅招考此项人员，并将合格人员在厅中训练一月，始分发各县任事。1932 年 8 月 10 日，奉建设厅令饬裁撤各县建设局，缩改为科，另行遴委技术专员，分区指导督促各县建设事业，此后负各县建设事业之责者，又为建设科矣。

门别类详细归纳；惟以茧帖捐一项收入为最多，统计得 7570 元；而杂项收入，总数计 253729 元，约占总收入 23%有奇。[①]

（二）建设经费的配置。

以浙江为例，1935 年全省各县建设支出项目为 11 项，其支出总数亦为 1104306 元。兹分别列如下：

1. 建设行政费共分五大目：

（1）建设委员会经费，全年总计 14680 元；

（2）水利委员会经费，全年总计 3129 元；

（3）农民银行监理委员会，全年总计 5908 元；

（4）建设人员下乡指导川旅费，全年总计 6057 元；

（5）其他，全年总计 27477 元。

综上五目，全年总数计 57251 元，约占总支出 5.2%有奇。

2. 农林经费是项经费约分为六大目：

（1）苗圃，各分区苗圃亦包括在内，全年总计 56665 元；

（2）农业改良场，全年总计 34700 元；

（3）农产种子交换所，全年总计 4807 元；

（4）县有林事务所，全年总计 8356 元；

（5）植树经费，全年总计 240 元；

（6）其他，全年总计 8246 元。

以上六目，合计为 113014 元，约占总支出 10%有奇。

3. 蚕桑改良费各县全年支出是项经费者，计 10432 元，不及全年总支出 1%。

4. 治虫经费建设事业对于治虫工作，自应特别注意，故治虫经费亦较多，全年总额为 272267 元，约占支出总数 24.7%有奇。

5. 合作事业内分合作经费与农事合作区两目，合作经费计 33676 元，农事合作区年计 680 元，两共约占支出总数 3%有奇。

---

① 江志英：《整顿浙省各县建设经费之我见》，《浙江省建设月刊》1935 年 5 月，第 8 卷第 11 期第 10 页。

6. 农民银行 此项经费共分四目：

(1) 农民银行筹备处，全年支出计 4068 元；

(2) 农民银行，年计 64944 元；

(3) 农民借贷所，年计 4194 元；

(4) 利息，年计 1957 元。

总共计 75163 元，约占总支出 7%弱。

7. 水利经费 共分三目，全年用于

(1) 水文观察站，计 1950 元；

(2) 水利经费，计 171867 元；

(3) 其他，计 42095 元。

合计 215912 元，约占总支出 19.6%有奇。

8. 工商属于工商事业者：

(1) 度量衡检定分所，全年总计 35406 元；

(2) 国货馆及其他工厂基金，年计 14323 元；

两目合计得 49729 元，约占总支出 4.5%有奇。

9. 交通 各县用于交通事业之经费，科目繁多，兹略分为六目：

(1) 旧杭嘉湖各属 75 县用于无线电收间机者，仅三县无之，年计 25311 元；

(2) 修筑各项工程费，年计 30490 元；

(3) 道路经费，年计 42306 元；

(4) 原有工务所经费，年计 3780 元；

(5) 修浚河道经费，年计 1200 元；

(6) 其他，年计 56562 元。

合共总计 159649 元，约占总支出 14.5%有奇。

10. 杂项 杂项经费，各县总计为 23149 元，约占总支出 2.1%强

11. 预备费 是项经费，各县全年总计 93384 元，约占总支出 8.4%强。[①]

以上是浙江全省综合情形，以下仍以海宁县为个案，从财政的角度试析

---

① 江志英：《整顿浙省各县建设经费之我见》，《浙江省建设月刊》1935 年 5 月，第 8 卷第 11 期第 10 页。

县地方建设事业的进展，海宁县建设经费岁出情形如下表所示：

表 7—5：海宁县 1927—1933 年度县建设经费岁出预算一览表

单位：国币元

科目（经常门）	1927	1928	1929	1930	1931	1932	1933
1. 建设委员会经费	90	210	210	210	210	210	376
2. 水利委员会经费				172	172	172	
3. 治虫委员会经费	7431	6683	9000	9000	9000	9000	8500
4. 农民银行经常费			3360	3600	7200	8040	
5. 农业改良场经常费				2500	4684	5616	3800
6. 度量衡检定分所经费					870	600	420
7. 公园经费		288	295	295	295		
8. 合作事业费				400	400	832	832
9. 水文观察员经费				115	120		
10. 收音机经常费				225	266	247	580
11. 水利经费				1000	1000	3000	3000
12. 道路经费				2000	2000	3000	1500
13. 合作事业促进费					432		
14. 苗圃经费		652	834	834			
15. 蚕桑经费	200	687	1000	1000		1000	
16. 国货陈列馆经费				500			
17. 海神庙岁修拨入		327					
18. 农民银行监理委员会经费						228	150
19. 公园建筑费			312				
20. 预备费	430	610	1976	795	797	2096	438
科目（临时门）							
1. 添设自流井经费				2000	2000		
2. 购装抽水机经费				2000			
总计	8151	9130	16987	26647	29447	34042	19596

资料来源：楼荃：《海宁县历年来之建设机构与建设经费》，《浙江省建设月刊》8（11）10，1935 年 5 月。

从上列海宁县岁出预算看，1927—1933 年的岁出科目与 1918、1919 年的岁出科目，两相比较，实已不可同日而语，表明了县政府已经开始从地方绅士手中接管地方公共事业，从传统的调查、植树等仪式型活动扩展至水利、治虫、农村金融的改善、道路修建、促进合作事业、推广国货、建设公园以及自流井的建设等等，县政府的触角伸入农村社会中的诸多重要领域。

（三）农村经济建设的不平衡。

浙江各县的经济建设有比较好的推进，但是从全国范围来看，农村经济建设呈现出严重的不平衡。相比较而言，江浙等省份是国民政府的核心统治区，政局相对稳定，经济建设热情比较高，省级政府投入经济建设的资金相对较多，且有规划进行，对各县级财政投入经济建设有较强的引导作用。

但是，在中西部地区，由于政治、市场环境的限制，各县政府的财政经费本就有限，投入农村经济建设的就更少。据湖北省于 1934 年的县政调查，财政困难之极，"多数县份，或以费用支绌，无法进展，或因支配未当，要政以弛"[1]。从浠水县的财政经费支出种类数目表来看，建设项目列支有四项：苗圃经费、苗圃临时费、县道管理经费、度量衡检定分所经费和渡务经费，共支出 3813.2 元，当年县财政收入 241030 元，占比为 1.6%，[2] 极为微薄。

即使是作为湖北首善之区的武昌县，其建设经费也是微不足道，列有：区度量衡经费、县苗圃经费、长途电话管理处经费、广播无线电收音经费等，共支出 7140 元，占岁出总额（213672 元）的 3.3%。而直接用于农村经济建设方面的仅有县苗圃一项，只有 1512 元，所占比例更少。[3]

引导金融下乡，是国民政府着力推进的一项工作，其主要的方式是组织信用合作社，以便利农民的借贷和储蓄。江浙地区在组织合作社方面有一

---

① 湖北省政府民政厅编：《湖北县政概况》（1934 年），"概况"，第 13 页。

② 湖北省政府民政厅编：《湖北县政概况》（1934 年），"浠水县"，第 318、320 页。

③ 湖北省政府民政厅编：《湖北县政概况》（1934 年），"武昌县"第 30—31 页。

定的推进，但是同时的两湖地区，这项工作才刚刚开始，如："湖北近年来，除极少数县份，办有信用合作，或由省银行设有分行外，大多数县份，几无典当者。"湖北省政府积极推广省银行各县分行，或设立县金库及农仓，以资周转，同时力图劝导各县农民，参加及创办各地信用合作社。这项工作只有极少数有条件的县份在办理，如汉阳县，1933 年由豫鄂皖赣四省银行贷款，在县内成立信用合作社数十处，市面周转稍活。[①] 当然，湖北各县组织合作社，各县在财政上没有投入，纯粹是银行的市场行为，这与浙江省各县在财政予以支持是有很大差距的，地方财力在一定程度上影响农村公共事业的发展。

五、公益事业费

公益事业从属性上看，一直作为地方公共事业中的一项重要内容，相关经费在地方公共财政中也有一定地位。公益事业的内涵比较广泛，在中国有传统的救济事业，主要有救贫、救灾、养老、育婴、防疫、保育等方面；另外，现代的医疗卫生事业开始起步。从西方国家的经验来看，各国地方政府公共福利事业经费的支出一般均呈膨胀趋势。中国的救济事业历来由民间社会承担，地方自治推行后，以救济为主要内容的公益费在县岁出中一般占有 5%左右的比重[②]。

（一）公益事业的开展。

第一是保育救济。过去县地方育幼、养老、济贫、救灾等事业，一般规模均比较狭小，旧习相承，甚少改进。1928 年 5 月，国民政府内政部拟订《各地方救济院规则》呈准公布，救济院得分设养老所、孤儿所、残废所、育婴所、施医所、贷款所、妇女教养所、游民感化所、贫民习艺所、施材掩埋所等。1929 年 6 月，内政部又公布《监督慈善团体法》，对慈善团体之限制，订有各项规定。据内政部于 1929、1930 年间举行的 18 省救济事业现状调查，

---

① 湖北省政府民政厅编：《湖北县政概况》（1934 年），"汉阳县"，第 70 页。
② 彭雨新：《县地方财政》，商务印书馆 1945 年版，第 62 页。

约略统计，救济院共 460 余所，旧有慈善团体共 1600 余所，总共 2 千余所，其中较多者如江苏共 370 余所，浙江共 340 余所，湖南、广东约 200 余所，其余多仅数十所。经费总计全共仅 360 余万，其中亦以江苏、浙江、湖南、广东四省为较多。[①]

第二是卫生医疗。现代卫生医疗组织是新办事业，1932 年第二次全国内政会议议决，"依照各地方经济情形设立县卫生医药机关以为办理医药救济及县卫生事业之中心"，并通过设立县卫生医疗机关办法，规定：每县设立县立医院一处，并筹设分区诊疗所暨巡疗团等，在县立医院未设以前，应先设置县卫生事务所及治疗所。县卫生医疗机关工作，分为：（1）普及治疗工作，（2）普及预防工作，（3）训练初级卫生人员。此外，并订有五年工作完成时每县应有设施之规定，上面各种决议，经内政部通令各省民政厅分令各县遵照筹办，但是限于人才与经费困难，除极少数实验县外，一般虽渐有县卫生机关的设立，但其设备及组织与上述标准相差甚远。

（二）公益事业经费来源。

《建国大纲》指出："关于育幼、养老、济贫、救灾、医病等慈善事业，均为地方政府所应经营之要务。"传统的救济慈善事业一般由民间人士捐办，但由于各地方风俗不同，经济状况各异，救济慈善事业的经费来源和款额数量差异较大。清末民初以来地方自治兴起，地方团体也往往以公共税收收入对公益事业进行一些补助。南京国民政府成立后，政府对公益事业的关注度有所增加，但仍然需要地方政府根据财力丰寡进行调节。

一向重视救济慈善事业的江浙地区，由于经济较为发达，传统的公益事业基础也较为扎实，经费有一定保障，但是发展仍不平衡。例如浙江平湖县："救济院为县办救济事业之总枢纽，院址在城内酒发弄，成立于民国十七年十月，计有田产米一千四百十三石，房屋十四户，基地十一户，育婴基金五百元，公债七千五百二十元。合计全院岁入，经常预算数为七千八百零四元，岁出经费经临预算数为七千七百九十四元。育婴所为其主要事业。……临时施医所，亦为救济事业之一。……又有孤贫儿院一所，在城内

---

① 《内政年鉴》，民政篇，第三章，救济行政，第 357—406 页。

松风台，专为容纳孤贫儿童，教以工艺，经费亦由县税项下拨给。"①

再如湖南，湖南是比较重视救济慈善事业的省份，在南京国民政府的督促下，各县救济事业有一定发展。据省政府的报告："救济院基金来源由各地方收入内酌量补助或另为筹募，并由地方法团推委员若干人组织基金管理委员会分别管理之。无论何项情形不得移作别用，两年以来，各县呈报正式成立救济院者已有四十余县，正在筹设中者尚有二十余县，就中成立之救济院除省区救济院规模宏大，筹设完善堪为全省之冠外，其衡阳湘潭常德益阳等四县已将六所完全成立并附设各所次第举办，成效之速殊出意外，其他各县亦成立四五所二三所不等，至于未成立各县或因地瘠民贫或因天灾人祸，元气未恢，筹款较难，然目前虽尚在筹备之中，大约本年度内当可一律正式成立，预计将来各地救济院基金总数当在一千万元以上，每年救济贫民总数当在百万人左右。"②

湖北省：湖北各县的救济医疗事业发展不平衡，有些县份稍有发展，如浠水县："城区设有养济院一所，仅收容残废七十八人，年支经费七十元，分四季发放，经费来源，系在牙税附加项下拨用。卫生行政，现城区巴河两处共设有私立医院六所，曾令公安科随时考查，尚有成效，惟资本无多，关于一切设备及药品，不免缺略。"③再如礼山县，由于经费奇绌，救济及卫生事业难以推进："所有救济慈善事业，以前绝无基础，刻值匪区新复，在财力上绝难担任。应遵省令缓办。"④

第三节　农村公共财政陷阱

农村公共事业的发展普遍性地面临着经费无着的问题，特别是法定赋税收入对于地方政权（主要是县级政府）在提供公共产品和服务之时，缺乏基本

---

① 《中国经济志·浙江省平湖县》，第480页。
② 《湖南省政府政治报告》，民政，1931年，第5—6页。
③ 《湖北县政》，浠水县，第323页。
④ 《湖北县政》，礼山县，第553页。

的财政保障。面对入不敷出的困局，单纯以农村经济破产、财政收入贫瘠来搪塞，就会陷入财政本位的泥潭。所谓财政本位，即以国家为本位，以财政收入为中心，满足统治者的利益需求。这是中国财政政策与体制的传统特征。

事实上，农村公共产品和服务的严重不足，这是中国现代化过程中的难以避免的现象。现代化过程出现工业化和城市化，农村农业资源流入城市和工业之势不可遏止。近代以来中国陷入半殖民地半封建社会，中国市场被迫卷入世界资本主义市场体系，但处于边缘地位，这种边缘地位加剧了中国农村农业发展的负面影响。

从宏观方面看，市场发展态势不利于农村农业，或者说资源流向农村农业的市场配置功能是失灵的，那么，建立农村公共财政体制是政府纠正城乡市场失灵的职能体现，是市场经济发展的必须之举。不过，农村公共财政体制的建立并非轻而易举，政府的越位与缺位都会无法改变市场失灵的状况，甚至会加重其危害性，落入"农村公共财政陷阱"。

所谓"农村公共财政陷阱"，简单来说，就是在城市化与工业化前景下，发生农村公共财政职能的扭曲。维护公共财政职能的正道，在于建立现代的税收制度，和财政收支系统，并促进经济发展以巩固和扩大财政基础，实现良性循环。近代以来，中国财政实现"量入为出"向"量出为入"原则的转变，所以特别要强调财政支出的"效率与公平"原则，财政职能的实现究竟会对社会经济生活产生怎样的影响，必须同时考虑效率与公平两个方面。但是，在这两个基本原则上，农村公共财政职能扭曲，其表现为"吃饭财政"与城乡财政配置失衡，此外，伴随着严重的苛索贪腐现象。

一、吃饭财政

"吃饭财政"的含义，从当代学术视角看，至少可以有三种理解：一是指各种人员经费占财政支出比重很高的支出结构状态；二是指行政事业费占财政支出比重很高的支出结构状态；三是指财政支出中经常性支出占主要地位，资本性支出居于次要地位。[①] 这种学术理解同样可以应用于民国时

---

① 朱柏铭：《如何认识吃饭财政》，《财政研究》1999 年第 3 期。

期，也就是说，从财政支出的性质看经费配置，可以了解财政经费是在养事还是养人，即：财政经费配置在推进事业的发展方面，还是停留在吃饭财政上？

从预算支出列表中看，公安保卫经费与教育经费在县财政支出所占比例突出，这是否说明地方警察事业和教育事业特别发达呢？我们还需要透过支出的性质分类，借以明了各项支出的具体用法。支出的性质，可以统分为三大类：一类是"薪工"，凡兴办一种事业所雇佣人员的薪酬工食属之；一类是"办公费"，维持机构运转的费用，如消耗类的煤炭、笔墨、纸张、旅费等；一类是"购置费用"，即执行一种职务而用于购买设施及其他发展的用费，如教育费中的图书仪器、公安保卫费中的枪械衣服等。

我们以浙江东阳县的经费配置为例来进行探讨。根据1935年浙江县等级划分，东阳属于二等县份，具有一定的代表性。下表是根据1935年东阳县地方财政说明书，以公安费、教育费、救济院经费三科目为例来分析经费的具体用法。

表7—6：1935年东阳县公安费、教育费、救济院经费的支出性质分类比例表

单位：银元

	总额	薪工		办公费		购置和其他		备注
公安费	14950	12264	82%	994	7%	1620	11%	购置费主要是服装费
教育费	12776	9544	75%	1940	15%	1292	10%	
救济院经费	1969	1561	79%	339	17%	69	4%	

说明：（1）资料来源：姚永．《浙江省东阳地方财政说明书》，浙江财政养成所印行（油印本）、浙江图书馆古籍部藏。（2）1935年东阳县教育经费预算总额是27834元，这里的12776元仅包括学校教育费（县立中学）和社会教育费（包括县立民教馆、县立第一中心民校、县立第二中心民校），也是教育经费投入的重点部分，因其明确了薪工、办公费用和设备购置预算，比较能够反映实际情况，也便于分析问题。

根据上表可知，县地方财政支出中，"薪工"占据了绝大多数，公安费中达到82%，主要开支用于人事的维持，购置经费主要用于服装，维持机关运转的办公费只占7%；教育费的薪工部分稍低，但也达到了75%，教育费中的购置包括电灯装制、图书杂志公报及各种仪器标本，所占比例仅为

10%，缺乏发展弹性。①

浙江省东阳县的这种经费配置，与民国学者冯华德在河北静海等县的调查结论基本一致，据冯氏调查，静海县警务费占总支出29.59%，其中薪饷占78.99%，设备仅13.93%，杂费7.07%；从历年情形看，1919年至1923年间，警费之中，薪饷一项每年平均占警费支出76.71%，1924到1928年间，每年平均占83.27%，1929年占96.58%，1930年占94.20%，1931年占89.40%，1932年占85.28%，1933年占85.32%。设备一项1919至1923年平均占5.21%，1924年到1928年平均占7.01%，1929年占1.31%，1930年占0.43%，1931年占1.44%，1932年占7.77%，1933年占8.91%。这种情形，在教育经费中亦然。②

南、北方各县的财政支出数据，共同印证了一个观点，即县政府的财力，虽已竭其大部用于警、学两项，也只是维持它们的存在，即使有规模的扩大和人员的扩充，仍存留在吃饭财政上，财政支出花销在人头费，财政供养过重，而公共事业并不能真正向前发展。

当时有学者对吃饭财政有了深入分析，直言"分配不能达于有效率的用途，不能将'取之于民'的钱，'用之于民'的事业"，他说：

何以说，因分配之不能适应各方面的需要，而断无实际成效可言呢？吾人曾言：各县向无正确的预算，有之，亦不过是"出于估计"的收支数额。县财政机关的管理职权既然不能集中，而各机关是"各固其范围，各私其财用"，所以当支出机关编造概数，总设法增列本机关之支出，除有标准等级规定的数额，如司法经费。县行政经费，及其他征收机关经费外，所有有活动性质的经费，通常皆编列一总数，而收入的估计，大抵多依据最近二三年实收状况统算，如田赋县税之收入，多依每年额征数开列，若实收成数较高

---

① 冯华德曾以河北静海县为例，指出：1933年，静海县每一人口之县地方支出额为三角九分六厘，按职务类别分配，其中大部支出，用之于警、卫及教育，三者合计支出占三角一分四厘；再从横面观之，如1929年该县每一人口之县地方支出额为0.359元，其中用于维持吏员之薪工者已占0.319元，事业设置费只分配到0.08元，支出总额既少，分配又未尽合理，这种畸重畸轻的状态，已足说明县政不能进展的困难所在了。冯华德：《吾国县收入制度之特征》、《河北省县财政支出之分析》，方显廷主编：《中国经济研究》，第1033、1044页。

② 冯华德：《河北省县财政支出之分析》，方显廷主编：《中国经济研究》，第1044页。

时，尚无大弊，不然，若实收较低，只达三四五成时，便觉虚估额太大了。如是虚收的结果，势必使实支发生困难，不能不把原定预算重行配割；而其配割的结果，定是事业费减少，各机关的薪工费，是必设法维持。各县经费用途的分配，平均行政费多超过百分之八十，其他实业建设经费，平均只占百分之二三十，又多虚应故事，不求实在。因此，只看见办事的机关之多，多耗若干行政费，而却无些微实际成效的现表。综合的看法，此固由于县财政的根本贫困，但分析的看法，却亦由于预算编造之不正确，致收支估计，陷于不平衡状态，而使其分配不能达于有效率的用途，不能将"取之于民"的钱，"用之于民"的事业，实觉浪费。[①]

由于设备与办公费过少，政府行政的能力是比较虚弱的，财政投入的效益不佳。例如在浙江，省办的农业改良场所由于经费、人才相对充裕，故效果颇好，但是县一级的农业推广场所的效益比较差，"浙江建设厅为改良全省农业，成立农业改良总场，积极办理推广改良事宜，总场之下，设有一、稻麦场，二、棉场，三、蚕桑场，四、缫丝厂，五、蚕种取缔所，六、化学肥料管理处，七、各林区林场，分西湖、丽水、天台、建德四处，年定经费预算共为35万元，因内部经费较充，故聘有农业专门人才，负责研究改良，本年蚕桑方面，已卓有成效，棉业方面，百万棉改良种，亦逐渐推广种植中。其余稻麦畜牧等项，均在着手进行。惟各县县款设立苗圃，县有林事务所，农事试验场，农业种子交换所，县立农场等机关，大多限于经费，所办事业，未能切合实际，每多敷衍塞责，徒耗公帑，或由地方士绅兼办，更属徒具虚名，事业之进展与否，不稍顾及，故农村经济，日见衰落，农民生活，愈形困苦。"[②]公共事业的扩张之势，与税源薄弱、财政收入体制产生深刻矛盾，倒逼出县财政收入体制的改革要求。

二、城乡失衡

城乡失衡，是指财政配置偏向城市，这是违背公平准则的重要表现。城

---

① 程方：《中国县政概论》，第176页。

② 国民政府行政院复兴农村复员会：《一年来复兴农村政策之实施状况》，第91页。

乡失衡是中国近代以来城市化的一个后果。近代以来，中国经济出现明显的城乡二元化走向，财政配置失衡即是城乡二元化的一种表现，也是一个后果。正如吴承明指出：农村运出的农产品不足以抵付城市工业品的输入，这种情况，又因农村赋税加重、城居地主日多和农村商业高利贷的活跃而加剧；这三项（赋税、引入城市的地租和利润、利息）都是农村的单向输出，即农村每年要运出等值的农产品，而没有回头货与之交换。加上另外一些因素，到30年代，在最富庶的江南农村，也出现了农村大量入超、农村对城市负债、农村金融枯竭和经济破产的情况。这也是30年代市场危机的国内根源。①

就县财政而言，资金配置偏向于县城中心，农村虽然是资源的供应地，却只得财政经费之唾余。县财政所提供的公共产品与服务，也偏向于县治中心，而不能遍及乡村生活的里面去。当时有专家指出："观察各县经费的支出分配，以教育公安两项为最多，大约平均占总数百分之五十以上，例如江苏省财政厅二十年（1931）之报告，全县附加税之分配数额，在总数17855115元之中，属于教育者凡5814809元，属于军警者凡4443310元，属于建设实业水利者凡2333028元，其他共5263968元。教育居首，军警次之。（今日各县大多如此）教育与公安固然是比较固定而重要的事业，但其设施则多集中城市，而在'质'的方面，城市总比较充实，乡村则比较简陋。本来赋税的负担者，大部分是乡村农民，则各种设施亦应着重于农民利益，始合财政学上'纳税人应平均享益'的公平分配原则。然而事实却不然，那就与公平分配原则不合。"②

农村教育经费支出最能反映出城乡财政配置失衡问题。县财政经费主要分配于中等教育、初等教育、社会教育及教育行政，重点配置于初等教育，即小学。下表经费配置格局是1933年全国数省的一个初步统计，如下：

---

① 吴承明：《论我国半殖民地半封建市场》，《中国的现代化：市场与社会》，三联书店2001年版，第175页。
② 程方：《中国县政概论》，第180页。

表7—7：1933年中国各省县市岁出教育经费之支配（%）

	高等教育	中等教育	初等教育	社会教育	教育行政	其他	总计
苏		5.61	54.45	12.02	5.51	22.41	100
鲁		14.16	52.86	8.66	10.63	13.69	100
豫		15.12	59.31	6.92	11.29	7.36	100
桂		22.07	60.60	7.50	6.28	3.55	100
赣		5.88	67.11	7.71	11.05	8.25	100
鄂		11.4	66.9	2.5	8	11.2	100
察哈尔		8.83	80.13	2.88	5.66	2.50	100
绥远			74.54	3.32	12.28	9.86	100
1933年平均		11.29	62.29	5.89	8	12.5	100

说明：湖北省的数据缺乏全省数据，仅取自蕲春县一县的数据，以一县代替全省，误差难免。"1933年平均"是上表中8省1县平均各级各类教育经费所占县教育经费的百分比。

从上表县教育经费支出结构分析，中西部贫困省区的县市教育经费支出比东部富裕省区更集中于初等教育，即赣、鄂、桂、豫、察哈尔、绥远等省比江苏和山东省投入初等教育经费的比重要大。县财政配置的教育经费主要偏向于县治中心，因为中等教育及社会教育的基本上是布置在县城，初等教育主要是指县立小学。

以湖北省蕲春县为例，其教育经费配置的实态，配置重点便是位于县治地的县立小学。在蕲春，"县立小学二所，一为中心小学，一为完全小学，中心小学现有学生七班，学生二百四十四名，完全小学现有学生六班，学生一百七十二名，两小学共计学生十三班，人数四百一十六名。"除县立小学外，"又有各族私立小学二百八十三校"。也就是说，县教育经费并不放在农村小学上，农村小学，即各族私立小学，主要由"各族划拨祖产百分之四十或三十，作为基金，开办族学"。[1] 有些县份如黄梅县，则对农村私立小学进行一定的津贴。[2]

---

[1]　湖北省政府民政厅编：《湖北县政概况》（1934年），第298—299页。

[2]　湖北省政府民政厅编：《湖北县政概况》（1934年），第350页。

总体来看，农村教育经费微薄，农村教育发展艰难，教员待遇也反映出重城轻乡的一面。以教员待遇为例，"县立小学，月薪多者三十三元，少者三十元，平均学生两班，聘用教员三人。各族立小学，以年计薪，多者二百元，少者不足百元，学生超过四十名者，始用教员二人，不足四十名者，只用教员一人，实为最苦。"[1]

三、苛索贪腐

农村公共财政从清末起步，到国民党时期的壮大，一路发展过程中缺乏有效的民主运作和监督机制，滥征滥支现象不可避免，法制不健全导致各地苛捐杂税多如牛毛，官绅中饱贪腐肆无忌惮。

一方面，苛索层出不穷。

由于县级财政困难，各县机关往往在预算外寻求行政或事业运转所需的新财源。如果是这样，那么对百姓的苛索就再所难免了，事实就是，苛捐杂税蜂拥而起，并夹杂着形形色色的徇私舞弊，作奸犯科。湖北省宜昌县公安局自收自支的苛捐杂税达30余种，种类繁多且苛细："该县公安局按月征收娼妓捐、乐户捐、条捐、乐灯捐、猪捐、人力车捐、自行车捐、鲜牛皮捐、普通罚款、旅栈捐、临时戒烟照、妓女许可证、建筑照、旅栈领照费、迁移证费、医师领照费、补发门牌等20种捐、费；此外还有钉挂铁、纸两种门牌费、渣桶捐、妓女执照、更换人力车牌费、青果捐、烟灯捐、特税附加捐、商埠捐、清理特业会补助等其他名目的捐、费。"[2]

除了捐税外，还有各种罚款，以及所谓"寓禁于征"的鸦片烟土，名禁而实不禁：在湖北南漳，"所谓誓言雪毒耻之药业同业公会，乃当地各土膏店各烟馆所成立，用以定货价，分利润，均摊捐税之机关也！"[3]

其他省份的苛索并不逊于湖北，据1933年度调查，江苏各县田赋附税之名目有教育费、公安亩捐、自治亩捐、农业改良捐、抵补金亩捐、开河经

---

① 湖北省政府民政厅编：《湖北县政概况》（1934年），第300页。

② 国民政府时期湖北省政府档案，卷号LS1—7—6499，转引自魏光奇：《官治与自治：20世纪上半期的县制》，第288—289页。

③ 陈庚雅：《赣皖湘鄂视察记》，"二五誓雪鸦片战耻之南漳药业公会，台北文海出版社1934年。

费等29种，而到1934年全国第二次财政会议时，已增至105种。[1]到1935年，浙江省先后废除的苛捐杂税名目达到652种。[2]湖南省在1934年时各县杂捐多达565种[3]，1935年湘潭县奉省府命，取消40余种杂税，造成县财政的困难，大有影响教育经费之势。[4]

另一方面，贪腐现象根深蒂固。

由于地方事业发展、社团扩张，地方各机关、法团、乡镇自收自支的问题层出不穷，苛杂实乃必然现象，而其背后是严重的贪污中饱和职务废弛。

为什么会必然存在贪腐？这与清末以来社会结构的变化也有重要联系。在清末至国民政府初期的地方自治中，散漫无序的地方社会中兴起了一种形式上已经科层化、法制化的地方公共权力，它包括议、参两会和教育、警政、实业、财政等"四局"。然而就内容而言，这种公共权力却并非全体人民均能够平等享有的"民权"，而是主要为一个新的士绅阶层所分享的"绅权"。这个新士绅阶层是由当时的县议、参"两会"成员、"四局"首长、县农会、商会、教育会的会长、中学校长以及各村长佐组成的。在清末民初"官治"相对衰弱的社会情势下，他们与地方自治制度相互里表，在相当大程度上成为地方社会的支配力量。在有些地方，有些时期，他们借经理县自治财政之机，与官府相互巴结，横征暴敛，中饱私囊。[5]

湖南华容县一份财政报告中就披露了财政局长张作典的"四宗罪"：(1)横征骚扰；(2)摊款浮吞；(3)假名借款，捏付重息巨万，藉饱私囊；(4)虚报空付，侵占农商钱庄基金巨万。部分详情如下：

(一)横征骚扰。侵占未经列入预算之七八两期尾欠陆万元，查华容财政局，除公产收入外，每年按亩摊派捐款数十万元。张作典营充财政局长，摊收九期摊款时，将前任七八两期尾欠6万余元，提交大会讨论，签捐此数并不列入预算。

张作典遂利用此机会，勾结熊县征收七八期尾欠，遣派非法组织之征收

①　陈果夫：《三年来江苏省政述要》，南京，1936年，第37—40页。

②　魏颂唐：《浙省一年来废除苛捐杂税与减轻田赋附加》，《浙江新闻》，1935年10月10日第5版。

③　欧阳志高等：《湖南财政史》，中南工业大学出版社1988年版，第111页。

④　陈庚雅：《赣皖湘鄂视察记》，"一七湘潭财政与教育"，台北文海出版社1934年版。

⑤　魏光奇：《官治与自治：20世纪上半期的县制》，第285页。

枪兵队数十名，分赴各乡，按户坐索，动则绳捆吊拷，牵猪拉牛，逼还正款之外，另勒差费，如有畏锋规避，即行封产拆屋，连及亲邻，迫令吾民卖妻鬻子，典家荡产者，不一而足，投水吊颈，堕胎身死者，亦大有人在……，尤奇者，该局征收枪兵，欺诈愚农，故作怜恤之状，谓汝艰窘，捐款不能一次缴足，可作数次分缴，现有若干，暂收若干，俟缴足时，给予收据，乡人无知，听其蛊惑。今日欺骗到手，明日即谓其分文未缴，用心之巧，一至于此，查其征收七八两期摊款尾欠六万余元，是逢二十四年至二十五年止。……

虽云尾欠正款，只有六万，人民另受骚扰损失，实已倍数，乃该局报账仅收四千元，又报付征收枪兵薪饷三千余元。公家之所实收者，不过数百元耳。查该局枪兵原有征收费八千元，对于尾欠，实为带征性质，又复重报薪饷，是张作典吞没尾欠正款之外，另加重报，以遂其侵占两期尾欠六万元全部之野心。

（二）违背法令，擅收摊款重息全年百分之五十，不给收据，任意浮吞。查张作典，征收九期摊款，明谓自国历二十四年十二月份起，每百元每月加收利息 5 元，实则开征时，即已加收利息，填数与否，任其当时之喜怒。……①

贪腐加重了百姓负担。正值当时农村经济凋敝，农民经济承受能力极低的时候，这一问题的严重性更加显得突出。而农民的心理感受也是益加的痛苦和难以承受。当时有人以"猪"为名提了一篇短文《不准向纳款人需索分文》，感慨："民国不如大清"：

"收款子的来上一次，没有不吓得毛骨悚然的，因为大多数的人们靠七扯八扯地过日子，已经磨得三根骨头四根柴了，哪有力量来担负差费呢？不出吧，恭喜你发财，请你尝尝皮鞭的滋味，捆吊和铁窗的滋味！所以这个地方的老百姓，如果看见了兵士的影子，都是连跳带跑的避开，避到看不到其他的人的时候，便开始他们的谈话，总是说：'我们那么该生到今日的，只有宣统皇帝的时候人民福气真好！'自然，这是他们的一种变态心理，但也不是偶然的吧？"②

---

① 《二十四年度之华容财政状况》，《华容会刊》第 9 期，1937 年，湖南省档 42—1—747.
② 《不准向纳款人需索分文》，《华容会刊》第 9 期，1937 年，湖南省档 42—1—747.

第八章　国民政府的农业金融政策

金融政策为整个财政政策重要之一环，欲使财政政策发挥积极性职能，惟有赖于金融政策之有效运用。[1]"救农"的社会呼声逐渐高涨，救农方案也纷纷出台：或主张地方自治、或主张农事改进、或主张合作，不一而足，在所有的主张中，对农村金融枯竭则有大体一致的共识。农村金融问题主要体现在两个方面：其一，农村资金单向度地流入城市，农村金融枯竭，而城市金融呈"充血"症状；其二，农民深受传统的高利贷盘剥，苦不堪言。

在社会各方面的压力下，国民政府"不能不重视农业之发展，合作事业之倡导，以及土地政策之实现"（第四次全国代表大会宣言），并视农业金融为复兴农业推进合作实现土地政策的必要设施。

第一节　国民政府对农村金融的认识与实践

农村金融与工商业金融相比，又有其特殊性，1933 年出版的《农村金融制度论》提出六点："一、较为安全，二、需要低利，三、周转迟滞，四、金融零细，五、富有季节性，六、离市场较远。"因此，农村金融需要政府积极协助，协助方式有五端："一曰提倡；一曰设立官营机关；一曰供给低利资金；一曰授予农业金融机关特权；一曰严密监督及指挥农业金融机关之

---

[1]　贾士毅：《五十年来之中国财政》，《五十年来之中国经济》，中国通商银行编，台北文海出版社，第 86 页。

营业。"①

国民政府通过吸取西方国家农业金融模式，以及北洋时期华洋义赈会的一些金融创新举措，对农业金融体制加以重新设计，并在实践上着力推进，形成了具有一定特色的制度安排。

一、国民政府的农业金融方案

国民党第一次全国代表大会宣言中，就提到农村金融问题："……农民之缺乏资本，至于高利借贷，以负债终身者，国家为之筹设调剂机关——如农民银行等。"

1929 年 12 月农矿部举行全国第一次农政会议，内有设立中央农民金融局与厘定农民银行条例之决议。1930 年 4 月，农矿部组织"农业金融讨论委员会"，并当月举行讨论会，决议农业金融规程草案四件，分期实施方案一件，方案要点内容有四点：一是全国农业金融机关的设置宜分长中短期三种；二是创立中央农业金融委员会以谋全国农业金融机构之敷设；三是筹设中央农业银行为国营之农业金融机关；四是筹设中央农民银行为民营或国营之农业金融机关。②

1932 年 11 月 4 日，实业部继农矿部而后，再一次召集"农业金融讨论委员会"，先后议决农业金融制度实施计划一件，农仓法草案一件，并修正农业金融制度及实施方案一件，修正法规草案三件。在农业金融机关创建方面，设计方案认为农业金融制度，宜分农业银行与农民银行二种：（1）以农业银行贷放长期及中期贷款，仿效欧洲国家土地银行制度，兼采纳美国所特设的中期贷款制度，由政府办理，所需资本，则由政府于公款内筹拨，政府有营业权及管理权；（2）以农民银行贷放中期及短期之贷款，仿效欧日的合作银行制度，由政府或民间办理。

1934 年 7 月 4 日，国民政府颁布《储蓄银行法》，其中规定了有关农村的金融政策，规定对农村的放款（包括：对于农村合作社之质押放款和以农

---

① 王志莘：《农业金融制度论》，商务印书馆 1935 年版，第 2、147 页
② 姚公振：《中国农业金融史》，中国文化服务社 1947 年版，第 106 页。

产物为质之放款）总额，不得少于存款总款五分之一。①

1935 年法币政策实施，对于救济农村，更明定进一步的方法，以中国农民银行系为复兴农村经济而设，即财政部明令该行至少应以五千万元经营土地抵押放款及农村放款。②

二、华洋义赈会的积极影响

如何让资金安全、有效地放贷给农民，华洋义赈会做了可贵的探索。1920 年，华北大旱，各种义赈会组织纷纷成立。次年，这些义赈团体联合组织成立"中国华洋义赈救灾总会"。该会主张，救灾莫如防灾，而防灾工作，一是掘井开渠等水利基本建设，另一是改良农民生计，提高农民自身的抗灾能力。"盖农民穷困，乃是荒灾之根本原因，若农民富裕，纵有荒凶年岁，亦不至成灾。"③也就是说，发展农业生产，让农民致富才是救灾防灾的根本途径。

1922 年，华洋义赈会组织农业专家开展农村经济状况调查，着手研究农村信用合作制度。1924 年华洋义赈会以救灾余款在河北省香河县创办了中国第一个农村信用合作社。1925 年，该会执委会拨款 22000 元作为农民信用合作社的贷款。同时，还在北平菜厂胡同内成立农利股，作为义赈会下属的农村合作事业的执行机关。

义赈总会指导的合作社，以经济互利为目的，通常由当地农民自动组织（章程规定非农民加入为发起社员者，至多不得超过发起人数的 1/4）。入社社员，每人都必须交股本，每股 1—6 元，经义赈总会认可的合作社，可获得该会拨予的低息贷款。合作社向农民贷出的资金，主要来自义赈总会，而义赈总会的资金来源，除少量是救灾余款外，主要来自上海等地的银行投资。30 年代初经济萧条时，银行资金阻滞，纷纷转向农村，其中相当部分资金是经过义赈总会贷给农村信用合作社，然后才到达农民手中的。④

① 《储蓄银行法》，1934 年 7 月 4 日。
② 国民政府财政部：《十年来之金融》，国民政府档案部档案（三），② 498 ⑤。
③ 董时进：《农村合作》，北平大学农学院，1931 年，第 117 页。
④ 孔雪雄：《中国今日之农村运动》，中山文化教育馆，1934 年，第 272—273 页。

义赈总会倡办的农村信用合作社，大多集中在河北省。从 1923 年至 1927 年的 5 年间，河北省合作社由 8 个增至 561 个，社员自 256 人增至 13190 人，社员交纳的股金由 286 元增至 20698 元。[①] 义赈总会还在山东、安徽、江西、湖南、湖北等省组织了一些赈灾式的互助社与合作社，但是成绩及影响远不及河北省大。

南京国民政府成立后，吸取了华洋义赈会的合作运动经验，开始介入农村合作运动，在"救治农村"、"调节农村金融"的口号下，通过政府的组织和宣传，用行政手段创办信用合作社，将城市银行的剩余资金贷往农村。原来由民间团体组织的农村信用合作社转变为由官方发动和控制。合作事业是国民党中央规定的"七项运动"之一。

三、以开展运动方式推进农村金融

对于农村的经济建设，国民党本身没有太多的资源可供驱使。第一次国共合作时期，国民党省以下地方党务多由共产党人"包办"，形成了"上层国民党，下层共产党"的局面[②]，自 1927 年国民党清党，地方党务瘫痪，农村社会基本上处于失控状态。面对中共在江西等地的革命，和一些知识分子的乡村建设运动，国民党政府认为有必要通过声势浩大的运动来重建国民政府在乡村的权威。

1933 年，国民政府正式提出"复兴农村"口号，推进农作改良、救济农村金融、整顿水利、修建铁路、调查全国农村经济等方面。5 月，行政院下成立农村复兴委员会，以资专门倡导乡村建设运动。汪精卫在农村复兴委员会第一次会议上致词说："我国农村凋敝，产物衰微，以此抗日，则实力不济，以此剿匪，则滋蔓难图，故行政院设立农村复兴委员会，集中朝野力量，筹集巨款，分途救济，充实金融，改良技术，发展交通，调剂粮食，期于抗日为巩固后方之图，于剿匪收釜底抽薪之效。"[③]

---

① 郑季楷：《中国合作运动之回顾前瞻》，《农村经济》，第 1 卷第 9 期，1934 年 7 月。

② 王奇生：《党员、党权与党争：1924—1949 年中国国民党的组织形态》，第 77 页。

③ 复兴农村委员会举行首次会议，《申报》1933 年 5 月 6 日。

在金融方面，复兴委员会向行政院倡议并推动中央农业银行的设立；在农村基层，则积极推进合作事业发展，曾议决"每省设一合作指导委员会，指导各县合作社，每省设一农民银行，省中各地尽可能范围分设农民银行，关于农民银行及指导合作进行事宜，得由本委员会设专门委员会，协助实业部及省政府督促进行。"①

行政院农村复兴委员会主要的工作领域偏重于农村调查研究和规划，对农村经济的复兴推动力有限，加上国民党内部派系之间的倾轧，农村复兴运动的效果并不明显。到 1935 年，在日本在华北制造危机的背景下，蒋介石国民政府觉得有必要推展一场"国民经济建设运动"。国民经济建设运动的特点便是"以国家机关之政治力量推动"，"集合全国社会与生产机关各部分之努力，以建设健全之国民经济，政府则以所有之力量，为之排除障碍，且与以种种之助力与便利者也。"

国民经济建设运动，实施要点，第一条便是振兴农业："增加农业生产，凡制肥，选种，改良农作方法，活泼农业金融，流畅农产运销，悉以合作社为基础，指导并改进之，以达到粮食自给自足为初步目标，一方面增加产业原料之生产量，同时提倡农产之就地加工制造。"②在国民经济建设运动过程中，实业部长吴鼎昌于 1936 年 4 月提出："我国农村近年日趋衰落，人民购买力缺乏，以致各业不振。欲复兴工商业，首先须振兴农业，今拟设立农本局，救济农业。"③不久，由实业部联合各银行，设立农本局。至此，农业金融体系自上而下渐趋完善。

第二节　官商并进的多层次银行农贷

中国固有的农村金融是由地主富商及城镇钱庄、当铺等把持的，是农村

---

① 寿勉成：《中国合作运动史》，正中书局 1937 年版，第 117 页。

② 蒋介石：《国民经济建设运动之意义及其实施》，1935 年 10 月 10 日。

③ 《申报》1936 年 4 月 14 日。

封建地主经济的产物，其特点是高利贷剥削。有的地方，农民有一些互助金组织，但股金极为有限，且不普遍，对农村金融没有多大影响。南京国民政府成立后，在政府积极倡导与推动下，"金融下乡"成为一股热闹的时髦运动。

一、官方多层级农业金融机构的建立

1927 至 1937 年间，由于国民政府的积极倡导，农业金融制度以较快的速度在全国推进，形成了中央、省、县三级农业金融机构。

（一）在中央层级，建立中国农民银行和农本局。

中国农民银行的前身是豫鄂皖赣四省农民银行。起初，在 1932 年 10 月间，蒋介石在所谓的"剿匪区"，本着"三分军事七分政治"的宗旨，成立"豫鄂皖三省农村金融救济处"，先行举办各种紧急农村救济贷款。后于 1933 年 3 月，创办豫鄂皖赣四省农民银行，"复兴农村经济并促进农业生产之改良进步"。1935 年 4 月 1 日，以该行业务区域超过豫鄂皖赣四省范围，向全国扩展，故改称为中国农民银行。

农本局，1936 年 6 月成立，具有统管和协调全国农业金融机关的行政职能，它是仿效美国农业金融管理局组织办法，成为兼有农业金融行政与事业的中央机构。[①] 农本局的业务分为"农产"和"农资"两部：设"农产处"主管农业产品的调整，以农业仓库为中心；其二，设"农资处"主管农业资金的流通，并以合作金库为业物经营的主要机构。其职能是融通农村金融，促进农产运销；它与中国农民银行一起，成为南京国民政府控制农贷的国家专职农业金融机构。

1936 年 12 月，南京国民政府又通令全国，规定在中央、省、县三级设立隶属于农本局的"合作金库"，进一步控制农村金融业。至此，南京国民政府的农业金融网络最后形成。

---

① 姚公振：《中国农业金融史》，第 338 页。

（二）在省一级，抗战前创建的有江苏省农民银行、浙江省设立中国农工银行杭州分行。

1927 年南京国民政府定都南京，次年，便成立了江苏省农民银行。江苏省银行以江苏省政府为该行创办人，征收专项亩捐共 220 万元为银行基金，对于救济农村工作，有相当的成效，"资本增加至三百六十万元，分支行处遍设江之南北者，计四十有三，而在该行扶助下之农村合作社，达三千余所，农业仓库扩广至四十余县，计开办仓库一百八十余所。至于办理合作运销，进展亦极迅速，盖该行使命在于流通农村金融，发展农业生产，除以低利贷款于农民，为生产上必须之资金外，尤能尽力于农业仓库之经营，并重视合作运销之倡导，期于活动苏省整个农村金融中，又能增加农民生产之收入也。"[①]

浙江省政府本意仿效江苏省创办省农民银行，后鉴于农民银行不易持久，决定与中国农工银行合作，投资五十万元作为股金，在杭州设立浙江分行，经理浙江省建设经费，并代理浙江省农民放贷。后浙省政府另拨 38 万元交浙江分行，专备浙省农村信用合作社购买肥料种子之用。

（三）县一级，地方政府通过财政的手段创建了一批农民银行或农贷所，以浙江为盛。

1929—1935 年间，已成立县农民银行的有衢县、海宁、余姚、嘉兴、崇德、嘉善、金华、绍兴、平阳、义乌、平湖、永嘉等 11 县。有关统计表明：

各县农业金融机关，以民国二十一年，二十二年及二十三年成立的最多，截至二十三年底，计有县农民银行十一所，资金 788，702.57 元，县农民借贷所 273，429.71 元；县农民借贷所筹备处 6 所，资金 18，278.10 元，县农民放款处 2 所，资金 11,000 元，总计 43 所，资金总数 1,091,410 元。[②]

县农民银行多由县政府主持，银行股本主要来自田亩带征，也有以举债等手段筹措股本。县农民银行，大致在筹得资金五万元左右，便可成立。[③]

---

① 林和成：《中国农业金融》，中华书局 1936 年版，第 120 页。

② 郑厚博：《中国之合作运动》，农村经济月刊社，1936 年版，第 539—940 页。

③ 盛慕杰：《浙江近代金融概要》，《浙江文史资料》第 46 辑，第 206—208 页。

上述 11 个县农民银行，由一县单独设立的有 8 所，三县合设的有 2 所，两县合设的 1 所。其他借贷所等均由各县单独设立。各县农业金融机关基金的来源，以田赋项下带征为主，但也有用其他方法筹集的，归纳起来，有下列几种来源：

（1）田赋项下带征（如平阳县等）

（2）由备荒捐及公债拨发（如绍兴）

（3）地方公款，公股及私款（如衢县）

（4）田赋项下带征并有借入款的（如崇德）

（5）招募商股（如南田）

（6）赈灾余款拨借（如吴兴）

（7）田赋带征及募股（如永嘉、瑞安）

（8）田赋带征并由建设费积余项下暂借（孝丰）

（9）田赋带征并招募商股（如桐乡等县）

（10）拨借治虫费及米谷出口公益捐（如黄岩）

（11）拨借治虫经费（如宣平）

（12）拨借公款（如于潜）

（13）由建设厅代向中国农工银行透支（如丽水）

（14）治虫及建设积余经费借拨（如遂昌）[1]

以浙江海宁为例：海宁县农民银行，发起于 1928 年 2 月，由时任县长徐兆荪草拟计划，提交县建设委员会讨论通过，议决办法四项：（1）决议基金为十二万元；（2）筹募方法自 1928 年起于地方抵补金项下各带征银五角，以二年为限；（3）带征办法呈奉核准后，即成立海宁县农民银行筹备处，及基金管理委员会；（4）为谋早日成立，得先发行县公债五万元。1931 年 2 月 1 日，海宁县农民银行正式成立，除经营银行业务外，复先后分设堆栈三处，经营农产物的储藏，及小额押款，业务发展与日俱增。[2]

据统计，到 1935 年初，以"农工"、"农民"、"农商"命名的农业银行共 23 家，资本总额近两千万元。有如下表：

---

① 郑厚博：《中国之合作运动》，农村经济月刊社 1936 年版，第 539—940 页。

② 林合成：《中国农业金融》，第 291 页。

表8—1：中国的农业银行（至 1935 年）

银行名称	成立年份	总行所在地	资本额	银行名称	成立年份	总行所在地	资本额
中国农工银行	1918	上海	5000000	嘉善农民银行	1933	嘉善	51000
江丰农工银行	1922	震泽	200000	金永武农民银行	1934	金华	48913
江苏省农民银行	1928	镇江	3600000	义东浦农民银行	1934	义乌	57261
农商银行	1934	上海	3000000	永瑞农民银行	1934	永嘉	48319
丰县农工银行	1931	丰县	50000	平阳农民银行	1934	平阳	50000
衢县农民银行	1929	衢县	62060	嵊县农民银行	1924	嵊县	106900
海宁农民银行	1931	海宁	106691	中国农民银行	1933	汉口	5000000
余姚农民银行	1932	余姚	93458	湘西农村银行	1932	凤凰	600000
崇德农民银行	1933	崇德	72694	北碚农村银行	1931	北碚	40000
绍兴农民银行	1933	绍兴	100000	江津县农工银行	1933	江津	100000
嘉兴农民银行	1933	嘉兴	98303	河南农工银行	1928	开封	1250000
				青岛市农工银行	1933	青岛	100000
总计	23 家	总金额		19835599			

资料来源：吴承禧：《中国银行业的农业金融》，《社会科学杂志》6 卷 3 期，1935 年 9 月，第 468 页。

　　不过，有些农业银行名不符实，甚至干着挂羊头卖狗肉的勾当。譬如，湘西农村银行，由地方军事势力派陈渠珍（号称湘西王，时任湘西屯边使、新编第三十四师师长）主持创办，原定资本 60 万元，官商合办，他布置所辖 11 个县的县长硬性摊派，也只筹集到 30 万元；并陆续发行纸币，包括发行一元兑换券 5 万元，三角辅币券 9 万元，一角券 2 万元。[①]1935 年因陈氏垮台，湘西农村银行仅存 3 年而亡[②]。当时有识之士曾尖锐地指出："实际上它们既不重农，也不重工，他们有的只在努力钞票的发行；有的转为商业银行，竟以投机为务；有的曾经经营不正当的业务（风传有某农行曾一度贩卖特货，大赚其钱）；有的只是某一省的省银行或某一市的市银行，与农无缘，与工无涉!"[③]

二、商业银行的农贷

银行业最初与农村是不发生关系的。农村经济凋敝，农民购买力削弱，又反过来促成城市工商业的衰落，使银行资金无处宣泄，成为一个关系到国民经济全局的大问题。当时中国银行总经理张公权说："内地农村的不景气，影响到上海的金融界与产业界也随而衰败，所以现在只好把人和金钱，送到内地去。"[④]

银行放款于农村，发端于 1931 年 3 月上海商业储蓄银行与华洋义赈会订立合同，以 2 万元贷放给河北省办有成效的各信用社。次年 6 月，款额增至 5 万元，1933 年又增至 10 万元。继上海银行后，注意于农村贷款的还有中国银行和金城银行。各行都通过华洋义赈会、平民教育促进会等组织向农村投放贷款，例如金城银行于 1933 年 4 月以五万元参加华洋义赈会合作放款，复又与平民教育促进会及南开大学经济学院合办华北农产研究改进社，在河北各地举办农业生产放款、农业仓库及农产品抵押放款等。[⑤]

1934 年春，中国银行总经理张公权赴陕、晋各省内地考察，决定扩大对农村的投资，"除于重要各县增设办事处外，次要县镇亦派有办事员，与县长会同办理农民贷款，属于华北区者，计有陕西、河南、山西、河北、察哈尔等省，统由天津中国银行指挥，均已次第实行，其中以陕西省办理尤为

① 林合成：《中国农业金融》，第 298 页。

② 彭顺孝：《湘西农村银行始末》，《湘西文史资料》第 18 辑，1990 年，第 7—11 页。

③ 吴承禧：《中国银行业的农业金融》，《社会科学杂志》6 卷 3 期，1935 年 9 月。

④ 陈晖：《中国信用合作社的考察》，《中国农村》第 1 卷第 8 期，1935 年 5 月 1 日。

⑤ 符致逵：《商业银行对于农村放款问题》，《东方杂志》第 32 卷第 22 号，1935 年 11 月。

普遍，在冀南定县、正定、清风、束鹿与察哈尔绥远各地，设立仓库，办理农产品抵押放款。"①

值得注意的是，1935年2月，由交通、金城、上海、浙江、四省农民等五大银行联合发起，并有四行储蓄会、中南、大陆、国华、新华等五行参加，组织成立了一个"中华农业合作贷款银团"，该银团以发放农村贷款为宗旨，以棉业贷款为主，第一期贷款为三百万至五百万元。后因抗战爆发而停止。

第三节　农村金融与农民信用合作

现代银行业要进入农村，需要一定的中介组织来沟通银行与农民，建立彼此的信用关系。银行把资金投放于农村，首先遇到的问题是采取什么方式。农民的生产经营具有规模小和分散性特点。因其分散性，若农民直接向农户贷款，会遇到诸多无法克服的问题：其一是银行无法掌握农民的信用状况，加大银行贷款的风险；其二，银行向农户发放贷款，需要消耗大量的人力、物力，必然付出相当高的成本。因此，银行向农村的放贷，往往需要借助于一定的中介组织，主要是通过合作社进行的。

合作社思潮于五四前后由西方国家传入中国，原宗旨是强调农民的自主性，"先进各国的合作运动，不是政府花钱买来的，也不是一般伟人的奋斗出来的，乃是从很卑下的地位，很微贱的人民，自己产生出来的。他经过长久的时间，中心已经坚实，效用已经证明，然后在同等卑的人民当中，由小而大，由近而远的膨胀，经过长久的岁月，才成功今日根深蒂固的，与人民合成一片的运动。"②

在抗战前中国，推动合作社发展的并不是农民自发的要求，而是来自三

---

① 吴石城：《天津之华商银行》，《银行周报》19卷19期，1935年5月21日。

② 董时进：《农村合作》，北平大学农学院，1931年，第166页。

种力量：一是乡村赈济团体和乡村建设团体。以华洋义赈会最为突出，1937
年抗战爆发，这一力量基本消失。二是银行等金融机构的支持。三是政府自
上而下的推动。前两种力量主要是作为社会与市场的力量，把合作社办成经
济组织；政府的合作事业，既有救济农村、发展农业的主旨，也有政治上的
意图。

一、作为经济组织的信用合作社

银行与救济、乡建团体在发展信用合作社事业方面有其重要贡献。华
洋义赈会自 20 年代办理河北省信用合作社，直到抗战前，一直是推进合作
社的重要力量。20 世纪二三十年代，一部分知识分子创建的乡村建设团体，
也在其实验地区积极组建合作社，成为推动当地合作社发展的重要力量。据
不完全统计，到 1935 年，有关团体、机构至少有一千余个。[1]

银行投资合作社的数量，迄无完整统计，仅以个别实例来说明。如四省
农民银行与农村金融救济处，截至 1933 年共放款合作社、预备社 1300 多个，
社员 8 万余人。中国农民银行，1935 年放款合作社 3460 个，社员 16.5 万余
人。[2] 银行确是合作社的重要推动力。但是，仅靠商业银行是很难促成真正
的现代农村金融制度和体系的，因为商业银行的经营原则是弁取利润，不是
慈善机构，"救济农村，在银行方面，只能以银行眼光观察，不可认作慈善
性质"[3]。这也是 30 年代银行业开展农贷的声势很大，但是成效甚微的原因
所在。

农村金融的发展其前提是农民组织化，作为蒋介石核心幕僚之一的杨永
泰讲到："单就农事方面而言，亦必须改良生产方法，整理水利，防虫防灾，
并改用新式生产工具；然这都非一个人或少数人之力所可办到，惟有集合多
数人通力合作，方可成功。……信用合作社，就可以调剂金融，使人民避免

---

[1]　陈序经：《乡村建设运动》，大东书局 1946 年版，第 1 页；李金铮：《民国乡村借贷关系研
究——以长江中下游地区为中心》，第 338 页。

[2]　中华民国史档案资料汇编，第五辑第一编，财政经济四，第 518 页；林和成：《中国农业金
融》，第 519—520 页；《民国乡村借贷关系研究——以长江中下游地区为中心》，第 338 页。

[3]　《关于商资流入农村的四封信》，《银行周报》19 卷 1 期，1935 年 1 月 15 日。

土豪资本家之高利的盘剥，与提早贱卖生产品之损失而得低利的资金。所以要解决民生问题，自非首先组织民众不为功！"[①]

1927年之后，国民政府以行政的力量和政策的号召力介入合作事业，合作事业成为政府发动的"七项运动"之一。国民党中央政府及地方政府在三个方面推动合作事业，一是为合作运动的发展提供法律依据。1928年江苏省率先公布《江苏省合作社暂行条例》，其后各省纷纷仿效。1931年4月实业部颁布《农村合作社暂行规程》，1932年10月，豫皖鄂三省"剿匪"总部颁布《剿匪区内各省农村合作条例》及其《施行细则》。1934年3月，国民政府公布《合作社法》，对合作社的各种事项作了系统规定，从法律上统一了全国合作运动。第二，设立合作事业的管理和指导机构，1937年前，有15个省份设立了专门的合作行政机构，隶属于建设厅、农矿厅等部门。第三，培养合作人才。中央政府及各省创办了不少合作人才训练班和讲习会。

1935年3月，全国经济委员会、行政院农村复兴委员会、实业部还联合召开"全国合作事业讨论会"，会后发表宣言，强调了合作社作为"适当的经济组织"有利于农村复兴："年来国民经济日益凋敝，民生憔悴，举步艰难，都市日即于困穷，农村复濒于破产，推其原始，固非一端，而国民缺乏适当之经济组织，实为重要原因。欲为补偏救弊之谋，根本建设之计，必须倡导合作事业，为国民经济立其基础。"[②]

二、信用合作社的政治意图

国民政府以政策的手段推进合作运动，其政治意图也很明显。国民政府在江西、湖北、安徽等所谓"剿匪区"努力地推动合作运动，就是要发挥"三分军事七分政治"的功效，缓和中共的土地革命，争夺农村社会的主导权。国民政府的地方政治有四大要政："管、教、养、卫"，"各种合作社之普遍组织，农村金融之紧济与调剂……"[③]便是"养"的具体实施。杨永泰指出：

---

① 杨永泰：《我们应怎样发挥七分政治的力量》(1935年5月)，《杨永泰先生言论集》，第55页。
② 《中央日报》，1935年3月18日。
③ 杨永泰：《现行县制与县政的种种色色》，《杨永泰先生言论集》第76页。

"在剿匪省份，要求社会的安定，必先使农村安定，故农村之组织。极为重要。保甲制度是政治的组织，合作事业是经济的组织。此两项是相辅相成，相资为用的。"①

正是因为信用合作社的政治性强，因此，金融下乡并不专注于农业与农民的生产需要，往往忽略农民的主体地位和自主作用，政府有关部门也只是关注合作事业的表面功夫，以求"政绩"，结果造成信用合作社的畸形发展，"信社的业务，为贷放资金，不似其他合作社的繁复，工作人员，往往以贪多务得为事，以贷欲相号召，来鼓动农民。社员入社，亦以取得贷款为企图，不暇顾及合作的真义。信社纵有大量的进展，对于农村事业，殊少裨益。"②

中国的合作事业，非由于平民自动的兴起，乃自上而下，加于平民的一种政策。③ 对于政府自上而下推动合作事业，当时学者评论说："现在国内合作运动的方向，已经是由上而下了，即是公家设立贷款机关，叫农民组织合作社来借钱。这样的路径，和合作社的祖宗所取的路径不同，失掉了自助互助的要素，不能使社员对于合作社有充分的责任心，他们两者间的联系也不能深切。"④马寅初也有评价："中国除去华洋义赈会所经办的合作社，是由底下从教育办起，略见成效外，其他南方省份中合作社虽甚发达，但以政治力量促成，组织不甚健全。"⑤

第四节　"资金归农"还是"资金归绅"

战前国民政府的金融救农政策，着力在上层构建农村金融体系，以便让城市闲散资金引入农业生产，解决农村金融枯竭问题。但是，要使农村金融政策与体制发挥作用及效果如何，还需要观察下层的"三农"（农村、农业、

---

① 杨永泰：《合作事业与工作人员应负之使命》，《杨永泰先生言论集》第105页。
② 杨永泰：《合作事业与工作人员应负之使命》，《杨永泰先生言论集》第106页。
③ 郑厚博：《中国之合作运动》农村经济月刊社，1936年，第678页；中国合作运动史，第321页。
④ 董时进：《农村合作》，北平大学农学院，1931年，第168页。
⑤ 马寅初：《中国之经济建设》，《国民经济建设运动之理论与实践》，1936年，第67页。

农民）与银行发生的实际关系。据当时合作事业的参与者与研究者的探究，除了上述金融体系的技术性问题之外，在农村社会的层面，还有一个争议较多的核心问题是：资金归农还是资金归绅？

"资金归农"包含两个层面，一是资金归入农业生产之中，一是资金归入缺乏生产资金的农民，在这个层面与"资金归绅"形成对照。

一、资金流入农村的数额仍然偏少

"金融救农"虽然很快形成潮流，但毕竟"雷声大，雨点小"，当时在银行运用的资金总额中，投放于农村的只是其中很小的一部分。据估计，1933年和1934年，全国各银行的农业贷款的累计总额分别为600余万元和1800余万元，如以这两年相比，银行的农业贷款增带很快，但若以农业贷款占银行资金运用的比例来看，这一数量显然过于微小。从各行农贷在放款总额中所占比例来看，1934年，中国银行仅占0.7%。而较为突出的上海商业银行也只有2.4%，可说是无足轻重。[①]

从农民借贷的来源看，战前农民从银行获得的资金占农民借贷总量的比重也是相当低的。据1935年中央农业实验所对河北、江苏、浙江等7省的调查以及全国其他地区871县的调查结果，在合作事业最早发展的河北省，合作社只占11.9%，江苏省的同一数字为5.6%，浙江省4.5%，全国平均只有2.6%。

表8—2：农村借款来源百分比统计表（%）

	银行	合作社	典当	钱庄	商店	地主	富农	商人
河北	3.3	11.9	5.1	10.7	13.8	13.2	19.8	22.2
山东	6.1	3.4	3.5	16.3	15.4	15.5	19.6	20.2
江苏	8.8	5.6	18.5	6.2	7.2	23.5	14.2	16.0
安徽		8.6	6.9	0.5	13.1	30.4	16.0	23.6

---

① 《中国银行业的农业金融》，《社会科学杂志》第6卷第2期，1935年9月；龚关：《近代天津金融业研究：1861—1936》，天津人民出版社2007年版。

续表

	银行	合作社	典当	钱庄	商店	地主	富农	商人
湖北	2.9	4.9	10.9	3.9	13.8	25.4	21.6	16.6
江西	1.6	3.2	5.6	4.0	11.2	33.6	22.4	18.4
浙江	3.7	4.5	16.2	10.1	12.0	21.9	15.8	15.8
全国	2.4	2.6	8.8	5.5	13.1	24.2	18.4	25.0

资料来源：中央农业实验所：《农情报告》第 2 卷第 11 期。

由上表可以看出，30 畔代中期中国农村借款来源的百分比为：银行 2.4%，合作社 2.6%，这两者合计 5.0%，即是农民从现代金融体系借款的比重。其余为传统的借贷渠道：当铺 8.8%、钱庄 5.5%、商店 13.1%、地主 24.2%、富农 18.4%、商人 25%。这一串数字表明，战前的农村金融绝大部分仍然操纵于地主、商人手中，银行和信用合作社只是一个点缀，无法改变农村传统的借贷关系。

二、贷款未必用于生产事业

银行"农贷"一般规定贷款以用于农业生产事业为原则。但以种种原因，一般农民并未将借款完全投于农业生产事业。以下的调查资料表明，1934—1935 年各类农户的负债用途是：90% 以上用于非生产性开支，其中食物占 42%，婚葬占 18%，其他伤病等占 31%，而生产性借债不到 10%。

表 8—3：各类农户借欠用途百分比（1934—1935）

用途	平均	自耕农	半佃农	佃农
合计	100.0	100.0	100.0	100.0
生产用	8.4	7.4	11.6	5.8
非生产用	91.6	92.6	88.4	94.2
伙食	42.1	25.6	43.9	60.3
婚丧	13.1	21.5	12.7	20.3
其他	31.4	45.5	31.8	13.6

资料来源：《经济统计》第 4 期，第 190、193 页，1937 年。

再看银行和信用合作社系统的农贷情况，由于战前统计资料有限，以下还参照了战时的一些统计资料作为参考。以广西为例，各行局于该省放款，多以肥料、粮食、耕牛为大宗；粮食贷款系救济性质，多消费用途，"二十六年度（1937）广西农民银行放款用途，以肥料居第一位，约占放款总额33.70%；粮食次之，占30.70%；耕牛又次之，占14.10%；二十七年度（1938）、二十八年度（1939）粮食放款增长，列为第一位，肥料次之，耕牛贷款为次之。"巫宝三曾将1939年度前各种农业放款用途分为生产用途与消费用途两类。据其推算，1939年内各种贷款，其用于消费、流动资金及固定资金者，为4：3：3之比，[①]用于消费者多于用于生产者。1940年至1941年，虽为扩大农贷时期，但据调查四川11县216家结果，就农民各种来源之借款综合其各项用途，及生产用途每家平均154.8元，仍仅占借款总额45.5%，非生产之用途每家平均为185.5元，则占54.5%。由于生产用途较少，可知借款农民将借款用作农业生产之资金，实属于限。

农作物生产用途，约可分为种子、肥料、农具、人工、畜工、土地、农舍等项，而土地、肥料、人工尤为其生产之要素。调查十一县216农家，每市亩水稻之生产费用，于1940年计土地总费用占43%，人工占26%，肥料占13%，种籽畜工及农具农舍之使用费用，合占18%；迨至1941年，人工、畜工、种籽三者所占比率尤高。小麦生产费用，土地占40%，人工占24%，肥料占16%，其余占20%；玉米生产费用，人工占30%，土地占29%，肥料占22%，其他生产费用占19%。因此，农民希望借款用于买肥料者为32.2%，用于买牲畜者为27.0%，用于付工资者，为11.6%，用于种籽与工具者仅6.5%与1.3%；但实际用途并未如其所望，买肥料者仅占4.8%，买种籽与农具者仅占0.9%与0.3%。借款农民之未能把握借款主要用途与配合农作物生产要素，对农业增产自亦减少其促进作用。[②]

---

① 巫宝三：《农业借贷与货币政策》，转引自姚公振：《中国农业金融史》，中国文化服务社1947年版，第346页。

② 姚公振：《中国农业金融史》，第346—348页。

三、"资金归绅"问题

"资金归绅"是国民政府的农村金融政策被时人诟病的焦点之一。"以言合作制度，近年来合作行政系统虽已确立，惜尚未能普遍健全农业合作社组织，不仅未能积极推行其民主制度，且多难免土劣操纵，农业金融基础机构至今尚不健全者，此点亦为主因。"[①]

按照合作社章程条例，银行贷款给合作社，收取月利一分左右，再经合作社贷款给农民，加上手续费，变为一分五厘左右，农业仓库的押米借贷，月利为一分六厘左右。从表面上看，这样的利率仍然低于当时的农村高利贷（农村高利贷一般为月利三分）。但是，由于合作社大权，都掌握在乡绅之手，他们或通过包办转借，暗中提高利率，成为乡绅压榨农民的工具。当时有人批判说："农村之豪强，常假借组织合作社，乃向农民银行借得低利之借款，用之转借于乡民，条件之酷实罕具见。此种合作社非特无益于农民，反造成剥削农民之新式工具。"[②]

上述批评事实未必是农贷的主流，但是银行农贷的对象仍然是以拥有土地的农民为主。"农业生产者为农民，农业贷款之要义即在融通农业生产必需资金，使其不因资金之缺乏而影响农事的经营与农产的收成；但各农贷机关以缺乏健全的农业信用组织，对农贷资金安全问题多所顾虑，予以辅导农民信用合作组织，一则取贷款的便利，使其投于正当用途；再则用以防止贷款风险，求得资金的安全，因而大多以自耕农与半自耕民为主要贷款对象；而一般佃农，以经济地位较差，往往无法参加信用合作社而仰赖其资金之接济。"[③]

据宋荣昌研究：陕西十一个信用合作社共有社员 707 人，其中自耕农占 84.1%，计 5958 人，半自耕农占 10.1%，计 71 人，而佃农仅占 1.7%，计 12 人；且武功县杨陵镇信用合作社社员，无一在十五亩地以下者。陕西情形如此，其他地方亦多相似。[④]

---

① 姚公振：《中国农业金融史》，第 341 页。
② 骆耕漠：《信用合作事业与中国农村金融》，《中国农村》第 1 卷第 2 期，1934 年 11 月。
③ 姚公振：《中国农业金融史》，第 342 页。
④ 宋荣昌：《陕西农村信用合作社事业之质的分析》，《中农月刊》第二卷第十一期。

但中国农民以佃农最多，如中央农业实验所调查统计：川、黔、湘、鄂、桂五省佃农成数最高占 52%，最低 36%，自耕农最高 41%，最低 24%，半自耕农最高 29%，最低 24%，由此可知佃农之众；据金陵大学四省 14 处 818 农家调查：农作物面积自耕农计 12 市亩 4 分，半自耕农占 17 亩，而佃农亦占有 16 市亩 1 分；又每人耕种面积，自耕农往往较佃农为低，前者为二亩三分，后者则为三亩一分。① 由此则可见佃农所占农作面积之广与其生产力量之大。

但是，佃农负债额平均占资产额较自耕农为高，对资金之融通，远不如自耕农便利。据四川农村经济调查委员会调查 1940 年至 1941 年四川十县 216 农家，佃农平均负债额占资产额 20%，自耕农仅占资产额 5.6%，佃农经济状况之恶劣至为明显，以言资金之融通，因其负债能力薄弱，放款者为减少风险计，多采高利主义，其借款来源亦多地主是赖。② 是以佃农借款利率，通常较自耕农为高，如四川十县 216 农家，于 1940 年以前借款平均利率自耕农为月息一分五厘五毫，而佃农需付一分九厘四毫，高出三厘九毫；1940 年以后相差益显，佃农为二分八厘三毫，自耕农仅二分二厘七毫，相差五厘六毫。佃农利息负担过高，自必挫折其借款欲望，紧缩及减低生产范围与效率，因此以往农业合作放款之多半以土地为标准以及"自耕或租种十亩以上"之限制，实为失策，其与农业生产自不无恶劣影响。③

总之，（一）现代农村金融体系构建，开始形成对旧式农村金融的替代；开始扭转农村资金单向度流入城市的局面。

（二）通过合作运动把小农组织起来，是国民党的尝试，也是国民党构建国家控制农村社会的新渠道；但是，基于风险控制，银行农贷和农村信用合作社偏好于富足农民、疏远贫困佃农的取向，使国民党希望扎根于农村的希望落空。

---

① 金陵大学出版孙文郁《农业经济学》第八章。
② 据乔启明研究：佃户向地主借款者，在昆山占 66.4%，在宿县占 41.2%。
③ 姚公振：《中国农业金融史》，第 342—343 页。

第九章　县财政演进中的农村经济与社会

近代以来农村经济与社会动荡不定，影响因素众多。县财政从根本上决定于农村经济，又对农村经济与社会产生较大的能动作用。而要从众多的影响因素中完全剥离出县财政和农村经济与社会的互动作用，是一件艰难的工作，笔者恐力有不逮。本章就县财政和农村经济与社会中的几个关键问题进行探讨。

第一节　县财政与农地制度变迁

财政专家崔敬伯先生讲："从来言财政者，多重视其技术性，而忽视其社会性；认为是国家的财政学，而忘掉是人民的财政学；甚至仅认为是替统治者筹款管钱的技术问题，而忘掉是为大多数民众图谋幸福的主要工作！那样的财政，仅是"聚敛"的别名。……检讨财政问题，应该从客观出发，着眼于大多数的民众，方能达到达尔顿所称的'最大社会利益原则'（ThePrinciple of Maximum Social Advantage）。"于是，着眼于"聚敛"还是着眼于"最大社会利益"，往往成为可检讨财政问题的两条路线。国民政府县财政同样面临这个重大问题的选择：县财政的主要来源是田赋，田赋的源头是土地，土地是农村的根本问题。县财政能否作为手段之一有助于农村根本问题的解决、抑或阻碍农村根本问题的解决，是检讨县财政问题的一把钥匙。

一、"平均地权"与田赋

国民政府解决农村根本问题的理论与各项政策，其源头是孙中山的思想。孙中山是伟大的民主主义革命家，他所揭举的三民主义之一的民生主义，核心内容便是平均地权。平均地权的逻辑起点在农村土地问题。一段对话正反映了孙中山思考"平均地权"的渊源："余曾与先生谈土地问题，因问曰：'先生土地平均之说，得自何处？'……先生答曰：'吾受幼时境遇之刺激，颇感实际上及学理上有讲求此问题之必要。吾若非生而为贫困之农家子，则或忽视此重大问题，亦未可知'。"①

孙中山的平均地权思想，概括的来说，就是："采取'核定地价'、'照价纳税'、'照价收买'和'涨价归公'的手段和步骤，实施'土地国有'—'平均地权'的方案……"。②从孙中山平均地权思想的发展脉络来看，早年以土地私有否定论和土地公有论为原理，吸收了亨利·乔治的土地单税论、穆勒的"定价收买"方法，发展了华莱斯式的自由农民经营；到晚年时，在坚持"平均地权"和农民觉醒、革命化的过程中，逐渐发展为"耕者有其田"。③

日本著名学者久保田文次更为清晰地描述孙中山的乌托邦：实行土地国有，将废除地主对土地的垄断和绝对地租。农民只交纳作为级差地租的土地单税。国家通过国有地地租和国营企业的收入支撑国家财政，废除土地单税之外的诸税。农民及工商业者因营业税全部废除，可以自由从事营业。农民可以根据自己的能力和希望租借土地，得到耕作机会，并且耕作权受到保护。在他们能够同意的范围内地租还可以适当减轻。这样，就出现了不仅是从封建剥削下，而且是从近代土地私有制的束缚下最大限度地解放出来的农民。一切土地和劳力均用于生产，生产将得到极大发展，农民生活将会稳定和提高。而且因为"小农"较"大农"有利，在中国将没有必要担心农业为

---

① 《孙逸仙》(《宫崎滔天全集》1，平凡社，1971年，471页；宋庆龄：《为抗议违反孙中山的革命原则和政策的声明》，《宋庆龄选集》，香港版，1967年，第67页；[日]久保田文次：《孙中山的平均地权论》)

② 张磊：《试论孙中山的社会经济思想——关于民生主义的研究》，《近代史研究》1980年第1期。

③ [日]久保田文次：《孙中山的平均地权论》。

资本家垄断。这些就是孙中山等人描绘的实行"平均地权"——"土地国有"之后的"乌托邦"。

实现这个乌托邦的方法就是"定价收买之法"。简单地说，就是"定价"之后，以"涨价归公"之金额（即租税——笔者注）收买土地。"定价之后，此所增者归于国库。如是即以之渐买收其土地，及土地尽归国有而后为土地国有政策之完成。"如上所述，地主所有土地全部收买之后，平均地权——土地国有政策才能算是完全实施。从"定价"到"收买"之间的期间，"法律上言之，所有权在国家……而是时国家未尝给相当之对价，亦未尝得行使所有权，故人民所行使之他之物权，与前之所有权之使，悉同"。因此，"若在定价而未买收时，地主仍收其租，亦负其负担"就是当然的了。意即，革命二、三十年甚至更长的时间内，私人土地所有和地主制在事实上将继续存在。农民也将继续负担旧日的地租。虽然，"诚可举政治革命、社会革命毕其功于一役"，在说法上十分激进，实际的"平均地权"却只能在革命之后，资本主义发达之后的未来去实现。在这一点上，当时江南的一部分进步农民的立即无偿废除地主制的要求是没有能够满足的。而且对于希望确立农民土地私有的农民来说，禁止土地私有和"土地国有"的主张，也过分地观念性和激进了。①

对于上述归纳的孙中山"平均地权"乌托邦，有两处妥协、调适值得注意：一是激进的土地国有主张与温和的渐进式的财税方法；一是理想中的土地国有与现实中的土地私有即耕者有其田。

有学者评论：孙中山的"平均地权"是以土地公有为着眼点的，他比较倾向于选择土地公有的制度。但是，与共产党所遵循的土地路线不同，孙中山的"平均地权"以及后来国民党所施行之相关法律政策，一方面企图采取和平缓进的方式，先承认土地私有的现状，保护其合法财产权益，同时采用财政和税收、收买等手段进行调节，徐图地权资本之平均，免致发生剧烈社会动荡；另一方面，孙中山和国民党不仅没有根除土地私有的想法或举动，甚至还想兼用私有和公有两种所有制，发达资本，增进财富，

---

① ［日］久保田文次：《孙中山的平均地权论》。

促进社会发展。①

二、地价税的政策设计

田赋及其附加传承于传统封建赋役制度，与我国农业经济和专制政治相适应，自然地无助于农民土地问题的解决和"耕者有其田"的实现。美国人亨利·乔治所主张的单一土地税成为适应工业社会解决土地问题的重要学说，在欧美国家有着较为完善的经验。孙中山吸收了亨利·乔治的思想，融入中国的农地制度改造蓝图之中，直接成为国民政府推行地价税政策的思想渊源。国民党的权力从广东一隅扩展至全国之际，孙中山的"平均地权"思想在一定程度上开始转化为国民政府的一系列政策。

在第一次全国财政会议通过的整理财政大纲案修正报告中，关于田赋部分的叙述正展现了明确的路线图：由田赋而划一地税，最后全国土地整理。"田赋虽已划归地方收入，惟为划一办法免致纷岐起见，自当积极实行清丈，以期厘定全国地价，制定划一地税，完成全国土地整理计划。"②

整理全国土地的意旨，按照财政专家贾士毅的提案，"以平均地权为实行三民主义之第一办法，而归结其旨于'耕者有其田'"，"先总理为消弭前途隐患起见，特主张平均地权，以期于私有制下土地渐移为农有，实具有世界之眼光。盖欲解决吾国二十世纪之社会经济政策，其先决问题，固非平均土地不可也。为达到前项目的，亟应调查全国已垦地之确数及价值，制为根簿，详为登记，俾最短期间得以精密方法改正地税。"③这份提案内含着田赋向土地税转变的方向性变化。

1934年第二次全国财政会议召开，此次会议以整理地方财政为重心，单

---

① 孙家红：《再回首已百年身——孙中山"平均地权"思想探析》，《社会科学论坛》2013 年第 1 期，第 73 页。

② 《审查整理财政大纲案修正报告》[节录]，载于江苏省中华民国工商税收史编写组、中国第二历史档案馆：《中华民国工商税收史料选编》南京大学出版社 1996 年。第一辑，综合类，上册，第 1043 页。

③ 贾士毅：《整理全国土地计划案》，载于江苏省中华民国工商税收史编写组、中国第二历史档案馆：《中华民国工商税收史料选编》南京大学出版社 1996 年版。第一辑，综合类，上册，第 1071—1073 页。

一地税思想已贯彻于整理田赋的方案，地价税政策设计已然成型，其核心思想是"农地行单一税"、"依课税地价为标准"①，在增收土地税区域，原有田赋及其附加，一律免征，契税亦应废止，另行依法征收土地登记费。如下所示：

土地税：地价税（按素地价值每年课征，原有田赋免征）和土地增值税（土地现价超过原价之数额于所有权转移时征收之，所有权无转移者于一定年限征收之）

土地登记费：于所有权或他项权利登记时征收，原有契税免征。

至于地价税实施的具体办法，经当局有关研究，遵循下列四种步骤：

（1）土地测量为整理地籍基本工作。地籍整理完善，则一切政治设施，均可便于施行，当然不止征收赋税一项，而地税的征收，尤以地籍整理为基础。地籍清明，然后可以就地问户，就地问税。

（2）土地登记为确定人民产权重要工作，亦为征税之基础。盖产权定，纳税义务方能确定，征课方有对象。

（3）规定地价。孙中山曾主张由人民自行申报地价，国民政府起草《土地法》时，改用申报地价与估定地价并行。

（4）编造册籍。整理地籍后，应造册籍，计有两种：一为地籍，以地为纲，即所谓垦领户册，应存地政机关；二为地价册，以户为纲，即所谓户领垦册，为征税唯一根据，应造三份，一份存地政机关，一份存财政机关，一份呈送中央地政机关。以上四种工作，均属于地政机关主管，此四种工作，办理完成，然后由征税机关根据册籍征税。②

三、土地清丈和土地陈报

在孙中山的设计中，申报地价，照价征税，照价收买，涨价归公四点，是实施土地税最高指导原则。而地价税能真正落实，关键的环节还是土地的整理，问题也正在此："中华幅员至广，拥有十六兆方里之土地（新疆、东

---

① 《改订科则法（草案）》，载于江苏省中华民国工商税收史编写组、中国第二历史档案馆：《中华民国工商税收史料选编》南京大学出版社1996年版。第一辑，综合类，上册，第1290页。

② 《田赋·土地陈报·土地税》，第36—37页。

三省地方尚不在内），号称天府之国。只以数千年来从未彻底整理，既无精密之册籍，又无正确之舆图，以致盈虚消长莫可究诘。以言乎清赋，则有田无粮、有粮无田、飞洒诡寄，百弊滋生；以言乎分田，则面积价值既无可稽，益寡哀多奚从入手。"①

南京国民政府成立之初，百业俱兴，对土地整理还是比较重视的。在内政部设立土地司总其事，各省有的在省政府设立了专门土地整理机关，如江苏省和青海省设土地局，江西省和安徽省设土地整理处，东三省设清丈局，其余各省的地政机关附设于民政厅内。因为土地整理与赋税息息查关，所以财政部与各财政机关亦参与其事。财政部组织法第八条关于土地整理列为六项，是财政部政治上的设施。1932 年国民党中央政治学校设立地政班，以培养地政官僚和人才。1933 年在南京成立地政学会，"会员多以农业专家，并通过机关杂志《地政月刊》的言论活动，对国民党的土地政策造成相当大的影响。"国民党中央政治会议于 1934 年 2 月还做出决议："由全国经济委员会、内政部、财政部合组一土地委员会。先将各省市土地实况，于六个月内，为比较系之调查，再行拟具具体办法，提请中央政治会议核定。"②

当时的整理土地，属于地政范畴，目标是实施孙中山的"平均地权"。但整理土地的财政目标同样明显，甚至有过之。第一次全国财政会议上，李培天提出"清丈土地，以裕税收案"，主张限令各省三个月内成立清丈局，同时开办清丈人员养成所，务期在一年之内切实清丈各县田亩，以裕税收。③ 蒋介石在地政研究所的一次讲话中说："常闻土地专家谈论，我国土地

① 贾士毅：《整理全国土地计划案》，载于江苏省中华民国工商税收史编写组、中国第二历史档案馆：《中华民国工商税收史料选编》南京大学出版社 1996 年版，第一辑，综合类，上册，第 1071—1073 页。

② 《全国土地行政机关一览》，《农村复兴委员会会报》第 6 号，1933 年 11 月 26 日；[日]山本真：《1930—40 年代国民政府的土地政策决策过程》，《小型研讨会报告书：1930—1940 年代中国之政策》"1930—1040 年代中国之政策过程事务局"，2004 年 2 月 15日印刷；萧铮：《土地改革五十年》，台北 1980 年版，第 74 页；蔡鸿源主编：《民国法规集成》，第 39 册，第 341—358 页；冯小红：《乡村治理转型期的县财政研究（1928—1937）——以河北省为中心》，复旦大学博士学位论文 2005 年。

③ 刘国明、关吉玉编：《田赋会要（第三篇）：国民政府田赋实况》（上），正中书局 1944 年版，第 24 页。

如果清丈之后，田赋收入比较现在可望加多20倍，即每年可望收入20亿元，岂不是于国家财政大有裨益。"①1930年6月30日出台的《土地法》体现着当时国民政府的土地政策，该法规定的地政实施步骤是一个从地籍整理到估计地价再到征收地价税的递进过程。整理土地，治本的方法是土地清丈，治标的方法则是土地陈报。

国民政府从中央到地方，最初采用的整理方法是土地清丈。清丈的主要步骤是人工测量和地籍登记，个别地方兼采航空测量。内政部拟定的人工测量的基本程序是：

（A）大三角测量（包括一二等三角点之测量）；（B）水准测量；（C）小三角测量（包括三四等三角点测量）；（D）图根测量；（E）户地测量；（F）计算面积；（G）制图。本应由内政部协同参谋本部陆地测量局筹办的大三角测量，由于经费短绌，始终未能开展。部分省份自行开展的人工测量取得了一定成绩，有：江苏、浙江、湖北、广东、广西、河南等省。江西省试点航空测量最早，具有迅速、准确、田亩溢出、田赋增加等优点，但也有耗资过巨的不足。②

土地测量完成之后即进行地籍登记。《土地法》规定：土地登记包括土地及定着物登记。但是各省的地籍登记多只限于土地登记，而忽略了土地上的改良物登记，不完全符合《土地法》的要求。并且地籍登记工作一般进展极为迟缓，如江苏省截至1936年底土地测量完成者凡18县，而地籍登记告竣者仅4县。

总的来说，土地测量的功用"在明悉土地之方向、距离之远近、原隰之高下，面积之多少，实为整理土地之根本方法。"但是土地测量也有其不是之处，其一是耗时过长，以各国情形论，法国土地清丈耗时将近30年，日本从明治6年开始清丈土地，编制收益清册，至明治14年方告完成。江西省土地清丈计划，预定从1934年7月全面开始，到1942年6月完成，共需8年。其二是花费甚巨，据德国教授Otto Isreal估计，中国本部十八省，土

---

① 台湾中国国民党中央委员会党史委员会编印：《先总统蒋公思想言论总集》，卷10，演讲，第669页。

② 应作昌：《我国近年田赋整理之概观》，《浙江财政》1936年第9卷，第5期，第55—65页

地测量地籍登记经费至少需银八万万三千万两。[①]

由于土地清丈耗巨费时，且短期难见成效，一些省县便从增加地方财政收入的角度，考虑简便实用的土地整理方法——土地陈报。土地陈报是由农户自己将其所有土地实况直接陈报于政府的一种土地整理方法。与土地清丈相比，土地陈报简便易行，耗时较短，能够迎合财政当局的迫切心理，最为重要的是其费用较少，县财政还能负担得起。[②]

土地陈报首创于浙江。时任浙江省民政厅长的朱家骅在 1928 年第一次全国内政会议上提出"土地整理第一期办法大纲"，其方法为农户陈报，政府派人抽查，即"清查地亩、挤其隐漏，以裕课收，报价征税、平均负担，且使粮地相符而已"。1929 年，浙江省实施土地陈报，但未成功。

1933 年江宁自治试验县试办土地陈报，整理方针是："举办土地陈报，以求得正确之土地册籍，作为改良田赋之依据。改革征收制度，以铲除以前征收之一切积弊。适用新式簿记，实行预算及统收统支等制度，以革除会计上以前相沿之一切弊混。"该县土地整理之后，田赋实收额增加十九万元，土地陈报获得相当成功。浙江兰溪实验县推广江宁方法，自整理后，田赋实收额即增达十四万元，其效果之彰明显者，实可惊人。[③]

土地陈报对于增加财政收入的贡献引起各界，特别是财政当局的注意。正如萧铮所言："民国二十二年以后，中国地政学会正积极推动地籍整理……但财政当局却严令办土地陈报，因此各省政府不能不遵办，至少可以说不能不敷衍，于是地籍整理就无法推行了。"[④]

1934 年 1 月，财政部长孔祥熙在国民党四届四中全会上提出"整理田赋先举办土地陈报"案，经由大会通过，交行政院核办。5 月，第二次全国财政会议召开，孔祥熙提交"整理地方财政案"，附有财政部拟定的"土地陈报"一系列文件。最终，会议通过修正的《土地陈报纲要》35 条，由行政院颁行各省。

---

① 方显廷编：《中国经济研究》（上），第 349 页；冯小红：《乡村治理转型期的县财政研究（1928—1937）——以河北省为中心》，复旦大学 2005 年博士学位论文。
② 董浩：《中国土地整理鸟瞰》，方显廷编：《中国经济研究》（上），第 330—344 页．
③ 应作昌：《我国近年田赋整理之概观》，《浙江财政》1936 年第 9 卷，第 5 期，第 55—65 页。
④ 萧铮：《土地改革五十年》，第 96 页。

《土地陈报纲要》分土地陈报为七步，即册书编查、业户陈报、乡镇长陈报、审核复丈和抽丈、县府公告、编造征册与发给土地管业执照、改订科则。《土地陈报纲要》颁行后，各省纷纷拟定实施细则，着手办理土地陈报。办理较有力者为江苏、安徽、河南等省。江苏在江宁自治试验县办理成功后，即选择镇江、宜兴、沭阳、江阴四县续办，随后又推广至江都、太仓、扬中、睢宁、砀山、泰兴、沛县、金坛等县。安徽省在财政部直接指导下，先在萧县试办而后推广至11县。河南于1934年9月择定陕县试办，1936年初完成，之后在开封周围各县推广。截至1936年9月，已办土地陈报各县成效最为显著者当属安徽当涂县和浙江萧山，当涂县溢地30余万亩，萧山溢地110余万亩，土地税收入，当涂增加11万余元，萧山增加4万余元。①

国民政府暂缓土地清丈，而转向土地陈报，反映了国民政府在"地政"与"财税"的两者相权，倒向"财税"。这也是无赖之举，当时各省县面临最重要的田赋问题，其弊有二：一曰不均，二曰不实。第二次全国财政会议的对策是"整理田赋先以求实，求均之策俟诸后图"，"本计划整理田赋之先以'清赋'入手、暂置'清丈'于不谈者，非避重就轻，弃难就易而徒为征敛之谋也，盖登高自卑，行远自迩，远大之谋，不能无切近步骤耳。且今各省县田赋附加层出不穷，名目繁多，科敛之重远逾正贡，善良农民终岁胼手胝足之所入，不足以供苛征暴敛之所出，而狡黠之徒反得凭借权势缘以为利，胥吏乘间操纵而欺良济恶，取盈于民，故今不实之患更甚于不均，清赋之要益重清丈也。"②

不过，问题在于土地陈报真的能够"求实"吗？事实上，真正在土地陈报上获得成效的并不多，从时间上看，财政部要求各省土地陈报须在一年之内办竣，也就是说至迟在1935年之内办竣，但全国所有省份皆未达到财政部的要求。土地陈报在各地遭到地主阶级的抵制，占有土地越多者瞒报地亩数越多，也就是说占有土地越多的在逃税中得到的好处越大，土地陈报对其既得利益损害就越大。正如千家驹先生所预测，办理土地陈报的"土豪劣

---

① 方显廷编：《中国经济研究》（上），第339页；冯小红：《乡村治理转型期的县财政研究（1928—1937）——以河北省为中心》，复旦大学2005年博士学位论文。

② 《第一计划整理地税》，载于江苏省中华民国工商税收史编写组、中国第二历史档案馆：《中华民国工商税收史料选编》南京大学出版社1996年版，第一辑，综合类，上册，第1282页。

绅"，"其必将鼓励愚民，百般阻挠，殆可断言，即今勉强办成，亦必弊端百出，难其实效……在此种地主土劣所包庇之形势下，欲土地陈报之办有成效，前途实难乐者一也。"①

第二节　县财政与农村税负

县财政收入，已如前文所述，主要部分来源于"三农"（即农村农业农民），简括为农村税负。农村税负是衡量县财政能力的重要指标。农村税负又可分为土地税负和农民负担，这两个概念既相关，又有显著的不同。土地税负最终转化为农民负担；但是农民负担并不一定就是土地税负，土地税负仅是农民负担的一部分。由于市场经济的发展，农民有土地之外的收入来源，如副业收入和劳务收入，土地税负的增加未必就会显著增加农民负担。总体来说，县财政与土地税负正相关，但与农民负担之间具有较大的弹性。

一、县财政与土地税负

在南京国民政府时期，地方政府（主要是指省与县两级财政，因为田赋收入归地方政府所有）究竟从农业经济收入中获得多少资源，既关系到农民负担问题，也关系到地方政府的财政能力问题。这是一个基础性问题，但对此基础性问题历来学界与政界均不具有共识，存在彼此对立的观点。

一种观点认为，政府对农民课征沉重的赋税，加以土地过分集中，引起了农村崩溃趋势，这是农村革命兴起的根源。

与此对立的观点认为，土地税额长期很低（除去紧急情况下的地方军事征敛）②，由于农产品价格持续上升，这不一定意味着农民的税务负担加重③。

---

① 千家驹：《评第二次全国财政会议》，《东方杂志》第 31 卷第 14 号，1934 年 7 月 16 日。
② 吉尔伯特·罗兹曼：《中国的现代化》，第 607 页。
③ 马若孟：《中国农民经济》，第 292 页。

譬如，就绝对量而言，华北农民的田赋负担并非过重。[①]有学者坦率地认为："在太平洋战争之前的时期内，中国政府在财政上一直是软弱无力的，当局无力控制大量财政资源。……历史学家在财政问题上已经浪费了太多的精力了，并且有时夸大了税收的后果。尽管不能否认存在局部地区征税过多，税款贪污及税收结构中累退因素，也无法推翻税收及相关的附加费只占了总产出很小比例的这一结论。"[②]

两处对立的观点往往是不同的学者依据不同思想体系，使用凌乱甚至矛盾的史料分析中国农村社会经济的结果。观点虽异，但基本上是属于各说的话，彼此提出自己的观点，而不是为了驳斥理论对手。

前一种观点，如陈翰笙先生的对中国农村的分析，所使用的资料是1928—1933年的，而这几年更多的是受到周期性因素和突发性因素的影响，诸如自然灾害、国内战争和世界经济大萧条的影响。这种观点的不足之处就是资料的有限性，以短暂的几年农业低谷时期的数据无法反映农村农民经济的长期趋向。

后一种观点的支撑资料来源于官方的统计数据和部分学者专家农村调查的实证资料。但是官方统计数据的真实性是很存疑的，而学者专家的调查数据具模糊性，也有典型性存疑。比较关键的是税负率的计算公式：

公式1：人均税负率＝人均税负额／人均收入额。

根据公式1，在抗战前，国民生产总值约为30亿元，约5亿的人口来计算，20世纪30年代人均生产总值约为60元；刘大中和叶孔嘉估算的1933年人均消费为56元，人均税负为5—6元，据此计算政府占国民生产总值的比例约为10%。个别数据远未达到这一水平。陈志让对6个县的税负总额的计算结果显示人均税负为2.71元。西德尼·甘博（SidneyGamble）

---

① 郑起东：就绝对量而言，华北农民的田赋负担并非过重。当时，许多研究田赋的著述都指出这一点，如冯华德、李陵的《河北省定县之田赋》曾指出："定县人民的田赋负担，一般看来，并不为繁重"，"就把现行税率再提高一倍，以图增加县收入，也不为过分"。林钦辰的《山东田赋研究》也认为："山东省各县捐税数目相等时，每亩均征洋三角"，"农民负担，不无减轻"。但是，华北农民的田赋负担是不稳定的，在有些地区，有些年代相当沉重。影响华北农民赋役负担的因素主要有：一、科则的高低；二、附加税的增减；三、银价和洋价的涨落；四、粮价的涨落。（郑起东：《转型期的华北农村社会》，上海书店出版社2004年版，第243页。）

② 罗斯基：《战前中国经济的增长》，浙江大学出版社2009年版，第43—44页。

对河北定县进行研究后总结道："基于数据纪录而估算的 1929 年中央、省、县政府收到的税款"加起来为人均 1.25 元，"对未上报的村镇的大致估算与对非政府税收员（税款包收人）获得的利润的估算，将使这个数字达"人均 2.25 元，仍然只占地方人均年总收入 43.7 元的 5.1%。黄宗智用 1937 年河北一个村的数据，说明纳税额占家庭收入的 0.3%—5.9%。[①]

罗斯基肯定地指出，中国税收的范围和影响在战前数十年间是很有限的。即使人均收入的水平低，也不能用"压榨性的"、"残酷的"、"过高的"和"沉重的"等词语来形容一个只取得总产出 5% 的税收体系。这是不确切的。只有个别村、镇、县，甚至整个省的居民缴纳数超过当时产出 5%—7% 的总体平均水平。[②]

由公式 1 引申出的结论，很明显的没出区分城市与乡村的税负差别，没有区别农村中不同阶级阶层的税负水平。所谓"平均 5%—7% 的税负水平"恐怕是严重掩盖了农村税负特别是土地税负水平。

美国学者马若孟对农民的赋税负担的认识相对谨慎，他根据卜凯的调查和满铁调查部的资料等，设计了两个虚拟村庄赋税负担估算表，不过，同样一份资料，马若孟的分析和笔者的分析在视角上有很大区别。先看下表：

表 9—1：农村税负估算表

表（1）两个虚拟村庄赋税负担估算，1910—1941（以中国银为单位）

年份	每亩税额				全村赋税	
	（1）田赋	（2）附加税	（3）摊款	赋税合计	（4）村庄 A	（5）村庄 B
1910	0.80	0	0	0.80	640.00	640.00
1920	0.68	0.08	0.10	0.86	688	688
1925	0.65	0.14	0.30	1.09	872.00	872.00
1930	0.91	0.55	0.10	1.56	128.00	128.00
1932	0.93	0.75	0.10	1.78	1424.00	1424.00

---

① 罗斯基：《战前中国经济的增长》，浙江大学出版社 2009 年版，第 37 页。

② 罗斯基：《战前中国经济的增长》，浙江大学出版社 2009 年版，第 38 页。

年份	每亩税额				全村赋税	
1937	0.93	0.75	0.12	1.80	1440.00	1440.00
1941	0.93	0.75	0.60	2.28	1824.00	1824.00
1945	0.93	0.75	0.90	2.58	2064.00	2064.00

表（2）村庄 A 收入和赋税负担

年份	户数	每亩收入	可耕地（亩）	应征税耕地（亩）	农业收入	非农业收入	总收入	全村赋税负担（%）
1910	100	8.8	1000	800	8800	2200	11000	5.8
1920	110	9.8	1000	800	9800	3345	13245	5.9
1925	115	10.5	1000	800	10500	4975	15475	6.0
1930	120	11.6	1000	800	11600	5290	16890	8.0
1932	122	9.7	1000	800	9700	7186	16886	7.3
1937	128	11.9	1000	800	11900	7420	19320	7.0
1941	130	13.5	1000	800	13500	9320	22820	9.9
1945	130	17.0	1000	800	17000	10300	27300	9.0

表（3）村庄 B 收入和赋税负担

1910	100	8.8	1000	800	8800	2200	11000	5.8
1920	110	10.1	1050	800	10605	2640	13245	5.9
1925	115	11.6	1075	800	12470	3005	15475	6.0
1930	120	12.3	1100	800	13530	3360	16890	6.0
1932	122	10.8	1150	800	13470	3416	16886	7.3
1937	128	12.9	1200	800	15480	3840	19320	7.0
1941	130	14.5	1200	800	17400	4420	22820	9.9
1945	130	18.2	1200	800	21840	5460	27300	9.0

资料来源：马若孟：《中国农民经济》，第 301—302 页。

马若孟提到两个虚拟的事例不是村庄的实例，但应该被视为在各种不同的村庄条件的上限和下限所发生的近似情况。村庄 A 假定耕地没有变化，农民成功地隐瞒了 20%的耕地不交纳田赋。村庄 B 中耕地面积增加了 20%，所以每亩收入比村庄 A 增加得更快，然而，非农业收入增长得不像村庄 A 那么快。两个村庄的赋税负担是同样的。村庄赋税负担的增加是较大还是较小，取决于农户和村庄收入上升的速度。马若孟认为只有在生产和销售体系都受到破坏时负担才会上升，"我假设 1900—1937 年间农户的货币收入增加了 50%，这看来是一个以这一时期村庄发生的变化为依据的合理的假设。1937 年农户交纳赋税所用的钱平均占其货币收入的 7%。表格显示出赋税负担增长较小，但农户一年又一年很难有积蓄，即使是 1%的增长也意味着要放弃某些生活必需品。"[①]

　·　从马若孟设计的表格看，全村赋税负担率，在战前的区间为 5.8%— 8%，这样的负担水平显然并不高。但是笔者并不是以马若孟的结论为出发点，而是要选择一个新的计算公式。笔者借鉴了王业健先生关于田赋实际负担的一个计算公式，即：

公式 2：田赋的实际负担 = 田赋 / 土地生产。

公式 2 又可演化为：

公式 3：田赋的实际负担 = 田赋定额 * 实征税率（货币形式）/ 耕地面积 * 耕地产量 * 物价；

公式 4：田赋的实际负担 = 田赋征收额（用货币计算）/ 耕地面积 * 耕地产量 * 物价。

根据公式 2，笔者用表（1）中的"赋税合计"，分别除以表（2）和表（3）中的"每亩收入"项，得出以下数据：

表 9—2：土地税负

（4）土地税负

年份	赋税合计	每亩收入（村庄 A）	每亩收入（村庄 B）	土地税负（%）（村庄 A）	土地税负（%）（村庄 B）
1910	0.80	8.8	8.8	9.0%	9.0%
1920	0.86	9.8	10.1	8.8%	8.5%

[①]　马若孟：《中国农民经济》，第 303 页。

年份	赋税合计	每亩收入（村庄 A）	每亩收入（村庄 B）	土地税负（%）（村庄 A）	土地税负（%）（村庄 B）
1925	1.09	10.5	11.6	11.4%	9.4%
1930	1.56	11.6	12.3	14.2%	12.7%
1932	1.78	9.7	10.8	18.4%	16.5%
1937	1.80	11.9	12.9	15.1%	14.0%
1941	2.28	13.5	14.5	16.9%	15.7%
1945	2.58	17.0	18.2	15.2%	14.2%

上表中的每亩收入，马若孟是根据农户收入、平均农场面积和各种假设的物价上涨率来进行计算。假定 1910—1931 年间物价至少每年上升 2%，1931—1934 年间物价下降了约 20%，到 1937 年恢复到了 1930 年的物价水平，那以后则是物价飞速上涨。1912—1930 年间，由于农产品价格上升和最低限度的生产力提高，村庄收入以每亩收入计算增长了 32%，1930—1932 年，每亩收入由于价格下降而减少，1937 年又由于经济全面恢复而上升到了 1930 年的水平。那以后由于通货膨胀每亩收入迅速增长。

根据公式 3 和公式 4，田赋的实际负担又与物价呈反比关系，粮食价格上涨，农民收入上升，田赋实际负担下降，1910—1920 年间，物价上涨，农民的土地税负下降，而在 1931—1934 年间物价下降，农民的土地税负上升，农民负担增重。

根据表（4）土地税负的计算，土地税负率要大大高于马若孟得出的农村赋税负担率，村庄 A 的区间为 8.8%—18.4%，村庄 B 由于增加 20% 的土地，摊低了土地税负率，也达到 8.5%—16.5%。也就是说，如果以土地为标的，而不是以农民收入为计算基数，田赋的实际负担是相当大的。

上表计算得出的土地税负水平，与民国时期一些观察者的估算大致相近，因此有较大的可信度。在江苏的宜兴，"农民缴纳租税最多的是地税（田赋），在我们家乡，田每亩每年纳田赋共计一元五角左右，要占到每亩总收益的百分之十五至二十。这是农村的一个巨大支出。（不管这田赋是由地主或其他什么人的手中支出，最后负担还是在劳农民。)"①

于上分析，可得出二点看法：第一，县财政与田赋正相关，县财政的扩张直接导致土地税负日益增长；第二，由于粮食价格的增长，与税负增长成反正，可部分的抵消掉土地税负增长，如果农产品价格增长率大于土地税负增长率，则土地税负降低；如果农产品价格波动较大，增长率小于土地税负增长率，则土地税负增大。

农产品价格上涨肯定是有利于农民的，不过，谷贱伤农的杀伤力也非常大。考虑到市场中的博弈因素，商人在物价控制方面处于主导和有利地位，一般农民在市场中处于劣势，市场成本高，抗风险能力低，农民的市场行为模式往往是在粮食价格低位时卖出，高位时买入，市场因素对农民往往是弊大于利。

当时有位日本学者对比了中日田赋负担额，直观地指出："农业国的中国的主要财源，须由农民负担，但中国的农业生产，极度地减退，对于农业所得额的租税公课负担额，虽比日本低得多，可在中国农民的生活上，租税公课负担额要比日本高得多，佃租与租税的负担，占了支出的大部分，农业经营费比日本少得多，照现在的情况下去，中国的农业生产日益减退，怕农业将完全破产，将来的国家收入，必须以由商工业者负担为主，在这个推移过程中，中国才能脱离封建国家的境域。"②

二、县财政与农民负担

上文我们看到县财政给土地增加了很大压力，但这意味着县财政给农民制造了很大压力吗？根据上文公式 1 的估算，国家财政所占国民生产总值的比例并不高，人均税负水平并不高。这个公式忽略了城乡差别和农村内部的差别，事实上，由于税制问题，农民税负要比市民税负高③；而农村中又有

---

① 企之：《久违了的故乡宜兴》，俞庆棠编：《申报·农村生活丛谈》，申报馆印行，1937 年，第 69 页。

② ［日本］田中忠夫：《中国农业经济资料》，第 38 页。

③ 中国政府曾试办所得税，1921 年曾试办失败，1927 年提议但未实行，中国财政的负担，间接的差不多都放在农民身上，因为农民几占全国人口 80%。

差别，根据占有土地情况，可以分为地主（大、中、小）、自耕民、半自耕民和佃农。由于土地税负日渐沉重，有地农民①，包括中小地主、自耕民和半耕民的税负水平日渐增高。

根据日本学者田中忠夫的研究，他认为：由佃农而半自耕农而至自耕民，其负担依次增加。②也就是说，拥有土地的农民比无土地的农民肩负更大的税负，特别是在南京国民政府成立之后，县财政扩张，田赋附加猛增，有地农民的税负更重。

根据当时田赋调查，以江苏为例，"江苏田赋附加，民国十七年以后，日趋烦重，惟以县地方收入，无预算制度，故总数亦无可稽考，大致江北较重于江南，其增加速度亦较大，经济落后县份，附税往往超出正税十余倍以至二十倍以上。据二十四年江苏省鉴载：二十二年度各县正附税比较表中，海门超过正税达二十五倍，灌云达二十倍，全省平均附税为正税百分之三百一十强。又据行政院农村复兴委员会二十二年调查报告，灌云实际且超出三十倍，农村疲敝，由此可知。"③

国民政府行政院农村复兴委员会一份工作报告也指出："如田赋附加一项，其附加项目之多，据报江苏全省各县有 105 种，浙江有 74 种，而浙江科则之繁，全省各县竟达 739 种，至其与正赋之比例，据报江苏灌云县芦课小粮之附加，超过正赋 31 倍，灶田地亩捐及大粮附加，各超过正税 30 倍，海门附加超过正赋 26 倍，灌云县附加超过正赋 20 倍，江浙情形如此，他省不难推知。"④

再看中部省份湖南："十七年以后，地方借口兴办新政，附加增加尤速，其中尤以十七八年之交，各县兴办团队，于田赋正银每两带征国币五元为税率之最高者。以民国二十年至二十四为例，各县田赋附加超过正数之倍数，有如下表：

---

① 注：大地主由于政治上的优势，可以隐瞒纳税土地数量等方式规避税负。
② ［日］田中忠夫：《中国农业经济资料》，第 29 页。
③ 《国民政府田赋实况》（上册），第 439 页。
④ 《一年来复兴农村政策之实施状况》，第 46 页。

表9—3：湖南各县田赋附加与正数比额

年份	附加超过正赋最高倍数	附加超过正税最低倍数	平均超过倍数
民国二十年	9.939	0.100	3.115
民国二十一年	12.804	0.240	3.237
民国二十二年	6.250	0.271	3.020
民国二十三年	6.583	0.245	3.153
民国二十四年	8.672	0.400	3.364

上述五年份，全省田赋正税收入，年约三百六十万元，而各县地方附加收入，年约一千一百万元左右，平均比正税超过三倍。其中最高者，如民国二十年之慈利，民国二十一年之沅江两县，其超过各该县田赋正税达十倍以上。"[1]

正因为土地税负沉重，外加上粮食市场价格的波动，[2] 农民从事主业即粮食种植，往往要亏损，种田的收益抵不上种田的成本。"因为农业物价值之大小，是没有定准的，它的价格的涨落，一方面为国内市场之买主，和世界资本的输入而决定，一方面有中国的资产阶级，操纵价格，以损害农民，也是决定农产品价格的一个重要元素。并且计算农民的总收入而加上农村手工业的收入和在外的工钱，也未免太过随意。"[3]

种地的农民反而亏损，这种情况比较普遍的存在：如湖南："地方生产，亦将日即萎缩，即以谷之本身论，每石成本，约需三元，收获售价，不出二元。农民一年辛勤，结果反蒙其害，从此耕种随便，多种则多吃亏，少种则生产锐减，两者为害，均在农民，社会隐忧，诚不堪设想。"[4]

因为田赋附加沉重，种田亏本，农民或只能通过副业或外出打工来弥补土地税负。县财政主要通过田赋附加的猛增，具有了一定的挤出效应，有地

---

[1]　《国民政府田赋实况》（上册），第 280 页。

[2]　中国农村经济的很大部分，已变成商品经济。农产物运到市场去卖，农民倚赖市场，以销售其农产物品，然后才能偿清其最重要的担负——税租。因为在农民的支出预算中，税租占很大部分。何汉民：《中国国民经济概况》，"农业"，第 144 页。

[3]　何汉民：《中国国民经济概况》，"农业"，第 140 页。

[4]　《赣皖湘鄂视察记》，"醴陵"。

农民（主要是自耕民和半自耕民）负担加重，农民离村和资金流出农村的现象日益严重。

第三节　县财政与市场经济

按照公共财政的理论逻辑，公共财政是建立在市场经济基础之上的财政，是弥补市场失效的财政，也就是公共财政的重要职能之一：稳定经济的功能。在理论上，稳定经济的功能，主要应由中央政府来完成。宏观经济的调控是全社会性的，因而是全国性公共产品，地方政府对宏观经济变量影响能力是极为有限的，经济稳定政策只能由国家级政府负责来执行。[①]

就理论而言，县财政是无法有效调控市场经济的。但是，县财政收入和支出必将对农村经济要素的流动产生影响，进而对市场经济产生影响。当然，县财政如何影响农村经济，既是一个理论问题，更重要的是实际问题，且只有回到民国时期的历史现场才具有讨论的价值。从民国时期县财政支出的规模与结构看，行政性支出占据县财政支出的首位；不过，经济建设经费的增长是不可忽视的一个领域。无论是改善民生，还是培育地方税源的需要，县级政权需要通过经济支出为地方经济发展提供良好的市场环境。直面农村市场，这是民初以来县财政不可回避的领域。

一、县财政参与地方经济建设成为一个普遍的趋势

受自然经济和传统政治制度的影响，县级财政长期以来对农村市场的回应是"缺位"的，在北洋时期这种缺位状态也没有明显改变，县政府均以办理公文为主，对于地方经济建设，很少过问。南京国民政府时期，县级政权的财政投放重点虽然仍在社会性支出方面，但是对经济建设明显有了一个从

---

① 张馨：《财政·计划·市场——中西财政比较与借鉴》，中国财政经济出版社 1993 年版，第 390 页。

消极到积极参与的转变。对经济建设的逐渐重视，表明了县政权向社会经济的扩张，对农村市场的干预。

以浙江省海宁县为例。民初的建设事业由县政府民政科或第一科或政务科兼办，1920 年，海宁县政府奉命成立实业科，1925 年筹建实业局。但是，由于缺乏建设经费，实业科和实业局难有作为，所办理的建设事业，仅为遵令办理的事业，或为地方人士所举办而请县补助经费的事业。在 1918、1919两年度所编造的县地方实业岁入岁出预算书里，编列科目非常简单，仅有两项：实业调查费和植树费；预算额（经常费与临时费之和）分别是 75 元、65 元。[1]

南京国民政府成立后，省、县两级政权对建设事业日益关注。海宁县建设经费也呈较快的上升趋势，1927 至 1933 年间，海宁县建设经费岁出科目，经常项目有 20 项：建设委员会经费、水利委员会经费、治虫委员会经费、农民银行经常费、农业改良场经常费、度量衡检定分所经费、公园经费、合作事业费、水文观察员经费、收音机经常费、水利经费、道路经费、合作事业促进费、苗圃经费、蚕桑经费、国货陈列馆经费、海神庙岁修拨入、农民银行监理委员会经费、公园建筑费、预备费，临时项目有 2 项：添设自流井经费、购装抽水机经费；预算额分别为 8151 元、9130 元、11587 元、26647 元、29447 元、34042 元、19446 元。[2]

对照海宁县在 1918—1919 年与 1927—1933 年经济建设科目与支出金额，实已不可同日而语，表明了县政府已经开始从地方绅士手中接管地方公共事业，从传统的调查、植树等仪式型活动扩展至水利、治虫、农村金融的改善、道路修建、促进合作事业、推广国货、建设公园以及自流井的建设等等，县政府的触角已及于农村市场的诸多重要领域。

二、县财政影响农村市场的方式和程度在各地有所不同

各省各县的经济状况、民俗传统、社会关系不尽相同，各县财政经济建

---

① 元，是指银元。楼荃：《海宁县历年来之建设机构与建设经费》，《浙江省建设月刊》第 8卷 11 期，"史料"第 10—16 页。

② 楼荃：《海宁县历年来之建设机构与建设经费》，《浙江省建设月刊》第 8 卷 11 期，"史料"第 10—16 页。

设方面的支出呈现出明显的地方性特点。一般而言，商品经济发达，市场化程度高的地方，财政的公共化程度愈高，县级政权参与地方经济建设的热情愈浓烈。

我们可以通过浙江与湖北一些县份的建设支出科目进行比较。浙江省政府自 1927 年后，有志于现代化建设，以"模范省"建设为己任，各县政府追随省府意志，积极于建设事业。各县政府在行政机关的设置方面，确立了建设局，在县公署内设专科办理，具有了特定的编制和地位[①]；根据事业的确定与发展，设立了各种专门委员会，如海宁县建立了建设委员会、水利委员会、度量衡检量场、农业银行监理委员会以及蚕种改良场、国货陈列馆等，使得事业责有专成。在财政方面的表现就是由无为（或量入为出）政策进入量出为入的阶段，并确定建设经费，列入县预算，使得事业能够有规划进行。

湖北省方面，各县财力拮据，建设事业尽显紧缩状态。例如，湖北嘉鱼县在 1934 年核定的建设经费只有 3 项：电话经费、度量衡检定分所、植树节经费。[②] 孝感市列支的各项建设项目有 11 项：植树节经费、陆家山农林试验场经费、环城马路车捐处经费、环马路培修费、筑路委员会办公费、修路费、筑路费、电杆费、无线电机价费、营房机场基地经费、度量衡检定分所经费，但这些建设项目经费均有蒂欠。[③]

相比中部地区县份，浙江各县市场经济普遍发育得更为完备，经济建设的主动性更强。对照湖北嘉鱼、孝感等县，浙江海宁县的建设经费支出更有针对性，对市场各要素的培养起到了良好的引导作用。比如，1920 年代末和 30 代初，受国内年年人祸天灾和国外洋货倾销影响，农村经济趋于崩溃，浙江一些县份对当地重要经济产业——蚕桑业，采取积极的财政支持政策，海宁县列支稳定的蚕桑经费；在杭州附近的一些县份，"蚕种制造场，蚕丝

---

① 1927 年 5 月，浙江省政府颁发县政府组织暂行条例，规定县政府设总务，民治、财政、建设等四科，以其名列第四，故又名为第四科。1929 年 11 月间，颁发县组织法、县组织法施行法及办事通则，依照县组织法第十六条规定，县政府应设公安、财政、建设、教育等四局。1932 年 8 月 10 日，裁局改科，县政府内设建设科负责各县建设事业。

② 《湖北县政概况》第一册，第 80 页。

③ 《湖北县政概况》第三册，第 634 页。

统制委员会，蚕桑改良会及缫丝厂等，如雨后春笋般的先后设立。"①

三、县财政支出干涉农村市场同样面临"越位"的可能

财政是庶政之母，经济建设支出体现了县政的经济政策导向。县政府通过财政支出引导和影响农村经济活动时，政府与市场的边界问题就会突显出来。公共财政的基础是市场经济，市场在资源配置中起基础性作用，政府"看得见的手"应尊重市场经济规则，不逾越市场的边界。政府权力不能妨碍市场的正常运行，亦以维护市场正常运转为职责。如果政府权力不受约束，财政的公共化可能会变质，进而激发市场与政府的矛盾，引起民众的对抗。

北洋时期，县政府由于行政资源和行政能力不足，对农村市场不干预，对社会经济的影响极为有限。南京国民政府成立后，地方政权建设加强，县政对农村市场的影响力持续增加，县政与农村市场的摩擦增多。

不过，在中部省份的湖北，县政事业只能进行消极的"除弊"，而对于积极的"兴利"，难以实施，正是因为"无为"，故县政与农村市场的摩擦较少。湖北一名县长即坦言：财力不足以推进政务，"即目前县长一职，虽号称一方长官，但因上级、命令、条例之'三多'，政费、职员、子弹之'三少'，以致每兴利除弊，辄有客观阻力，苟非投鼠之忌，即有见肘之虞。"②

政府与市场的冲突，在市场经济发育程度高的浙江更为突出。1933年4月间，浙江余杭、萧山、临安等县爆发大规模蚕种风波，就是一个政府权力对农村市场过多干预的一个例子。

蚕种风波的起因在于政府推行改良蚕种，严厉取缔各地的土制蚕种饲育贩卖，据报道：各地蚕户一再反对无效，致激成众怒，萧山余杭各县农民，已先后发生骚动，焚毁改良场捣毁区公所农会学校。③

改良蚕种的抗病能力更强，饲育成本更低，但为什么会出现蚕种风波

---

① 《杭州市立绸业市场三年来之工作概况》，《民国时期杭州市政府档案史料汇编（1927—1949)》，杭州市档案馆，1990年，第213页。

② 《赣皖湘鄂视察记》，"二六由南漳过荆门抵钟祥"。

③ "取缔蚕种风波"，《浙江新闻》，1933年4月8日、9日、10日、12日连载。

呢？其中一个重要的原因在于，土制蚕种一向为民间饲育，而且土种在市场上价格更高，据统计，浙江省杭县蚕种价格：春蚕改良种在 1934 至 1936 年间分别为：0.80、0.25、0.40 元 / 张，而春蚕的土种同期分别为 1.00、1.00、1.50 元 / 张[①]；但地方政府通过设立蚕种改良场推行改良种，必然会与固有的利益链产生矛盾，危及到数万制种蚕种者的生计。政府在短期内强行推行良种，是一种对市场的粗暴干涉，所以，"农民以请愿无效激成全县蚕农大暴动，连日聚众万余，焚毁取缔所改良场等，商店完全罢市，各法团以案情扩大，蔓延西北各乡推派代表来省请愿，省府据报，深恐风潮蔓延各县，议决暂缓取缔土制蚕种，仍准发售，以维数万农民生计"[②]。

改良蚕种，原本是地方政府改良农业技术，促进农村经济发展的善举。但是政府行为如果不顺应和尊重市场规律，不发挥市场的主导作用，不发挥农民的主体作用，那么县政府的经济职能会大打折扣，经济政策难以取得预期效果。

第四节　县财政与乡村社会权力关系变迁

一、县财政与地方精英阶层

县财政的扩张，事实上是国家政权向农村扩张的过程，引起了农村社会一系列的变化。乡村社会权力关系的变迁，实质是乡村治理结构的转型问题，地方士绅（广泛的包括乡绅、各种地方精英阶层）介入了税收领域，成为地方政府有效控制地方财源的最大障碍。有学者认为，国家权力对乡村的社会控制，正是在征税体制中建立的。[③]

清末民初，官方提倡的"地方自治"仍然是乡绅治理。乡绅在地方财政

---

① 许道夫编：《中国近代农业生产及贸易统计资料》，上海人民出版社 1983 年版，第 273 页。
② "浙江临安乡民骚动"，《浙江新闻》，1933 年 4 月 12 日。
③ 张佩国：《近代山东的征税体制与村落权力结构》，《文史哲》2000 年 2 期，第 106—113 页。

体制的形成过程中起了关键作用，晚清社会大动乱时，一些地区的基层社会组织、行政机构及武装膨胀，其代表人物进入并控制地方官府以后，扩张了地方赋税，其显著标志是"厘金"的出现。[①] 清末新政举办地方公共事业非地方士绅主持不可，故梁启超提出："欲伸民权，必先伸绅权"，清末的"地方自治"实质是："正式认可绅士在地方上的控制，把绅士置于地方官员的控制之下（既把他们的职能正式纳入基层的政府部门），以此来巩固它的统治"。[②]

乡绅治理的合理性在 20 世纪 20 年代以后受到国家和知识分子的质疑。一方面，乡绅治理不仅给农村增加了更加沉重的财政负担，而且坚决地代表地方就税率问题与国家进行讨价还价，这种两种行为制约了国家对地方社会的征税能力。[③] 另一方面，国家权力向下延伸，并逐渐接管地方公共事业，接管事业必然要接管经费，但是政府接管事业和经费与地方士绅放手事业和经费并不是同一个过程，特别是牵涉到各自经济利益的时候，彼此的冲突在所难免。[④] 地方公共事业变成政府接管时，经费如何继存并且从由地方士绅筹措变成公共性的征税行为，是决定事业能够继存并发展的关键，这种转变成为地方治理结构转变的一个大问题。

南京国民政府对县政的变革是很热心的，并逐渐实行国家化的地方自治，建立"乡（镇）——保甲"体制，来达到控制乡村社会，提高征税能力的目的。"乡（镇）——保甲"是自治理想与控制体制的结合，保甲是自治的基础，"寓保甲于自治组织之中"[⑤]，基层政权机构取代传统士绅的角色和

---

① 周育民：《晚清财政与社会变迁》上海人民出版社 2000 年版，第 287—291 页。

② [美] 费正清主编：《剑桥中国晚清史》，中国社会科学出版社 1985 年，第 462—463 页。

③ [美] 张信：《二十世纪初期中国社会之演变——国家与河南地方精英 1900—1937》，岳谦厚、张玮译，中华书局 2004 年版，第 204 页。

④ 按照张研的"双重统治格局"理论，清代的基层社会财政是由地方士绅经理的，"对应双层统治格局，清代的财政体系由国家财政与基层社会财政构成。国家财政是中央和地方各级官府从社会汲取的财力总和，源于赋役、其他法定税课及耗羡、陋规等财政经制外收入，财权集中于中央，统收统支；基层社会财政源于基层社会组织的代表士绅阶层自筹（包括摊派、募捐等），自收自用。"《从"耗羡归公"看清朝财政体系及当代"税费改革"》，"第二次中国历史上的'三农'问题学术研讨会"论文，北京，2006 年。

⑤ "保甲之推行"，《中国国民党第五次全国代表大会内政部工作报告》，秦孝仪主编：《革命文献》第 71 辑，下册，台北中央文物出版社 1977 年版，第 264 页。

功能，从而使由"县府——绅士——民众"组成的具有很强的人身依附关系的权力结构，逐渐变成"县府—基层政权机构—民众"这样一种制度化权力结构。①

乡村治理结构从士绅治理转变到国家化的地方自治，"乡（镇）——保"干部取代了士绅的地位。传统士绅阶层自废除科举制之后逐渐消失，以士绅为首的基层社会自治，被国家从原来的"县"延伸到"乡镇"的最低一级政权所取代，国家统治的终端成为家庭和个人。这种转型在财政上的意义，就是政府主导的地方自治重在行政控制，由于乡（镇）长控制地方资源，地方财权从过去的士绅之手转移到"乡（镇）——保"机构，乡（镇）保长具有征税和摊派的合法权力利。税政主体发生了转变，新的地方财政制度框架初具雏形。

二、乡村权力关系变革实例：浙江兰溪模式

建立现代化的地方财政体系是历届政府的努力重点。在南京十年（1927—1937）国民党有效控制的江浙地区颇有起色，陈果夫就任江苏省主席时期，革新省县财务制度，"收效极大，由税收之增多可以证之"，"陈果夫的改革，虽未能做到公平负担的原则，但颇能做到涓滴归公，已是一大进步。"②浙江兰溪实验县的做法尤其是江浙地区的典型模式，是战前地方政府通过行政变革建立现代化的地方财政体系的一种有效尝试。时人评论："兰溪实验县政最大的成功是田赋整理"，"兰溪实验县的制度在实验成功推行到其他各处一点上，是最有意义的"，"我们以为这种制度不但是可以的，并且是应该推行到全国各县去的。"③

兰溪模式面对的政治问题是县政的黑幕，县政问题的症结点在赋税。黄绍闳曾任浙江省主席，他指出："浙江的县政，以前可说都是师爷政治，一

---

① 尹红群：《南京国民政府乡村制度变革：政治结构及问题》，《社会科学辑刊》2004 年第 6 期，第 102—107 页。

② 王树槐：《北伐成功后江苏省财政的革新（1927—1937）》，《中国近代现代史论集》第二十五编"建国十年"，台湾商务印书馆 1986 年初版，第 378—386 页。

③ 陈之迈：《漫游杂感》（二），《独立评论》第 224 号，第 21—22 页。

切工作，为少数幕僚所包办。此辈对于经办事务，秘不告人，亦不知改进，大有清代师爷旧习。县长对于县政实际情形，不甚清楚，也无从着手整理，尤以田赋税捐为甚。"[1] 兰溪实验县之创建，意在扫除县政黑幕，建立新政基础，"先求机关内部的健全，实行科学的管理，为其实验工作的总纲"[2]。其次，办理土地编查，整理田赋税捐，以求县财政的充裕。由财政的整顿入于基层行政，调整基层人员，健全乡镇组织，以求政令的贯彻，并由政治的进步进而对社会经济领域进行改造。

（一）首先是县政的改革。

在组织结构上，以县长为中心，促进县政体制的规范化与合理化。首先是设立了"县政委员会"，"掌规画监督县政事宜"[3]。其次是进行"裁局改科"，充实机构。第三，组建"参政委员会"，旧县制下兰溪设有 20 多个各类委员会，叠床架屋，非但徒废经费，还可能牵制县政府。现一律取消，只另组一咨询机构性质的"参政委员会"以代替。第四，对县以下组织，为求政令贯彻而进行整顿，将原第三区设置为"自治实验区"。1934 年 1 月按照统一规定撤区后，改设 15 个乡镇公所联合办事处。原先按十进制划分的间邻则改编为与自然情况相适应的村里，是年秋，又在全省率先废村里而实行保甲制。

在人事上，加强干部的训练和控制，促其官僚化。在县政府内，各科长均由县长遴请，主管厅委任。由于委任只是形式而事实上由县长决定，故"各科科长亦如秘书一样，同为县长的幕僚"[4]。实验县县长胡次威在县府使用中政大学的学生为政府职员，几占 1/4，各科科长及各股主任基本上由其占据。各区的区长也逐次被更换，对乡镇长副进行甄别。有计划地训练基层干部人才，如在自治实验区，计划造就一批富于自治常识的教师人才以佐助行政，推进地方自治。方法是："在训政人员养成所开办师资班，招收第三区纯洁刻苦而有相当学历智识之青年 30 名，接受短期精神和自治常识训练，

---

① 黄绍闳：《五十年回忆》（下），浙江云和：云风出版社 1945 年版，第 296 页。

② 黄绍闳，《五十年回忆》（下），第 297 页。

③ 《浙江省兰溪实验县政府章程》第三条，载《浙江省政府公报》第 1969 期，第 10 页。

④ 兰溪实验县县政府出版物之七《县政府制度的实地试验》，1934 年 10 月，第 10 页。

毕业后即分发该区各小学服务，期能本其所学在政府指导下以教育力量推进地方自治。"① 人事的变迁，相应地改变了乡村社会的权力关系。

（二）财务行政管理革新。

过去兰溪县财政情形，财务监督与财务行政混而不分，财务行政管理极为紊乱，就收入机关而言，除田赋由田赋征收处征收外，同为杂税，则有县政府杂税征收处（或财政局杂税征收处）、县管理公款公产委员会、教育款产委员会、及公安局四个不同机关征收。就支用而言，除关于国、省款部分由县政府财政科（或财政局）分别坐支划拨外，其余一切县地方款项，或向县管理公款公产委员会支用，或向教育款产委员会支用，甚或自收自支，漫无限制。"此种办法，不但全县整个财务行政，割裂不堪，且行政费用亦支出过巨，未免浪费，至其支出之款，是否合于预算，及其用途如何，尤属无从稽核，故如欲整饬地方财政，即应首先确立合理的财务行政制度，俾资统制。"②

兰溪实验县的做法是统一事权、集中管理和确定合理的财务行政制度，推行联综组织方式③。县长胡次威指出："在各种骈枝财务机关裁撤以后，举凡全县一切财务行政事务，概行划归县政府财政科集中管理，以一事权，财政科置科长一人，由县长就甄审合格人员中，遴请省政府委任，秉承县长，负责筹划全县财务行政事务如征税，制用，募债，管理公产，登记收支，土地推收等一切事宜。同时，为谋财务行政上之便利，除田赋收入仍设田赋征收处征收，公产收入因性质与捐税不同，另设公产管理处管理外，凡属田赋以外之一切捐税收入，则设立捐税征收处，负责征收。至于支用方面，则无论何项经费，以及款项巨细，均由财政科按照预算（指县款而言）或奉颁支

---

① 兰溪实验县县政府出版物之一，《行政整理时期工作总报告》，1934 年 4 月，第 28 页。

② 胡次威：《县地方财务行政及财务监督》，兰溪实验县县政府出版物，浙江图书馆藏，第 9 页。

③ 胡次威对"联综组织"有精心的设计。所谓联综组织，就是财务制度分为四个系统：命令机关、公库系统、主计系统、审计系统。此四种系统，一面各具超然独立之精神，一面又有分工合作之效，而其惟一总目标厥为联综组织，以求财务行政跻于健全精明之途。胡次威：《县地方财务行政及财务监督》，兰溪实验县县政府出版物，浙江图书馆藏，第 12 页。

付命令（指国省款而言），统一支付，各征收机关不得坐支划拨，或自收自用，如此则合理的财务行政制度即经确立，在行政费用固费减少，即办事效能亦较前增加。"[①]

（三）整理田赋，改组田赋征收处，取消经征人制度。

兰溪整理田赋的方式是编造"坵地归户册"，兰溪原有鱼鳞册二份，一份存县，一份由各都图庄书掌管，兰溪实验县成立后，即令各图庄书将业主承粮户真实姓名、住址查明，使地粮户三者互相对照，此项坵地归户册编完后，即成为就地问粮的依据。[②]

兰溪田赋征收处，设立于民初，由地方人士负责，日久生弊，"内分'物、阜、民、康'四柜，即柜中之四个部分，各设掌册员、司会员、管串员，分定都图，各自征收，职权不分，易兹弊窦，加之卯簿（作者注：卯簿即经征人）76人，内外相应，举凡过户，收税出串，缴款，莫不黑幕重重，人民负担日重，而政府收入日减。"[③]实验县成立后，即订定征收处组织章程，计设主任1人，受县长监督指挥，督率所属职员，综理全县田赋征收事务。主任之下设征粮、管串二股，各设股长1人，承县长之命，受主任监督指挥，掌理各该股主管事务。[④]并且厘清职守责任和人员编制：

属于征粮股者，如散发田赋通告单，收解粮款，催征田赋，查察业户有无匿赋情形，保管征册，填载征册内业户完欠，督察分处征务。属于管串股者，如查造各种田赋底册，编制征册串票，保管串票，掣发串票，登记帐册，稽核分处账册报单，编造各种田赋报表。征粮股设收税员，掌册员，各1人至3人，催征员若干人。管串股设管串员1人至3人，设帐员1人或2人，均由主任提请县长任用，受主任及各该股股长之指挥监督，掌理各该管

---

①　胡次威：《县地方财务行政及财务监督》，兰溪实验县县政府出版物，浙江图书馆藏，第15页。

②　财政部整理地方捐税委员会委员张淼：《浙江地方财政第一次调查报告》，《工商半月刊》（南京）第6卷第20号，第95页。

③　兰溪实验县政府：《兰溪实验县政府二十三年一月至六月工作总报告》1934年7月印行，浙江图书馆古籍部藏，第72页。

④　《兰溪实验县县政府田赋征收处暂行章程》，《新民报》（兰溪），1934年6月23日，第四版。

事务。催征员分区催征，其区域由县长划定之。依此规定，管串与征粮分立，收款与记帐分立，催征与经征分立，他如查账，收款，记账，管串，又皆各有专人，分工合作，互相牵制，过去积弊，自属无由而生。①

浙江田赋历来由经征人征收，经征人即清朝的"庄书"，掌管实征底册。年代一久，弊病丛生。"各经征人各有一本秘册，以暗码登记，不用文字，所用暗码，又个个不同。虽老于财政者，亦无从辨识。彼辈恃以为保留位置之具，父死子继，俨同世袭，其报告之册，大都伪造，故处处斩徇，无惭可击。于是飞洒诡托之弊，丛生迭出，愈演愈进，与年俱深，使官厅无从究诘，末如之何。此种情形，各县皆然"，以至于各县征收田赋实权，名虽归属于县署，实际上操诸经征人之手。"田赋征收主任一职，虽由县长委任，不过就彼辈中择其家道较殷实、品行较端正者任之耳，既使欲另行委任，以其位卑薪薄，能者不就，不能者则亦徒供傀儡而已。故县署各职多随县长为进退，独征收主任不然，盖新任县长，实有不得不继续任用之原因。"②

宣布取消经征人制度。兰溪县政府为此做了精心的准备，对原有的经征人进行了充分的考察。为避免事前的混乱，县府于 1934 年 6 月 22 日采取突然袭击的方式宣布取消该项制度。开会时，当场将废驰征务的经征人 13 人拘押，勒令缴款。③ 兰溪实验县的政府报告书中记载了县政府的谋略和当时会议的紧张：

召集各经征人训话，事先发出通告，除限令于此日以前将所欠串款如数缴清，如确属实欠在民，次将粮串呈缴外，其余与平时之召集训话无异，而勒限缴款，又属事所恒有，各催征员均漫不经意，以是届时报到，甚形踊跃。于经征人全部齐集大礼堂，点名训话完毕后，即将不堪留用之经征人 20 余人，提出令其至粮柜缴款或缴回串票，如有抗欠，即行拘押。其已录用之催征员 73 人，当即明白示榜。就中尚有一部分为旧时期册书或乡镇长，然均系经过详细考查，始行录用。经征人既已宣告取消，于是数十年来牢不

---

① 兰溪实验县政府：《兰溪实验县政府二十三年一月至六月工作总报告》，1934 年 7 月印行，浙江图书馆古籍部藏，第 72—73 页。

② 钱绥曾：《改革浙省田赋之研究》，《财政研究会会刊》（杭州），无日期，浙江图书馆古籍部藏，第 42—43 页。

③ 《实验县政府改革征收田赋办法》，《新民报》（兰溪），1934 年 6 月 23 日，第四版。

可破之经征制度，于已终结。此时会场空气，异常紧张，各催征员无不端坐听训，举凡官府改制用意，以及将来催征方法，均经反复譬喻，详加解说。嗣即散发通告单，开征布告等，散会。[①]

（四）在经征机构之外，另辟新径，以区、乡（镇）、保甲等政权机构辅助之。

早在1932年10月公布之《浙江省永佃契税经征规则》第七、八条，规定乡镇公所在办理永佃契税上的责任，这是协助征收田赋的一个先声，其规定：各县区乡镇公所，对于办理永佃契税，均有协助之责。各县因事实上之必要，得派员赴名区乡镇，会同区乡镇长，宣传指导，并查催投税。[②]

1933年4月公布之《各县自治机关协助契税办法》第二、五、六、七、八、九、十条，规定自治机关在征收契税中的作用：

以各区坊乡镇公所，为官契纸发行所，各县业户买典不动产，以各区坊乡镇公所长副，为法定公证人，应于契内签名盖章。非经公证人签名盖章，县政府应将契纸扣留，发交该管区坊乡镇长副调查明确，签名盖章，列作公证后，方予税办。各区坊乡镇长副，对于管辖内置产各户，应随时调查，除责令购用官契纸外，如有逾限未税之户，应按月查催，并列表报告，县府派员会同检查追办。县政府派员到地检查各户未税契纸，应由区坊乡镇长副负指导之责。各区坊镇公所，管辖区域内不动产之价值，应由各该区坊乡镇长副，每年调查一次，列表报由县政府发交评价委员会评定，备作估价征税标准之用。各区坊乡镇公所长副，对于管辖区内业户，置产不遵章购用官契纸，或短写契价，或税正不税找等情事，均须随时劝导纠正，如有扶同徇隐者，以营私舞弊论，应受相当之征处。[③]

1935年7月浙省府第764次会议通过《浙江省田赋征收章程施行细则》第七条第八条规定，县政府得指挥各乡镇公所，负责协助查报土地变更，分

---

① 兰溪实验县政府：《兰溪实验县政府二十三年一月至六月工作总报告》，民国23年7月印行，浙江图书馆古籍部藏，第74—75页。

② 《浙江省永佃契税经征规则》，转引自刘能超：《乡镇长对于地方财政应负的责任》，《裁局改科后之绍兴财政概况》，铅印本，浙江图书馆古籍部藏，第52页。

③ 《各县自治机关协助契税办法》，1933年4月省府第573次会议议决，《浙江财政月刊》第10卷第2—3期，法规专号第一类赋税，第84—85页。

发通知单，承催田赋。①

1935 年继兰溪县之后，浙江各县普及保甲制度，12 月，省政府即公布施行《提倡保甲催征赋税办法》，依照办法规定，各乡镇长应负责督促各保甲长催征，各保甲长应负责向各粮户催征，必要时各保甲长得向粮户检查粮串调验契据；如遇有粮户就地移转产业，经过乡镇公所盖章证明者保甲长应随时责令税契，并开单报告乡镇长转呈县政府查核；各该保甲长对于欠户，如有徇纵扶隐情事，应同负连带催追责任。②1936 年浙江省颁布清追欠赋办法，亦明确规定各乡镇保甲的功能：各县公安局区乡镇公所及保甲，对于清追欠赋事宜，应一律协助。③ 以乡保机关协助征收田赋，形成一个有力且易于控制的新的征收系统，这个系统在抗战时期得以完善和普及。

（五）影响。

兰溪实验县的基本经验为浙江省政府总结并推及于其他各县。例如，昌化县，田赋征收主任在经征人制度下，形同虚设，历来由财政科职员指定一人兼任，整顿的方法是："亟应遵照浙省田赋征收细则第二条之规定，组织县政府田赋征收处，设置正式主任以专其职守，并有稽核员二人襄理之，因可以控制全县之征收人员而得以随时稽查督饬"。④

绍兴县于 1935 年整顿田赋，极力动员各乡镇长的力量，强调各乡镇长对于地方财政应负的责任。因为各地乡镇保甲长，熟悉地方，"多为地方有声望之士绅，故饬令劝导业户投完，事实上颇有效果"。⑤

当然，征收事务能否利用自治及保甲组织办理之处，应视自治及保甲组织之健全与否为前提。而保甲能否健全，而视当地政府与社会关系如何，及社会的稳定程度而定。比如有些边区，便成为政府不管也管不了之地。如昌化境内，与安徽绩溪交界之处的"阴山"，1931 年昌化划分省县界，经内政

---

① 《浙江省田赋征收章程施行细则》，《浙江财政月刊》第 14 卷第 3 期，第 68 页。

② 《提倡保甲催征赋税办法》，《浙江财政月刊》第 10 卷第 2—3 期法规专号第一类赋税，第 56—57 页。

③ 《浙江省清追欠赋办法》，浙江省政府公报，第 2560 期（1936 年 2 月 14 日），第 25 页。

④ 《各县财政科长会议时应行报告事项 昌化》，临安市档案馆旧 3—4—321，第 11—13 页。

⑤ 《裁局改科以后之绍兴财政概况》，铅印本，浙江图书馆古籍部藏，第 8 页。

部派员勘定将昌化县旧第三区十一都"荆州"庄划归安徽绩溪县，绩溪县则将"阴山"一地划归昌化县，划定之后，"荆州"已为绩溪县管辖，粮赋亦移转征收，而划归昌化县之"阴山"一地，却无法纳入正常的治理轨道，"昌化县经王、娄、李、余数任县长前往调查户口编组保甲，讵料该地居民野蛮异常，一再拒绝编查并剧烈反对。历任县长及督察专员亲往劝导宣抚仍属无效，甚至无理谩骂，仍以绩溪为其县治，无可理喻，历五年之外迄今无法管辖，粮赋更无从征收。"① 而事实上，保甲编组之成功与否，仍需经费，昌化县虽拟征自治户捐以拨充之，但是由于启征经费无着，保甲编组无着，基层组织不能健全，对于田赋征收事务只能依赖于旧有经征人包办之。② 此是地方政治不上轨道，地方财政亦无法治理的例子。

　　新的地方财政制度框架普遍推行于抗战时期，有学者注意到了基层保甲运作与地方财政关系问题："战时保甲流弊，不在其复古，而在其成员素质未尽理想，与执行过程常有偏失，利用基层保甲从事征税，虽有必要，但基层有一分罅隙，国库即遭一分损失；基层有一分越轨，商民即遭一分损害"。③ 由于政治混乱和战乱，贪污、摊派、包征的存在，大大影响了财政体系运作的效率，直接激化了农民与乡保干部之间的对立。

---

① 《各县财政科长会议时应行报告事项——昌化》，临安市档案馆旧 3—4—321，第 4 页
② 《各县财政科长会议时应行报告事项——昌化》，临安市档案馆旧 3—4—321，第 20 页。
③ 《财政部税务署训令》，1945 年 6 月 22 日，《财政部档案》，国史馆藏，档号：273—809，转引自侯坤宏：《抗战时期的中央财政与地方财政》，国史馆印行 2000 年版，第 193 页。

余 论

第一节　抗战与内战时期的县财政

1937—1949 年，即抗战与内战时期，国民政府施行战时财政，县财政虽有重大建树，在制度上确立自治财政，财政民主化也取得一些进展，乡镇财政也有所规划。但与"黄金十年"时期的建设性相比，县财政的破坏性突显，在走下坡路。

一、抗战前期（1937—1939）的省县财政统筹

（一）省县财政统筹体制形成。

1937 年抗日战争爆发后，地方财政转入战时状态，既有着战前变革的因子，同时又增添了新的因素。战争前期，地方财政重于省而薄于县，地方主要税源均归于省，形成了头重脚轻金字塔式的财政体系，[①] 在省县财政收支关系上形成省县统筹体制。这种省县统筹体制直接影响了县政府组织人事编制和地方赋税经征体制的变革。省县统筹有利全省政治共同体的形成与强化，以应对战时需要。但是，随着抗战演进及县地方政权建设的需要，这种

[①]　杨骧：《全国财政会议之检讨》，见第三次全国财政会议秘书处编：《第三次全国财政会议汇编》，页 55。

体制无疑又成为限制性框架，县地方政权建设与财政基础渐趋分离，导致县与省之间、事权与财权之间矛盾的加大，这是 1941 年国民政府国家财政系统改制的内在压力之一。

地方财政包括省、县两级。一般来说，省税来源，遍及全省，所受战事影响，不过局部。县税来源属全县范围，一受影响，则波及全体。故战时财政，利在统筹。作为战区省份，浙江省政府通过一系列的政治经济政策的调整，在政治上渐成一个整体，在财政上对各项政务支出统筹兼顾，以利战时情形。对各县份的财政，亦照顾到战区各县情况，并将县份划分为游击县份、接近游击县份和后方县份三等六级，1940 年起又将全省各县等次改为六等，[①] 对不同等次县份分别予以不同的补助。

鉴于所用史料，本节以浙江为例。在财政收支上的统筹兼顾，主要表现为三个方面：

1. 省加强对各县财政收入的统筹。省对县款收入的统筹包括抗卫事业费和自治经费的统筹。抗卫事业费是为适应军事动员民众起见次第举办各项抗卫事业所需的经费来源，起初由县自行筹措，惟各县筹募办法各异，负担轻重悬殊，社会责难蓬起，为谋求民众负担公平，抗卫事业平衡发展起见，于 1940 年 1 月将各县抗卫事业费一律改由省统筹，其来源为比照田赋正税、契税、普通牙行屠宰营业税、及烟酒牌照税征收二成，比照箔类营业税、卷烟管理费征收一成。自 1940 年 8 月起再将比照契税、营业税征收的二成抗卫事业费改为比征五成，比照箔类营业税、卷烟管理费征收一成的抗卫事业费改为比征三成，支出方面由财政厅按照各县抗卫事业实际需要酌盈济虚予以拨补。[②]

浙省各县自治经费在 1938 年以前除由各县察酌地方需要在田赋项下带征县区自治附捐外，并照各县乡镇保甲经费筹募办法规定，以编入的保甲户为对象征收自治户捐。惟因各县征派户捐办法纷歧，于 1939 年起，改以田赋正税、普通营业税查定应征数为标准，各比征自治经费二成，解省统筹拨充各县乡镇保甲行政经费。1940 年起，复以各县原在田赋项下带征的

① 《浙江省政府公报》1939 年 12 月 22 日，第 3194 期，第 37 页。
② 《浙江财政参考资料》1941 年 5 月浙江省财政厅秘书室编订，浙江省档案馆 L31—1—735。

县区自治附捐用途既不一致，捐率又无标准，明令一律废止，将比照田赋正税征收的自治经费自 1940 年份起增收二成，仍解省统筹。同年 7 月实行新县制后，对于省县财政已划分的县份，准将自治经费归县列入县地方概算统收统支。[①]

2. 加强对县财政支出的统筹。从财政支出情况来看，战前省地方财政支出，以 1936 年度各政务别百分比支出为例，从高到低依次为：公安支出、债务支出、建设支出、教育文化支出、行政支出等。抗战军兴，浙江省进入战时状态，战时情形与平时不同，机构设置亦互异。浙省于抗战初起即厉行紧缩政策，裁并机关，停办不急需的事业，建设支出骤减，债务费、公安费、协助费等支出占主要部分。如 1939 年度所占百分比居前的支出分别为公安保安费 25.82%、债务费 24.72%、协助及补助费 18.12%，教育文化费占 6.53%，省地方建设事业已大幅减少。表明了省财政集中资源于抗战事业的支出。

抗战时期，省拨给各县补助费在省地方财政支出中占有重要地位。协助及补助费为浙江省政府为补助省以下各级事业机关费用而花费的开支，1937—1939 年间，省拨补县款包括拨补各县政府行政经费、县市联立中等学校补助费、印花税项下拨补各县经费、烟酒牌照税项下拨补各县废除苛杂费、各县党务拨补费等。1938 年占总支出的 8.67%，1939 年占 18.12%，1940 年为 14.02%。[②]

3. 强化全省地方税经征的统一。战时县财务行政制度面临的新变动是省政府为集中财权，顾及战时情形，对财税方面的经征机构行政进行了变革，包括调整机构、慎重人选、及稽征分权的实现。

战前各县稽征机关并不统一，而且省税的征收机关和征收方式在各县不尽相同，有省县税同征的县份，亦有省县税分征的县份。设专局办理省营业税者殆可完善办理省税，而没有设专局的县份往往对省税的征收漠不关心，致使税务松驰，因此便有统一征务的主张。1934 年第二次全国财政会议议决统一地方征收机关办法三项：(1) 各县均设一地方税局或内地税局或县财

---

① 《浙江财政参考资料》1941 年 5 月浙江省财政厅秘书室编订，浙江省档案馆 L31—1—735。
② 《浙江财政参考资料》1941 年 5 月浙江省财政厅秘书室编订，浙江省档案馆 L31—1—735。

政局，统征省县税捐；（2）地方税局或内地税局各设局长一人，并以县长为副局长，受财政厅之指挥监督；（3）所有以往投标承包委托代征办法，一律取消。此三项办法多有疑义，且过于简单，无法付诸实行。

1937年昌化县一份财政报告同样指出："本省现行营业税征收机关有设局专办者，有由所在地之县府兼办者，并不一律，观其设局征收之处因机关专设，组织有规，办事人员就中，各部分立各专责成，具有整个之系统，办理自可得当，而能得有成效，至各县政府兼办者，大都为税额较少之县份，因经费有限，只就其征收公费设置征收人员一、二名，办理全县之征收事务，虽云有人专办，但其组织不能健全，未如设局之完善办理，终难免有稽延贻误之处，殊少有鲜著成效之表现，似宜全省分别划区一律设局专办，或一律改由各县政府设处承办，确定其应需经费，严密规定其组织，颁布专章不视其为兼办性质，使其不致因经费困难而无完整之组织，则办理自亦著成效矣。"①

统一经征机构成为战时财政制度变革的一个重点。首先是营业税机关的调整。浙省营业税的征收向就各县商业繁盛区域设置营业税局九处，税额较少县份由县政府兼办并由省派员分区督促，不另设局。1938年夏间，依照行政督察区分设税务处七处②，每县设立税务分处。在业务上，由税务处和税务分处征收省、县税款。1938年12月29日公布修正《浙江省各区税务处组织规程》，规定：

一、浙江省为便于稽核及征收各项赋税，特分区设立税务处及各县税务分处，各区税务处直属财政厅，各县税务分处，直属各该区税务处。二、各区税务处，设监督一人，由行政督察专员兼任，处长副处长各一人，荐任，由财政厅遴请省政府荐请任命，商同监督，督征全区赋税，及兼办所在地县份营业税征收事务，其管辖区域另定之。三、各县税务分处，设分处长一人，由县长兼任，稽征主任一人，委任，由财政厅遴请省政府委任，商同兼分处长，督征全县税收，及办理营业税征收事务，税务处所在县份，其分处长，由县长兼任，稽征主任，由征收科长兼任。四、各区税务处，设总务、

---

① 《各县财政科长会议时应行报告事项·昌化报告书》，临安市档案馆旧3—4—321。

② 1938年全省设置行政督察专员10个，因杭嘉源地区沦陷，征务停顿，故只有7个行政督察专员区域的经征事务能照常运转。

稽查、征收三科，各设科长一人，委任，总务科长，由处长遴请财政厅转报省政府委任，稽查及征收科长，由财政厅遴请省政府委任，会计主任一人，委任，由会计处委任，并得依事务之繁简，酌设科员二人至五人，委任，由处长遴请财政厅转请省政府委任，会计员及助理员各一人，委任，由会计处委任，调查员二人至四人，委任，由处长遴请财政厅转请省政府委任，事务员收税员各三人至七人，书记一人至三人，由处长任用，呈报财政厅备案。五、各县税务分处，除总务及会计部分事务，由兼分处长指定县政府原有人员兼办外，并得依各项赋税之性质，分股办理征收事宜，税务处所在地之分处，所需人员，由处长就税务处原有人员指定兼充。①

战区各县的赋税征务，于1938年6月后逐渐恢复，6月，浙西税务处成立，统一征收战区赋税，②沦陷各县设立稽征所。战区赋税征收范围大致分为三类：田赋（或称田亩捐）、特种消费税以及战区营业税等。

征收战区田亩捐时，直接向土地使用人征收，如田地山荡向耕农征收，基地向居住人征收。外国人租用的土地，其应缴的田赋，以地租名义，向租用人征收。完纳田赋，应由纳税人直接向战区稽征所稽征员缴纳，不得由他人承揽包办，或私收代缴。为适应战区环境，并节省造串时间，战区田赋征收，改用活串，各稽征员收到田赋，立即填写正式执照，交纳税人收执。战区田赋，不用通知单，由乡镇长保甲长，或委托地方公正士绅，先期传知纳税人，并备置执催簿，分别字号户名住址赋额认完日期及缴纳日期等栏，由稽征员随时查对催追。③

特种消费税征收对象为：土黄酒、烧酒、土烟叶、土烟丝、卷烟、糖、食盐、火柴、煤油等，商人在战区运销以上物品时应向该管征收机关缴纳。④

---

① 《修正浙江省各区税务处组织规程》，1938年12月29日修正公布，浙江省政府公报，法规专号第四辑，1939年4月。

② 《浙江省战区赋税征收大纲》1938年11月9日公布，《浙江省政府公报》法规专号第四辑（1939年），第227—229页。

③ 《浙江省战区赋税征收大纲》1938年11月9日公布，《浙江省政府公报》法规专号第四辑（1939年），第227—229页。

④ 《浙江省战区赋税征收大纲》1938年11月9日公布，《浙江省政府公报》法规专号第四辑（1939年），第227—229页。

战区营业税分为特种营业税和普通营业税。凡在战区经营呢绒、绸缎、洋布、化装品及其他洋货业者，及因战事关系获利特丰的营业，均应依照营业额征收特种营业税 10%—30%。凡在战区经营前列特种营业以外的各种营业者，应征普通营业税，由浙西税务处，依照其营业种类，资本多少，地点繁僻，规模大小，从业人员数目，及上月营业，按月分别查估核定税额，于每月十日前征收之。①

1939 年以后，抗日战局发生了一些变化，进入战略相持阶段，全国政局随之发生调整。浙江省适应抗战建国并进的要求，于 1940 年 1 月公布三年施政纲领。在财务方面，为实施三年计划，强化征收机构，统一经征省县各项赋税（营业税、田赋、契税、及其他县税捐），分期设置各县税务局，直隶于财政厅。第一期（1940 年 1 月）设瑞安、天台、丽水、永康、龙游、慈溪、常山、新昌、浦江、孝丰等十县税务局。第二期（1940 年 7 月）设于潜、上虞、兰溪、东阳、江山、镇海、宁海、黄岩、平阳、龙泉等十县税务局。第三期（1941 年 1 月）设桐庐、诸暨、嵊县、乐清、建德、象山、松阳、义乌、衢县、温岭等十县税务局，其余各县期于 1942 年以前全部设置完成。②

未设税务局县份所有田赋契税及地方税捐均由县政府征收，营业税则特设置营业税征收局所负责办理。设有营业税征收局的县份有永嘉、临海、金华、绍兴、鄞县等 5 县，设征收所的县份有淳安、寿昌、遂安、开化、富阳、临安、分水、新登、安吉、昌化、余姚、萧山、武义、汤溪、磐安、三门、仙居、玉环、青田、泰顺、缙云、遂昌、宣平、云和、景宁、庆元、奉化、定海等 28 县，此项营业税征收局所的设立原为县税务局未成立以前一种过渡办法，一俟各该县税务局成立，此项营业税征收局所即当分别裁撤。③

根据 1940 年颁布的《浙江省各县税务局组织规程》，各县税务局制度结构列表解示如下：

---

①　《浙江省战区赋税征收大纲》1938 年 11 月 9 日公布,《浙江省政府公报》法规专号第四辑（1939 年），第 227—229 页。

②　《浙江财政参考资料》1941 年 5 月,浙江省财政厅秘书室编定,浙江省档案馆 L 31—1—735。

③　《浙江财政参考资料》1941 年 5 月,浙江省财政厅秘书室编定,浙江省档案馆 L 31—1—735。

表余—1：1940 年《浙江省各县税务局组织规程》县税务局组织结构表

所根据之章程	组织	职掌	承隶关第
《浙江省各县税务局组织规程》1940 年 12 月 23 日公布	局设局长，下设总务征收两课，总务课分设二股，征收课分设三股，设课员三至六人，事务员征收员若干人。设会计室，会计主任一人，会计助理员若干人。此外，得于适当地点设置稽征所，所设主任一人，事务员征收员若干人，书记若干人。	掌管田赋、营业税、契税及县地方捐税征收事项。	税务局直属财政厅，局长委任，得荐任待遇。

资料出处：《浙江省政府公报》第 3267 期，1940 年 12 月 23 日，第 19 页。

以上县税务局制度的特点有三：（1）组织庞大，税务人员待遇比较高。（2）直隶于省，与县政府立于对等地位。（3）经征税款，以省为主，以县为附。[1] 税务局本身不属于县财政机构范围，但因其代征县地方捐税及代收地方公有财产收入，实际已代替县财政机构的一部分职能。这种制度亦反映出省财权扩张，省县财政统筹的特点。

（二）战初县政的事权扩张与财权紧缩。

省县统筹体制对战初县政影响颇大，省政府对于县行政机构，力加整饬，核减各项行政经费，[2] 使得县政经费处于紧缩状态。另一方面，由于抗战事业的兴起和客观社会环境的变化，县政附属机关膨胀，使得县政地方事业有扩张之势。

抗战军兴，浙西各县，相继沦陷，税收骤减，省政府实行一系列的紧缩政策。"自 1937 年下半年度起，省拨补各县党务经费及废除苛捐杂税等补助费，分别核减为三成或七成发放，县行政经费又自全部拨补，减为月拨七百元至一千元不等。"[3]1938 年 2 月浙江省政府颁布《浙江省各县市地方支出紧缩办法实施条款》，规定：各机关薪给或生活费、警察机关员警薪饷按照新定标准减成支给。保安警察队、防空监视哨、保甲侦探情报组及社训经费之

---

① 彭雨新：《县地方财政》，商务印书馆 1945 年版，第 153—154 页。

② 参见《浙江省各县战时县政建设工作纲领》1938 年 1 月 18 日省认老 985 次会议通过，《浙江省政府公报》法规专号第二辑，1939 年 4 月，第 78—79 页。

③ 浙江省档案馆 L 29—3—158。

薪给部分免予折扣，但办公经费应尽量减支。非必要的机关，或事业经费，一律停拨，但因事实关系，一时遽难裁并者，得酌支最低限度的维持费。某种机关或事业，因受战事影响，而陷于停顿者，其经费得暂行停支。省款补助费折减发放以后，各该机关经费如有不敷，得就县款项下统筹支配。①

县政府的附属机构在战争开始之后，因战争应变的需要及社会情势的变化，纷纷建立，导致县政结构的复杂化，因为各县的情形均不相同，无法统计其名目，一般而言，各县附属机构数量总在 10 个至 30 个之间，例如：各县国民兵团、动员委员会、政工队、递步哨、自卫队、军民合作站、救济会、乡镇特务班、征属优待会等。这种现象的出现，部分是由于中央机关或省机关认为要推动其所主管的事情，如果不能在县政府特设一科，至少在县中设立一个附属机构，并且为指挥监督乡镇保甲便利起见，此种附属机构的主官最好由县长兼任，即用他的名义行文。② 浙江省政府明文规定需要各县长兼职的机构有：军法官、国民兵团、县动员委员会、县田赋管理处、县地方行政干部训练所、县航空建设支会、新生活运动促进会、司法处检查职务及行政事务（俟各县成立法院后解除）、合作金库筹备处、优待出征抗敌军人家属委员会，等。③ 在各县内尚有许多其他机构，不一定需要县长兼任职务，但须县长过问，例如：县抗敌后援会、义勇壮丁队总部、社会军事训练总队、民训总队、县防空支会等。

基层政权方面，加强了控制与建设。按照《浙江省各县战时县政建设工作纲领》规定：健全下层组织，积极整顿区乡镇保甲各级组织，将现在各区乡镇保甲职员，严行甄别，实行军事部勒，绝对听受指挥，其有怠忽职务，与擅离职守者，均得依军法办理。④

另外，各县政府为了沟通县政府与当地士绅的关系，或为表示处理事务公允起见，也设立了许多机构，成为半官方的机构，此类机构由县政府的职

---

① 《浙江省各县市地方支出紧缩办法实施条款》，《浙江省政府公报》法规专号第二辑，1939年 4 月，第 245—250 页。

② 陈之迈：《中国政府》，第三册，商务印书馆 1947 年版，第 110 页。

③ 《县各级组织纲要浙江省实施总报告》民 29 年至 31 年，浙江省民政厅编印，第 16 页。

④ 《浙江省各县战时县政建设工作纲领》1938 年 1 月 18 日省认老 985 次会议通过，《浙江省政府公报》法规专号第二辑，1939 年 4 月，第 78—79 页。

员与当地士绅参加，例如县财政委员会，县教育基金保管委员会，县禁烟经费保管委员会、县文献征集及保管委员会等。[①] 地方士绅历来在上述委员会中发生很大的作用，在战时，县政府试图通过发挥各种委员会中当地委员的作用，以更好地动员民众。

县地方政权的扩张亦表现在社会层面上。由于战争环境的变故，战时各县地方社会职业团体大都消散，其原承担的部分社会管理或社会救济责任就落至地方政权的身上。例如吴兴县，民众团体在战前本来是很发达的，自从县城和几个大市镇沦陷后，政府辗转搬迁，这些社团就多停的停，散的散，有的只剩一块空的招牌，内部什么都没有了，这是战时环境变故下必然的趋势，游击区各县情形大致相同。[②] 在乡村社会政治过程中，能够起组织民众作用的就只有基层政权——区、乡镇、保甲机构，譬如长兴的情况："长兴抗战以后社会职业团体已少有存在，除几个大乡镇还有几个不很健全的商会和农会外，其他社团已不复见，除乡镇组织外，民众可以公共生活谋共同幸福之推进的社团是没有一处的，将来社会行政工作开展后，社会福利事业或民众组织事宜，首先应注意到这一方面。人民宗教信仰以佛教为多，尊神敬佛最为普遍的信念，庙宇神殿到处都是，信基督教的少数，此外教会中理教会泗安方面倒有部分力量，最近建造一所理教会堂于泗安镇东市杪头，泗安区署即借用这所房屋，理教会所标示的教旨是在戒烟戒酒，对政治上的影响不大。"[③]

从整体上来看，县政的紧缩与扩张是在不同的层面上展开的，紧缩政策主要是省财政政策使然，进而影响县行政机构的规模。而县政扩张主要是因战争动员民众控制资源协调各种关系的需要，进而向社会层面的渗透以及政治权力的下沉，而这种扩张趋势是需要更多的财政基础以供应的。下文则分析县地方财政收支状况以明事理。

县财权紧缩。

1937 年至 1940 年间，县地方预算收入科目一如战前，计有田赋附加收

---

① 陈之迈：《中国政府》，第三册，商务印书馆 1947 年版，第 111 页。
② 《吴兴县三十年度县政之检讨》，第 7—8 页。
③ 《长兴三十年度县政之检讨》，第 4 页。

入、税捐收入、补助收入、地方财产收入、地方事业收入、地方行政收入、以及什项收入（即杂项收入）等数种。由于战时情况的突变，各县对于筹措战时经费的方式和来源进行相应的调整，1939 年浙省政府颁布《各县财政筹措办法》四条反映了财政上节流开源的新特点，四条办法为：

（1）加紧征收抗卫经费。（2）征收兵役缓役金，其办法另定之。（3）改订自治经费征收办法，自 1939 年度起实施。废除自治户捐，照田赋及普通营业税各加收自治经费二成存入省库，由省统支，其各县分配额及用途由民政厅规定之。田赋不足二元，营业额不足五元者免收。（4）各县地方公款及杂项收入须一律缴存金库，否则县长及经收人员均以侵占论罪。①

财政收入内在结构已经发生了很大的变化，大致有如下几种情形：第一，沦陷区县份征务停顿，根据财政部和浙江省田赋豁免令，1938 年以前沦陷区县份及邻近战区县份省县旧赋呈准豁免，1939 年以后新赋缓征。但各县地方事业经费需款弥殷，为兼筹并顾，另征田亩捐拨充。第二，各县税课收入项目在总收入中所占的比例与战前相比有了很大的变化。第三，由于各县贫富有别，而抗战事业极需款项，故省对各县财政的统筹强度较大，各县财政收入中拨补收入占重要地位，较战前所占县总收入比例为高。第三，各县为维持预算平衡，弥补实际收支的亏损，增加收入，地方苛捐杂税又有抬头之势。

抗战爆发后，县地方财政收入中，仍然以地方税捐、田赋附加、及补助收入为主要部分。但是与战前相比，三项收入科目的数额和百分比均发生了显著的变化，演变趋势是：税捐收入和田赋附加收入数额虽有少许增长，但百分比逐渐下降，补助收入数额及百分比逐渐增大，成为县地方财政收入中最为重要来源，占据百分比的第一位。

另外，各县或因自卫或以应变，以致经费需求激增，纷纷请举办新税，名目繁杂，不可胜数。各县普遍设立的税目有：店住屋捐、屠宰附税，广告捐、人力车捐、自由车捐、戏捐、筵席捐、置产捐、佃户学谷捐。②

各县大都建有特种基金，基金来源即是各种变相捐税，数额亦为不少。

---

① 浙江省档案馆 L 27—3—6。

② 《浙江财政参考资料》1941 年 5 月浙江省财政厅秘书室编订，浙江省档案馆 L31—1—735。

另外，各县由于新事业的举办，就地征收各县特有税捐，据1940年统计各县特有的捐税达到250多种，[①] 税源大多为通过税性质或摊派类。

各县原有公产，以学田为多，其余如庙宇、寺院、祭田、荒田、官衙亦属之。但以年代过久，稽核不易，相继为地方权势者所侵占。纵未被侵占的公产，也因缺乏监督、经营，致使收息极少。[②] 县公款公产向由县财务委员会经管，1940年后多已组建县整理委员会接收整理，关于乡镇款产，亦有成立乡镇公款公产整理委员会，惟以整理委员系当地士绅，格于环境阻力，成效甚微。[③]

（三）县与省在财政体制内矛盾的扩大。

政权与财权是不能分割的，一级政权，一级事权，一级财权，各级政府的税收应与职务配合。[④] 据财政部长孔祥熙观察，未改制前即1941年以前的市县区村各级地方财政，其弊有：1、由于财政无独立税源，遇事摊派。2、应办业务因财政未能配合，而不易推动。[⑤] 就地方政权与财权而言，矛盾主要集中于省与县之间的利益分配上。

就行政费的支用而言，省拨县款有不敷支用之虞。论及县行政经费，可从两方面观察，一为"机关别"，一为"经费别"，前者确定经费所支出各该机关设立的性质，后者确定各个机关支出的内容。

县政府经费在县行政费中是主体部分，由省核定县等，分别进行拨补。1937年抗战爆发后，浙省政府制定了各级公务员生活费支给标准，县级部分按第四条规定："县政府县长月支一百元秘书科长月支六十元科员月支四十元事务员月支三十元书记月支二十元"，[⑥] 县等分为一等甲种、一等

---

① 根据浙江省各县现有地主捐税调查表计算。《浙江财政参考资料》1941年5月浙江省财政厅秘书室编订，浙江省档案馆 L31—1—735。

② 侯坤宏：《抗战时期的中央财政与地方财政》，第131页。

③ 浙江省档案馆 L 29—3—6。

④ 马寅初：《财政学与中国财政——财政与现实》上册，商务印书馆2001年，第176页。

⑤ 孔祥熙：《对党政训练班讲词》，见刘振东编：《孔庸之先生演讲集》上册，文海出版社1972年版，第224页。

⑥ 浙江省战时各级公务员生活费支给标准，中华民国二十六年十二月二十四日省政府委员会临时会议修正通过。浙江省档案馆 L 29—1—379。

乙种、二等、三等四个类别，自 1938 年 1 月 1 日施行，经费支配情形详见下表：

表余—2：浙江省战时各县政府经费月支配表（1938 年施行）

	一等甲种	一等乙种	二等	三等
薪俸费	1940	1610	1335	1100
办公费	450	400	350	300
川旅费	100	80	60	40
特别办公费	100	80	60	50
合计	2590	2170	1805	1490

资料来源：浙江省档案馆 L 29—1—379。

1940 年县政府经费支配及省款拨补标准，参照 1939 年度原案及实际情形，将后方县份核定为六等，分别核定支出标准。详见如下：

表余—3：浙江省战时各县政府（除游击区及财政划分县份）经费支配表（1940 年施行）

	一等县	二等县	三等县	四等县	五等县	六等县
薪俸费	4100	3850	3450	3300	2850	2700
办公川旅费	450	450	400	400	350	350
购置费	50	50	50	50	50	50
特别办公费	100	100	100	100	100	100
合计	4700	4450	4000	3850	3350	3200

资料来源：浙江省档案馆 L 29—3—5。

按"经费别"来看，于上表的比较可知，县政府经费支配项目主要为薪俸费，1940 年度比 1938 年度经费的增加，也主要是薪俸费项目的增加，抗战以后，由于物价上涨因素，县级工作人员收入实际购买力有很大下降，薪俸的调增也主要是为增加生活费补助。其他如办公川旅费、特别办公费等仍照原额。这些事实反映了县行政费虽为县地方支出经费的重要部分，但是省核拨的款额仍不足以支持县政权的事业扩张需要。

　　另据 1937 年度各县决算，大多数收不敷支，亏垫累累。[①] 如 1939 年度县地方概算审核前各县之概况："1. 嵊县江山衢县三县收支勉可适合。2. 庆元约不敷二千元。3. 景宁约不敷九千元。4. 奉化约不敷一万元。5. 金华约不敷一万一千元。6. 象山新昌各约不敷一万二千元。7. 富阳约不敷一万三千元。8. 开化宁海各约不敷一万四千元。9. 常山约不敷一万八千元。10. 平阳温岭各约不敷五万元。以上十六县共计不敷二十四万二千元，全省各县（游击战区分除外）预计不敷总额，约在七十万元左右。"[②] 以此有限之经费分配于各项开支，则各事业之经费自感支绌不敷，这也是战初县政各项事业荒芜之财政因素。

　　从各县预算支出涨落情势看，县财权不能配合事权更属明显。战前（1935—1937）浙省各县岁出总额，一般均呈上涨趋势，以 1937 年度每县平均数与 1935 年度平均数相比，增幅几近一倍（见下表）。此种趋势的解释，一为县岁出经费之普遍增加，一为县预算编制内容渐加完备（初未列入预算者后渐列入），据实际情形观察，前一原因影响更大。[③] 抗战开始以后，浙省县支出涨势发生变化，浙省各县预算数在 1938、1939 年度微有下调，1940 年以后，涨势开始加大。浙省各县预算支出比较情形参见下表：

表余—4：浙省各县历年度预算支出与物价比较表

年度	核定县数	各县预算总数（国币元）	各县平均数（国币元）	1937 年数为指数 100	物价指数	备注
1935	75	11445450	152606	58		
1936	75	16554326	220724	83		
1937	75	19827701	264369	100	100	
1938	61	6324452	103680	78	126	1938 年为半年，指数加倍计算

[①] 《代理浙江省政府会计长王振汉呈省主席有关二十八年度县地方概算的文案》（文件无标题，笔者加），浙江省档案馆 L29—3—158。
[②] 《各县二十八度地方概算审查报告》（原文无标题，笔者加），浙江省档案馆 L29—3—158。
[③] 彭雨新：《县地方财政》，商务印书馆 1945 年版，第 16 页。

年度	核定县数	各县预算总数（国币元）	各县平均数（国币元）	1937 年数为指数 100	物价指数	备注
1939	63	15223185	241638	91	215	
1940	74	25681524	347914	132	470	
1941	76	59805475	786914	298	1206	

附注：（1）物价指数以永嘉县物价为标准，1937 年数为 100。永嘉因地滨海岸交通较为频繁而又位于后方与陷区之咽头，浙省自陷区抢运物资咸集于此，因而本县物价最为灵敏，涨落之发生瞬息有变，与普通县城之物价自不能相提并论。故采取永嘉县物价指数来反映浙江省的物价指数变化比较合理。

资料来源：《永嘉县七年来物价指数民国 26 年至 32 年》永嘉县政府统计室编 1944 年 1 月 31 日，油印本，浙江图书馆古籍部藏。（2）1938 年尚有战区 14 县预算未核定。1939 年，战区 13 县未核定（全省共 76 县）。1940 年，战区 2 县未核定。（3）县预算资料来源：浙江省档案馆 L 29—3—179。

上表中，浙省县地方预算支出的涨落情况表明，抗战后的预算支出虽比 1936 年度要有所增长，但是 1938 及 1939 年度的预算数额均低于 1937 年预算数，1940 与 1941 年的预算数额虽然高于 1937 年数额，但是考虑到物价因素，其结果则恰为相反：物价以 1937 年为基数，1938 年上涨 126%，1939 年上涨两倍有余，1940 年上涨接近 5 倍，1941 年之后更是暴涨。而县预算支出不涨反落，1940 年数额虽有上涨，但远远比不上物价上涨的幅度，实际购买力则是下降好几倍矣。这种现象一则反映了浙省各县坚持战时紧缩的政策，另一方面也反映了县岁出经费的贫乏。就地方政权与财权而言，矛盾主要集中于省与县之间的利益分配上。

抗战前期，国民政府在地方财政体制方面，省加大了财政集权，在税收结构与征收体制方面都偏重于省，省财政得到了片面的发展，进一步减缩了县财政的独立扩张能力。而县政的紧缩政策与实际上的扩张需求，使得县地方财政问题突显出来。由于政治的调整和财政的演变，省与县之间形成一种紧张关系：省财政的好转现象掩盖着县地方财政的竭蹶和不良趋向，省政府的行政紧缩政策掩盖着县地方事权的扩张，造成县地方事权与财权之间的深刻矛盾，事权与财权的矛盾反映了地方财政体制上的利益分配问题，集中体现在省与县的财政关系上。财政统筹有利于全省政治共同体的形成与强化，以应对战时需要，随着抗战演进及县地方政权建设的需要，这种体制无疑又成为限制性框架，县地方政权建设与财政基础渐趋分离，导致县与省之间的矛盾加大，对于1941年国民政府变革国家财政体制有重大的影响，促进了国民政府出台政策，筹划以县为主体的自治财政。

二、新县制与县财政

抗战初期省县事权与财权的矛盾反映了县地方政权的行政基础并不稳固，1939年国民政府颁行新县制（《县各级组织纲要》）以改变地方政治的走势。[1] 随着县自治地位的重新认定，县地方财政地位与收支划分问题益显重要。1941年财政收支系统改制，划分为国家财政与自治财政两大系统，为财政制度之重大变革。战前以及抗战前期，系采中央、省、县三级制，地方财政主体在省；抗战后期则采中央、县二级制，地方财政主体归于县。地方财政主体的一再变动，兼含政治与财政的双重意义。[2]

（一）新县制的实施。

1939年9月19日，国民政府公布《县各级组织纲要》，于1940年开始实行，三年内完成。政府组织机构方面，依《县各级组织纲要》第十三条、第十四条规定，县政府组织规程，自应重行厘订，以期全省各县一律适用。1940年1月，浙江省政府委员会决议通过浙江省县政府组织规程办事规则。其中关于县政府县长的任用，规定由民政厅提出合格人员，经省政府委员会

---

[1] 对于新县制的制度结构与地位问题，历来学者有不同意见，民国学者陈之迈认为："纲要中固有些新颖的地方，其最大的部分却是已经见诸以前有关县政的法律中的。纲要的作用是根据过去的实际经验，将各种法规中种种的内容为一个总的检讨之后确实厘定一种蒋总裁所谓的'妥善可行'的制度。这部纲要，我们与其说它是新的 造，毋宁称之为一种集大成的制度。"（陈之迈：《中国政府》，第三册，第96页。）也有学者认为，新县制在性质上有别于旧县制而言，"旧县制是北代成功后至抗战前的县制，不但各地制度纷歧，法令僵化，而且县府事权不统一，地方财政不确立，尤其重要的，它不能适应抗战建国的需要。新县制便是针对旧县制的缺失，适应抗战的需要产生的。"（马起华：《抗战时期的政治建设》，载《中国近代现代史论集》，中华文化复兴运动推进委员会主编，第26编对日抗战，第1000页。）

[2] 侯坤宏：《抗战时期的中央财政与地方财政》，第205页。

议决依法任用，其职权，依《县各级组织纲要》的规定。关于县政府的内部组织，依《县各级组织纲要》规定，设科的多寡及其职掌的分配，由各省拟订，原期适合各县实际需要。浙江省规定设秘书、军法、会计三室；民政、财政、教育、建设、兵役五科；办理地政县份，增设地政科，并得视业务的进展，呈准设置测量队组及登记处；警额在五十名以下不设警察局县份，增设警佐室；县政府并得依法令设置各种委员会及其他机关，以应战时需要。1940 年 4 月 17 日奉行政院训令，关于军法室予以删除，但军法承审员及军法书记员仍照设。

关于县政府的人员，依《县各级组织纲要》规定人员名额、官等、俸给、及编制，由各省政府依县的等次及实际拟订。事实情况是，县政府人员数额均较 1939 年大有增加，平均各可增加三分之一。[①] 但是，各县因实施《纲要》，事务繁重，规定人员数额，仍感不敷分配。1940 年全省专员县长会议，曾经提会决议，将县政府人员再予以增加，以期充实。

此外，关于县政会议，于县政府组织规程中，规定应按期举行。出席者除县长及各科科长外，县党部书记长应出席会议，有表决权。[②]

县参议会为民意机关，是推行地方自治的公器。国民政府于 1941 年 8 月 9 日公布《县参议会组织暂行条例》、《县参议员选举条例》，[③] 县参议会由乡（镇）民代表会选举，每乡（镇）一人，但未满七个乡镇的县，县参议员也仍为七人。此外并且由职业团体选举参议员，但总数不得超过总额十分之三。所谓职业团，依照非常时期人民团体组织法，共为六种，即工会、农会、商会、教育会、渔会、和自由职业团体。一个人同时具有区域选举和职业团体选举资格应参加区域选举。县参议员设有议长和副议长各一人，开会

---

① 浙江省民政厅：《县各级组织纲要浙江省实施总报告》民国 29 年至民国 31 年，第 8 页。杭州市档案馆 C—1—1—15。

② 1940 年 5 月间，据缙云县政府呈，为县党部书记长，依照《县各级党政关系调整办法》第五条之规定，出席县政会议，是否有表决权，抑应认为列席，只有发言权，而无表决权，请核示等情前来，经省政府于 1940 年 5 月养府民一永字第 667 号代电，呈奉行政院同年六月马一阳字第 13576 号代电核复："县党部书记长，依照《县各级党政关系调整办法》第五条之规定，出席县政会议，应有表决权"。浙江省民政厅：《县各级组织纲要浙江省实施总报告》民国 29 年至民国 31 年，第 12 页。杭州市档案馆 C—1—1—15。

③ 《国民政府公报》，渝字第 386 期（1941 年 8 月 9 日），第 1—8 页。

时任主席，任期二年，参议会每三个月开会一次。县参议员的候选也须经过试验或检复。参议会的职权更为隆重，法律上列有十条之多，其最重要者为完成地方自治事项，议决预算审核决算、议决单行规章，县税、县公债、县有财产的经管及处分等，对于县政府它也有相当的监督权。[①]

基层政权为县以下政权。《纲要》规定将县分为两级，第一级为县，第二级为乡或镇，所以说"县以下为乡（镇）"，"县为法人，乡（镇）为法人"。乡镇下设保、甲。由户组成甲，由甲组成保，保组成乡镇。甲在可能的情况下，仍坚持十进位制，不论什么情况，一甲不得多于 15 户，也不得少于 6 户。乡与保的组成也是如此。[②]《纲要》在原则上取消了区作为一级的地方机构。[③] 只有当县的面积太大，或因特殊情况，有必要在县、乡之间设置一中间机构时，才设立区。在这种情况下，区由 15—30 个乡组成。

乡（镇）的组织，是基层政治的重要环节。依照《县各级组织纲要》的规定，设乡（镇）公所，置乡（镇）长及副乡（镇）长各 1 人（副乡镇长可增为 2 人），由乡镇民大会就具有法定资格的人中选举。未改组的乡镇民代表会不再选举乡镇长副，乡镇长副由县长指派。其职务，据《乡镇组织暂行条例》的规定，是"受县政府之指挥监督，办理本乡镇自治事项，及执行县政府委办事项。"因为《纲要》的一个原则是所谓"三位一体"，所以乡镇长

---

① 陈之迈：《中国政府》，第三册，商务印书馆 1947 年版，第 102 页。

② 保甲的编制历来是十进的，这个原则《纲要》予以保留，但使其较具弹性："甲之编制以十户为原则，不得少于六户，多于十五户"；"保之编制以十甲为原则，不得少于六甲，多于十五甲"；"乡（镇）之划分以十保为原则，不得少于六保，多于十五保"。照一般行政的理论，一个指挥者不宜同时指挥过多的单位，十个单位似乎是不多不少的。而且每个保甲及乡镇的大小也不宜过于悬殊，使得在其组织中所配置的各种机构与事业太不均匀，故亦宜使其大小（尤其注重人口）大致相同。在十进的原则下，一个甲，以每户五口平均计算，最少有二十五人，最多七十五人，平均五十人；每一保最少一百二十五人，最多一千一百二十五人，平均五百人；每一乡（镇）最少六百二十五人，最多一万六千八百七十五人，平均五千人。这个办法似乎是适中的。陈之迈：《中国政府》，第三册，商务印书馆 1947 年版，第 98—99 页。

③ "区不是县以下及乡（镇）以上的一个层级，区中所设之区署只是"县政府之辅助机关，代表县政府督导各乡镇办理各项行政及自治事务"。从前区曾经构成县各级组织的一个层级，现制则将其成为县政府的一个辅助机关。不复自成一个层级，多年来未能解决的一个问题此处作了一个解决。"（陈之迈：《中国政府》，第三册，第 98 页。）

（政治）兼任乡镇中心学校校长（教育）和乡镇国民兵队队长（军事），但"在经济教育发达之区域得不兼任乡镇中心学校校长。"① 乡镇公所内设有民政、警卫、经济、文化4股，每股各设主任1人。这些股主任也是兼任的，警卫股主任由国民兵队队附兼任，文化股主任得由中心学校教员兼任，民政、经济股主任得由副乡镇长兼任。各股也得设置干事，也可以由学校教员兼任，惟关于户籍则应有一干事专办。此外并可置事务员1人至2人。这是一个乡镇的轮廓。但"经费不充裕地方，各股得酌量合并，或仅设干事。"② 乡镇公所应召开乡镇务会议，由有关人员参加。

保设保办公处，置保长1人，副保长1人。依照规定，他们是由保民大会选举的，浙省规定，保长选举，仍应同时选举3人，由县圈定1人发给委令，③ 在保民大会未成立前当由上级政府派任。根据"三位一体"原则，保长兼任国民学校校长及保国民兵队队长，但"在经济教育发达之区域得不兼任保国民学校校长。"保办公处，除设保长副保长外，分设民政、警卫、经济、文化干事各1人，也可以由副保长、保国民兵队队附、保国民学校教员兼任。保内这些人合起来组成保务会议。《县各级组织纲要》及浙省的实施中关于行政的组织大略如此，可见它的规定与以前的并没多少根本不同的地方，只是极力求乡镇与保甲组织比较充实，使得政治的基础可以稳固。

乡（镇）民代表会和保民大会，为地方自治的基层机构。在制度方面，乡镇民代表会由每保保民大会选举代表二人组织之，任期二年，每三个月开会一次。会议主席由各代表互选，但是乡镇长如果已经是由乡镇民代表选举的，则可由他兼任主席。乡镇民代表会最重要的一项职权是议决乡镇概算和审核决算，但应经过县政府的核准及覆核。战时因为种种原因，特别是因为保民大会现在尚未全部成立，关于乡镇民代表会的法律，虽经公布施行，但

---

① 这个规定曾为教育当局所反对，认为在事实上不易实行，勉强实行亦属无益，故经中央执行委员会全体会议决议变更，以前是以兼任校长为原则的，决议改变为以兼任为例外，或竟不兼任。（陈之迈：《中国政府》，第三册，商务印书馆1947年版，第100页。）

② 1941年8月9日，国民政府公布《乡镇组织暂行条例》，《国民政府公报》渝字第386号。

③ 浙江省民政厅：《县各级组织纲要浙江省实施总报告》民国29年版至民国31年，第69页。杭州市档案馆C—1—1—15。

成立的地方尚不多。①

保民大会由每户推出 1 人组成之，每月开会 1 次，由保长召集，并任主席。因保甲只是乡镇内的编制，并无法人地位，保民大会自然不能认定为地方自治团体的民意机关，无须比照乡镇民代表会的一切规定。②

以上介绍了新的县及下属政权的机构，很明显，如没有职责，这台精密的机器就毫无用处。它的职责概括起来是四个字："管教养卫"，"管"体现在政治上的行政管理；"教"为教育，包括国民教育与社会教育等；"养"是开发富源，提高社会生产力；"卫"是自卫能力的增强。具体的措施就是：它要以保为单位组建民团；在全县范围内开设大批民校，最好是每保有一国民学校，每一乡镇有一所中心学校；县应有一卫生中心，如有可能还要设立乡镇卫生中心；并应大量组建合作社。

据钱端升先生估计，一个典型的中国的县，其面积大约为 4500 平方公里，人口约为 220000。如按十进制，县里的 45000 户人家能组成 4500 个甲，450 个保，45 个乡镇。也就是说，一个县要建立 450 个民校，45 个中心小学，和 45 个卫生中心。照这个规模，将需要大量的教师、医生和护士，而现在只有很少的手段满足这一需求。甚至县政府正常工作所需的人力也不能得到满足。现在一个县大约三十余人负责一般行政工作，这些人穷于应付上面的各种指令，几乎没有时间能够主动去做什么工作或为该县规划必要的工作，就更没有时间指导各乡镇的工作。一个新的县要正常运转，需要的不是

---

① 陈之迈：《中国政府》，第三册，第 102 页。关于乡镇民代表大会，国民党政府规定了非常苛刻的条件，必须在完成下列各项任务后，方有资格成立，这些条件是：(1) 健全机构（县政府、乡镇公所、保办公处、均依《县各级组织纲要》规定调整充实完成，现任县各级干部人员全部经过训练）；(2) 编查户口；(3) 整理财政；(4) 规定地价；(5) 设立学校（每 3 保有一所国民学校，每乡镇有一所中心学校）；(6) 推行全作（每 3 保有一合作分社，每 2 乡有一合作社，县有合作联社）；(7) 办理警卫；(8) 四权训练；(9) 推进卫生（每 3 保有一卫生员，每 2 乡有一卫生所，县政府所在地设有卫生院）；(10) 实行造产（乡镇造产事业至少有 3 种以上，每乡镇造产年收益达一万元以上）；(11) 开辟交通；(12) 实施救恤。完成以上 12 项指标，并经省政府派员调查确实，报请内部核准后，才能设立乡镇民代表会。见中国第二历史档案馆藏《中国国民党党务系统档案汇集》九第 679 页。孔庆泰：《国民党政府政治制度史》，安徽教育出版社 1998 年版，第 636 页。

② 浙江省民政厅：《县各级组织纲要浙江省实施总报告》民国 29 年至民国 31 年，第 69 页。杭州市档案馆 C—1—1—15。

三十，而是二三百个人员。[①]

新县制的实施使得地方政权的组织和权力范围大为膨胀，但是制度层面上的设计如果不落实于实践，往往会流于形式，进而影响政治的进展。支撑制度运作的机制很多，其中财政无疑是其中的最重要一环，同时财政也是政治权力运作的基础，因此，新县制与自治财政的配合问题至关重要。财政变动的直接影响可求之于政治，但是政治变动的由来，还得要求之经济财政。关于财政问题，《县各级组织纲要》规定最为进步，但问题的关键仍在财政上。蒋介石国民政府认为县和乡镇的财产，主要是土地，足够用于支持目前所有的规划。随着县、乡经济的逐渐发展，还可以开始实施更宏伟的规划。[②] 蒋介石国民政府是将财力寄托于土地和未来的经济发展之上，未免有画饼充饥之嫌。

（二）自治财政的确立

何为自治财政？按照国民党的执政理念，县为自治单位，县行政与县事业的存在与运转所需经费，皆为自治财政范围。

1935 年 7 月国民政府公布《财政收支系统法》，对于省县财政进行了划分，由于省级政府的延宕，该法实际上没有实行。1939 年国民政府颁布新县制，省、县财政划分问题再一次提上日程。

1939 年 9 月，《县各级组织纲要》公布，1940 年起各省先后实行。《纲要》中对县收入的规定如下：

1. 土地税之一部（在土地法未实施之县各种属于县有之田赋附加全额）；2. 土地陈报后正附溢额田赋之全部。3. 中央划拨补助县地方之印花税三成。4. 土地改良物税（在土地法未实施之县为房捐）。5. 营业税之一部（在未依营业税法改定税率以前为屠宰税全额及其他营业税百分之二十以上）。6. 县公产收入。7. 县公营业收入。8. 其他依法许可之税捐。

《纲要》对于县地方财政收入的规定比较 1935 年《财政收支系统法》，更容易施行。其原因有四：第一，田赋县附加仍归县有，于省财政并无影

---

① 钱端升：《中国战时地方政府》，《钱端升学术论著自选集》，北京师范学院出版社 1991 年版，第 673 页。

② 钱端升：《中国战时地方政府》，《钱端升学术论著自选集》，北京师范学院出版社 1991 年版，第 672 页。

响。第二，土地陈报后正附溢额田赋全部归县，原依 1934 年行政院颁《办理土地陈报纲要》中已有规定①，中央划拨补助县印花税三成，亦为 1934 年来已成的事实，均于省县财政无变动。第三，房捐过去各省多已由县征收，为数有限，若如财政收支系统法规定以 15% 至 45% 归省，徒增麻烦，无补省库，不如定为县税较切实际；屠宰税全额归县为当时各省已有的趋势。其所损省益县者厥在其他营业税 20% 以上归县这一点，但此 20% 营业税在省收入中并非过于重要，国民政府既以实施新县制为号召，各省自无必要因此一微少损失而反对实行。② 第四，抗战初期，省地方财政收入片面发展，有可观的新开辟收入作抵补，省县财政划分对省收入并无大的影响。

1941 年 6 月第三次全国财政会议，根据国民党第五届中央执行委员会第八次全体会议通过的《改进财政系统统筹整理分配以应抗战需要而奠自治基础藉使全国克臻平均发展》决议案，将全国财政收支分为国家财政与自治财政两系统，国家财政包括原属国家及省与行政院直辖市（除自治财政收支部分外）的一切收入支出，自治财政以县市为单位，包括县市乡（镇）的一切收入支出。今录其决议原文如下：

（1）国家财政系统应包括现有之中央及省两部分财政，通盘筹划，统一支配。

（2）自治财政收支系统之收支预算，依照法律之规定，分别由县编造，先经民意机关同意，省府审核，再请中央核定。其因贫瘠而有不足者，依核定之预算，由中央补助其不足。

（3）自治财政系统之收入部分，其属于租税者，由中央设立之税务机关收纳划拨，其属于规费者，得依法律之规定，由各县自收。

财政部根据上项决议，在 1941 年 6 月召开第三次全国财政会议，改订财政系统，付诸实施。11 月国民政府公布《改订财政收支系统实施纲要》，1942 年度起全国一体遵行。在《实施纲要》自治财政系统中，县市未加区别，县与乡镇亦未作划分，故自治财政的规定亦即县地方财政的规定。兹将《实

---

① 《办理土地陈报纲要》第 21 条规定，"新增田赋除尽先抵补减轻田赋附加外，其余均应拨充地方事业经费"。

② 彭雨新：《县地方财政》，商务印书馆 1945 年版，第 8—9 页。

施纲要》中自治财政收支系统内容列举如下：

1.支出部分：(1) 政权行使支出；(2) 行政支出；(3) 立法支出；(4) 教育及文化支出；(5) 经济及建设支出；(6) 卫生及治疗支出；(7) 保育及救济支出；(8) 营业投资及维持支出；(9) 保安支出；(10) 财务支出；(11) 债务支出；(12) 公务人员退休及抚恤支出；(13) 损失支出；(14) 信托管理支出；(15) 协助支出；(16) 其他支出。

2.收入部分：(1) 税课收入；(2) 特赋收入；(3) 惩罚及赔偿收入；(4) 规费收入；(5) 信托管理收入；(6) 财产及权利收入；(7) 公有营业之盈余收入；(8) 公有事业收入；(9) 补助收入；(10) 地方性之捐献及赠与收入；(11) 财产及权利之售价收入；(12) 收回资本收入；(13) 公债收入；(14) 赊借收入；(15) 其他收入。

税课收入包括两个部分，一是自治税，一是划拨税；共包括 9 项：

(1) 土地改良物税（在土地法未实施前，仍称房捐）；(2) 屠宰税；(3) 营业牌照税；(4) 使用牌照税；(5) 行为取缔税；(6) 土地税之一部（在未依土地法征收土地税前为田赋及契税）；(7) 中央划拨遗产税二成五；(8) 中央划拨营业税三成至五成；(9) 中央划拨印花税三成。

兹将自实施新县制前起，历次划分收入来源，编列一表如下，以资比较：

表余—5：历次划分县收入来源比较表

新县制 实施前	新县制实施后	改订财政收支系统后
1. 田赋附加 2. 契税附加 3. 屠宰税附加 4. 其他附加 5. 房铺捐 6. 杂捐	1. 土地税之一部（田赋附加） 2.土地陈报后正附溢额田赋之全部 3. 中央拨补印花税三成 4. 土地改良物税 5.营业税之一部（屠宰税全额及营业税二成以上） 6. 其他依法许可之税捐	1. 土地改良物税（房捐） 2. 屠宰税 3. 营业牌照税 4. 使用牌照税 5. 行为取缔税 6. 土地税之一部（田赋由中央参照原收入拨付，契税附加仍旧） 7. 中央划拨遗产税二成五 8. 中央划拨营业税三成至五成 9. 中央划拨印花税三成。

自改订财政收支系统实施纲要后，县地方财政所发生之变动如下：

第一，地方税制的统一。以前地方杂税名目繁多，或名称相同，而内容互异，种种弊端，均由税制混乱而起。改订系统后，县单独税源为屠税、房捐、营业牌照税、使用牌照税、筵席及娱乐税（即行为取缔税改称）五种，为划一全国地方税制起见，先后颁布各税征收通则，以便各省遵照办理，和过去税法纷歧现象大为不同。

第二，实施划拨税款及补助。由于重要税课都为国家包揽净尽，而五项自治税款增收有限，故欲推进自治，国民政府对于自治财政进行救济。划拨税款，指的是一般由上级政府征收税款，按比例分配给地方机关，作为地方收入。补助，指的是由上级政府将其收入的一部分补助给地方的不足。划拨税款及补助制度成为地方财政制度的重要一环。

1942年度中央划拨县市税款，除印花税按纯收入30%，遗产税按纯收入25%分配外，营业税系按纯收入30%，土地税（地价税或田赋）按各县市1941年度预算原额照拨；契税照原有附加率估计照拨，但以附加率不超过正税半数者为限。1942年度中央对县市补助，以1941年度各县预算所列本省补助费原额为据，但在贫瘠县市因推行新政收入不敷者，由中央另拨特别补助费，此项特别补助费，由各省省政府就中央核给该省总额中斟酌各县市财政状况与施政情形统筹分配。

1943年度中央核给县市税款，除印花、遗产、契税照上年度办理外，土地税（田赋地价税及土地增值税）按实收数15%拨给县市，其改征实物部分，实物仍归中央由中央按核定的实物平均价格拨给县款。此外，准县级带征公粮三成，此项公粮收入，约为全部国税划县实额一半左右。又财产租赁所得税，财产出卖所得税，于1943年开征后，均按三成拨市县。

1944年度起，规定土地税七成归原收入县市；三成由省统筹支配。营业税、遗产税、财产租赁所得税、财产出卖所得税，各拨五成于原收入县市；四成五归省府斟酌各县市财政情形，统筹支配；百分之五由省府保留，作为未分配数；视各县市临时需要及年度结算征收短绌情形，随时核定补发之。在实际中，拨补县市的各项国税，以田赋及营业税数额最巨，约占全部税款总额90%以上。[1]

---

[1] 张一凡：《民元来我国之地方财政》，朱斯煌主编：《民国经济史》（银行周报三十周纪念刊）全国银行学会编印1948年，第189页。

（三）自治财政的整理。

抗战建国，自治事宜益增，而自治收入日减，留下一个很大的财政缺口。县乡政权为应付战时军事供给，只有另法补筹，于是摊派和苛杂更加严重。对于县市财政出现的流弊，财政部呈准行政院颁布《整理自治财政纲要》，推动一次整理自治财政运动，以动员地方财力，解决基层财政问题。①

如何动员地方财力呢？蒋介石曾作了一些指示：第一是要动员地方士绅，他在多次演讲中提到，"对于地方公正贤明负有声望之绅耆，尤应倾诚推重，敦请主持，号召民众，共同抗战"②，要"联合地方士绅，发动民众力量"，"要祛除毒害，解除民困，也要能得地方绅士的助力"，③等等。

第二，关于地方经费来源，蒋介石特别指出地方公有产款以及"公营事业"的重要性，他认为："所谓经费的来源，自应注重人民的公有款产，不应再多仰给于捐税。"对于全国各地的公有款产，应改为公营，切实整理，即以其收益纯作为全乡（镇）或全保公有经费。蒋介石进一步说明："如系公有田地或学田，且可利用此项田地，作为公共农场，由学校指导，为改良农产及训练民众农业技术之用。一姓一族之公产亦应酌定办法。如此办理，不仅收入可以增加，且因人民共同耕种，改良结果可以立刻推行。其无此项田产者，亦可划辟若干山场，或河流池塘，照此办理。并当运用义务劳力方法，以增加收入。此外仓储积谷，均可以乡（镇）或保为单位，由人民自行管理。各合作社办理农产运销，并当附设农仓，办理抵押放款，即以其盈利的一部分为地方事业经费。如此不仅经费不生问题，地方自治事业亦将随之而发展。"④

国民政府第三次全国财政会议也指出："造产"应为自治财政的第一来源，"实行新县制所增费用，多系用于乡（镇）保各级单位。总裁训示以义务劳动与造产收益充乡（镇）经费为言，自应奉为圭臬。且县以下之租税所入难期巨额，绝不足敷新政经费之需。例如每一保学所需经费年约一千二百

---

① 《关于财政部成立地方财政司整理自治财政》，《新华日报》，1942 年 7 月 14 日。

② 蒋介石：《告各县地方绅耆士民书》，《蒋委员长抗战言论集》（1938 年），第 74 页。

③ 蒋介石：《川政建设要旨》，1939 年 10 月 16 日出席四川省党部总理纪念周演讲。

④ 蒋介石：《确定县各级组织问题》，1939 年 6 月 16 日对中央训练团党政班第三期演讲。

元，百户之保每户平均须担负保学经费十二元以上，若以租税出之，自嫌过重。如以百户之众合力为本保耕种公地十亩，假定全年得正副产谷物合计四十石，每石以三十元计，即可得千二百元之和，其事固轻而易举者也。推之乡（镇），其理亦然。故造产收入实应列为自治经费来源之第一位。"①

因此，国民政府的整理自治财政，就是要动员地方士绅，强化基层政权的"造产"能力，以经济建设来解决公共事业经费。这种思路贯彻于整理自治财政政策之中。依照《整理自治财政纲要》，自 1943 年 1 月 1 日起，将全国自治财政分为三期整理，每期六个月，至 1944 年 6 月底止，一律整理完成。期满行政院废止该《纲要》，另颁布《整理自治财政办法》，鉴于过去限期整理实绩未尽满意，故对于实施整理分别及起讫年月不再作硬性规定，该项办法成为各省整理自治财政之准则。

为落实整理自治财政政策，国民政府相继颁布《乡（镇）造产办法》、《清理各县市公有款产暂行通则》、《县市财政整理委员会组织规程》、《各县市清理公有款产奖励举发办法》、《各县市公产租佃办法》等法案，各省也纷纷出台实施细则，以推动自治财政的整理工作。据财政部统计，到 1945 年底，各省市整理情形，计开始整理者有川、康、滇、黔、湘、鄂、桂、浙、赣、闽、皖、甘、宁、青、新、绥、晋、陕、豫及重庆等二十一省市，除豫、甘、陕、闽、浙、赣、康七省各期均已完成外，其余黔、宁、桂、川、粤、皖、鄂、滇、渝等九省市第一、二期亦均完成，惟湘、晋、绥、青及新疆等五省以邻近战区，受战事影响，或已远在边区，情形特殊，均只能完成一部分整理工作。②

《整理自治财政办法》规定整理项目，包括：1.整理税捐；2.清理公有款产；3.清理债务；4.实施造产；5.调整收支；6.健全财务机构等项。整理自治财政内容颇多，以下根据财政部的政策部署，和浙、闽、陕、黔、徽、湘等省整理自治财政报告，对整理自治财政中的地方财力动员举措做一些阐述说明。

---

① 第三次全国财政会议，江苏中华民国工商税收史编写组、中国第二历史档案馆编：《中华民国工商税收史料选编》，第一辑，综合类，上册，南京大学出版社 1996 年版，第 1435 页。

② 国民政府财政部：《抗战时期之财政》（1946 年 2 月），中国第二历史档案馆：《民国档案史料汇辑》，第五辑第二编，江苏古籍出版社，第 477 页。

设立财政整理委员会。

整理自治财政工作按照规定,由县成立财政整理委员会办理,所需经费各县于预算财务支出项下拨实编列,并为便利整理工作的进行,对于各县整理委员会内专任人员名额尽量宽列,县税征收处经费尽量予以增加。① 也就是说,对财政整理委员会在人事和经费方面优先对待。

财政整理委员会,设委员 11 人至 13 人,以下列人员组成之:县(市)长,为当然委员,并为委员会主任委员;县市政府民政科长,财政科(局)长,教育科(局)长,地政科(局)长,会计主任;县市税务征收局局长(未设税务征收局地方县市税捐征收机关主管人员);县市田赋管理处副处长;县市党部书记长;县市立中等学校校长 1 人(无县市中等学校者由县市长遴选中心学校校长 1 人,聘任之);县市参议会代表 2 人至 4 人(未成立县市参议会前,由县市长就地方公正士绅中遴选 2 人至 4 人聘任之)。在县财政整理委员会委员中,县长兼任为主任委员,副主任委员为地方士绅担任,且兼任第一组组长,掌理财政整理委员会的常务事项,地方士绅在财政整理委员会中具有举足轻重的作用。

县财政整理委员会之职掌,有下列各项:(1)关于自治税捐之整理事项;(2)关于县(市)债务之清理事项;(3)关于县(市)收支之调整事项;(4)关于县(市)财务机构之调整事项;(5)关于县(市)公款之清理事项;(6)关于县(市)公产之清理事项;(7)关于乡镇造产之实施事项。

整理税捐。

整理自治税捐是整理自治财政的一个重点部分。对于五种自治税捐,"凡未经开征者,除地方情形特殊确无某种税源经核准免征者外,应即一律开征。在消极方面,对于各县市原征各项法定税捐以外之税捐,应即分别裁废。旨在一面推行合法税捐,以裕税收,一面裁废非法税捐,藉轻民负。至于征收税捐,应悉由征收机关直接办理,不得招商包征,并厉行经征与收款严格划分,以期涓滴归公。"国民政府先后拟订并公布了房捐条例、筵席及娱乐税法、营业牌照税法、使用牌照税法、屠宰税法,完成立法程序。

清理公有款产。

---

① 《浙江省整理自治财政第一期总报告》,浙江省档案馆 L31—1—833。

县（市）公有款产，原为地方重要财源之一。但由于过去地方政府未予重视，各县（市）地方公有款产，多为土劣侵吞把持，收入短绌，几为普遍现象。自治财政成为独立系统之后，将公有款产列为主要收入。为充裕自治财源，整理公有款产成为要务。国民政府行政院于1942年12月公布《清理各县市公有款产暂行办法》，1944年改为《清理各县市公有款产规则》。

依法应清理的公款，规定为：

（1）县市各种事业之基金；（2）县市及所属机关贷与私人或团体之公款；（3）县市所属中各机关历年应解之经费结余，或经收之各项收入；（4）县市公有事业或公营事业历年未解之盈余；（5）县市税捐经手人或包商历年积欠之税款；（6）县市公产承租人历年积欠之租金；（7）县市历年补入侵占或亏挪之公款；（8）其他属于县市所有之公款。依法应清理的公产，规定为：（1）县市及所属机关管有之公产；（2）、乡镇及自治团体管有之公产；（3）公立学校医院管有之不动产；（4）人民捐献之不动产；（5）荒废寺庙之不动产；（6）户绝归公之不动产；（7）依法没收之不动产；（8）县市境内无主之土地。

在整理期间，为奖励人民举报，制定了《各县市清理公有款产奖励举发办法》。管理方面的规章制度有：《县市公产管理委员会组织规程》、《乡镇财产保管委员会组织章程》及《各县市公产租细办法》。

自治财政自1943年开始整理后，各省县（市）对于公有款产之的清理，即依照清理规则，分期积极进行。截至1946年底，已经清理获有成果的，计有四川、福建、江西、浙江、湖南、安徽、广西、贵州、湖北、河南、甘肃、陕西、宁夏、广东、重庆、青岛、江苏、北平、辽北、热河、吉林等21省市。

实施乡镇造产。

乡镇造产，可以开辟地方富源，充裕地方收入。县各级组织纲要（即新县制）内就有乡镇应兴办造产事业的规定。1942年5月行政院颁布《乡镇造产办法》，组织"乡镇造产委员会"主持经营，并列举数种事业供选择举办：

（1）垦种公有田地；（2）开垦公有山地栽植茶桐桑竹及其他各种林木；（3）修筑公有渔场；（4）建筑水库水碾；（5）创办公营工厂，举办各种小规模手工业，如纺织、造纸及砖瓦窑、石灰窑等；（6）创办公有牧场饲养牛羊鸡豕等畜类。

国民政府对于乡镇造产寄予厚望，财政部于 1942 年规定县市所属之各乡镇，应一律依照造产办法实施造产，其收益应以相当于该乡镇岁出二分之一为最低标准。[①]1944 年再度通令各省，1945 年度乡镇造产收益，应达到乡镇岁出 2/3。[②] 据财政部统计：能达到上述标准的，有广西、湖北两省。另外，其他省份的乡镇造产收益，亦有巨额增加。各省已拟送造产实施细则或办法及计划者，计有湖北、福建、贵州、安徽、江西、绥远、甘肃、浙江、四川、宁夏、山西、陕西、广东、湖南、西康、河南、青海、重庆等 18 省市。[③]

整理自治财政本身的意义或许不仅在于财政领域，更为重要的是它为地方政治的进步创造条件和动力，是奠定县地方自治的财政基础而进行的一项政治动员。但是，从自治财政收支结构的流变来看，很明显的是整理自治财政并没有给县财政带来显著的变化。总体上来说，国民政府地方财力动员的努力是失败的。

1. 动员地方士绅参与财政经营没有取得实效。在实际过程中，地方士绅多敷衍了事，不能担负责任，"县整理自治财政工作事属首创，地方人士每多旁观，致工作一时难收成效，且本县财政整理委员会正式开始工作系在本年三月，经费亦于是月起支，故工作期间实计不过五月，以此短促期间实难发挥效能"。[④] 陕西省整理自治财政中也存在："地方士绅或对财务隔膜，或欠负责热忱。"[⑤]

蒋介石曾希望能得到地方贤明士绅的助力。结果呢，蒋介石痛心疾首地指出："我们对于一般富绅地主，格外要尽其督导劝谕的职责，要使他们知道自己责任之所在，……现在一般贫苦的老百姓，自动的贡献他们应出的粮

---

① "为各县市清理公有款产及实施乡镇造产收益应于本年度达到预定限度函"，湖南档案 42—1—19。

② 《财政年鉴》第三编，1948 年，"第十二编　地方财政"，第 5 页。

③ 《财政年鉴》第三编，1948 年，"第十二编　地方财政"，第 33 页。

④ 《江山财政文件》，浙江省档案馆 L31—1—28。

⑤ 张三谟：《陕西省整理自治财政工作之检讨》，《陕政》，1945 年，第 7 卷，第 1/2 期，52—55 页。

食，而且远道输将，并无异议。倒是一般地主富绅，反而计较多寡，实在丧失了作现代国民的资格，也可以说丧尽了天良。"①

2. 清理县（市）公有款产也未达到预期。由于清理公有款产工作，多在战时办理，颇难彻底，而沦陷地方又为事实所限，未能举办。至于清理后又经陷落的县市，不免前功尽废。抗战胜利后，不少地方尚未恢复常态，也不能完全办理，以致清理工作一再拖延。

例如浙江省："惟以抗战时期地方财政破坏殊甚，而又限于整理时间，故各县（市）对于公产部分的整理大都侧重于收益方面，关于公产面积经界的厘定，以及来源性质的划分均尚未能彻底办理清楚，以致依照规定应造送的'公产清册'、'公产租佃清册'、'公产统计表'、'公产租佃统计表'等册籍截至 1949 年尚仅有杭县、绍兴等十余县勉造送省，其中且有若干县份因册式不合发还重造。"②

3. 乡镇造产功亏一篑，流弊甚多。乡镇造产被国民政府列为八大中心工作之一，是动员地方财力的重要举措。但是，"以事属创举，办理不无困难，与预期效果，相距甚远"，财政部报告指出："根据各市所送造产计调简报表及造产竞赛报告表，绩较著者，仅后方之四川、陕西、云南、贵州、福建等省，其余类多鲜有成效。"③"乡镇造产因权责不清，资金缺乏，除少数县乡略具规模外，几无成绩可言，甚且县预算所列造产收入，至年终向各乡保按户摊派者。"④

例如湖南省，各县 1944、1945 年两年度总预算所列乡镇造产收入，大都未能遵照《乡镇造产办法》实施，造产仍系向地方摊筹⑤，比如摊派到各保甲每户豢养猪、鸡、鸭等家禽家畜，纯属扰民举措，"本省乡镇造产虽推行有年，不仅成效未著，抑且流弊百出，实由于过去订颁之乡镇造产办法实施细则过于简略，无正轨可循，各县尤急谋恃此供应乡保经费，致有不择手

---

① 蒋介石：《对于粮政的期望与感想》，1942 年 6 月 1 日主持全国粮政会议演讲。

② 《旧浙江省财政厅业务概况》，浙江省档案馆 L61—3—623。

③ 《财政年鉴》第三编，1948 年，"第十二编 地方财政"，第 33 页。

④ 《财政部地方财政司关于闽黔两省整理自治财政概况报告》（1943），中国第二历史档案馆：《民国档案史料汇编》，第五辑，第二编，江苏古籍出版社，第 537—544 页。

⑤ 《清查县乡两年度乡镇造产收入》，湖南档案 42—1—19。

段流为摊派，造成变相税捐情事。"①

4. 法定收入所占县收入百分比有减少的趋势，而法外摊筹有递增的趋势，这是自治财政呈现危机的表现。福建省在整理自治税捐时，虽经加紧催征，收入仍属有限，筹补办法便是"开征自治捐五千余万元，以资挹注"。但此项自治捐，财政部批示"应自1943年起遵令一律停征，县支出如有不敷，应即切实整理原有法定税捐，以资抵补。"②

再以浙江省的自治财政收入来源作为个案来进行分析，见下表：

表余—5：浙江省1943—1946年度自治财政收入来源分析表

单位：法币元

科目	1943		1944		1945		1946	
田赋及分拨国税收入	52754750	16%	95164762	10%	131172051	4%	1375518410	3%
自治税捐及国税附加	89140637	27%	217395535	23%	530700377	16%	23229667308	42%
地方财产事业收入	30995370	9%	46780495	5%	223776726	7%	22400781735	41%
其他收入	164829963	48%	605931187	62%	2582558443	73%	7341529789	14%
共计	337720710	100%	965271929	100%	3468209597	100%	54347497242	100%

资料来源：《浙江省整理自治财政第四期报告》，在1946年，因财政改制，由二级制变为三级制，税源增加，税率提高，征课范围扩展，故表列数字顿见增加。但物价的上涨更为厉害，自治财政仍极困难，实际收支中"其他收入"所占比例要高得多。

---

① 《事由修正湖南省乡镇造产办法实施细则训令》，湖南档案42—1—19。
② 《财政部地方财政司关于闽黔两省整理自治财政概况报告》(1943)，中国第二历史档案馆：《民国档案史料汇编》，第五辑，第二编，江苏古籍出版社，第544页。

上表中，法定收入包括田赋及分拨国税收入、自治税捐及国税附加、地方财产事业收入；其他收入主要为法外摊筹。浙江省在 1943 年征收三项乡镇事业费、1944 年征收乡镇公粮、1945 年列捐献收入，这些均属法外摊筹做法，"均未获中央之允准"①。从上表来看，1943 年至 1945 年，法外摊筹所占百分比分别为 48%、62%、73%，已经成为县乡财政主要收入来源。

三、内战爆发后的县财政

1945 年 8 月 15 日，抗战胜利，举世欢腾，国人迎来久违的和平。但是和平太脆弱了，国民政府所谓的"复员"时期太短暂了，不到一年时间，内战即爆发，一直延续到国民党败退大陆。在这 4 年的时间里，人民渴望休养生息，但国民党政权的内战政策把人民拖入深渊，也加速了自身的灭亡。杨荫溥先生谈到战后国内形势在国民党政府财政上的反映，提出三点："第一，军费开支没有由于抗日战争的结束而缩小；相反的，正由于反动派反人民心切，想把人民革命力量迅速打垮，军费开支反而大大增加了。第二，由此所加于财政预算的压力，同样不是减轻而是大大加强了。结果，必然为财政赤字的日见庞大和财政危机的日益加深。第三，财政上的危机更必然和内战形势分不开，随着政治、军事危机的日益严重，财政危机必然也日益严重；政治、军事上的一败涂地，必然造成财政土崩瓦解的局面。"②由内战导致财政土崩瓦解，这一传导关系可以通过县财政的病理分析，清晰地展现出来。

（一）改订国家财政收支系统，恢复三级制。

随着抗战胜利，"复员"时期到来，国民政府开始着力于战后重建。此时的财政称为"复员财政"，"复员决不是复原，复员时期的财政，即非抗战时期的财政非平时状态的财政，而是由支持战争的战时财政走向复兴建设的

---

① "改制后地方财政检讨"，浙江财政厅，浙江档案 31—1—736。

② 杨荫溥：《民国财政史》，中国财政经济出版社 1985 年版，第 167 页。

平时财政之过渡状态。"①

复员财政在体制上的重要措施，就是纠正战时财权过分集中中央的偏向，改订国家财政收支系统，恢复财政三级制，以发挥省财政的作用，宋子文等人向国民党六届二中全会提出修改财政系统案："……以我国幅员辽阔，县（市）单位数以千计，承上启下，现行省制实居重要地位，省级财政似宜恢复，以收提纲挈领、臂指相使之效。"②

恢复省财政，会不会一如抗战前压制县财政呢？这也是当时不少财政专家所担心的问题，鉴于过去省财政混乱情形，财政专家彭雨新呼吁，三级财政体制下应以县级为重："省固为地方自治最高单位，但县级尤为自治重心，社会福利设施应以县为单位，以期直接有利人民，不仅如过去之限于省会或少数特定地点仅仅装点门面而已。省县事业应有明白划分，得视各省省县财力如何以及地方事业基础如何而为因地制宜因时制宜之规定。"③

1946年7月1日，修订后的财政收支系统法实施，关于省级收入，主要有四项：1、土地税总收入百分之二十；2、营业税百分之五十；3、补助收入；4、赋予省特别征费之权。在县级财政收入部分指定的有十项：1、土地税总收入百分之五十；2、营业税百分之五十；3、契税全部；4、遗产税由中央分配百分之三十；5、土地改良物税，在未施行土地法之区域为房捐；6、屠宰税；7、营业牌照税；8、使用牌照税；9、筵席娱乐税；10、赋与因地制宜课税之权。

从修正案中收入划分来看，省税只有营业税五成，土地税二成，必要时还须从其应得的土地税中拨出一部分，分给贫瘠县（市），以资补助。所以名义上1946年以后恢复了国、省、县三级财政，但是省财政的地位，远不能与1941年度以前的地位相比较。④

县级财政，似乎已摆脱了省财政的压制，重订后的县级财政，除了原有的五项自治税收外，有了一些新的变化，列表如下试作比较：

---

① 俞鸿钧关于战后财政政策的报告词，《中华民国工商税收史料汇编》，第一辑，综合类，上册，第384页。
② 宋子文等在国民党六届二中全会上提出的修改财政系统案，1946年3月。
③ 彭雨新：《再改财政收支系统之商酌》，《财政评论》，第93—96页。
④ 马寅初：《财政学与中国财政——理论与现实》，上册，商务印书馆2001年版，第188页。

表余—6：1946年财政收支系统法改订前后县级收入比较表

科目	系统法改订前	系统法改订后	比较	
			增	减
营业税	由中央划拨20%—50%	由省划拨50%		
田赋	由中央划拨25%	总收入50%	25%	
田赋带征公粮	按正税带征三成	按正税征收三成县得20%或30%		70%—80%
契税	无	全部归县	100%	
契税附加	按正税征收25%	无		25%
遗产税	由中央划拨25%	由中央划拨30%	5%	
印花税	由中央划拨30%	无		30%

从上表所列情形，可以看出财政收支系统改订后，县级财政的收入比较过去增加的计有：田赋总收入的25%，和全部契税；减去的计有田赋带征三成公粮的70%或80%，和契税附加之25%，在总收入方面来看，是增加的多，减去的少，符合"奠立地方自治基础，宽筹自治财政经费"的要求。①

（二）县财政上下交困。

抗战胜利，县财政本应压力减轻，获得休养时期，但事实并非如此。在复员时期，由于国民政府颁布一些免赋税政策，县财政深感恐慌。重订国家财政收支系统，宽筹自治财源，但事实是口惠而实不至；随着内战爆发，县财政陷入上下交困之中。

1.中央政府减免赋税政策，意在利民，但对于县财政却是一个大的冲击。

抗战胜利第一年，地方财政仍以县为单位，财政部规定《收复区自治财政整理办法》，令饬收复各省县市遵行。1945年9月3日，在日本正式宣布投降第二日，国民政府颁布明令，凡曾经陷敌各省区，豁免本年度田赋一

---

① 顾俊升：《财政收支系统改订后的县财政》，《苏财通讯》，第4期，1946年8月1日，第1—5页。

年；后方各省区，豁免明年度田赋一年。[1] 同年 10 月，行政院又颁布"二五减租办法"，以苏民困。又将全国各地营业税率，一律减低一半。收复区遗产税，在沦陷期间，免溯既往，印花税则自成立机构之日起征。1946 年 1 月 2 日，行政院会议，又通过收复区所有各年田赋，自沦陷之日起至收复日止，一律豁免追收。经敌伪征收者，亦准由人民持据向政府登记，以备对敌清算。自中央政府实施上列赋税减免后，地方财政，立即发生恐慌：因为田赋一成五、营业税三成，原系国税划拨地方，中央将此等赋税减免后，划拨地方的收入亦随之减少或停止，各级地方政府，陷入经费无着的境地。[2]

　　一方面由于赋税减免政策，另一方面更由于战争已耗尽民财，田赋实征额在战后已是不断不降。下表是 1945 到 1948 年度田赋征实、征借的额征数与实收数的比较：

表余—7：1945—1948 年度田赋征实、征借的额征数与实收数的比较

（谷麦、百万元）

年度	征实		征借		合计		
	额征数	实收数	额征数	实收数	额征数	实收数	收讫占比
1945—1946	18.0	15.5	17.2	14.6	35.2	30.1	85.7%
1946—1947	36.0	27.0	19.0	15.0	55.0	42.0	76.4%
1947—1948						20.3	

杨荫溥：《民国财政史》，中国财政经济出版社 1985 年，第 197 页。

　　从上表看，1945—1946 年度完成了额征数的 85% 多一点，1946—1947 年度就下降为 76% 强，几乎有四分之一的预算没有完成。1947—1948 年度完成情况一定还要差得多，只要看其实收数只有 20.3 百万石就可推想而知。这一实收数，只有 1945—1946 年度的 2/3，更只有 1946—1947 年度的一半不到。这显然与征实的不得人心和人民解放战争的胜利分不开。[3]

　　2.1946 年重订财政系统收支，县财政似乎增厚了税源，但是"开源"

[1]　《财政年鉴》三篇，第五篇，第 57 页。

[2]　张一凡：《民元以来我国之地方财政》，《民国经济史》，银行周报三十年纪念刊，第 190—191 页。

[3]　杨荫溥：《民国财政史》，中国财政经济出版社 1985 年，第 197 页。

不利。

国民政府也承认："惟以稽征未能认真，税率不甚适当，收入之数不如所期。而各省政府对于县级财政又多失之管制过严，遂至各县多不能自给。"①

县财政收入中的五种自治税大多为都市税，而非普遍税源，收入实为有限。"如土地改良物税、营业牌照税、使用牌照税和筵席娱乐税等，须以当地经济条件为转移，在偏僻县区此项收入类甚微末，无补实际的，以土地改良物税为例，现在国内多为房捐，征课区域以城镇繁盛之区住户在三百户以上者为限，今日我国县区，有多少县能合此标准？故收税亦甚困难。"②

国民政府在1947年11月14日、12月1日先后公布调整后的五种自治税捐税率及课征范围，依物价上涨提高征额。试图改进整顿税收，但是"地方财政虽较有改善，而收支不敷问题仍甚严重③。

3.恶性通货膨胀把县财政逼上绝路。

内战时期，省、县地方财政均有重大缺点，省尚且可以仰赖中央财政补助，县级财政则缺乏这一利源。当中央与省通过大量印发钞票来解决财政问题时，县财政已是无计可施，"物价上涨，支出日见庞大，乃为目前县（市）财政之最大压力，虽竭尽整理税捐之能事，终难期与物价成正比之上升。开源既有限制，不得不注重节流。尤以近年来县（市）机构林立，一等县之机构名称多者达三十余单位（而派驻之中央与省级机构尚不在内），其人员达八千人左右（如河南省），较之战前奚止倍蓰。"④

物价的猛烈上升，吞噬一切。通货膨胀的整个过程，包括从抗战开始一直到国民党政权最后崩溃为止的整整12年。这12年当中，抗战时期整整八年，为第一阶段，尚为通货膨胀较缓和的阶段；胜利后前期约三年左右的一

---

① 《行政院关于整理县级财政的通令》（1947年8月25日），《财政评论》第17卷第3期，1947年9月，第84—86页。

② 丁道谦：《修订财政收支系统对省县两级财政的影响》，《励行月刊》，第6—9页。

③ 财政部报告整顿税收情形呈(1948年1月31日)，《中华民国工商税收史料汇编》，第一辑，综合类，上册，第711—713页。

④ 实施改订财政收支系统办法之检讨及其改进方案，《中华民国工商税收史料汇编》，第一辑，综合类，上册，第852页。

段时间，为第二阶段，为转入恶性通货膨胀的阶段；从 1948 年 8 月发行金圆券开始，直到末日到临为第三阶段，为迅速崩溃的阶段。①

1949 年 7 月，国民政府一份财政金融报告对问题的解析非常透彻：

"我国自经八年抗战，继以三年戡乱，东北及滨海各省富庶之区先后沦入匪手，后方各省亦属工商不振，农村凋敝，人民生计，国家财政同陷困境。本年一月以后，共匪窜扰江淮，政府被迫南迁，军政各费支出倍增，而各种税收反形锐减，收支差额益巨，钞券发行遂急遽膨胀，物资匮乏，物价愈涨，而金圆券贬值愈速。迨三月以后，京沪军事形势骤变，支出益漫无限度。观于左列金圆券发行额膨胀速度，即可见其梗概。

金圆券一月份发行额 208 亿

二月份发行额 370 亿

三月份发行额 1200 亿

四月份发行额 15312 亿

五月份发行额 575292 亿

六月份发行额 1303046 亿

通货过度膨胀后，物价疯狂上涨，政府开支急遽增加。其初，预算为千万元者越宿即倍增；而税务收入原定千万者转瞬即折其半。益以领拨款项、运输钞券需时，追款到之日已无法支用；而税款则经层层缴解手续，入库以后已等于零。收支相去既远，钞券贬值势如水泻，虽漏夜印制，终有不及。各地筹码日见不足，钞荒现象日深一日，终至市场紊乱，人心惶惑，最后则为人民所拒用，纸币信用遂为隳坏无余。因之，政府财政已无法为之收付，工业商业资金无法周转，一般借款利率随货币贬值而自然提高。因果循环，愈演愈烈。士气益觉不振，民生愈陷困苦。"②

（三）乡（镇）财政进入死胡同。

乡镇财政问题，自清末倡导地方自治而开始，民国时期，逐渐充实和发

---

① 杨荫溥：《民国财政史》，中国财政经济出版社 1985 年，第 217 页。

② 财政金融报告（1949 年 7 月），《中华民国工商税收史料汇编》，第一辑，综合类，上册，第 326 页。

展。财政是政府存在和运作的物质基础，不仅是经济问题，也是政治问题。随着国家政权向基层社会的延伸，乡镇政权建立和运作，需要经费支持，使得乡镇财政问题成为基层社会的核心问题之一。

1935年国民政府在召开"全国最高行政会议"之后，推行保甲制，在其控制的地区，将乡、镇正式作为一级行政区划，乡镇行政机关称乡（镇）公所，乡公所下设民政、警卫、经济、文化4股，由县政府委派正副乡镇长，并负担相关经费，实现了乡镇长官僚化。乡镇财政，仅为县财政的一部分。

1939年，国民政府颁布新县制，即《县各级组织纲要》，这是县政改革，建设地方政权方面最为重要的法规。新县制重新确定县为一完整自治体，乡镇则为县自治之基层，各有固定职权、民意机关和独立财源。明示乡镇在法律上有着独立的人格，具有法人地位。既有独立的收入，必有独立的支出，因而乡镇可以建立独立的财政。

《县各级组织纲要》第41条规定，乡镇财政之收入有下列各项：

（1）依法赋予之收入；

（2）乡镇公有财产之收入；

（3）乡镇公有营业之收入；

（4）补助金；

（5）乡镇民代表全议决征之临时收入，但须经县政府之核准。

实际上，上列五项收入，大都有名无实。马寅初讲到：就浙江省历年乡镇财政收入而言，大部分是出于摊派，与纲要规定之五项收入，可谓风马牛不相及。[①]

1946年修订财政系统收支法，"乡（镇）或市区财政，应分编单位预算，列入县（市、局）总预算内"；"并免一切征课"。并规定："乡（镇）经费应占县总预算百分之五十至七十。"但在事实上，乡（镇）根本无可靠财源。

乡（镇）的支出却日益增多，主要原因在于军差供应、上级委办事务却不给经费、以及物价不能控制等，最终的办法是出于苛杂摊派一途。无限制的苛杂摊派引发社会矛盾日增，人民生活不下去了，那么反抗就愈多，"从

---

① 马寅初：《财政学与中国财政——理论与现实》，上册，第194页。

1946年下半年起，农民们组织起来反抗抓丁、征粮的斗争已非常普遍。在遭受暴政戕害特别深重的地方，农民们更自动拿起武器向反动派斗争，掀起了规模巨大的民变运动。……到1947年1月，运动便扩大到四川、西康、浙江、陕西、广东、广西、云南、湖南、湖北、江苏、福建、安徽、绥远、江西等省三百多县的广大地区，参加的群众已达八十四万人。"[①]

乡（镇）财政进入死胡同，直接促使乡（镇）一级政权进入瘫痪状态，也意味着国民党政权的基层政治陷入死胡同。浙江不少县发生乡（镇）长辞职现象很能说明问题，例如1946年5月18日，嘉兴全县乡镇长因供应军粮而发生总辞职，即说明来自上层的财政压力："嘉兴乡间产米，每年仅足自给，此次供应军粮即采办大批抗市民食，本地存底，已感不丰，在此青黄不接之际，已有可危之象，距最近县府奉令征购军粮一万八千石，每石价格定为二万四千元（现市米价伍万元），相差过半，征购为难。胡县长特于十四日召集全县乡镇长集议，经数度讨论，实无完善解决办法，十五日，在会议席上，县府竟以硬性支配，甲等四百五十石，共十四乡镇，乙等三百石，共二十二乡镇；丙等二百石，共十九乡镇，丁等一百五十石，共十乡镇，各乡镇长，以人民已处于饥饿线上，殊难负此数额，且有数处乡民，已寅吃卯粮，借贷无门，若再征购，断难接受，不足价格，分户摊派，又背省令，于十五日下午有北平、湖光、安吴等十九乡镇联名呈县提出总辞职，请求另选接允，免误公务。"[②]

第二节　历史启示

1927—1937年，称之为南京国民政府统治下的"黄金十年"。在经历一系的内外战争、自然灾害、外部经济危机的冲击等不利影响下，中国的国家建设仍取得一系列的进步，"盗匪逐步被扑灭，铁路系统得到恢复，管理也

[①] 《经济周报》，第6卷，第4期，第87页。
[②] 《嘉兴全县乡镇长总辞职》，《申报》1946年5月18日。

得到改进，新线路也敷设起来，一项全面发展的计划正在积极实施，空中航线把从前需要几天或几周的旅程缩短为只需几小时。币制改革从空想变成了现实，发展了足敷运用的国家税收，和现代化的理财制度。过去十年来的改革，足与美利坚合众国早期采取的财政措施相比。""总之，中国为建设国家，并决定克服重重困难将它完成而做出的努力，已经取得不小的势头。"①国民政府的财政顾问杨格强调："中国在战前十年的变化确实表明，国民党人重建国家的努力不能认为是失败的。无论这个政府有什么样的弱点，到了1936 年它已经顺利克服一系列尖锐危机。"②

但是，农村情况似乎是个例外，政府对农村的问题没有做出积极的改革，所施行的各种方案都不涉及对制度进行根本改革，而是宁可采用限制地租、鼓励田主自耕、公平征税、技术改进、发展农贷之类的改良办法。县财政的变革，对于农村社会来说，就是一种改良方法，如能假以时日，可以造成相当的改进，然而行动迟缓，又有既得利益者的反对，而且在抗日战争爆发之前已经没有取得重大成效的时间。

一、从"两化"看县公共财政

对于农村危机问题，我们过多地把责任推之于"剥削"和"压迫"，可能会忽略了真正影响农村经济的因素。除了内战、自然灾害这些外在不可控的破坏性因素外，在市场经济发展中产生的"两化"：城市化和工业化，正长期性地侵蚀着农村经济的基础。这是转型中国面临的瓶颈。城市化和工业化，制造了城乡二元化，和"工农剪刀差"，工业品与农产品之间形成畸形的价格差，工业产品源源不断流入农村，农业价值剩余像羊毛一样被工业剪去，这使得"三农"资源流向城市和工业，"两化"给农村社会带来巨大的压力。

诚如当时的一位观察者所言：农业的一些剩余不再流入农村的再生产过

---

① ［美］阿瑟·恩·杨格著，陈泽宪等译：《1927 至 1937 年中国财政经济情况》中国社会科学出版社 1981 年版，第 472 页。

② ［美］阿瑟·恩·杨格著，陈泽宪等译：《1927 至 1937 年中国财政经济情况》，中国社会科学出版社 1981 年版，第 480 页。

程中去了，"在这个整个农村收支上讲，既无源可开，而流又非但不能节，反有日见扩大的趋势。近三年来丝价惨跌，农民蚕业的失败，做了乡村经济崩溃的诱发原因。结果农村一天天的贫乏，自然金融差不多完全枯竭了，农村愈穷，再生产的资本愈少，收获也愈少，农村因之愈贫。农村金融愈紧，高利贷愈盛行，农村的支出愈大，如是愈演愈烈，农村也愈演愈穷了。"①

县财政是否能破解或缓解这种农村的恶性循环呢？从国民政府的举措来看，县财政政策的应用至少是国民政府的选项之一。在不解构自身的统治基础前提下，从安定社会秩序的立场出发，国民政府认为农村危机的原因之一是市场环境恶化和赋税加重。于此，国民政府有针对性出台了一系列的财税政策，试图缓解农村经济的衰败。例如，推行废苛减赋运动，以减轻农民负担，让农民休养生息，恢复农村生产。

这种消极的政策并不能解决根本问题，反而会激发各级政府间的财政矛盾。中央政府财政收入主要来自关税、盐税与工商税，而地方政府（包括省与县）的财政收入主要来源于"三农"：农村、农民、农业。因此，中央与地方有关财政政策的制定与落实有着不同的利益诉求。

农村问题在财政收入层面没有直接给中央政府造成麻烦，因此，中央政府也就无法下定决心来推动农村根本问题的改革，中央政府的"精力既然集中于统一和力争民族生存，不免会忽略问题成堆的农业。大部分是城市背景的领导人，无意从根本上解决农业问题，而且他们的态度是偏向拥有土地和财政利益的人们的。对于改革和发展土地税（田赋）没有认真做出努力，尽管国民总产值的三分之二来自农业。"②

救农的责任更多的落到了县财政上，但是，县财政本身在发育和转型之中，在中央、省、县三级财政体制中，县财政最无助而压力又最大，财权与事权极不平衡。能力有限是指救济农村的财政主体——县财政不立，造成制度性缺陷。县财政不立，首先是县预算流于形式。各县往往于预算外擅加人民负担，"考其原因，以办理学务及自治团防等类事项为多，当事者不顾民

---

①　俞庆棠编：《农村生活丛谈》，上海申报馆 1937 年版，第 70 页。

②　[美] 阿瑟·恩·杨格著，陈泽宪等译：《1927 至 1937 年中国财政经济情况》中国社会科学出版社 1981 年版，第 456 页。

力予取予求，随粮征收者有之，按亩征收者有之，按户摊派者有之。统计各县收支，大都超过预算核定之数。"① 其次是县财权不立。按照国民政府的治国理念，县为自治单位，一切地方建设事业之举办，大都责之于县。按照事权与财权相匹配原则，县地方政权应有相应的独立财权。但是县财政作为地方财政一级，始终附庸于省财政之下。国民政府内部一直存在确定县财政范围的议论，内政部在 1934 年提出县应有独立之税收。②1934 年第二次全国财政会议议定划分省县收支原则五项。1935 年国民政府立法院议定公布《财政收支系统法》，确定财政系统分为中央、省、县三级，重点在划分省县财政范围。由于省县财政划分，涉及利益分割，省政府的积极性不高，加上抗战爆发，战前县财政始终未能确立，直到 1941 年国家财政系统改制，县财政的独立地位才得到最终确立。

二、县财政改变乡村，受制于乡村

县财政地位的确定与制度的完善，是近代以来中国民族国家重构的环节之一，是地方政治发育发展的表征，其重要作用不言自明。中国历代实行郡县制，县长为治民之官，直面黎民百姓。但是历代王朝均约束县长权力的扩张，实施皇权不下乡的体制，县长无为而治，乡村社会实行的是士绅政治。近代以来，中国在政治上由皇权专制向民主政治转变，在地方社会，治理的理念、政策与措施同样在转变，主要表现为：清末民初的地方自治，到孙中山的县自治及国民政府的县政实践。县财政无疑是这一治理转型中最为重要的推手，县财政深刻改变乡村社会。

清末民初的地方自治，地方社团纷纷组建，绅权崛起，但是伴随着地方财政的分散化，对于中国农村社会问题的真正解决于事无补。孙中山的民生主义理念是平均地权，实现"耕者有其田"，"县自治"是最终实现民主宪政的重要政策。在这些理念与政策的落实中，县财政起到关键作用。但孙中山

---

① 第二次全国财政会议关于蠲免苛杂筹补摊捐案及决议案，中华民国工商税收史料选编，第一辑，综合类，上册。

② 内政部拟请确定县财政案（1934 年 5 月 18 日），财政部财政科学研究所等编，国民政府财政金融税收档案史料（1927—1937），中国财政经济出版社 1997 年版，第 52 页。

对于县财政没有具体设计，尊孙中山为"国父"的国民政府在施政过程中给予了县财政一定地位。从"平均地权"到"地价税"的出台，从县政建设到多次整顿县财政，均反映了国民政府在政策设计中是考虑到县财政的。

一方面，国民政府希望整理田赋，推出"地价税"，以解决县政的经费困难问题，另一方面，通过财税的温和的手段来改造社会，解决中国农村社会的根本问题——土地问题，以实现耕者有其田的理想。历史的发展最终没有让国民党在大陆实现这个理想，但是考虑到国民党在台湾的土改的巨大成就，可以认为国民党在大陆的巨大的经验教训也是非常宝贵的。

县财政处于财政层级的最下层，一方面，国家统治集团可以通过自上而下的推动力，来实现高层的政治意图；另一方面，中国地大物博，各地政治经济社会文化等差异甚大，地方的差异性要求县财政必须适应各地情形。

近代的公共财政理念进入中国时间并不入，且由于长期的惰性存在，中国民众对于"取之于民用之于民"的财政理念并不真正的理解。中国历代有着丰富的财政思想与实践，但是偏重于财政收入的取得，对于支出，则语焉不详；臣民只知有纳税的义务，而不知税费使用的权利。这种状况，到了民国亦未能完全改变，1929 年 12 月国民政府财政部甘末尔设计委员会提到："纳税者方面固不知税款为维持公共事业之费用，甚至一般执政者亦未必能确实了解此意义。……赋税目的在谋公共利益，既非政府对于人民财产之强取苛求，亦非官吏私囊所饱。然欲使人民了解此项赋税观念，必须以公款专用于公共事业，如学校、公众卫生、道路及对于盗匪与其他不法行为之抑制，而不可用于内战及对公众无甚关系之事务或冗员之俸给。"公共财政的知识在地方，特别是在农村社会更是极其缺乏的，严重制约了公共财政在农村社会的作用。

三、改善市场环境增加农民收入

困境中兴起的县财政能否救农村，又如何改变农村社会，这几乎是一个难以想象的问题。当革命形势在农村蔓延，我们自然地认为县财政给农村带来了残酷的压迫性，对于这样的观点需要历史的理性的甄别。

没有证据表明县财政是国民党政府压榨农村的工具，相反，县财政的公共化变革为县政以及为农村提供公共产品与服务奠定了基础。县财政的政治基石是源自孙中山的县自治理论，尽管在实践中有所背离；财政分权体制为县财政提供了一定的发展空间；县预决算的推行、财务体制的改革为县财政摆脱传统的"家计财政"，转向"公共财政"，迈出了实质性的一大步。

无论东部的江浙，还是中部的两湖地区，县财政为农村教育、治安、经济建设、救济事业提供经费支撑，建立了一个通过公共税收支持农村公共事业的制度框架和运作平台。农村社会经济虽然还很落后，但也有了能够立足生根并且逐步扩大的变革开端。由于各县经济状况各异，县财政欠增长持续存在，农村公共事业效益的显现各有不同，或隐或显。但至少表明，国家通过县财政的资源配置功能，有意识地救济农村经济，导引农村的复兴工作。

比较江浙与两湖地区的县财政，江浙作为富庶地区，县财政也相对宽裕，从而有能力将财政的触角更深地伸入市场经济中去，不断改善市场环境，培育市场要素，如技术的更新、农产品的改良、农村金融的扶植；不断增强"三农"的市场适应和竞争能力，确立农民的主体地位，如农民合作组织的建构，为农村经济的复兴提供更多的动能。

改善市场环境是救农乃至发展农村的出路。南京国民政府将施政重心放在控制农民和农村社会，结果适得其反；也许施政方向应该放在维护和发展市场上。"三农"问题的解决，不在"堵"，而在"导"；不在于农村自身，而在市场。市场不仅仅是指农村市场，也包括城市市场；不仅仅包括国内市场，也包括国际市场。农民有自发的在市场中求生存、谋发展的动力。但市场也有失灵的时候，"三农"在市场（包括城市市场、国际市场）中往往处于劣势地位。政府要做的是维护市场环境，弥补市场不足。财税政策是政府对经济进行宏观调控的重要手段之一，用好财税政策需要中央和地方政府协调一致，妥善处理好农民、政府与市场的互动关系。市场环境改善，农民得利，政府也将受益，这将是一个良性互动。

四、农村公共财政体制需要进一步完善

进一步完善农村公共财政体制，即是南京十年县财政建设的经验教训，也是对当下中国在新时代条件下的一条重大的历史启示。

农业为国家的工业化作出贡献，对于中国的现代化来说几乎难以避免。但是在民国时期，"怎样从产品几占国民总产三分之二的农业部门汲取财源，差不多是一个尚未着手办理的棘手问题。"[①]当然，如何从中国农业中存在着的那种仅是糊口，并且受到人口过多压力的经济中取得剩余，必然是一件非常难办的事。这是一个绕不过的坎，建立并不断完善农村公共财政体制显得意义重大，这不仅仅关系到整个国家建设大局，也是农村自身变革的需要。因此，土地税负虽然日渐沉重，但农民负担应放置在一更大的范围内去考察。

（一）财政民主化。公共财政是民主财政，其基础是法治。由于传统积弊日深，中国农民历来只知有纳税之义务，而不知享有纳税人的权利。作为征税者的政府官员同样没有确立"税款为维持各种公共事业之费用"的观念。

财政的民主化，需要解除赋税包办者渔利。杜赞奇在研究1900—1942年华北农村时得出的结论权力"内卷化"概念。地方精英在征税过程中，扩大了自身的权利。但是"内卷化"是否是地方政权建设的必然后果、是否具有普遍性，大有值得商榷的地方。美国学者 Elizabeth J. Remick 通过对广东的开平和南雄、河北的静海和定县等四个县份的比较研究，发现河北的情况能够适用"内卷化"概念，但在广东省并不适用，广东的包商团体为整个家族利益服务，至少和村庄绝大多数人口的利益保持一致，并不具有掠夺性格。"内卷化"只是少数地方出现的现象，并不具有普遍性。[②]从浙江的情况来看，杜赞奇意义上的权力"内卷化"现象也曾出现，浙江省对此进行了县政变革，如兰溪实验县政府较为有效地控制了赋税征经人和包商，中间经纪人逐渐为保甲体制所取代，政府的财税动员能力明显增强。

财政的民主化，要建立真正的代议体制，让"不出代议士不纳税"的格言落实，民意机关真正能够审议和监督财政体制的运行。对于县财政来说，也是非常必要的。南京十年间，国民政府在自治机关——即民意机关的建设方面乏善可陈，一直到抗战后期县参议会才逐渐成立。

---

① ［美］阿瑟·恩·杨格著，陈泽宪等译：《1927至1937年中国财政经济情况》中国社会科学出版社1981年版，第479页。

② Elizabeth J. Remick：Building Local States——China during the Republican and Post-Mao eras, Harvard University Press, 2004. P239-242。

财政的民主化，要健全法制，建立严格的预决算制度。现代财政制度的核心是预决算制度，对县财政来说，同样如此。县财政按照科学的预算程序进行，是县财政民主化的重标志。

（二）分权体制的完善。扩大县财政，建设农村公共财政是救农乃至发展农村的基础。"郡县"自古是面向农村的一线政权，农村事务几乎全部由县级政权指导监督或亲历亲为。根据一级政权一级财权，财权与事权相匹配原则，县财政的扩大，建立公共财政是建设农村公共事务的基础。在加强监督与指导的前提下，大胆向县下放"财权"，是解决"三农"问题至关重要的措施。下放"财权"的胆子可以更大一些，步子可以迈得更长一些。

（三）农村税制变革。完善财税体制是救农乃至发展农村的关键。财税体制体现了财税收入在各级政府之间的分配关系。南京国民政府时期中央与地方政府之间的税收分割造成利益不兼容，甚至冲突，必然影响救农政策。中央政府控制了利源丰厚的关税、盐税、统税，而地方政府的税源来自逐渐衰败的农村。这在财税体制上，是不合理的。中央政府不仅要"少取"，而且要"多予"，通过转移支付（当时称补助制度），充裕地方政府的财政收入，也给农村放"活水"。

（四）农村金融变革。财政政策的实施，需要金融的配合才能取得如期的效果。民国时期，农村金融枯竭，表现之一即是农村现银流通量的减少，以及现金流向城市，造成城市金融"充血症"。农村金融不畅，严重影响生产和生活。普通恢复农村金融的方法，是在调整物价，增加农业生产，谋求农村输出的进步，减轻农民的负担，安定农村秩序等。但是，在农村金融已极度枯竭的情形之下，这些普通方法难以奏效，需要政府加大金融政策杠杆的力度，针对城市中的货币"充血"症状，积极引导资金复归农村，金融救农势在必，但这又将是一个艰巨的工程，农村的信用合作社是一个积极的创举，但仍需要进一步的完善。

参 考 文 献

档案和地方史志：

《财政科长会议关于地方捐税报告》，浙江省档案馆 L 31—1—847。

湘阴县地方财政报告书（1931.4—1932.6），湖南省档案馆 42—1—746。

华容会刊，第 9 期，1937，湖南省档案 42—1—747。

《各县劝学所、教育会及各类学校调查表》，湖南省档案 59—1—531。

《浏阳县政府民政科保庆乡乡民代表会议和其他会议记录》，浏阳县档案 2—3—40。

《浏阳县政概况、浏阳县扩大行政会议》，浏阳县档案 2—3—125。

《浏阳县政会议记录》，浏阳县档案 2—3—14。

《浏阳县参议会会议记录》，浏阳县档案 2—3—146。

《金声镇务会议记录》，浏阳县档案 2—3—20。

《县参议会全宗》，平江县档案馆。

《浙江财政参考资料》，浙江省档案馆 L 31—1—735。

《财政科长报告书》，浙江省档案馆 L 31—1—846，847。

《改制后地方财政检讨》，浙江省档案馆 L 31—1—736。

《浙江省各县关于公款公产租谷租田事项》，浙江省档案馆 L 31—1—349。

《财政收支系统法及其细则》，浙江省档案馆 L 29—3—121。

《有关自治财政问题》，浙江省档案馆 L 30—1—258。

《各县财经工作报告及有关统计表 1930—1949》，浙江省档案馆 L 31—1—997。

光绪《武冈州志》

民国《宁乡县志》

民国《醴陵县志》

民国《蓝山县图志》

中国经济志·浙江省平湖县，1935 年

中国经济志·浙江省嘉兴县，1935 年

中国经济志·浙江省长兴县，1935 年

中国经济志·浙江省吴兴县，1935 年

中国经济志·南京市，1935 年

《湖南之财政》，湖南经济调查所，1935 年。

湖南省财政整理报告书，1935 年 8 月 21 日至 1937 年 3 月 15 日，湖南省财政厅编印

《湖南各县调查笔记》，曾继梧，1931 年刊印

《湖南之团防》，1934 年 8 月印行

（民国）湖南省银行经济研究室编：《湖南各县经济概况》，1942 年。

湖南省财政整理报告书，1935.8.21—1937.3.15，湖南省财政厅编印。

湖北省政府民政厅编：《湖北县政概况》（1934 年），共 4 册。

《重修浙江通志稿》浙江省通志馆纂修，浙江图书馆 1983 年眷录，第 92—93 册粮政，第 82 册财政。

陶可亭：《绍兴县赋税纪略》，民国铅印本，绍兴图书馆藏。

张人价：《湖南之谷米》，1936 年铅印本。

刘世超编：《湖南之海关贸易》，湖南经济调查所 1943 年印本。

李宗黄：《考察江宁邹平青岛定县纪实》，作者书社 1935 年版。

姚永徽：《东阳财政说明书》，浙江财政养成所，油印本，浙江图书馆藏。

民国时期报刊、政府报告、调研文献：

财政部财政科学研究所、二档：《国民政府金融税收档案史料（1927—1937）》中国财政经济 1997 年

《中华民国工商税收史——地方税卷》中国财政经济 1999 年

江苏省中华民国工商税收史编写组：《中华民国工商税收史料选编》南京大学 1994

全国财政会议秘书处：《全国财政会议汇刊》（1928 年），台北文海，沈云龙主编：《近代中国史料丛刊三编》288 辑。

第三次全国财政会议秘书处编：《第三次全国财政会议汇编》1942 年。

财政部财政调查处：《各省区历年财政汇览·浙江（民国 16 年）》，沈云龙主编：《近代中国史料丛刊三编》，第五十二辑，台北文海出版社印行。

国民政府财政部：《财政年鉴》商务印书馆 1935。

国民政府财政部：《十年来之财政》中央信托局 1943。

国民政府财政部:《十年来之财务行政》中央信托局 1943。

国民政府财政部:《十年来之财务法制》中央信托局 1943。

国民政府财政部:《十年来之地方财政》中央信托局 1943。

国民政府财政部:《十年来之关税》中央信托局 1943。

国民政府财政部:《十年来之货物税》中央信托局 1943。

国民政府财政部:《十年来之直接税》中央信托局 1943。

国民政府财政部:《十年来之盐政》中央信托局 1943。

国民政府财政部:《十年来之公债》中央信托局 1943。

财政部财政年鉴编纂处:《财政年鉴》(1935 年),《财政年鉴》续编(1943 年),《财政年鉴》三编(1948 年)。

《申报》(1927—1945)。

《杭州国民日报》。

《东南日报》(1935 年由杭州民国日报改版)。

《正报》。

《浙江新闻》。

《新民报》(浙江兰溪)

《中央日报》

天津《大公报》

长沙《大公报》

《国民政府公报》

《浙江省政府公报》(1927—1945)

《浙江财政月刊》(1927—1945)

《浙江民政》(1927—1945)

《浙江建设月刊》(1927—1945)

《旧浙江省财政厅业务概况》,浙江省档案馆藏。

财政部财政科学研究所、二档:《国民政府金融税收档案史料(1927—1937)》中国财政经济 1997

《中华民国工商税收史——地方税卷》中国财政经济 1999

江苏省中华民国工商税收史编写组:《中华民国工商税收史料选编》南京大学 1994

江宁自治实验县政府编:《江宁县政概况》,1934 年 10 月。

《昆山县政报告》,1936 年。

《中国银行报告》,1933 年。

《中国银行报告》,1934 年。

浙江省政府秘书处编印:《浙江省政府一年来政治工作之回顾(1929 年 2 月至 1930

年 4 月)》。

浙江省政府秘书处编印：《浙江省临时政治会议及中央政治会议浙江分会会议纪录汇刊》1928 年 5 月。

杭州市财政科编印：《杭州市政府财政业务报告，民国 16 年至 20 年度》1933 年 12 月。

浙江财务人员养成所：《浙江省财政一览，1912—1919 年止》1932 年 6 月。

浙江财务人员养成所：《浙江省财政法规汇编》1932 年 4 月。

浙江省教育厅编印：《三年来浙江教育行政概况》1932 年 10 月。

浙江省教育厅编印：《浙江省 29 年度 30 年度实施国民教育概况》1942 年 3 月。

刘能超：《孝丰乡镇财政透视》，《浙西抗战丛刊》，第 21 辑，浙西民族文化馆 1942 年。

陈元善：《吴兴三十年度县政之检讨》《浙西抗战丛刊》，第 31 辑，浙西民族文化馆 1942 年。

陈元善：《长兴三十年度县政之检讨》《浙西抗战丛刊》，第 32 辑，浙西民族文化馆 1942 年。

浙江省财政厅编：《整理财政》1943 年铅印本。

中国通商银行编：《五十年来之中国经济》，华文书局 1967 年重印。

中国第二历史档案馆编：《国民党政府政治制度档案史料选编》上、下册，安徽教育出版社 1994 年版。

中国文化建设协会编：《抗战前十年之中国》，龙田出版社 1980 年影印初版。

中国抗日战争史学会、中国人民抗日战争纪念馆编：《抗战时期的经济》，北京出版社 1995 年版。

姚永：《浙江省东阳地方财政说明书》，浙江财政养成所印行（油印本）、浙江图书馆藏。

财政部整理地方捐税委员会委员张淼：《浙江地方财政第一次调查报告》，《工商半月刊》第六卷第二十号。

永嘉县政府编：《永嘉县七年来物价指数民国 26—32 年》，油印本，浙江图书馆古籍部。

《浙江经济年鉴》1948 年印行。

浙江省绍兴区行政督察专员公署编：《裁局改科后之绍兴财政概况》1936 年，铅印本。

兰溪实验县县政府出版物之三：《兰溪实验县县政府二十三年一月至六月工作总报告》1934 年 7 月。

兰溪实验县县政府出版物之一：《兰溪实验县县政府行政整理时期工作总报告》1934 年 4 月。

兰溪实验县县政府出版物之二：《兰溪实验县县政府行政整理时期县政视察报告》，1934 年 4 月。

建设委员会经济调查所：《中国经济志：嘉兴、平湖，1935 年》，吴相湘、刘绍唐主编：《民国史料丛刊》第九种，传记文学出版社 1971 年版。

全国财政会议秘书处：《全国财政会议汇刊》(1928 年)，台北文海，沈云龙主编：《近代中国史料丛刊三编》，第 288 辑。

第三次全国财政会议秘书处编：《第三次全国财政会议汇编》1942 年。

蔡鸿源主编：《民国法规集成》，黄山书社 1999 年版。

财政部财政调查处编：《各省区历年财政汇览·浙江(民国 16 年)》，沈云龙主编：《近代中国史料丛刊三编》，第五十二辑，台北文海出版社印行。

孔祥熙：《十年来的中国金融与财政》，中国文化建设协会：《十年来之中国》商务印书馆 1937 年版。

罗家伦主编：《革命文献》，台湾中央文物 1968 年版。

名人著述：

黄绍竑：《五十回忆》上、下册，云风出版社（浙江云和）1945 年版。

杨永泰：《杨永泰先生言论集》，台湾文海：《近代中国史资料丛刊》，第 98 辑。

吴鼎昌：《花溪闲笔正续集》，台湾文海：《近代中国史料丛刊》，第 73 辑。

马寅初：《马寅初选集》，除汤华、朱正直编选，天津人民出版社 1988 年版。

孔祥熙：《孔庸之先生讲演集》，上、下册，台北文海出版社 1972 年版。

陈伯庄：《卅年存稿》，台北文海出版社 1985 年版，《近代中国史料丛刊三编》，第 30 辑。

晏阳初：《晏阳初全集》，湖南教育出版社 1992 年版。

梁 漱：《梁 漱全集》，山东出版社 1991 年版。

学术研究专著：

何廉：《财政学》，国立编译馆 1935 年版。

贾德怀：《民国财政简史》，商务印书馆 1930 年版。

金国珍：《中国财政论》，商务印书馆 1931 年版。

罗介夫：《中国财政问题》，上海太平洋书店 1933 年版。

尹文敬：《财政学》，商务印书馆 1935 年版。

贾士毅：《民国财政史》，商务印书馆 1917 年版。

贾士毅：《民国续财政史》，商务印书馆 1934 年版。

杨汝梅：《民国财政论》，商务印书馆 1927 年版。

魏颂唐：《财政学撮要》，1917 年版。

曹国卿：《财政学》，独立出版社 1947 年版。

曹国卿：《中国财政问题与立法》，正中书局 1947 年版。

马寅初：《财政学与中国财政》，上下册，商务印书馆 1948 年版。

贾士毅：《民国财政史》，上海商务印书馆 1917 年版。

贾士毅：《民国续财政史》，上海商务印书馆 1934 年版。

杨汝梅：《民国财政论》，上海商务印书馆 1927 年版。

陈向元：《中国关税史》，京华印书局 1926 年版。

孙怀仁：《中国财政的病态及其批判》，上海生活书店 1937 年版。

冯华德：《县地方行政之财政基础》，《政治经济学报》，第 3 卷第 4 期。

程方：《中国县政概论》，商务印书馆 1939 年版。

阮毅成：《地方自治与新县制》，联经出版事业公司 1978 年版。

施养成：《中国省行政制度》，商务印书馆 1947 年版。

程方：《中国县政概论》，商务印书馆 1939 年版。

陈之迈：《中国政府》（一、二、三册），商务印书馆 1947 年版。

蒋旨昂：《战时的乡村社区政治》，商务印书馆 1944 年版。

李景汉：《定县社会概况调查》，上海人民出版社，2005 年版。

孔祥熙：《十年来的中国金融与财政》，中国文化建设协会：《十年来之中国》商务印书馆 1937 年版。

马寅初：《十年来的中国经济建设》，中国文化建设协会：《十年来之中国》商务印书馆 1937 年版。

中国国民党中央党部国民经济计划委员会：《十年来之中国经济建设》，南京扶轮日报社 1937 年版。

谭熙鸿：《十年来之中国经济》，中华书局 1948 年版。

朱斯煌：《民国经济史》，银行学会银行周报社 1948 年版。

杨培新：《中国通货膨胀论》，生活书店 1948 年版。

杨汝梅：《国民政府财政概论》，中华书局 1938 年版。

马寅初：《财政学与中国财政》，上下册，商务印书馆 1948 年版。

彭雨新：《县地方财政》，商务印书馆 1945 年版。

朱博能：《县财政问题》，正中书局 1943 年版。

张凤藻：《省县财政及省县税》，大东书局 1949 年版。

朱：《中国战时税制》，财政评论社 1943 年版。

贾德怀：《民国财政简史》（上、下），商务印书馆 1940 年版。

李锡周编译《中国农村经济实况》，北平农民运动研究会 1928 年版。

文公直《中国农民问题的研究》，上海三民书店 1929 年版。

周谷城《农村社会新论》，上海远东图书公司发行 1929 年版。

刘大钧《我国佃农经济状况》，上海太平洋书店 1929 年版。

李景汉《中国农村问题》，上海商务印书馆 1937 年版。

钱亦石等《中国农村问题》，上海中华书局 1935 年版。

丁达《中国农村经济的崩溃》，上海联合书店 1930 年版。

徐正学《中国农村崩溃原因的研究》，中国农村复兴研究会，1934 年版。

[匈] 马扎亚尔著，陈代青、彭视秋译：《中国农村经济研究》，上海神州国光社 1930 年版。

冯和法编：《中国农村经济资料》，上海黎明书局 1933 年版。

王寅生等：《中国北部的兵差与农民》，南京中央研究院社会科学研究所，1931 年版。

王仲鸣编译：《中国农民问题与农民运动》，上海平凡书局 1929 年版。

董成勋编：《中国农村复兴问题》，上海世界书局 1935 年版。

朱新繁：《中国农村经济关系及其特质》，上海新生命书局 1930 年版。

王骏声编：《中国新农村之建设》，商务印书馆 1937 年版。

金轮海编著：《农村复兴与乡教运动》，上海商务印书馆 1934 年版。

茹春浦编著：《中国乡村问题之分析与解决方案》，北京震东书局 1934 年版。

朱其华：《中国农村经济的透视》，上海中国研究书店 1936 年版。

吕平登编著：《四川农村经济》，上海商务印书馆 1936 年版。

黄复光：《我国农村经济崩溃之分析》，国立武汉大学第三届毕业论文，1933 年版，指导教授任凯南。

李景汉：《中国农村问题》，商务印书馆 1937 年版

蓝名古：《中国农村建设之途径》，商务印书馆 1945 年版。

俞庆棠编：《农村生活丛谈》，上海申报馆 1937 年版。

刘国明：《国民政府田赋实况》，（上、下）正中书店 1944 年版。

冯紫岗编：《兰溪农村调查》，浙江大学 1935 年版。

东南大学农科编《江苏省农业调查录·沪海道属》，江苏教育实业联合会 1924 年版。

《广西农村经济调查报告》梧州广西省立师范专科学校，农村经济研究会，1934 年版。

孔雪雄：《中国今日之农村运动》，中山文化教育馆，1933 年版。

董时进：《农村合作》，北平大学农学院，1931 年版。

姚公振：《中国农业金融史》，中国文化服务社 1947 年版。

王志莘主编：《农业金融制度论》，商务印书馆 1935 年版。

林和成：《中国农业金融》，中华书局 1936 年版。

郑厚博：《中国之合作运动》农村经济月刊社，1936 年版。

《中国银行业的农业金融》，《社会科学杂志》，第 6 卷第 2 期，1935 年 9 月。

冯华德：《吾国县收入制度之特征》、《河北省县财政支出之分析》，方显廷主编：《中国经济研究》。

[美] 卜凯著，张履鸾译：《中国农家经济》，上海商务印书馆 1936 年版。

[日本] 田中忠夫汪馥泉译：《中国农业经济经济》，上海大东书局 1934 年版。

[美] 卜凯《河北盐山县一百五十农家之及社会调查》金陵大学 1929 年版。

[美] 托马斯·罗斯基：《战前中国经济的增长》，浙江大学出版社 2009 年版。

[美] 阿瑟·恩·杨格著，陈泽宪等译：《1927 至 1937 年中国财政经济情况》，中国社会科学出版社 1981 年版。

[英] 魏尔特著，姚曾廙译：《中国关税沿革史》，三联书店 1958 年版。

[美] 雷麦著，蒋学楷等译：《外人在华投资》，商务印书馆 1959 年版。

[英] 欧弗莱德著，郭家麟译：《列强对华财政控制》上海人民出版社 1959 年版。

[美] 杜赞奇著，王福明译：《文化、权力与国家：1900—1942 年的华北农村》，江苏人民出版社 2003 年版。

张仲礼著，李荣昌译：《中国绅士——关于其在 19 世纪中国社会中作用的研究》，上海社会科学院出版社 1991 年版。

[美] 易劳逸著，陈谦平、陈红民等译：《流产的革命：1927—1937 年国民党统治下的中国》，中国青年出版社 1992 年版。

[美] 费正清、费维恺编：《剑桥中华民国史 1912—1949》上、下册，中国社会科学出版社 1993 年版。

[美] 彭慕兰：《大分流——欧洲、中国及现代世界经济的发展》，江苏人民出版社 2003 年版。

[美] 白凯：《长江下游地区的地租、赋税与农民的反抗斗争（1840—1950）》上海书店出版社 2005 年版。

[美] 吉尔伯特·罗兹曼：《中国的现代化》，上海人民出版社 1989 年版。

[美] 马若孟：《中国农民经济》，江苏人民出版社 1999 年版。

[美] 曾小萍：《州县官的银两：18 世纪中国的合理化财政改革》，中国人民大学出版社 2005 年版。

[美] 詹姆斯·M·布坎南著，唐寿宁译：《民主过程中的财政》，上海三联书店出版 1992 年版。

[美] 迈克尔·麦金尼斯主编：《多中心体制与地方公共经济》，上海三联书店 2000 年版。

[美] 唐帕尔伯格：《通货膨胀的历史与分析》，中国发展出版社 1998 年版。

[美] 约翰·肯尼思·加尔布雷斯著，陶远华、苏世军译，：《权力的分析》，河北人

民出版社 1988 年版。

[德] 马克斯·韦伯著,林荣远译:《经济与社会》上、下卷,商务印书馆 1997 年版。

[美] 彼得·布劳、马歇尔·梅耶著,马戎等译:《现代社会中的科层制》,学林出版社 2001 年版。

[法] 白吉尔著,张富强、许世芬译:《中国资产阶级的黄金时代 1911—1937》,上海人民出版社 1994 年版。

[美] 帕克斯·M·小科布尔著,蔡静仪译:《江浙财阀与国民政府 1927—1937》,南开大学出版社 1987 年版。

[美] 詹姆斯·M.布坎南、里查德·A.马斯格雷夫:《公共财政与公共选择两种截然对立的国家观》,中国财政经济出版社 200 年版。

[美] 西奥多·W·舒尔茨:《改造传统农业》,商务印书馆 1999 年版。

宓汝成、邢菁子:《中国近代经济史研究综述》天津教育出版社 1989 年版。

曾景忠:《中华民国史研究述略》,中国社会科学出版社 1992 年版。

叶振鹏:《20 世纪中国财政史研究概要》,湖南人民出版社 2005 年版。

李伯重:《理论、方法、发展趋势:中国经济史研究新探》,清华大学出版社 2002 年版。

许道夫编:《中国近代农业生产及贸易统计资料》,上海人民出版社 1983 年版。

严中平等:《中国近代经济史统计资料》科学出版社 1955 年版。

陈真等:《中国近代手工业史资料》三联书店 1957 年版。

彭泽益:《中国近代手工业史资料》三联书店 1957 年版。

章有义:《中国近代农业史资料》三联书店 1957 年版。

刘秉麟:《近代中国外债史稿》三联书店 1962 年版。

杨培新:《旧中国通货膨胀》三联书店 1963 年版。

张郁兰:《中国银行业发展史》上海人民出版社 1957 年版。

杨荫溥:《民国财政史》中国财政经济出版社 1985 年版。

左治生:《中国近代财政史丛稿》西南财经大学出版社 1987 年版。

李碧如:《中国近代财政史》东北财经大学出版社 1990 年版。

董长芝、马东玉:《民国财政经济史》辽宁师范大学出版社 1997 年版。

西南财大课题组:《抗日战争时期国民政府财政经济战略措施研究》,西南财经大学出版社 1988 年版。

秦孝仪:《中华民国经济发展史》,近代中国出版社 1983 年版。

史全生:《中华民国经济史》,江苏人民出版社 1989 年版。

陆仰渊、方庆秋:《民国社会经济史》,中国经济出版社 1991 年版。

石柏林:《凄风苦雨中的民国经济》,河南人民出版社 1993 年版。

虞宝棠：《国民政府与民国经济》，华东师范大学出版社1998年版。

许涤新、吴承明：《中国资本主义发展史》，人民出版社1993年版。

宁可：《中国经济发展史》第四册，中国经济出版社1999年版。

汪敬虞：《中国近代经济史（1895—1927）》，人民出版社1999年版。

孙健：《中国经济通史》中卷（1940—1949）中国人民大学2000年版。

张静如、刘克强：《北洋军阀统治时期中国社会之变迁》，中国人民大学出版社1992年版。

张静如、卞杏英：《国民政府统治时期中国社会之变迁》，中国人民大学1993年版。

黄逸平、虞宝棠：《北洋时期经济》，上海社会科学院出版社1995年版。

中国抗战史学会等：《抗战时期的经济》，北京出版社1995年版。

周天豹、凌承学：《抗日战争时期西南经济发展概述》，西南师范大学出版社1988年版。

黄逸平：《中国近代经济史论文选》上下册，上海人民出版社1985年版。

汤象龙：《中国近代财政经济史论文选》，西南财经大学出版社1987年版。

张公权著，杨志信译：《中国通货膨胀史（1937—1949年)》，文史资料出版社1986年版。

匡球：《中国抗日战争时期税制概要》，中国财政经济出版社1988年。

殷崇浩：《国民政府时期的税制》，光明日报出版社1991年。

北京经济学院财政教研室：《中国近代税制概述》，北京经济学院1988年。

孙翊刚、董庆铮：《中国赋税史》，中国财政经济出版社1987年。

郑学檬：《中国赋役制度史》，厦门大学出版社1994年。

叶振鹏：《中国农民负担史》第二卷，中国财政经济出版社1994年。

孙翊刚：《中国农民负担简史》中国财政经济出版社1991年。

陈克俭、林仁川：《福建财政史》上，厦门大学出版社1989年。

吴景平：《宋子文评传》，福建人民出版社1992年版；《宋子文思想研究》，福建人民出版社1998年版。

寿充一：《孔祥熙其人其事》，中国文史出版社1987年版。

郑大华：《民国乡村建设运动》，社会科学文献出版社2000年版。

于宗先主编：《经济学百科全书（四）：财政学》，联经出版事业公司1986年版。

于宗先主编：《经济学百科全书（二）：经济思想史》，联经出版事业公司1986年版。

王绍光、胡鞍钢著：《中国国家能力报告》，牛津大学出版社1994年版。

刘小枫：《现代性社会理论绪论》，上海三联书店1998年版。

张静：《基层政权：乡村制度诸问题》，浙江人民出版社2000年版。

严中平等：《中国近代经济史统计资料》，科学出版社1955年版。

吴冈：《旧中国通货膨胀史料》，上海人民出版社 1958 年版。

杨培新：《旧中国通货膨胀》，三联书店 1963 年版。

汤象龙：《中国近代财政经济史论文选》，西南财经大学出版社 1987 年版。

中国二档等：《民国档案与民国史学术讨论会论文集》，档案出版社 1998 年版。

张公权著，杨志信译《中国通货膨胀史（1937—1949 年)》，文史资料出版社 1986 年版。

匡球：《中国抗日战争时期税制概要》，中国财政经济出版社 1988 年版。

殷崇浩：《国民政府时期的税制》，光明日报出版社 1991 年版。

北京经济学院财政教研究室：《中国近代税制概述》，北京经济学院出版社 1988 年版。

叶振鹏：《中国农民负担史》第二卷，中国财政经济出版社 1994 年版。

孙翊刚：《中国农民负担简史》中国财政经济出版社 1991 年版。

侯宏坤：《抗战时期的中央财政与地方财政》，台湾国史馆印行 2000 年版。

匡球：《中国抗战时期税制概要》，中国财政经济出版社 1988 年版。

张连红：《整合与互动：民国时期中央与地方财政关系研究 1927—1937》，南京师范大学出版社 1999 年版。

周育民：《晚清财政与社会变迁》，上海人民出版社 2000 年版。

孙文学主编：《中国近代财政史》，东北财政大学出版社 1990 年版。

崔敬伯：《财政存稿选》，中国财政经济出版社 1987 年版。

陈琮编著：《战时财政学》，三民书局 1983 年版。

李金铮：《民国乡村借贷关系研究——以长江中下游地区为中心》，人民出版社 2003 年版。

台湾中央研究院近代史研究所社会经济史组编：《财政与近代中国》（上、下），台北中央研究院近代史研究所发行 1999 年版。

商丽浩：《政府与社会：近代公共教育经费配置研究》，河北教育出版社 2001 年版。

魏光奇：《官治与自治：20 世纪上半期的中国县制》，商务印书馆 2004 年版。

吴承明：《论我国半殖民地半封建市场》，《中国的现代化：市场与社会》，三联书店 2001 年版。

张曼茵：《中国近代合作思想研究（1912—1949)》，上海书店出版社 2010 年版。

张馨：《财政·计划·市场——中西财政比较与借鉴》，中国财政经济出版社 1993 年版。

张馨：《当代财政与财政学主流》，东北财经大学出版社 2000 年版。

刘泱泱：《近代湖南社会变迁》，湖南人民出版社 1998 年版。

罗衍军：《革命与秩序：以山东郓城县乡村社会中心（1939—1956)》，中国社会科学出版社 2013 年版。

附　录

一、县财政变革大事记

秦、汉

秦代地方行政以郡为一级政区，县为二级政区。汉承秦制，地方行政仍实行郡—县二级制，与郡同属地方一级政区的还有封国。

隋、唐

隋朝废郡而以州辖县，地方行政为二级制。

唐初，仍为二级制。后按交通路线设按察使监督州官，逐渐形成道——州——县三级行政。

宋

北宋地方主体是州与县二级，州级行政区为中央所直辖。后来，又在州之上设置转运使、提刑按察使、安抚使和提举常平使，行使某种单一的行政或监察职能。

元

在地方设立十个"行中书省"，简称"行省"，在省之下，设立路、府、州、县等各级行政，各地情况不一。

明、清

明代地方行政实行省——府（直隶州）——（州）县三级制。

清承明制。

清代州县的治理结构：一方面，佐贰、学官等国家正式官员不被纳入州县主干行政系统；另一方面，国家官员也失去了对于吏胥的直接统率，州县主干系统由大量不属于国家正式官吏的人员组成。清代州县的佐贰杂职（简称佐杂），包括各直隶州、属州的州同、州判和各县的县丞、主簿、巡检，其性质均不是正印官的副职和下属职能性官员，全都不隶属于以正印官为首的州县主干行政系统。州县主干行政系统由正印官统率四部分人构成：幕友、家丁、书吏（所谓州县衙署的六房）、差役（所谓壮、快、皂"三班"，负责办理催征赋税、指传人证、缉捕盗贼等外勤事务。）

从行政现代化的角度看，以正印官为首，而以幕友、家丁、房吏、差役组成的清代州县治理结构具有很多弊病，其主要体现的是公共权力的私人化，即以私人势力承担国家公共职能。（魏光奇：《官治与自治》，第 27 页。）

清代州县的职能：清代知州、知县全面负责一州县的财赋、刑罚、教化、农桑、贡士、祭祀等各种事务，与前代无不同。如山东《馆陶县志》记，知县"总治民政、劝课农桑、兼平决狱讼，凡户口、赋役、钱谷、赈济、给纳之事均掌之。县民男女有孝悌、行义、公忠、节烈闻于乡间者，申请奖恤以昭激劝而励风俗。地方有警，则躬督属员及驻防官兵，率民壮干捕上紧防剿以保无虞。"在所有这些职能中，最主要者系财赋与诉讼刑狱。（魏光奇：《官治与自治》，第 33 页。）

清代乡里组织：（一）清初设里（社）甲。顺治十七年（1660 年）"令民间设立里社，则有里长社长之名"。其制"以一百一十户为里，推丁多者十人为长，余百户为十甲，凡甲十人，岁役里长一人，管摄一里之事"。（《清朝文献通考》卷 21，职役一。）里甲的主要职能是征调赋役。

（二）清代的乡地。《沧县志》记载："原夫里甲之制，期在野无旷土，人无游民，举凡田赋户役之数、保受比伍之法，靡不条贯其中。洎后地乏常姓，民鲜恒居，或此里之地，属之别里之人，或此里之人，迁居别里之地。故里仅能制其田赋，不能限其居民，所有征发、勾摄、保甲不得不以现在之村庄为断。然村庄之上，大都更置一级，为里、为屯、为铺、为乡、为区，以并散为整，便于统摄。"乡地组织结构的基本特点在于以自然村为基本单位，同时在自然村与州县之间设置一级中间组织和区划。这种中间组织和区划的名称，除里、屯、铺、乡、区之外，还有地方、官村、镇、疃、庄、路、厂、约、支、墟、社、团、店、都、保、牌等，因地而异，统称之为地方。

关于乡地组织的职能，清代典籍记说："凡一州县分地若干，一地方管村庄若干，其管内税粮完欠、田宅争辩、词讼曲直、盗贼生发、命案审理，一切皆与有责，遇有差役，所需器物责令催办，所有人夫，责令摄管。"（清朝文献通考，职役一）

（三）清代的保甲。保甲制度的基本职能在于维持治安，通过系统的人口登记和相互监视来履行治安职能。

（四）清代其他乡里组织：乡约（承担教化功能）、社学（教育功能）、社仓（救济功能）、乡兵（地方自卫功能）。

清代的里甲、乡地和保甲人员均属于职役而不属于乡官，不可能成为地方社会的领袖。乡村社会的各种建设性功能在很大程度上就只能由地方精英——士绅、宗族首领和其他有威望的人士——以私人身份去承担。（魏光奇：《官治与自治》，第51页。）

19世纪60年代，冯桂芬：《复乡职议》，主张设立乡官。

戊戌维新时期，梁启超提出改革州县制度的主张，基本思路是"兴绅权"。谭嗣同提出，应成立由地方绅士组成的学会，以"平"地方官之权，"熟议其是非得失，晓然与众共之"。

清末新政时期，地方自治[①]进入实践阶级。

1898年，湖南警政机构——湖南保卫局，具有一定地方自治的性质。

1901年，张謇主张向日本学习。

1901年，清廷发布裁汰胥吏和差役的上喻。

1902年，袁世凯提出一个以裁革陋规、核定公费为主要内容的州县财政改革方案。《道府厅州所有各项陋规一律酌改公费折》（大清法规大全，财

---

① 地方自治一词，译自英文 Local Self Government。时人认为："地方自治之名，虽近沿于泰西，而其实则早已根于中古，《周礼》比闾、族党、州乡之制，即名为有地治者，实为地方自治之权舆。下逮两汉三老、啬夫，历代保甲、乡约，相沿未绝。即今京外各处水会、善堂、积谷、保甲诸事，以及新设之教育会、商会等，皆无非使人民各就地方聚谋公益……"（清末筹备设宪档案史料，下册，第724—725页。）

政部，卷十二），这一改革方案得到清廷批准，通令各省"仿照直隶奏定章程"一律实行。

1906年，南书房翰林吴士鉴上疏赞扬日本式的地方自治。

1907年，《直省官制通则》，规定各州县设置"佐治各官"：

1. 警务长一员，掌理消防、户籍、巡警、营缮及卫生事宜。

2. 视学员一员，掌理教育事宜。

3. 劝业员一员，掌理农工商务及交通事宜。

4. 典狱员一员，掌理监犯太事宜。

5. 主计员一员，掌理收税事宜。

在基层政区之下设立区官。《通则》规定："各直隶州、直隶厅及各州县，应将所管地方酌分若干区，各置区官一员，承本管长官之命，掌理本区巡警事务。其原设之分司巡检，应即一律裁撤，酌量改用。"（清末筹备设宪档案史料，上册，第510页）

1909年1月，清政府颁布《城镇乡地方自治章程》，专列"自治财政"一章。

1910年1月，清政府颁布《府厅州县地方自治章程》。

清末这种"自治"模式的县制改革，其基本制度是：

1. 在州县之下建立乡镇一级行政。在州县划分基层政区，治所城厢地方称"城"，其余市、镇、村、庄、屯、集等，人口在5万以上者称"镇"，人口不满5万者称"乡"。各城、镇、乡设立自治议决机构议事会，其议员由合格选民互选产生；各议事会设议长1名，副议长1名，由议员互选产生。城、镇设立自治执行机构董事会，由总董1名，董事1—3名，名誉董事4—12名组成。其总董由议事会选举正、陪各1人，呈由本州县行政长官申请本省督抚遴选任用；董事由议事会选举产生，呈请本州县行政长官核准任用；名誉董事由议事会选举产生。各乡设自治执行人员乡董、乡佐各1名，由议事会选举产生，呈请本州县行政长官核准任用。城、镇董事会成员和乡董、乡佐均不得由议事会议员兼任。

2. 在州县建立自治行政机制。各州县设立议事会作为自治议决机构，其议员由以城、镇、乡为基础的选区选举产生；议事会设议长1名，副议长1名，由议员互选产生。各州县设立参事会作为常务议决机构，参事员由议员互选产生，会长由州县行政长官兼任。以州县行政长官作为自治执行机制的首领，并由他任用自治委员若干名办理各种自治事宜。

清末民初，地方自治形成"四局"系统：

1901年9月，清政府下令将各州县书院改为小学堂。1903—190年，各州县劝学所先后成立。1906年，学部奏定《劝学所章程》，将这一制度在全国推行。1913后，袁世凯政府下令取消各县劝学所，地方教育改归县署管理；1915年又颁布《劝学所规程草案》，予以恢复。1923年，北洋政府拟推行强迫教育，颁布《县教育局规程》，将劝学所改为教育局。

1901年，直隶在各各省之中首先设立警务处，编练警察。1908年4月，清政府民政部拟定《各省巡警道官制》。1909年以后，各省巡警道相继设立，将各州县警务机构改称警务公所，而警务长由巡警道委派。民国建立后，各县警务公所改称警察事务所，1914年，袁世凯政府颁布《县警察所官制》。

清末，有些州县已经设立了"工艺局"、"农事实验场"之类的机构，以求发展地方实业。1925年，北洋政府颁布《县实业局规程》，各县统一设立实业局。

1901年，各州县成立一些自治财务机关，最实系自发产生，名称各地不一，"随时而易"。

1914年5月，北洋政府颁布了《地方保卫团条例》，规定"凡县属未设警察产地方，因人民之请求及县知事认为需要时，得报明本省长官设立保卫团"，"凡县属地方原设之乡团、保团，应由县知事切实整理"，可以按该条例改编为保卫团。

1913年1月，北洋政府《划一现行各县地方行政官厅组织令》，规定各县公署设置科层机构。

1913 年 3 月，北洋政府公布《各县知事公署暂行办事章程》。

1913 年 11 月，北洋政府发布《划分国家税地方税法草案》，规定：国家因中央及地方行政诸经费所征收之租税为国家税，地方自治团体因处理自治事务诸经费所征收之租税为地方税，国家税种类为田赋、盐课、关税、印花税、常关税、统捐、厘金、矿税、契税、牙税、当税、牙捐、当捐、烟税、酒税、茶税、糖税、渔业税和其他杂税杂捐。

1914 年 5 月，北洋政府公布《省官制》、《道官制》、《县官制》。

1914 年 8 月，北洋政府公布《县佐官制》，令各地在确实需要的地点设立县佐。1930 年 2 月，国民党中央政治会议议决裁撤县佐，由内政部通咨各省政府执行。

1919 年 9 月，北洋政府公布《县自治法》。县议会和参事会成为重要的自治系统。不同于清末，县自治议决机构不称议事会而称议会；参事会属于县地方自治的执行机构，负责执行县议会议决事项、管理县自治的财产和财政收支。《县自治法》将县议会定位为县自治议决机构，且侧重于县自治财政的议决，将县参事会定位为自治执行机构，强调它负责管理县自治财政。

1921 年 7 月，北洋政府公布《市自治法》和《乡自治法》。

1920 年代初，南方一些省份倡导"联省自治"，广东、江西、湖南、浙江等省纷纷颁布"省宪法"，其中也都规定在县之下实行自治制度。1921 年广东省订立《区自治条例草案》，江西省订立《暂行市乡自治条例》，1922 年湖南省颁布《市、乡自治宪法规则》，规定在县以下建立区乡一级行政。1923 年 6 月，江苏省议会也曾议决恢复 1912 年曾经实行的市乡制。

北洋时期，各省也实践一些"官治"的区乡行政。1915 年 9 月北洋政府颁布《京兆地方自治暂行章程》，规定，京兆地区所属 20 县每县划分 8—16 个自治区，每区管辖 10—30 个村，实行"自治"；自治事务包括县知事委任办理的国家行政事项和地方教育、公共建设、实业、慈善、卫生及地方财务。自治区置区董、副区董各一人，由县知事遴选 2 人，详请京兆尹委任一人。

1918 年山西省政府颁布《县地方设区暂行条例》，规定废除从前的乡、镇、图、保，在县知事和各行政村之间设立作为"补助行政机关"的"区"。

1922 年奉天代理省长王永江颁布《议定区村制单行章程》，划区设治。

1919 年，河南颁行《市区街村单行法》，县下划区，属于"官治"性质。

1923 年，曹锟政府颁布《中华民国宪法》，规定"地方划分为省、县二级"；财政实行国地划分制度。

1924 年，孙中山制定《国民政府建国大纲》，规定："县为自治单位，省立于中央与县之间，以收联络之效。"1931 年，国民政府公布《中华民国训政时期约法》，规定"省置省政府，受中央之指挥，综理全省政务"，"县置县政府省政府之指挥，综理全县政务"。

1927 年 6 月，国民党中央执委政治会议第 100 次会议作出决议，县级行政一律采用县长制。

1928 年 5 月，国民政府批准战地政务委员会呈递的《战地各县县政府组织暂行条例》。

1928 年 9 月，国民政府颁布《县组织法》。1929 年 6 月第二次公布，1930 年 7 月修正公布。1938 年 5 月，公布《战区各县县政府组织纲要》。1939 年 9 月，颁行《县各级组织纲要》（即新县制）。

1928 年 10 月，财政部颁布《限制田赋增加办法》。

1928 年 11 月，国民政府颁行《划分国家收入地方收入标准》和《划分国家支出地方支出标准》。

1928 年 12 月，内政部举行第一次民政会议，提出整理各县地方财政问题。会后，内政部会同财政部制定《县财政整理办法》七条。

1929 年 9 月、10 月，国民政府先后公布《区自治施行法》和《乡镇自治施行法》（见《国民政府公报》第 272、285 号）

1929 年 1 月，福建省颁布《福建省各县财务局暂行组织规程》，规定"县财务局受财政厅之管辖及县政府之指挥监督，管理全县财政事项"，局内分设两科，第一科掌理文牍、统计、会计、收发、保管、内务、各征收机关预算决算稽核、财库管理和出纳等事项；第二科掌理各项税捐征收、官产公产管理、县内公债办理和应税房地产的估价等。（《县政大全》，第二编，上册，第 91 页）

1931 年，《江苏省各县财政局组织条例》规定，各县均设立财政局，"总理县财政事宜"，财政局分设总务、经征、会计三课。总务课掌撰拟文书，各管册串票照，办理报解手续，及临时委办特种财务，并本局事务收支，及其他不属于各课事项；经征课掌经征各项赋课税捐及附加税，并整理户粮及其他关于征收事项；会计课掌登记收支款项，编制统计报告等事项。（《县政大全》，第二编，上册，第89—90页）

1931年5月，陆海空军总司令部行营公布《剿匪区域内保甲条例》；1932年8月，三省"剿总"修正颁布《剿匪区内编查保甲户口条例》。1937年7月，出台《保甲条例》。

1932年8月，国民政府行政院公布《行政督察专员暂行条例》；1932年8月，"豫鄂皖三省剿匪总司令部"公布《剿匪区内各省行政督察专员公署组织条例》。1936年3月，国民政府行政院公布了《行政督察专员公署组织暂行条例》（同年10月修正），同时废止上述两条例。

1932年9月，国民政府公布《预算法》。1934年全国财政会议议决《办理县市地方预算规章要点》六项。1935年，又制定各县市办理预算的具体办法。（《中华民国史事纪要》（初稿），民国二十四年，第459页。）

1932年12月，国民政府第二次内政会议，通过改革县政提案。此后，出现"合署办公"和"裁局设科"的县政改革。

1932年12月，国民政府公布《修正监督地方财政暂行法》，禁止各市县任意变更税率和加征税捐，禁止预征赋税、禁止新设附加税。

1932年12月，"豫鄂皖三省剿匪总司令部"公布《剿匪区内整理县地方财政章程》。

1933年1月，河北省制定《裁并县属各局办法实施原则》，率先进行县政合署办公改革。

1934年1月，财政部长孔祥熙在国民党四届四中全会上提出"整理田赋先举办土地陈报"案，经大会通过，交行政院核办。

1934年3月、4月，行政院先后颁布《各省县市地方自治改进办法大纲》、《改进地方自治原则》、《改进地方自治原则要点之解释》。

1934年5月，国民政府召开第二次全国财政会议，财政部长孔祥熙在提案中提出整理田赋和废止苛捐杂税。

1934年12月，国民政府军事委员会南昌行营颁布《剿匪省份各县政府裁局设科办法大纲》。其中涉及财政部分，包括：6、各县应征之省县正附税捐，除数额巨大者得特设专局征收者外，一律归县政府统一经征；设置县金库，办理各县财政收支及保管事项。县政府裁撤各局所节作之经费，应移充本县事业费，及分区设署经费。7、各县原有教育经费和建设专款，由县金库统收统支，但应专项管理，不得挪作他用。(《中华民国史事纪要》(初稿)，民国二十三年册，第1147—1151页)1937年6月，国民政府行政院颁布《县政府裁局改科暂行章程》，同时宣布前者废止。

1935年，国民政府公布《财政收支系统法》，对于中央与地方、省与县市的财政收支进行了划分。1937年3月，国民政府公布《财政收支系统施行条例》。

1936年5月，《中华民国宪法草案》(即"五五宪草")，规定："县为地方自治单位"，"县长办理县自治，并受省长之指挥，执行中央及省办事项"。

1941年，国民政府召开五届八中全会，通过了《改进财政系统案》。

1941年，国民政府召开第三次全国财政会议，颁布了《改进财政收支系统实施纲要》。

1942年5月，行政院公布《乡镇造产办法》。

1942年5月，财政部拟订《整理自治财政纲要》、《清理各省县市公有款产暂行通则》、《县市财政整理委员会组织规程》、《各级清理公有款产奖励举发办法》、《各县市公款租佃办法》。

二、《湘阴县地方财政报告书（1931.4—1932.2)》，彭庆瑜

凡例：兹书所列产款，系以本局所主管者为限，如教育慈善各项产款，虽同属县有，然另有机关主管，故未列入。

湘阴县财政局岁入岁出决算总表（1931.4.1—1932.6.30)

岁入科目	经常门	临时门	合计	备注
1.接管收入		8879.411	8879.411	
一马任移交		432.942		
二王课长移交		7537.742		
三不动产移交		220.000		

岁入科目	经常门	临时门	合计	备注
四团委会移交		688.727		
2.附税收入	100, 133.864	242.516	100, 376.380	
一田赋团防附加	89, 021.819			
二田赋地方附加	89, 021.819			
三田赋自治附加		242.516		
四契税地方附加	2, 347.047			
3.公产收入	18, 539.836		18, 539.836	
一租谷变价	17, 175.533			
二房租	1, 364.303			
4.捐课收入	31, 468.527	12, 070.000	43, 538.527	
一商捐	2, 074.890			
二亩捐	29, 254.397	12, 040.000		
三渔捐	91.000			
四草山捐	48.240			
五鸟枪捐		30.000		
5.借贷收入		77, 705.133	77, 705.133	
一善后救济费		7, 952.101		
二公贷款		589.000		
三借款		29, 200.000		
四有期券		15, 000.000		
五角券		19, 998.500		
六碉堡捐		205.532		
七贷款		4, 400.000		
八借贷会		360.000		
6.杂项收入		18, 691.127	18, 691.127	
一田赋息金		1, 766.899		

续表

岁入科目	经常门	临时门	合计	备注
二贷款息金		686.000		
三加庄		929.080		
四一九抵券		1, 003.970		
五二一抵券		10, 726.100		
六桑叶变价		1.440		
七经费节余		82.480		
八罚款		69.210		公安局缴入
九暂收		3, 475.948		
总计	150, 142.227	117, 588.187	267, 730.414	
岁出科目	经常门	临时门	合计	备注
1.接管不敷	6.268		6.268	
一不动产经委会	6.268			
2.党务费	10, 907.500	791.400	11, 698.900	
一县党部	8, 000.000	420.000		
二民报馆	1, 837.500			
三县农会	1, 070.000	231.400		
四抗日会		135.000		
五通讯社		5.000		
3.行政费	4, 430.000	1, 343.336	5, 773.336	
一政警队	3, 900.000			
二行政大会		1, 294.466		
三同乡会	530.000			
四执刑埋葬费		48.870		
4.公安费	147, 781.443	8, 165.682	155, 947.125	
一公安局	5, 530.130			
二团委会	52, 508.787			
三保安大他	52, 693.368			

岁入科目	经常门	临时门	合计	备注
四铲共义勇队	36, 515.158	2, 089.720		
五清乡经费		3, 343.720		
六电话费	534.000	686.040		
七服装械弹费		1, 943.800		
八递解难民		102.410		
5. 财务费	4, 501.649	3, 002.036	7, 503.685	
一财政委员会	456.000			
二财政局	3, 875.515	195.900	4, 071.415	
三收租费用		170.134		
四盐征经费		463.065		
五审委会		100.000		
六勘灾免赋		591.486		
七编造粮册		51.165		
八照费		620.000		
九莲湖股本		80.000		
十印制抵券		900.420		
6. 教育费	1, 840.000	973.635	2, 813.635	
一教育会	1, 840.000	578.945		
二妇女教育促进会		80.000		
三团学费		40.690		
四学校员津贴		274.000		
7. 建设费	285.300	9, 882.260	10, 167.560	
一堤费		8, 867.217		
二堤塍档扛费		473.843		
三植桐费		43.100		
四水利费		96.000		
五建筑肥料厂		350.000		
六度量衡	285.300	40.000		

岁入科目	经常门	临时门	合计	备注
七修桥费		12.000		
8.公益费	1，964.060	3，183.528	5，147.588	
一赈务分费	637.060	1，572.820		
二水灾救济会		431.200		
三水灾救济会驻省事务所		200.000		
四种痘局	270.000			
五公贷处	282.000			
六公医院	700.000			
七养济院	75.000			
八平民工厂筹备处		60.000		
九监狱凉棚		76.908		
十滨湖各县水灾联合会		210.000		
十一城区继厂		350.000		
十二施年米并药费		52.600		
十三赴京请愿旅费		150.000		
十四水灾制图费		60.000		
十五旅邵长郡十属同乡会		20.000		
9.借贷支出		43，385.453	43，385.453	
一兑销一九抵券		7，956.000		
二退庄		20.000		
三退还移存票据		137.000		
四退还免灾券息		49.693		

岁入科目	经常门	临时门	合计	备注
五退还三成自治附加		1，056.760		
六偿还借款		14，800.000		
七兑回有期券		14，966.000		
八贷付康安、西福垸		2，000.000		
九贷付碉堡会		2，400.000		
10.杂项支出		7，788.448	7，788.448	
一恤金		2，248.150		
二借款利息		1，886.750		
三抵券利息		801.125		
四招待费		100.124		
五营缮费		591.280		
六各项纪念		53.790		
七旅费		290.060		
八杂支		950.757		
九暂支		866.412		
合计	171，716.220	78，515.778	250，231.998	
结存			17，498.416	
总计			267，730.414	

备注：团委会：是由士绅联席会会议议决各区推举委员一人组织团委会，统筹饷糈购置械弹，严行清剿。——笔者注。

三、《浙江新闻》连载"蚕种风波"

1933 年 4 月 8 日

取缔蚕种风潮扩大

浙省建设厅为推广改良蚕种、严厉取缔各县土制蚕种饲育贩卖、经各地蚕户一再反对无效，致激成众怒，萧山余杭各县农民，已先后发生骚动，焚毁改良场捣毁区公所农会学校，损失綦巨，余杭第一次暴动案件发生后，建厅派科长张范村等前往查勘，乡民闻省委到达，纷纷遮道跪求暂缓取缔，致张之汽车突围而出，辗伤乡民不少，乡民等以不得要领，五六两日继续暴动，蔓延临安等县，风潮扩大，建厅方面虽经派兵弹压，仍无法制止，昨日该县各法团派代表来省请愿邱，今日（七日）省府常会提出讨论，以改良蚕种，迭次发生事故，且蚕讯又届，解决需时，当经决定对各县土种准予发售暂缓取缔，即日派秘书李余携同布告，前往张贴晓谕，劝导商店开市，以免事态扩大，并饬该省委与该县政府会商善后处置办法。

1933 年 4 月 9 日

取缔土种风潮解决

余杭临安两县农民，因反对建设厅强迫饲养改良蚕种，取缔土制蚕种，发生一次暴动，嗣建设厅派科长张范村赴余劝导，讵张竟将所乘汽车向跪求请愿之农民冲去，辗伤多人，而农民以请愿无效激成全县蚕农大暴动，连日聚众万余，焚毁取缔所改良场等，商店完全罢市，各法团以案情扩大，蔓延西北各乡推派代表来省请愿，省府据报，深恐风潮蔓延各县，议决暂缓取缔土制蚕种，仍准发售。以维数万农民生计，一面派秘书李余驰往布告劝导，李于七日到余，与县冯思范召集各公团士绅宣示省府意旨，并劝全县商店开市，开会后由各法团代表分别赴乡劝导，至晚间七时，风潮始渐平息，李氏于今日（八日）返省向省府报告。

1933 年 4 月 10 日

浙江建设厅来函

顷阅四月八日贵报载"取缔余杭土种"新闻内有"余杭第一次暴动案件发生后，建厅派科长张范村等前往查勘乡民闻省委到达，纷纷遮道跪求，暂缓取缔，致张之汽车突围而出，辗伤乡民不少，乡民等不得要领，五六两日继续暴动"等语，殊深骇异，查本厅前为取缔土种事宜饬由余杭县县长召集当地土绅开会，以便切实加以晓谕并派本厅秘书江家眉、科长张范村同往出席会议，会毕返杭，汽车站两旁，虽集有农民甚多，但并无冲突情事，且当时由于大汽车为前导，江秘书张科长坐小汽车，随后开行，小汽车既紧随大车之后，何能加足速率，向前开驰，碾伤农民，贵报所，显系传闻失实，又查本厅派江秘书等前往该县开会，系属三月三十日，而第二次暴动发生于四月五日，相距五天之久，更与该科畏等毫无关系，用特专函郑重声明，即希查照更正，以免误会为荷。此致申报台鉴，浙江省政府建设厅。四月八日

1933 年 4 月 12 日

浙江临安乡民骚动

骚动区域几遍全城

损失计达九万余元

步骤似有严密计划

幕内亦似有人主动

杭州通信，临安县一部分民众，近以误会改良蚕种，大起骚动，将各制种场焚毁，据闻此事内幕，极堪注意，指挥策划颇为严密，似非寻常案情可比，经调 详情，特 于下：本月五日，第四公所派员往灵凤收取土制蚕种，该乡乡民唐老二即首先反对，并殴找基干队，翌日，即由区长潘炯睿亲往劝导，讵潘到达该乡时，已有×××其人，号召乡民二三百人，即将潘关闭于唐姓祠堂内，要求养土制蚕种，打倒洋种，潘见群势汹汹，为避免肇祸起见，当即允诺，嗣又要求潘出示布告，亦允之，继又要求潘出具甘结，亦允之，正在人声嘈杂之际，忽有×××率领金石乡及福兴乡乡民二三百人赶到，闯入唐姓祠堂加入要挟，须潘交付保证金五百元，潘以无现款，允出凭票，其时有乡民许金五泉者，不以为然，谓纵具甘结凭票，试问由何人收受云云，即被众怒斥凶殴，并有妇女绰号九花娘者，将许双腿重咬两口，潘劝解，又将潘痛打，嗣经与有感情者维护，推入一小屋，始得免受重伤，旋乡民又要求潘交六十元办饭，并押同潘赴县请愿，经过金×乡时，由潘出洋十五元购烧饼供食，食郎，即在该乡鸣锣大呼，威逼该乡乡民一同入城请愿，否则即将该乡所有住屋焚毁，事被县党政机

关闻悉，即商决由县党部常委潘奇前往解释，以；劝阻来城，该党委出发至十里浪碧相近地方，即与首领×××解释，并向大众苦劝，结果被骂，不得要领而返，众乃到县城西门外戏台前集中，其时县党委潘奇、胡个真，及地方绅士周予功等，又往极力劝解，乡民不听，并提出要求甚多县府为避免风潮扩大起见，即拟就不取缔土制蚕种布告张贴，既而乡民又赴西湖制种场，将制种场三楼洋房先行捣毁，后浇洋油纵火，并监视焚毁，不准灌救，即该场职员宿舍、办公室、及厨房缮房，亦付诸一炬，嗣又将新造蚕室十三间拆毁，后有警团联合队到场劝令回家，乡民即提出条件，1.政府不准拿办放火者。2.将第四区潘区长撤职查办。3.准将跑马岗蚕场、第四区公所、及青云桥蚕业指导所，一并烧毁。4.以后如有购养改良蚕种者，应准将其住屋烧去。队长以事关重大，无权接受，婉为解释，一无效，众民又拥进城，将文关蚕具等件概行焚毁，当乡民城纵火时，县府即向省请示，派兵弹压，在午夜时间，由余杭开到保安队一排，为避免冲突起见保安队到三眼桥后，即商改东门入城，暂住慈胜寺保护指导所及至深夜一时左右，乡民又至慈胜寺，预备焚毁指导所，经保安队劝阻，始无事端，至四时左右，乡民始结队呼啸而去，此为六日事也。七日，东乡之青山地方，又有乡民聚众，拟将西湖制种分场焚毁，县府据报，即派公安局长前往劝阻，始告无事，同时县府闻西乡聚众焚毁跑马岗制种场消息，又派团队长前往劝阻，而北乡乡民，即于是日将第五区公所、横坂镇长董益宾住宅及俞本生木器店、该地蚕行，一并捣毁，县府得讯，又请县执委胡泊真前往劝阻，仍无效。八日，又有云二乡发动，纠众来城，以捣毁盐店、米店及反对新制度量衡为口号，至西墅时，即将该处临安制种场场房屋器具焚毁，将进城时，县府先将思古桥拆除，阻止前进，众不稍犹豫，仍涉水前来，其时县长连长均在，县长善言苦劝，连长作楫请退，率领乡民之乡长，亦有拜请返乡者，众不之理，不得已由保安队乃二次开枪，流弹伤一人，其时乡民见已枪伤一人，即相率奔逃，旋又被指挥者拦回，经兵士冲锋，始乃逃去，是晚，北乡乡民，又分函各乡，约期再结队入城举事，县府得悉，即邀各机关团体代表，及保安队邓营长等开会、商讨防范办法，当经决定：1.城内防务，由军警团分别负责。2.派员分八路出发，探听动静。3.由县党部及各民众团体发告民众书。4.如九日乡民再结队来城肇事，即将首要捉拿，以维治安。九日中午，据探报西乡平静，北乡尚无显著动作，惟东乡方面，西湖制种分场，已被汪家埠一带乡民聚众三四百人，前往青山拆毁，并将该乡乡长邵清泉父子殴打，住宅被搜查，并被捣毁。南乡方面，是日事态仍颇严重，由姚家村，殷家山一带乡民，鸣锣聚众三四百人，直至玲珑，将第三区公所捣毁，所有文卷、器具、及行李等，完全焚毁，区长先已避开，事务员等被辱殴伤，嗣又将华泰茧行全部烧毁，继而将萃盛制种场焚毁，经该处乡民及房东陈全德家属苦求，并酒肉饭食招待，始得保全，惟须出具甘结，此后不再饲育洋蚕为条件，县长得悉后，即会同邓营长带同保安队四十余名，前往弹压，到达该地时，大部分已散去，是晚，省府派何科长等三人至，查处此次乡民骚动事件。十日上午，县长召集各机关团体开会，讨论平息风潮办法，以时间关系，尚无具体决定，省党部亦于是日委派吴一飞至县调查，是日，各乡民当无动静，风潮似趋平静之势，至各蚕被焚毁之损失，计西湖制种场城内及青山两处，约为七万余元，临安制种场约六千元左右，华泰茧行约七千余元，横坂茧行约二千余元，俞本生木器店，俞时雨、董益斋、施政、毛长生、吕镇宽、邵清泉等住宅，因被搜查捣毁之损失，约五千余元，第五、第三、两区公所被毁，公私损失约一千元左右，酒食招待及其他损失约五百元左右，共计此次物质损失约九万余元，闻此次乡民骚动，似有人于事前为策应，肇事时复临场指挥，故可注意者。1.参加份子，多属非蚕户，且有素不相识者。2.行动迅速手段一致，步骤整齐。3.率领者并无各该乡负责人员。4.临场指挥者，有相同之特别标帜，该县经此次骚动后，秩序一时不易安定，农村经济不免受甚大影响，自治之基本组织，亦受重大打击，地方人士，甚多引为隐忧，均望政府有切实办法图救济也。

四、兰溪实验县县政建设的小贡献：清查土地、整理田亩

胡次威

一、县政的初步建设

浙江省政府为什么要设置兰溪试验县，依据兰溪实验县县政府章程第一条，他的用意在"实地实验县政府之制度，及县政之建设，一关于县政府制度的实地试验，至关重要的就是改局为科，自实地试验以来，已及半年，他的成效如何，容后报告，至关于县政建设的实地试验，则所关甚大，进行颇难，在河北和山东设有专门的设计机关——县政建设研究院、定县实验县、和邹平实验县，只负实地实验之责，责专任轻，进行较易，兰溪试验县则县政建设的设计和实验混而不分，以材具短绌素无经验的一群书生当此重任，自然是感觉特别的困难了。"

困难固然明显，但是我们总想于此万分困难中杀出一条血路，不过县政建设的方面很少，我们深知百废俱举，一事无成，于是不能不斟酌缓急，定一初步建设的起码方案，这起码方案是，整顿公安和田赋，我们所以决定这个起码方案的，固然因为（一）兰溪五方杂处，秩序很坏，如公安发生问题，则一切县政建设无从进行，（二）兰溪历年田赋，实征数仅及三成，如不从事整顿，则经费无着，一切县政建设均将无望，可是我们的前辈——江宁自治实验县，整理公安田赋，已具成效，这种事实的昭示，很足以增加我们这起码方案的确实性。

果然，我们到了兰溪不上 10 天，开化失守，兰溪后官塘一带，发现不少共产党标语，我们受了这种严重的威胁，于是不能不无形戒严，当时驻在兰溪城里的，虽有 150 多个基干队，可是分子复杂，指挥不便，我们很冒险的，将他彻底改编，同时将固有的 240 名警察，根本改组，这样一来，算是维持治安的工具有了把握，可是事实告诉我们，兰溪治安上最大的威胁，除共产党而外，第一是红丸，第二是红军，第三是青帮，于是我们在维持治安的工具有了把握以后，接着就是肃清红丸，缉拿红军，驱散青帮，除青帮而外，被我们拿获的红丸犯在 1000 以上，被我们拿获的红军 2000 多个，枪毙

了两个，办过自新手续的一共是 300 多，我们在肃清红丸，缉拿红军，驱散青帮以后，接着便是闽变和冬防，我们鉴于民众自卫力量的薄弱，于是决定训练后备队，在此冬防期间，兰溪 178 乡镇，受了后备队训练退役的壮丁，一共是 1100 人，我们在后备队退役以后还组织一个永久的团体，这个团体就叫做某某乡镇新民会。

本书的目的，在于叙述整理田赋的事实，我们且撇开公安不谈，而谈田赋吧，我上面说过，兰溪历年田赋，实 数仅及三，此不但与省正附税有关，最受影响的还是县附税。要是县附税无着，还谈什么县政建设呢，所以我们到了兰溪不久，即亲自下乡打听田赋征收所以不能起色的原因，前后跑了半月，算是对这个问题有了相当的认识，大约他的原因不外两个，一个是外在的原因，一个是内在的原因，外在的原因有三个：（一）附税太重。兰溪的附税，大约超过正统二倍尤其是自二十二年度起开始征收的保卫团经费，为数稍多，一般民众深觉负担骤增，完纳困难。（二）谷价奇贱。兰溪从前的谷价尚好，大约每石四元，今年谷价大跌，每石仅抵二元左右，一般民众维持衣食尚感不足，尚何余力完纳田赋。（三）二五减租的影响。二五减租原属本党最好的农工政策，自属无可非议，不过兰溪的田地向分大皮（业主）小皮（永佃权人），大皮收入已征，再加二五减租，每亩所入不敷完粮。其次内在的原因，则有两个：（一）册籍散佚，兰溪在前朝同治年间，原有一个管理田赋册籍的机关——清赋局，他所管理的册籍，计有两种，一种是鱼鳞册，一种是归户册，册籍分明，有条不紊，嗣因经费困难，撤去清赋局，年湮代远，不但土地移转，政府无册籍可考，即八百九十余本鱼鳞册亦散失不全，关于造册造串，除假手卯薄（即经征人）而外，别无办法。（二）经征舞弊，各县皆然，经征所以舞弊的，一半固由于册籍散失，得以上下其手，一半仍由于财政科长田赋征收主任和卯薄们连成一气，舞弊隐私，县长则高坐堂皇，失于觉察，至于县长要是也存心揩油，那么经征舞弊，更是加倍的厉害了。

二、兰溪田赋积弊的解剖

上面所说的各种外在和内在的原因，系兰溪最特殊的情形而言，此外尚有一般普通的原因而为各县所同具的，兰溪自属不能例外，兹为节省篇幅起见，姑且不谈。现在我且把兰溪田赋方面的积弊，作一个很简单的分析。

田赋积弊属于业主方面的

业主方面的积弊、除绝户、逃亡、和故意抗缴的几种情形而外，最重要的是：（一）有粮无地和粮多地少的业主，存心拖欠。我上面说过，因为册籍散失，卯薄上下其手的缘故，所以有的有粮无地，有的粮多地少，负担既不公平，率性连应纳的田赋也不完纳了。（二）有地无粮和地多粮少的业主有意漏逸，这也是因为册籍散失，卯薄上下其手的缘故，其理甚明，无待多说。（三）零星小户因到城完纳田赋不便，以致不肯完纳。兰溪共计有 80 万田地，业主则达 125000 之多，就中有 1/2 的业主只有一坵到五坵地，田赋既少，必须亲到城里完纳，自然所费不赀，所以连此仅有的田赋也不完纳了。（四）公产祀产因业主甚多，无人负责，以致不能完纳。兰溪公产会产祀产庙产之多，出人意外，就城区一隅来说，公产祀产承粮的已在 300 户以上，负责的会首，大都采输年制，而能以其收入尽先完纳田赋的，百不一见，业主既多，催征无从，兰溪欠赋之多，自然要算公产祀产了。（五）大皮因收入锐减，不肯完纳田赋。兰溪的田地，有大皮小皮的关系的，大约要占 1/2，大皮就是业主，小皮很像一种永佃权，就目下情形来说，大约一石田可收七八百斤谷，大皮只能得 150 斤到 200 斤谷，加上二五减租，再加上所缴的谷是湿的，结果大皮一石田，只得 110 斤到 130 斤谷，每百斤谷只卖两块左右的钱，一石田是两亩半，每亩田在不加罚的时候，要完纳田赋六角多，除了完纳田赋以外，所余无几，所以他们只有不纳田赋了。

（续十三日本报清查土地整理田亩胡次威）

（乙）田赋积弊属于经征人方面的。经征人就是卯薄，卯薄是世袭的，假使要出顶的话，听说从前普通的市价是 600 元一图，600 元的代价，即以月息二分计算，他的出息是每年 150 元。可是每一个卯薄每年所得的征收公费，至多不过 30 元，其余的钱，自然是生财有道，无可讳言的了。据我所知道的，卯薄方面的积弊是：（一）飞洒诡寄。我上面说过，兰溪的册籍早已散失殆尽，其据以为征收田赋的凭据的，只有经征人的一本糊涂账，经征人是可以世袭或转让的，即使十分公正，已不免多所错误，何况还从中作鬼，玩什么飞洒诡寄的花头呢。飞洒诡寄，是经征人发财的机会，政府只要粮额总数不差，即便了事，大可予取予求，为所欲为了。（二）浮收需索。兰溪不但田赋的册串，系经征人一手包办，即田赋的征收，仍需仰仗经征人，其所以必须仰仗经征人的，因为什么人应当完纳田赋，应当完纳田赋的人究竟住在什么地方，政府无从稽考，于是不能不利用经征人制串征收。既是由经征人制串征收，则经征人大可利用机会，穿靴戴帽，或抬高银价，额外需索了。（三）收而不缴。经征人将田赋征起之后，往往延不交柜。不交柜的目的，不外两种，一种是侵渔中饱，一种是存放生息，籍以收利，即到严厉催缴的时候，也许可以慢慢缴柜。可是政府的损失已经可观的了。（四）收不给串。依照兰溪现在的办法，是一户一串，不能分割。征收人的妙用，即在分期收款，一次给串，于是经征人利用机会，存留尾数，按不给串，甚且与业主沟通，私纳报酬若干，硬将粮串缴回，诿为绝户逃亡，无从收取，政府因无法证实，只好置诸不问，政府每年损失确数，虽不可知，我想恐怕是各种积弊中最大的积弊吧。

（清查土地整理田亩胡次威（续））

（丙）田赋积弊属于粮区方面的。粮区方面的积弊，大致与经征人方面的积弊相同。（一）浮收需索。兰溪的田赋，大部分固然是制串征收，但是也有少数业主自封投柜，于是粮柜往往藉此穿靴戴帽，或抬高银价，额外需索。（二）收而不缴。（三）收不给串。在粮柜上这种款不交官，欠不在民的积弊，兰溪方面固不多见，可是前任的某科长已经因此办罪，上诉到金华高等分院了。（四）已经奉命豁免的田赋，仍然照旧征收，以饱私囊。最好的例子，就是兰溪前征收主任马某，违令征收十九年奉令豁免的田赋至6000元之多，被前任县长发觉，移送法院办理，听说是处了五年的有期徒刑吧。

此外，催征警方面，也有不少的积弊，大约是藉端需索，擅作威福，和得钱买放，这也难怪，催征警的饷银本来很少，下乡办差，又只每日发给路费一角，既不能枵腹从公，无怪其另开门径了。

三、整理天赋的步骤

上面已经将田赋积弊说过，像这种黑漆一团的兰溪田赋，我们要用什么方法来整理呢？我们研究了许久，才决定下面说的三步办法。

（甲）第一步的整理。我们为实行第一步的整理计划，不能不召集全县七十多个卯薄个别谈话，在个别谈话之后，我们作了一次公开的训话。训话的大意是：（一）田赋在省财政和地方财政上的重要。（二）兰溪最近三年田赋不起色的情形。（三）田赋不起色，在于经征人的催缴不力，和款不缴柜、欠不在民。（四）今后经征人应有的努力和觉悟。经过此前训话以后，田赋的征收确是起色不少。可是不到两个月，一般经征人，仍旧的十分疲玩，我们鉴于这种情形，于是不能不再行召集开会，据他们所藉为口实的，是业主疲玩，无法催征，征收公费太少，不能维持生活，这两种情形，不但是借口，而确是事实，于是我们对症下药：（一）对于业主疲玩，我们颁布了一个各公安局所协助追缴欠赋办法，这个办法的妙用

在于先由各公安局所把滞纳田赋的业主们一个一个的请来，加以开导，然后令其限期完纳，交保释放，非至 不得已，不送到县政府，因为一到县政府，不但取保困难，他的颜面既破，只好硬着头皮的抵赖了。（二）对于征收公费太少，我们颁了一个经征人奖惩办法，这个办法的妙用，在于按卯处串，比卯缴款，能够交款到一定成数的，可以得到每两田赋九分的奖励金，原来兰溪经征人的缴收公费，在前清时代，是每两一角，到了民国以后，慢慢地减少，减少到每两三分，区区的三分报酬，还要经县长们的揩油，那么一般经征人自然是催缴不力，侵演中饱了，所以我们毅然决然的严定奖惩，提高待遇。这笔奖励的铜钿，原来是田赋征收处当孝敬财政科长的，我们把他将给经征人了，这算是惠而不费，落得做做好人了。我们一方面颁布了上面的两种办法，一方面派田赋征收主任下乡，拿着县长的名片，面会不肯完纳田赋的大户们，请他们赶快完纳，藉资表率，否则即将由各公安局所按户催缴，依法严办。这算是先礼后兵，也可以说是无办法的办法了。（未完）

（续）清查土地　整理田赋

（乙）第二步的整理。初步整理已有头绪，我们于是进而为第二步的整理。但是说到整理田赋，便与土地问题有关系。在浙江整理土地的办法有两个，一个是治标——造 地图册。一个是治本——清丈。任何一个办法成功

以后，田赋问题算是解决了。不过就兰溪情况来说，编造 地图册，至少需要十多万块钱。要是清丈，至少需要六十五万块钱。这样惊人的支出，不但政府拿不出，就是一般老百姓也是再也无法负担的。这两条路既走不通，于是我们经过详细考虑之后，决定了我们要走的路。

（一）补造鱼鳞册。兰溪的鱼鳞册，是前清同治五年编造的，一共是八百九十多本。因为年代过久，散失的散失，损坏的损坏，虫蛀的虫蛀，潮湿的潮湿，已经有了一百六十三本不知所终，所幸在同治年间编造的时候有一部附册，这一部附册，散在二百九十多个册书的手里。我们有了线索以后，于是下乡找他们，和他们商量，由政府借回补造。有几个不明大义的册书，推脱不借，曾经被政府处分过，好容易将这散失损坏的一百本鱼鳞册，补造齐全。这是我们觉得很可以自慰的一件事。

（二）登记册书。同治年间编造鱼鳞册，所需的经费，听说是册书们拿出来的，政府一毛未拔，所以在这部册子造好以后，仍然交给册书，同时册书就是政府的官吏，政府对于他们是有权监督的。但是自从清赋局裁撤以后，政府与册书不相往来。政府自政府，册书自册书，如此一来，不但政府对于册书无从监督，连什么人是册书，册书在什么地方，都不知道，这是何等的蹊跷呢。所以我们想了个调查册书，登记册书的办法，将他们调查清楚以后，即分区召集训话，办理登记，登记过的册书，即由政府委他为推收员，经我们不断的努力，算是二百九十八个册书通统都登记了。

（三）编造 地归户册。册书的职务，原在推收过户。所以每一个手里都有一部归户册，在最早的时候，县政府也有一部，但是自从册书与政府不通往来以后，县政府的一部归户册已经事过境迁，毫无用处了，所以我们决定于登记册书，补造鱼鳞册以后，要编造一部新的 地归户册。我们的办法是：

（甲）设计。册书所似有的一部归户册，和财产一样，是可以世袭或转移的。要是出卖的话，听说他的代价是五十元到二百元。为什么要这许多的代价呢？因为管册的人好处很多——不但过户要钱，立户头要钱，就是看一看他的册子也非一角二角不可，听说最好的册书，每年有得到二百多块钱的好处的。归户册既是这样的宝贵，我们要他们很顺利的抄一部给政府，这不是与虎谋皮吗？所以我们在未开始办理以前，很担心、很考虑，但是经我们缜密的设计以后，所有的办法都很顺利的一一实现，这不能说是意外的收获了。

（乙）宣传。册书本来就有一部归户册，我们要他们重造一部，然格式不同，也是很容易的。但是要他们很帖服的，很忠实的完成这件工作，不能说不是一件很困难的事。我们为了此事，分区分图的开过十几次会，好容易把这一般册书说的心悦诚服。结果，他们不但很忠实的替我们造，并且很快的替我们造，固然政府给他们每六个号子一分钱的手续费，但是总算他们很能够帮助政府了。

（丙）试办。兰溪全县的田地，依据鱼鳞册是 60 万号，但是经过七八十年之久，由一号分拍为数号的，非常之多。我们最初的预计是 90 万号，这90 万号田地分布在十坊三十五都一百四十九图。执管册籍的册书，又是 290 多个，我们要是全县同时举办，不但人力不够，如果和从前的土地陈报一样失败下来，那末，兰溪实验县的前途，必定更加暗淡了。所以我们为慎重起见，先办城区十坊，等到城区十坊办好以后，再办第一区。第一区办好以后，其余二三四五各区，然后同时举办。我们这种尝试的办法，的确使我们得着不少的经验。

（丁）督促指导。编造 地归户册，不过将册书们已有的归户册，用新的格式照抄一遍，看起来是很容易的，不过二百九十八个册书总有二百个册书的归户册不清不楚，不但他的归户册不清不楚，连字都不为写的总在一百人以上，我们和他们个别谈话以后，知道他们有点困难，于是把全县依照旧自治区域分为十五区，设了 20 多个指导员，亲自到他们家里去指导他、督促他，担任这指导员职务的，就是第一区办理最好的几个册书，和受过特殊训练的十几个师资班毕业生。

（续）清查土地整理田亩　胡次威

（戊）奖惩。无论做什么事，要是没有没有奖励和惩罚的话，是不会使人兴奋和警惕的，所以我们本着这种经验，定了一个很好的办法，就是办得好，办的快的册书，我们不但用书面夸奖他，并把他升任为本县土地移转推收处的书记或事务员。办的坏，办的慢的册书，我们不但用书面申斥他，并且连他已有的资格——推收员都革掉他。可是一般册书，还是努力的多。

（己）核算。我上面说过，298个册书，总有二百个册书的归户册不清不楚，要他们重新编造一部，本来很难，可是我们所需的归户册，一定是要确实的。那么，我们要怎样才知道他们所造的新归户册是确实的呢？我们的办法是要他们把归户册造好之后，按着鱼鳞一号一号的对，倘有遗漏，应即查明补入。这还不算，我们还另外根据补造齐全的鱼鳞册，就每部每图算了一个田地山塘各种亩分的总数，必得要他所造的归户册各种亩分完全相合，然后照收，否则是要重新再造的，这样一来，真是苦了一般平日办事糊涂惯了的册书了。

（四）确定推收制度。编造 地归户册与确立推收制度是互相表里的，要是只有 地归户册，而无很好的推收制度，过了一年半载，则归户册失去价值，等于废纸。这与一方面清查户口、一方面办理人事登记的用意完全一样，所以我们在编造 地归户册完成以后，即把新的推收制度确立起来。他的要点是：

（甲）他的移转推收一律由县政府办理。兰溪土地之移转推收，向归册书办理。先由出卖土地的旧业主发一张开帖，交与买受土地的新业主，由新业主连同卖契持交土地所在都图的册书，与鱼鳞归户两册核对。如核对无误，再由册书发一张发帖，交与新业主，持而卯薄处承粮，土地移转的手续于此完毕。在清赋局未裁撤以前，册书是要据实报告给清赋局登记好的，但是清赋局裁撤以后，土地已否移转，政府就无从知道了。这样一来不但全县土地移转的情形，政府不明了，政府一笔契税的收入也就连带的减少了，乃至于绝无仅有了。我们有鉴于此，所以决定将土地移转推收的要政，收归政府办理。不过原有的册书，如完全不用也不方便，于是我们想了一个过渡的办法。这个办法是，由政府结册书一个正式的名义——推收员，把原有的开帖改为申请书，原有的发帖改为过户证，过户证一共是一联，一联是推收员交结新业主，一联是存根，再一联是报查，这三联是册书应当随时报告结政府用的，如未得着政府的许可，既然旧业主发过贴，土地移转也不生效，入场词办理，算是全县土地的移转推收，可以得着整个的统制了。

（乙）土地移转概以管业证为凭，我们于 地归户册办完以后，每一 地发张土地管业证，我们在开始发结管业证的时候，就明白的宣布，管业证是土地所有权的根据，以后移转土地，概以管业证为凭，没有管业证的土地，不许卖，不许买，不许过户，不许过粮。这样一来，不但执有土地的业主非领管业证不可，我们的征收制度也可以说是更见确实而稳固了。

（丙）减轻推收手续费。土地的移转推收，政府是不收手续费的，但依据过去的惯例，一般册书和卯薄们收费很多。大约每一 地，册书收费四角，卯薄收费四角，要是新立户头，起码便是四块。（未完）

（续）胡次威：清查土地整理田赋

（丁）分处办理。二三四五各区同时举办，进行很难，于是我们把全县分为十五处，每处设一收件组，办事的人至少是三个，至多是七个。他的职务，只在收件，对册，发结临时收据，每两天要把所收的东西——申请书和工料手续费，送回县政府，再由县政府办理写证、校对、销号的各种手续，等到管业证写好以后，由县政府送回收件组，再由县政府通告请领管业证的业主们，特同收据应领的管业证领出去。我们所用的办事人，是经过考试和训练过的，所以他们不但手续清楚，而且态度和平，特别不怕麻烦，尤其不准赌钱，坐茶馆、叫老百姓看不起我们，我们所收的工料手续费，在限期以内，是三分钱，——九个铜板，不许多收。拿银元来换铜板的，一律依照市价，不许丝毫抑扣，所以我很少遇着因收手续费而找麻烦的，我们的收件对册，手续简单，并且是随到随收，随收随付，对完之后，就发结收据，将他交来的证据——契纸、凭条、执照官册、家书、族谱、会薄等等，当时发还，所以他们觉得很方便，至于写证、校对、销号，虽手续很烦，但是我们从不因为烦就马虎些，所以我们在办完这件事情以后，很少发觉错误，这不能不令我感激一百多个人的细心和努力了。其次，我们发结管业证的成绩，还的相当的满意在一个月的限期之中，发出十分之八，原来我们规定在限期满了以后，是要将各处的十块二十块的，这真是意外的苛索了，我们为尊重惯例起见虽然暂时离不了册书，但是这种手续费，实有酌量核减的必要，所以我们最近的规定是，推收过户，每 地收费二角，新立户头，收费五角，如额外索费，一定要依法惩办的。

（五）发给土地管业证。在前清同治年间，清赋的时候每一 地发过一张产权执证——凭条。这种凭条，是极有价值的。但是因为年代过远，不但丢的丢了、坏的坏了，且大半由册书卯薄们随便涂改，认识不清，每到土地发生争执的时候，便成问题。我们有鉴于此，所以决定在 地归户册编造完成以后，每一 地，发给一张产权执证，这种产权执证叫做土地管理证，我们办理此事的步骤是：

（甲）设计。兰溪全县的土地，我们预计是 90 万 ，每一 地发给一张管业证，这是何等繁重，不但繁重，而最无把握的还是经费。据我们预算，大约办理此事，要五万块钱。这五万块钱要是由政府拿出来吗？政府是拿不出来的，要是由业主拿出来吗？每一张管业证要值六分钱，这六分钱一张的管业证，一般业主因为费用嫌大，是不会来领取的。我们想了好久，要每张管业证不超过十个铜板缘故，姑且定为三分钱一张，我们在这三分钱的当中，极力的节省开支，好容易定了一个收支适合的预算，才把经费问题解决了。其次我们要设计的，就是每张管业证，要经过几次手续才不会错，要用多少人，需多少时间才办的了，这许多的办事人，要用什么方法来管理他，才能增进工作效率，这都是很不容易解决的，可是我们都一个一个的定出解决的办法，这不能不说是煞费苦心了。

（乙）宣传。无论做什么事，是离不了要宣传的，尤其是发给土地管业证，更非努力的宣传不可，因为兰溪民国十九年办理土地陈报过。据说一共花了十几万块钱，一般业主有出一块的，有出两块的，也有出十块八块几十块几百块的。可是到了后来，命令停办，在没有陈报的人，讨了便宜。在已经陈报的人则大大吃亏，所以他们认定政府做事，是虎头蛇尾不会有好结果的。我们知道这种情形以后，于是决定下乡宣传，我们把全县分为十五个地方，花了十天功夫，开了十五次会，参加这个会的人，是乡镇长、推收员、小学校长、二十 地以上的业主，每处到会的人数，至少也在五百以上，最多有上两千人的，这实在是出乎我们意料之外的，每次开会，由我们说明为什么要整理土地，整理土地，为什么要发管业证，领取管业证的日期怎么样，地点怎么样，手续怎么样，讲完以后，再由他们自由问，这样一来，管业证三个字，算是街谈巷议的成为最流行的话题了。

（丙）试办。我们和编造 地归户册一样，最怕失败，设立实验县的用意，固在叫我们试试看，但是随便的尝试，是不会得着一般人的谅解的，所以我们决定先办城区，城区一共是 4000 多号，在十天的限期之中，发出十分之八，城区有了把握以后，我们再办第一区，第一区是 10 万多号，收件组撤销的，但是我们知道一旦撤销，则一般业主感觉不便，所以再延长20天，并且不断的设法宣传，设法迈进，在第二次限期满了的时候，好的地方，已发出十分之九成五，坏的地方，也发出十分之八以上，全县平均已发出十分之九。据我们统计，领证的人，以大户为多，未发出的十分之一，大约都是零星小户了。

（丁）奖惩。对于发给管业证，我们也定了一种奖惩的办法，关于奖的方面是，业主能在限期以内，将他所有的管业证一次领去的，不但只收每张三分钱的工料手续费，并且给他一张本人题有「有土此有财」的卡片。关于惩的方面是，业主不能在限期以内领取管业证的，逾限二十天、加工料手续费一分——一共六分，再过二十天再加两分，一共八分，再过二十天再加两分——一共一角，再过一个月便加一角——一共两角，过了半年仍不领证的，以无主土地论，依法归功，即由国家取得土地的所有权。（未完）

（续）胡次威：清查土地整理田赋

（丙）第三部的整理。我常说一般田赋上的积弊，只有一个就是什么人该完纳田赋，完纳田赋的人住在什么地方。办理土地陈报、地图册，都是拿来解决这个问题的。我们这次编造 地归户册，根据归户册发给土地管业证、算是把这个问题解决了。不过就兰溪来说，还有一个困难问题，这就是有大小皮关系的土地众占十分之二，且多属公产祀产会产庙产，他们因为谷价低落，收入有限，照例是不肯完纳田赋的。这个问题要是不能解决，兰溪的田赋还是不起色啊。所以我们不能不想出第三步的整理办法。他的整理办法是：

（一）按 制串。浙江整理田赋的终极办法、是按 制串、就是问粮。要解决上面所说的第二个困难，这种办法是非采不可的。所以我们决定采取这种办法，我们曾经同田赋专家魏颂唐先生商量过，他是很赞成这种办法的。现在我们已经开始根据 地归户册，编造二十三年度的田赋征册了，等到田赋征册造完以后，我们便开始造串。从前的串票，是70多个经征人一手包办的，现在则归政府自行雇人办理了。从前的串票，是一户一张，现在的串票，是每一 一张。我上面说过，兰溪全县的土地是八十多万 ，现在的串票自然是由十二万张增加到八十万张了。我们开始办理的时候，胆子很小，不但一再和魏先生详细的商量，并且派人到按 制串的前辈——桐乡考察过。

经我们一再考虑的结果，算是很大胆的采用这种办法了。

（二）按亩征捐。田赋、课税的标的是土地，按照土地的亩分，订定科则，计算粮额。本来是很正当的办法，不过向来计算粮额，是用银米作标准的，所以业主纵然知道自己土地的亩分，可是每亩土地应该完纳多少田赋，如同坐在鼓中一样，莫名其妙。所以经征人可以浮收需索从中舞弊，省政府也曾颁布过废除银米、改用银元的办法。但是兰溪因为不知道土地的亩分，始终是一仍旧惯，丝毫未变。我们的 地归户册即已编造齐全，土地的亩分，一查便知。所以我们毅然决然的实行按亩征捐，废去一向所用的银米本位制，改为崭新的银元本位制。

（三）合并税目。兰溪的田赋，有省税和赋税，同别的县分一样，省税又有正税和赋税，省赋税有两种，一种是建设特捐，一种是建设附捐。县税则有八种，即特捐、教育附捐、自治附捐、治虫附捐、建设经费、教育附捐、征收经费和田亩捐，名目既然很多税率又不一样，不但一般民众觉得苛细，就是政府在计算方面也很成困难的。所以我们决定把各项税目合并起来，不过这种合并，仍是有限度的，就是我们在串票上固然只载了一个亩分粮额的总数，但是我们在串票的通知单上，仍然把业主所有土地的亩分粮额，一笔一笔的列出来，并且在通知单的后面，把省正税、建设特捐、建设附捐、县税和田亩捐，一一的列进去。无论什么人，拿着这张东西，他究竟应当完纳多少田赋，一算便知，再也不会像从前的串票和通知单一样，连老于经征的粮书也要七合八算才能明白了。

（四）改定征期。兰溪征收田赋的时期，已和别的县分一样，是分上下两期的，由地丁银科则折算的，在上期征收，叫做上忙，由低补金未科则折算的，在下期征收叫做下忙，不过征收的时期，虽然分为两个，可是上期征收的数额要占千分之九百五十五，下期征收的数额只占千分之四十五和不分上下期是没有什么区别的，况且田赋征收的时期既然分为两个，他的串票也自然要用两张，要是按 制串的话，这是如何的靡费呢，所以我们决定不分上下期。其次，征收的期间也有问题，在从前征收的期间，一共是五个月，上期三个月，下期两个月，我们既是不分上下期，那么、征收期间也自然要变更过。我们现在的办法，是定为四个月，再其次，田赋开征的日期也有问题，在从前上期田赋是六月一日开征的，下期田赋是十二月一日开征的，我们既然把征收期间定为四个月，自然开征的日期也要变更过，我们为适合农村古候，和会计年度的缘故、所以七月一日为开征期。（未完）

（续）胡次威：清查土地整理田亩

（五）厉性奖惩。完纳田赋，是人民对于国家应尽的义务，好的老百姓，固然是踊跃输将，可是坏的老百姓，他们就根本不理这回事，要是没有奖惩的话，那么征收田赋再也不会起色了，说到奖惩，从前也是有的，不过不很适当，就奖的方面说，从前的办法是凡在开征日起十五天以内完纳田赋的，照所纳正税给她百分之五的奖金，十五天的期限是不是太短，百分之五的奖金，是不是太轻，我们以为都有问题，所以我们把他变更过，就是在开征第一个月完纳的，照所纳税额给他百分之十的奖金，在第二个月完纳的，给他5%的奖金，至于惩的方面，也是一样，如此一来，奖有所权，罚有所惩，也许一般业主们不会再像从前的观望吧。

（六）增设分柜。兰溪向来是轻征人制串征收，因为流弊很大，后来又改为业主自封投柜。可是事实上仍是制串征收，因为纵然在县政府设了一个粮柜，在一般零星小户，要他奔驰好几十里来自封投柜，实不可能，况且一般老百姓，向来就没有自封投柜的习惯呢。所以我们去年初来的时候，曾经在交通不便的马涧和永昌，设了两个分柜，实验的结果，成绩很好，我们今年还想多设几个，要是经费困难的话，我们还想实行我们的理想——增加流动分柜一来可以省钱，而来我们要是宣传得力，日期又排的很好，与固定分柜的效用，是没有什么区别的。

（七）改善奖惩办法。从前经惩方面最大的毛病，就是经征人制串征收，我们现在把他改变过，无论哪个经征人，只管催，不管征，我们并且把70多个经征人和298个推收员，重新甄别一番，在这370个人当中，找出一部分操守好，能力强的同志们，来作我们理想中经征人。其次由田赋征收处管串与征粮的两部分过去是分别得不很清楚的，征收田赋最容易舞弊的也就在这个地方，现在我们也把他改变过，就是管串是管串征粮是征粮，分股办事各别独立，并且把一切的报表，账簿都归给管串股，使他们互相牵制，互相监督，至于田赋征收的程序，我们打算分对单，收款给串部分，和到银行取款汇款一样，纵然人数拥挤，也不会发生什么流弊了。

四、田赋征收以后怎么样。

我前面说过，兰溪田赋有他一般的困难，和特殊的困难，经我们这次整理以后，是不是已经把各种困难都完全解决？这是我们要细心检阅的，我且把我的观察写在下面。

（甲）关于业主方面的积弊，已经解决了吗？我前面说过，兰溪田赋短收，属于业主方面的积弊有五个。我以为经过我们这次的整理，都已得到相当的解决。（一）就第一点有粮无地和粮多地少，第二点有地无粮和粮少产多来说，我们既是有了新的 地归户册可以粮据，那么从今以后，有粮的就有地，有地的就有粮，我想一般业主再也不会存心拖欠和漏逸了。（二）就第三点零星小户完粮不便来说，我们既是有了增设分权的办法——尤其是多设流动分柜的办法，那么从今以后，不但零星小户，就是大的业主，也可以就近完粮。我想再也不会因完粮不便率性的不完了。（三）就第四点公产祀产因负责无人不肯完粮，第五点大皮因收入税减不肯完粮来说，我们既是有了按 制串的办法，那么就可以办到就地问粮——就佃问粮，既是可以办到就佃问粮，我想从今以后，公产祀产和大皮的田赋再也不会无着落了。

（乙）属于经征人方面的积弊已经解决了吗？我前面说过，兰溪田赋短收，关于经征人方面的积弊有四个。我以为经过我们这次的整理，都已得到相当的解决。（一）就第一点飞洒诡寄来说，我们既是有了 地归户册，又成立了新的推收制度，并且是自己造册，自己造串，那么，不但从今以后，粮土的关系不致紊乱，就是过去的紊乱和纠纷，我们只要出一张布告——一张自二十三年度起，凡是寄图完粮的，一律推归本图的布告，我想户不承粮，粮不跟土的毛病，再也不会存在和发生了。（二）就第二点浮收需索，第三点收而不缴，第四点收不给串来说，我们既是废除制串征收的制度，无论哪个经收人只管催、不管缴，我想从今以后，再也不会发生收与不收、缴与不缴的毛病了。（未完）

（续）胡次威：清查土地整理田亩

（丙）关于粮柜方面的积弊已经解决了吗？我前面说过，兰溪田赋短收，属于经征人方面的积弊有四个，我以为我们这次的整理，都已有了相当的解决。（一）就第一点浮器需索，第二点收而不缴，第三点收而不给串来说，我们既是把推收的办法彻底改编、对单的对单，收缴的收缴，给串的给串，记账的记账，我想从今以后、再也不会发生什么错误了。（二）就第四点豁免的田赋仍旧征收来说、这完全是上面的人监督不严的缘故。我想要是多留会分戒备心者不是通同作弊的话、不致生什么毛病吧。（未完）

（续）胡次威：清查土地整理田亩

（三）切实推动。我前面说过，我们无论编归户册，发管业证，都是很谨慎的先试办一下，不但先试一下，无论过着什么事，我们都是手到眼到口到，而且脚到，就说宣传吧，无论什么宣传，都是我们亲自去，从来没有坐过轿，派过代表，又说调解纠纷吧，无论调解什么纠纷，都是我们亲自去，从来不传他们到城里来，或者要他们的招待手续费。又如发布命令吧，我们是很少用书面的，就是用书面，也是自己亲身带去，一方面公布我们的革命，一方面就以身作则的就地去推动他，我想要是过于相信政府的命令，也许不会办得这样的顺利吧。

（四）因时制宜。我前面说过，我们整理田赋——编造 地归户册，和给土地管业证，都经过了详细的考虑和设计过，不过设计了设计，有好多的事情，使我们意想不到，而无法可以设计的。举如一个例来说吧，譬如编造地归户册，表面上看起来，似乎只须册书们花一点功夫，照着他们的草册一个一个字的直抄，便可了事，但是实际上二百九十八各册书，能够认识字的已是少数，能够明了新归户册的内容而填写无误的，更是少数的少数了。这种困难，一直等到我们开始办理之后，方才发现，我们的设计和预算，是没有解决这种困难的准备和经费的，但是我们不能不因事制宜，而设若干个巡回指导员，又如发给土地管业证，我们的限期，原来是二十天，限期满了以后，是要每十天加罚一次的，最初在城区和第一区试办的时候，很是顺利，直到全县同时举办，因为交通不便的缘故，才感觉有些困难，于是我们不能不因地制宜，把限期展到三十天，把加罚展到二十天一次了。

（丙）个人感想。我个人在最近的六个月，至少有一半是精神和心思用在清查土地和整理田赋上。据我长期的体验，我觉得（一）整理土地，似乎不必一定就要测量，（二）凡是有鱼鳞册一类册籍的地方，似乎也可像兰溪一样，编造 地归户册，发给土地管业证。

（一）整理土地不必一定就要测量。整理土地最好的办法，固然在测量，但是就兰溪来说，测量全县的土地，至少需要六十万块钱。这六十万块钱，我曾经说过，不但政府拿不出，就是老百姓也是不堪负担的，我们姑且退一步说，就是有了经费是不是一定要用在测量土地的上面，还有问题我以为各县亟应建设的事情，真是不一而足，又何必一定要岌岌不可终日的测量土地呢。但是我并不反对测量土地我的意思是，整理土地，不外（甲）财政上的目的——整理田赋，增加政府财政上的收入，（乙）经济上的目的——明了土地情形，可以获得土地适当的利用和分配，（三）法律上的目的——土地的经界既已明确，老百姓们的产权可以得其保障，但是这几个目的，是不是一定要测量才可以达到，颇有问题。我以为编造 地归户册，根据归户册发给土地管业证，上面的三个目的，是完全都可以达到的，既是完全可以达到，在此经费困难，且百废待举的当中，又何必一定要测量，才能整理土地呢。

（二）凡是有鱼鳞册一类册籍的地方可以试办。民国十九年，浙江全省，曾经办过土地呈报，而办理土地呈报，最有成绩的要数将江宁，现在中央又在计划全国各省都要办理土地呈报，我以为办理土地呈报，固然不失为整理土地的方法，但是他所需的经费，至少也是三五万块钱，花钱不要紧，他的正确性怎样，因为缺乏适当的控制，我以为还是问题啊。所以我的主张是有鱼鳞册，黄册，庄册和其他类似此种册籍的地方，无妨同兰溪一样，来试一下，他的亩分，固然不如测量过的土地那样精确，但是我以为就兰溪来说，测量要六十万块钱，编造归户册和发给管业证，政府只花了一万一千块钱，我想纵然亩分不精确，也不至于超过六十倍的差数吧。（完）

本篇资料连载于浙江兰溪《新民报》，1934 年 5 月 13、19、20、21、22、23、24、25、27、30 日，第 4 版。

后　记

　　一本严肃的历史著作总是力图重构一段历史图景，阐明其中的历史逻辑；读者则从阅读中接触新知识、打开视野，获得启迪和智慧。作为作者，我在校阅这部书稿的时候，也一直在询问自己：本书能够做到这些要求吗？或者换一个角度：本书能在学术上有多大创新？能否提出和解决真正的学术问题？

　　值得再次肯定的是本书的理论前提和研究视角。从理论上看，本书试图摆脱过去常用阶级财政的观点去批判县财政对农村社会的搜括和压榨，正视县财政的公共职能，和县财政发展的一般规律。县财政为县政建设提供资金，为农村社会提供公共产品和服务，符合国民政府复兴农村的政策目标，也符合公共财政的一般定义。当然，从中国的国情出发，我们不宜以一般性的西方财政理论来处处要求县财政。国民政府县财政的政治基石是源自孙中山的县自治理论，尽管在实践中有所背离；财政分权体制为县财政提供了一定的发展空间；县预决算的推行、财务体制的改革为县财政摆脱传统的"家计财政"，转向"公共财政"做出了实质性的成效。土地税负虽然沉重，但农民负担应放置在更大的范围内去考察。与其说农民负担重，不如说农民收入过低，以至于农民税负占农民收入比重过高。

　　本书拓宽了研究视角，站在现代化立场上看县财政演进史，谋求民国县财政改革的历史地位。现代化立场，并不是虚的，而是放置于"两化"（城市化和工业化）背景下去考量。资源流向城市与工业是大势所趋，县财政要引导资源流向农村显得异常艰难。农村经济社会的进步需要农村税制和财政分权体制的变革，需要市场要素的完备，需要真正的改造传统农业；更需要解决涉及农村土地制度的根本性问题。南京国民政府显然是避重就轻，试图以财税改良来代替农村根本问题的解决。

当然，国民政府县财政变革乡村社会的努力值得肯定。困境中兴起的县财政能否救农村，又如何改变农村社会，这几乎是一个难以想象的问题。县财政制度建设的一般经验也值得肯定。县财政地位的确定与制度的完善，是近代以来中国民族国家重构的环节之一，是地方政治发育发展的表征，其重要作用不言自明。但是，国民政府县财政的变革能够真正解决中国农村的根本问题吗？答案又是否定的。

本书稿既将付梓出版，我却并没有解决学术问题后的轻松和愉悦，反而觉得越来越多的问题涌现，譬如，县财政的地方差异性问题，中国地大物博，存在东部沿海和中西部之分，而每一区域之内也是情境不同。各地贫富不均，物产多样，历史社会条件差异极大，县财政状况极为不同，必然影响各地经济政治发展。又譬如，县财政的民主化和监督问题。目前对民国时期民意机构的研究还不够深入，民意机构的财政权研究存在很大的空白，等等。

终于明白学海无涯！还有对人生的进一步思考。学问如人生，或人生如学问，彼此都是一种没有止境的修炼，修炼得睿智，睿智然后淡定和自信，人格得圆满。

且放下无边的感慨，因为身边的人更重要！人生际遇难得有良师益友，我的硕士生导师温锐先生、博士生导师郭世佑先生，是我念念在心的学术领路人。感谢我的博士后合作导师郑大华教授，郑老师眼光精到，指点迷津往往让我茅塞顿开。正是有郑老师的指点，我才能获得国家社科基金项目，国家课题已经在 2013 年顺利结项，本书脱稿于这项国家社科项目研究成果。

本书出版获得湖南师范大学出版基金和湖南师大历史文化学院中国近现代史学科的支持，向李育民教授、莫志斌教授致以感谢。特别感谢钟声教授和徐良利教授的关心。还有本单位的一班同事，不一一点名，我在心里向他们致敬。

浙江大学的博士师弟罗衍军参与了我的国家课题的研究，本书中的一些观点吸收了罗师弟的科研成果，致以感谢。

感谢我的母亲李桃青女士任劳任怨、妻子冯雪莲善解人意、一对女儿芙希和紫熙聪慧可爱。他们是我生命中的最暖心的部分，无论人生风雨，有她们相伴，都有无限的力量与勇气。

最后，感谢人民出版社赵圣涛博士的热情关照和细致编辑，赵博士的专业素养和追求卓越的精神让人钦佩！

尹红群

2015 年 2 月 26 日

责任编辑：赵圣涛

封面设计：肖　辉

责任校对：吴晓娟

图书在版编目（CIP）数据

国民政府县财政与乡村社会（1927—1937）／尹红群　著．－北京：人民出版社，2015.4

ISBN 978－7－01－014752－9

I.①国…　II.①尹…　III.①国民政府－县级财政－研究－1927—1937

　IV.①F812.96

中国版本图书馆CIP数据核字（2015）第070299号

国民政府县财政与乡村社会 (1927—1937)

GUOMIN ZHENGFU XIANCAIZHENG YU XIANGCUN SHEHUI（1927—1937）

尹红群　著

人民出版社 出版发行

（100706　北京市东城区隆福寺街99号）

北京市大兴县新魏印刷厂印刷　新华书店经销

2015年4月第1版　2015年4月北京第1次印刷

开本：710毫米×1000毫米 1/16　印张：22.5

字数：310千字　印数：印数：0,001—5,000册

ISBN 978－7－01－014752－9　定价：48.00元

邮购地址 100706　北京市东城区隆福寺街99号

人民东方图书销售中心　电话：（010）65250042　65289539